"十二五"国家重点图书出版规划项目

俄罗斯汉学文库

主　编：

李明滨　孙玉华

编委会（以姓氏笔画为序）：

于　萍　宁　琦　任雪梅　刘　宏

安　然　孙玉华　李　凡　李明滨

李　哲　张　冰　查晓燕　彭文钊

俄罗斯汉学文库
БИБЛИОТЕКА РУССКОГО КИТАЕВЕДЕНИЯ

神话与民间文学
——李福清汉学论集

〔俄罗斯〕李福清 著
张冰 编选

北京大学出版社
PEKING UNIVERSITY PRESS

图书在版编目 (CIP) 数据

神话与民间文学：李福清汉学论集/（俄罗斯）李福清著，张冰编选. —北京：北京大学出版社，2017.10
（俄罗斯汉学文库）
ISBN 978-7-301-28498-8

Ⅰ. ①神… Ⅱ. ①李… ②张… Ⅲ. ①汉学—俄罗斯—文集 Ⅳ. ①K207.8-53

中国版本图书馆 CIP 数据核字 (2017) 第 160331 号

本著作为大连外国语大学"一带一路"人文交流机制协同创新中心科研成果，得到大连外国语大学科研出版基金资助

书　　　名	神话与民间文学——李福清汉学论集 SHENHUA YU MINJIAN WENXUE
著作责任者	〔俄罗斯〕李福清　著　张　冰　编选
责任编辑	李　颖
标准书号	ISBN 978-7-301-28498-8
出版发行	北京大学出版社
地　　　址	北京市海淀区成府路 205 号　100871
网　　　址	http://www.pup.cn　新浪微博：@北京大学出版社
电子信箱	evalee1770@sina.com
电　　　话	邮购部 62752015　发行部 62750672　编辑部 62754382
印　刷　者	北京虎彩文化传播有限公司
经　销　者	新华书店
	650 毫米 × 980 毫米　16 开本　18.75 印张　480 千字 2017 年 10 月第 1 版　2023 年 8 月第 3 次印刷
定　　　价	58.00 元

未经许可，不得以任何方式复制或抄袭本书之部分或全部内容。
版权所有，侵权必究
举报电话：010-62752024　电子信箱：fd@pup.pku.edu.cn
图书如有印装质量问题，请与出版部联系，电话：010-62756370

李福清（Борис Львович Рифтин，1932—2012，俄文名字为"鲍里斯·利沃维奇·里夫京"，中文名字为"李福清"），当代俄罗斯汉学家。1932年出生于苏联列宁格勒（现俄罗斯圣彼得堡），1955年毕业于列宁格勒大学东方系汉语专业，1961年获语文学副博士学位，1965—1966年在北京大学中文系进修，1970年获语文学博士学位，1987年当选为苏联科学院通讯院士，2006年任俄罗斯科学院高尔基世界文学研究所亚非文学研究室主任，同年起兼任俄罗斯国立人文大学东方文化及古希腊罗马文明学院教授，2008年当选为俄罗斯科学院院士。其研究范围包括中国民间文学、俗文学、古典文学、现当代文学，中国神话传说，中国台湾少数民族神话传说故事，中国民间年画，以及蒙古学、朝鲜学、越南学、远东文学关系、俄罗斯汉学史等诸汉学和东方学领域，著述浩繁，相关著述三百余篇（部），在三百余年的俄罗斯汉学发展史上独树一帜，享誉国际学界，在世界汉学史上具有重要、独特的地位和影响。

总　序
俄罗斯汉学成就与汉学文库的编纂

一、18—19世纪汉学的酝酿形成

俄罗斯汉学在18世纪初萌芽(从1715年东正教使团来京常驻起),初期发展缓慢,大体经过一百年左右才日臻成熟。从19世纪上半叶到20世纪初在俄国汉学史上先后出现三位划时代的人物:比丘林、瓦西里耶夫和阿列克谢耶夫。前两位分别代表19世纪上半叶和19世纪下半叶两个时期。后一位代表20世纪上半叶,开启苏联汉学时期,并促进下半叶的进一步发展。

比丘林以编辞书、译古籍和办学培养人才的工作而成为俄罗斯汉学奠基人,于1828年当选俄国科学院通讯院士。瓦西里耶夫以儒、释、道三方面的研究成绩,和写出世界第一部中国文学史书(《中国文学史纲要》,1880年)而成为俄国汉学领域首位科学院院士(1886年)。

此段学科史料在国内稀缺,有许多译作和论著仅存于俄国档案馆而未及公开出版。幸有苏联汉学家 П. Е. 斯卡奇科夫著成《俄国汉学史纲要(迄于1917年)》一书,经过后学 В. С. 米亚斯尼科夫订定,于1977年出版。它以丰富翔实的史料和严谨科学的论述而成为其后继者的指导,也成为缺乏原始资料的中国学者了解和研究的依据。目前,该书也有中译本出版,书名为《俄国汉学史》①,令我国学界方便。

二、20世纪上半叶汉学全面发展

(一) 出现代表人物阿列克谢耶夫

曾被郭沫若先生尊称为"阿翰林"和"苏联首屈一指的汉学家"的瓦·阿列克谢耶夫(1881—1951),于1929年当选为苏联科学院院士。同年,他接到北京图书馆的前身北平图书馆副馆长袁同礼(馆长为蔡元培)签署的公函,正式特聘为北京图书馆"通讯员"(这是给外籍学者英、德、法、俄、美、日各一名的荣誉职衔,阿氏为该馆同期聘任的六位外籍学者之一)。这表明,阿氏的成就同时得到俄中两国的承认。如今北京国家图书馆还珍藏有阿氏的成名作——1916年出版的专著《中国论诗人的长诗·司空图〈诗品〉》,已属中国国内唯一的该书俄文原著初版本。

1. 中西比较诗学研究的先驱

阿氏潜心研究唐诗十年,尤其是古代诗学。他完成的巨著(大开本790页)《中国论诗人的长诗·司空图〈诗品〉》(1916),不但用花品、茶品、鱼品、书品、画品来对照,藉以阐明《诗品》的成就和价值,还确定了它在中国文学上的地位,而且从诗学的高度来与欧洲的诗论作对比,包括古罗马诗人贺拉斯、法国诗人布瓦洛等等,从而确认"司空图的长诗在世界文学上应当占有一个极其荣耀的地位",进而反对"东方就是东方,西方就是西方",二者无可对比的观点,开了中西比较诗学的先河。

2. 拥有古典文学、文化和文学研究多方面成果

阿氏编选和翻译古典诗歌,并写成注释与论析,译介《聊斋志异》,搜集和研究民间年画,就中国古典文学、现代文学以及俄文译作写了一系列文章,在生前和身后陆续发表。先后成文集的有:《聊斋志异》(译作,1937)、《中国文学》(1978)、《中国民间年画——民间绘画中所反映的旧中

---

① 斯卡奇科夫:《俄罗斯汉学史》,柳若梅译,社会科学文献出版社,2011年版。

国的精神生活》(1966)和《东方学》(1982),几部文集反映了他在汉学各个领域的拓展:语文学、民族学、史学、诗学、民间文学、美文学以及翻译理论和实践。

3. 毕生从事汉学教学

阿列克谢耶夫一生从事教育工作。1908年起即在中东铁路学院工作,1910—1951年在彼得堡—列宁格勒大学任教达40年,先后在地理学院和俄国艺术史学院(1919—1924)、东西方语言和文学比较学院(1924—1927)、列宁格勒东方学院(1928—1938)、列宁格勒历史语言研究所(后更名为列宁格勒文史哲研究所,1930—1938)、莫斯科东方学院(1937—1941)任教。其间,1933—1951年还担任亚洲博物馆(后为苏联科学院东方学研究所)中国部主任。除在中东铁路学院教授俄语外,在其他各院所均从事汉学教学。在40多年的教学生涯中,他提出和推行一系列全新的汉语教学法,造就了一大批汉学家。

4. 造就俄国汉学学派

阿列克谢耶夫对俄国汉学的特殊贡献,在于对汉学学科提出了系统的理论,孜孜不倦地建设汉学学科和认真严格地培养汉学人才,形成了"阿列克谢耶夫学派"。

在阿列克谢耶夫身后,齐赫文院士(1918—)成了这个学派的主导人物,据他的界定,该学派的主要成员有:研究哲学的休茨基、阿·彼得罗夫,研究文学的鲍·瓦西里耶夫(王希礼)、什图金、费德林、艾德林、费什曼、齐别罗维奇、克立夫佐夫、瓦·彼得罗夫、孟列夫、谢列布里亚科夫,研究语言的龙果夫、鄂山荫、施普林钦、雅洪托夫,研究汉字的鲁多夫,中、日兼研的聂历山、康拉德、孟泽勒,研究图书资料的费卢格、布纳科夫,研究艺术的卡津、拉祖莫夫斯基,研究经济的施泰因,研究历史文化的杜曼、齐赫文、维尔古斯、李福清。①

这份名单实际上还应该包括推动20世纪下半叶汉学走向繁荣的一批骨干,他们已不是阿列克谢耶夫的嫡传,而是再传弟子了。例如,曾是齐赫文的学生,目前任职科学院东方学研究所的史学家米亚斯尼科夫院士(1934—),和曾任远东所所长的季塔连科院士(1934—2016)。

---

① 齐赫文斯基:《瓦西里·米哈依洛维奇·阿列克谢耶夫》,"序:科研和教学活动简介",莫斯科:科学出版社,1991;中译文见李明滨:《俄国汉学史提纲》,载阎纯德主编《汉学研究》第四集,中华书局,2000年版,第63页。

（二）汉学多方面的开拓

在苏俄立国的初期，有两代学者参与新汉学的创建工作。老一代的汉学家以瓦·米·阿列克谢耶夫、谢·费·鄂登堡(1863—1934)、尼·瓦·屈纳(1877—1955)以及曾任海参崴东方学院第二任院长的德·马·波兹涅耶夫(1865—1942)为代表。

新一代的汉学家彼时也异军突起，在创建苏联新汉学中显示了异常的活力。早期有以着重研究中国人民的革命斗争，宣传中国民族民主解放运动的意义著称的康·安·哈尔恩斯基(1884—1943)、阿·伊文(笔名①，1885—1942)、弗·维连斯基—西比里雅科夫和阿·叶·霍多罗夫(1886—1949)等。像霍多罗夫就以在中国工作的亲身经历，加深了对中国的研究，在20年代发表一系列论述世界无产阶级革命时代的中国解放斗争的文章，如《世界帝国主义与中国》(1922)、《同世界帝国主义斗争的中国与摩洛哥》(1925)、《中国革命的初期阶段》(1927)、《中国的民族资本与外国资本》(1927)。同样，伊文则写出《中国解放斗争的第一阶段》(1926)、《红缨枪(中国农民运动)》(1927)、《1927—1930年中国游击队活动概况》(1930)、《苏维埃中国》(1931)等著作。

新一代的汉学家不但以马克思主义的观点阐述中国革命，而且有不少人亲身经历了中国的革命斗争：或参加我国的北伐战争，担任来华的苏联军事顾问团的翻译，或担任孙中山领导的国民政府的顾问，或在苏俄政府派来驻华的外交机构工作，或当共产国际驻中国的代表。他们在协助孙中山执行联俄联共扶助农工三大政策、改组国民党以及北伐战争中都发挥了重要作用。像当年闻名中国的巴·亚·米夫(1901—1939)曾于1927年到达广州、上海、武汉等地，并列席中共第五次全国代表大会，1928年在莫斯科参加中共第六次代表大会的筹备工作。米夫虽然曾在1930年到达上海支持过王明错误路线，但在长期担任(莫斯科)中国劳动者共产主义大学副、正校长(1926—1929)、中国学研究所所长(1929年起)、共产国际东方部书记处副书记(1928—1935)的工作中对于宣传和支持中国革命斗争、培训中国革命人才无疑起过很好的作用，他本人也以研究中国新民主主义革命史而闻名于世，先后发表过著作五十余种。

---

① 原名为阿历克谢·阿历克谢耶维奇·伊万诺夫，主要研究中国近代史，曾于1917—1927年在北京大学任教，有著作一百余种。

这些从事过与中国革命直接相关工作的人物,后来在汉学研究中都比较有成就。像担任过共产国际执委会远东部主任的格·纳·沃伊京斯基(1893—1953),曾在革命时期被派到驻中国的外交机构(1926—1928)接着又担任共产国际东方部书记处副主任(1929—1934)的柳·伊·马季亚尔(旧译马扎尔或马加尔,1891—1940),都成了研究中国革命运动和封建社会问题的学者。

在这个时期,中国古典文学和书籍的翻译工作也大有进展。曾于后来完成《诗经》全本俄译工作的阿·阿·什图金(1904—1964)就是在这时开始崭露头角的。其他著名文学翻译家还有尤·康·休茨基(1897—1941)和王希礼等。同时,还出现了一批语文学家,如研究甲骨文的尤·弗·布纳科夫(1908—1942),研究西夏文的尼·亚·涅夫斯基(涅历山,1892—1945)和卢多夫。早已闻名我国的汉学家龙果夫(亚·亚·德拉古诺夫,1900—1955)则开辟了研究现代汉语语法的新领域,并同亚·格·施普林钦(1907—1974)等苏联汉学家一起探索汉字拉丁化的问题。在他们之前已有叶·德·波利瓦诺夫(1891—1938)进行了汉语语音语法研究的实践。符·谢·科洛科洛夫(1896—1979)编成了新的《汉俄辞典》(1927,1935)。而康·康·弗卢格(1893—1942)甚至已从事中国图书版本学的研究,写出中国印刷史。彼·叶·斯卡奇科夫(1892—1964)别出心裁,花了大量劳动编成《中国书目》(1932)一书,把1730年至1930年俄国和苏联所搜集到的有关中国的书籍、论文及资料(已发表的)尽数编列出来,为研究汉学史提供了线索。当然,有多方面成效的还是阿列克谢耶夫,他对汉字、汉语语音和词汇,中国的文学、美学、民间文学和戏剧等都有进一步的研究,其成果是苏联汉学新发展的标志。

据不完全统计,在1917年到1949年短短的三十多年里,苏联出版的汉学成果就有约一百部书,大大超过19世纪俄国的汉学成果。[①] 在下个阶段,情况还要好得多。

概括苏联汉学成果,可分为以下三类。

其一,对当代中国的国情研究占有日益显著的地位。研究新中国经济问题的有曾任莫斯科国际关系学院副院长,1957—1958年来北京国际关系学院任教的维·亚·马斯连尼科夫(1894—1968),他发表《中国政治

---

① 据彼·斯卡奇科夫《中国书目》1960年版统计。

经济概况》(1946)、《中华人民共和国的社会主义改造》(1956)、《中华人民共和国的经济制度》(1958)等著作100多种。还有多次来华,1945—1948年长时间在中国东北工作,曾任苏联驻华商务代表的米·约·斯拉德科夫斯基(1906—1985),他发表《中国对外经济关系发展概论》(1953)、《苏中经济关系概述》(1957)、《苏中经济合作》(1959)等著述60余种。还有1951—1954年曾在苏联驻华使馆工作过的叶·亚·科诺瓦洛夫(1928—)则侧重研究中国现代经济,主要的文著有《中国的农业合作化问题》(1956)、《中华人民共和国人口问题的社会经济方面》(1970)、《现代中国的社会经济问题》(1974)。

以研究中国社会政治问题知名的有维·格·格利布拉斯(1930—)和利·沙·屈沙强(1932—)。前者着重注意中国的国民收入、劳动和工资等问题,著有《中华人民共和国的社会政治结构(50—60年代)》(1980)等。后者曾任《真理报》驻华记者(1962—1965),著有《中华人民共和国的思想运动(1949—1966)》(1970)等。而曾任苏联外交部副部长的贾丕才(又译米·斯·卡皮察,1921—1995)则侧重对外政策,著有《苏中关系》等书。此外,还有奥·鲍利索夫的著作。

有一批学者继续研讨中国革命和中国共产党的历史,如米·符·尤里耶夫(1918—1990)、弗·伊·格卢宁(1924—)、列·彼·杰柳辛(1923—)、叶·符·卡瓦廖夫和尼·帕·维诺格拉多夫(1923—1967)。他们有的曾任苏联报刊的驻华记者,有的来华进修过,都分别写出数量可观的历史著作。有的学者则在帝国主义侵华史的问题上下功夫,如根·瓦·阿斯塔菲耶夫(1908—1991)和鲍·格·萨波斯尼科夫(1907—1986)。

其二,史学领域的成绩更为突出。中国悠久的历史、丰富的史料以及纷繁复杂的历史现象、亟待解决的学术问题吸引了大批苏联汉学家的兴趣,他们在这个方面下的功夫最多。在史学领域的汉学家,研究的范围相当广泛,既有通史,也有断代史(古代、中古、近现代),还有类别史(社会史、思想史、文化史,甚至史学史)。如阿·瓦·梅利克谢托夫(1930—2006)和格·德·苏哈尔丘克(1927—)主要研究中国近代史和现代史。米·瓦·克留科夫(1932—),卢·费·伊茨(1928—1990)、拉·伊·杜曼(1907—1979)、列·谢·佩列洛莫夫(1928—)、列·谢·瓦西里耶夫(1930—)重点研究中国古代史,包括中国文明、种族和民族的起源,民族社会和阶级社会的产生与发展等。研究中世纪史的尼·伊·康拉德(1891—1970)、埃·巴·斯图仁娜(1931—1974)、格·雅·斯莫林(1930—)和拉·瓦·西蒙诺夫斯卡娅(1902—1972)也做出很大的成绩。特别突出的是康拉德院士,其涉猎范围已不限于史学,而是扩大到语文学以及东方学的其他领域,主要论文汇集成《康拉德选集·历史》(1974)和《康拉德选集·中国学》(1977),一向为苏联的汉学家们所推崇。而出生于哈尔滨的西蒙诺夫斯卡娅则对中国的农民起义有着深刻的研究,她的《中国伟大的农民战争(1628—1645)》(1958)和《17世纪中国农民的反封建斗争》(1966)颇有影响。此外还有研究中国古代外交史的维·莫·施泰因(1890—1964)、研究西夏史的叶·伊·克恰诺夫(1932—)和研究女真族历史的米·瓦·沃罗比约夫(1922—1995)。

在近现代史方面也有几个著名的学者,如格·瓦·叶非莫夫(1906—1980)发表过《中国近现代史纲要》(出过不止一版)等著作100余种。还有瓦·巴·伊柳舍奇金(1915—1996)和罗·米·布罗茨基(1907—1992)等。出生于中国浙江省农民家庭的郭绍棠(阿·加·克雷莫夫,1905—1988)成就突出,他多次会见瞿秋白,有生动的回忆资料。齐赫文(谢·列·齐赫文斯基)院士尤为著名。他1935年就读于列宁格勒大学,1941年毕业于莫斯科东方学院,曾于1939—1940、1946—1949、1949—1950年数次来华,先后担任驻乌鲁木齐副领事、驻北京总领事和驻华使馆参赞,著有《孙中山——苏联人民的朋友》(1966)、《19世纪末中国的维新运动》(1953)等作品约200种。齐赫文斯基于1964年起任东方学研究所所长,1968年当选科学院通讯院士,后为院士,苏中友协副主席。

尼·策·蒙库耶夫(1922—1985)在翻译中国历史文献、考证和发现历史资料上有突出的贡献。他翻译的《蒙鞑备录》(1975)、《13世纪蒙古历史的若干重要的中国文献资料》(1962),以及《耶律楚材墓志铭》(1965)都为苏联汉学界所重视。

此外,研究中国哲学史的有出生于浙江宁波的杨兴顺(1904—1989)和尼·格·谢宁(1936—)。研究中国社会思想史的有郭绍棠(克雷莫夫)等。从事史料学工作的有阿·阿·别辽兹内(1915—)、弗·尼·尼基福罗夫(1920—1990)和彼·叶·斯卡奇科夫(1892—1964)。

其三,语文学是汉学家最集中的领域之一,成果显著。从龙果夫开始就注意对汉语的研究,他发表《方块字文献和古代官话》(1930)、《汉语词类》(1937)、《古藏语音系特点》(1939)、《现代汉语语法研究·词类》(1952)、《现代汉语口语语法体系》(1962)等约50种。汉学界还进一步以汉语材料为依据论述普通语言学问题。瓦·米·宋采夫(1928—2000)、尼·尼·科罗特科夫(1908—1993)、尤·弗·罗日杰斯特文斯基(1926—1999)、谢·叶·雅洪托夫(1926—)对汉语结构问题很有研究。雅洪托夫研究汉语史的成果得到我国汉语学家的好评①。米·库·鲁缅采夫(1922—),弗·伊·戈列洛夫(1911—1994)、尼·瓦·索恩采娃(1926—)、塔·芭·扎多延科(1924—)、安·费·科托娃(1927—)、纳·伊·佳普金娜(1928—)、叶·伊·舒托娃(1927—)、西·苞·杨基苇尔(1925—)等对汉语语音学、词法学和句法学很有研究。米·维·索罗诺夫(1929—)、伊·季·佐格拉芙(1931—)和伊·谢·古列维奇等则探讨中世纪的汉语结构,包括西夏语的研究等。索弗罗诺夫和佐格拉芙就分别写出分析《水浒》和《京本通俗小说》的语言现象的论著。1962年毕业于北京大学的刘克甫(米·瓦·克留科夫,1932—)则在殷文的研究上取得进展,有许多论析殷代铭文和殷代文明的文著(1960、1962、1964、1967、1970、1973、1974等)。尤·弗·诺夫戈罗茨基(1928—1977)和索科洛夫在汉语方言研究上颇为突出。亚·格·施普林钦在汉语的社会语言学,雅洪托夫在古汉语语法,阿·阿·兹沃诺夫和弗·伊·热列宾在汉字的机器翻译问题上大有进展。同时在工具书方面,鄂山荫(伊·米·奥山宁,1900—1982)主编的《华俄辞典》从1952年问世以来,曾一版再版,颇具权威性。鲍·斯·伊萨延科(1914—1965)的《汉俄发音词典(试编)》(1957)也很有影响。总之,苏联语言学家在中国语法、语音学、音韵学、社会语言学、语言地理学,包括古代和现代汉语等方面的研究都有成就。此外,他们在汉学的某些特殊的领域如敦煌变文方面也有研究,出现了知名的敦煌学专家孟列夫(又译缅希科夫)和1960年毕业于北大中文系、现已知名的佛教经典"宝卷"的专家吉·谢·斯图洛娃(1934—1993)。后者翻译的《普明宝卷》已于1979年出版。

在文学领域工作的汉学家为数更多,须要辟专文加以介绍。岂止文学,即使艺术也有不少人涉猎。如专门研究历史的埃·巴·斯图任娜也兼及中国的民族艺术。而曾于20世纪60年代来北大进修,从宗白华先

---

① 雅洪托夫:《汉语史论集》,唐作藩、胡双宝选编,北京大学出版社,1986年版,第1—7页。

生治中国书画史,后来一直从事中国古典艺术研究的哲学博士叶·符·查瓦茨卡娅(1930—)已写出《米蒂》《齐白石》等论著8部,其主要论著《中国古代绘画美学问题》也已出了中译本①。

(三) 为 20 世纪后半世纪培养了一代文学名家

在这个时期中费德林(1912—2002)、艾德林(1909—1985)、索罗金(1927—)、波兹涅耶娃(1908—1974)发表了文学史著作,康拉德(1891—1970)在比较研究,费什曼(1919—1986)、谢曼诺夫(1933—2010)、沃斯克列辛斯基(1926—)在古典小说,艾德林、谢列布里亚科夫(1928—2013)在古典诗歌,李福清(1932—2012)、斯别施涅夫(1931—2011)在民间文学和俗文学,李谢维奇(1932—2000)、戈雷金娜(1935—2009)在古代文艺思想和文论,孟列夫(1926—)、索罗金在古典戏剧,切尔卡斯基(1925—1998)、彼得罗夫(1929—1986)、施奈德(1921—1981)、苏霍鲁科夫(1929—)、热洛霍夫采夫(1933—)、谢曼诺夫在现代文学,盖达(1926—)、谢罗娃(1933—)在戏剧领域都有研究成果。帕纳秀克(1924—1990)、罗加乔夫(1900—1981)、科洛科洛夫(1896—1979)、什图金(1904—1964)等则在翻译文学名著方面有突出成绩。在这三十多年里,俄国有大批的中国古典文学和现代文学译作出版。

三、20 世纪下半叶汉学趋向繁荣

50 年代以来苏联汉学大发展,20 世纪后期研究机构数量剧增,以科学院系统的三大研究所——莫斯科的远东研究所(ИДВ РАН)、东方学研究所(СИВ РАН)和圣彼得堡的东方文献研究所(СПб ИВР РАН),以及莫斯科大学亚非学院(ИСАА МГУ)、圣彼得堡大学东方系(ВФ СПб ГУ)"五强"为主,新增乌拉尔、新西伯利亚和海参崴的远东大学(ДВГУ)等高校,也已各自建成汉学中心。

其中以海参崴远东大学东方学院汉学系为中心,聚合海参崴工大东方学院、经济大学东方学院、哈巴罗夫斯克(伯力)师大东方系、布拉戈维申斯克(海兰泡)师院东语系,以及科学院远东分院东方历史民族学研究

---

① 查瓦茨卡娅:《中国古代绘画美学问题》,陈训明译,湖南美术出版社,1987 年版。

所的相关人员,形成了远东的一大汉学重镇。

汉学队伍改变了20世纪前期仅有一位院士阿翰林为整个汉学界领袖的局面,阿氏的门生、后辈已有四人当选为院士,分别成为汉学各分支学科的奠基人,即文、史、哲学科的领军人物。史学为齐赫文和米亚斯尼科夫,哲学为季塔连科,文学为李福清。

还有几位通讯院士和大批具有博士、副博士以上高级学衔的汉学家。其数量据统计,至2008年已有612人,比90年代初的505人,增加了一百多位。至于中级学衔以下和大批刚毕业的汉学专业学生,那是更大的一个数字了。

其中,50年代以后出生的一批汉学家开始崭露头角,如著有《中国古典哲学方法论》的科勃泽夫,《孔子传》的作者马良文,《高僧传》的译者叶尔马科夫,研究佛教文化的托尔琴诺夫,《中国文化史》的作者克拉芙佐娃,写成专著《王维创作中的禅佛思想》的达革丹诺夫,研究冯友兰《中国哲学史》的罗曼诺夫,东方文献所所长波波娃,以及莫斯科大学的卡尔波夫、刘华夏,圣彼得堡大学的罗季奥诺夫,远东大学的列别捷娃副教授、赤塔的科罗文娜副教授,以及汉学书籍出版家阿里莫夫等,均已在80、90年代成名。他们给俄国汉学带来了新成果,新气象。

80年代初,中苏恢复了停止20年的交往之后,引起汉学家们重新勃发的热情,他们经历了50年代高昂的交流热潮,60—70年代的相对沉寂之后,竭力要找回逝去的20年代时光。这一时期顺着50年代的潮流,以更大的热情推进,竟致80—90年代兴起了"中国传统文化热",直到21世纪初。

(一)产生文史哲研究四杰

哲学家季塔连科(1934—2016)

汉学家们尤其重视考察传统文化思想在当代中国的运用。他们在80年代跟踪探索中国的改革开放的成就、困难和问题,着眼于中国经验能否为俄国的改革提供借鉴。

季塔连科的成就特别引人瞩目,他自从1985年接掌远东所,便主动开展国际文化交流活动,几乎每年都应邀来华参加学术会议或讲学。他是北大教授冯友兰先生唯一的外国弟子,非常重视两国之间的情谊,充当了中俄文化交流的桥梁,知名度高,广受中国学界欢迎。

季塔连科1957年在莫斯科大学毕业,随即来华进修,于1957—1959年和1959—1961年先后在北京大学和复旦大学学习。他在北大期间受业于冯友兰教授,不但学哲学史,而且有跟随冯师深入农村经历与农民同吃同住同劳动的生活实践,对中国社会与农民有了更为深切的了解。他在清华大学纪念冯友兰100周年诞辰会议的报告中提到,那段经历使他终生难忘、永久受益,从此更深刻了解了冯友兰的哲学思想。他早期以论文《古代中国的墨家及其学说》获副博士学位,又于1979年晋升博士。该文于1985年以《古代中国哲学家墨子及其学派与学说》出书后,曾被译成日文在东京出版。此后,他主编《中国哲学史》(1989)、《中国哲学百科辞典》,均有较大的影响。

近年来,季氏在中国政治和现实问题上陆续推出几部著作:《中国:文明与改革》《中国的现代化与改革》(1999)和《中国社会政治与政治文化的传统》(1994,与佩列洛莫夫合著)。同时,他在研究俄国与亚太国家包括中国的关系上,则有下列著作:《亚太和远东地区的和平、安全与合作问题》(1989)、《俄罗斯和东亚:国际与文明之间的关系问题》(1994)、《俄罗斯面向亚洲》(1998)、《俄罗斯:通过合作求安全·东亚潮流》(2003)以及主编论文集《中国在现代化和改革的道路上奋进(1949—1999)》。他主编的六卷本大型《中国精神文化大典》到2010年已出齐。

季塔连科正是由于在学术研究上广泛涉及哲学、现实政治和俄中及亚太国家关系,广有建树,同时在对外交流的实践上成效卓著,影响广泛,颇孚众望,而于1997年当选俄国科学院通讯院士,2003年晋升为院士,并被推选担任俄中友协主席等多项重要职务。

史学家齐赫文斯基

谢尔盖·列昂尼德维奇·齐赫文斯基,中文名齐赫文,史学博士(1953)、教授(1959)、通讯院士(1968)和院士(1981)。曾任苏联科学院中国学研究所所长,现为俄罗斯科学院主席团顾问,长期在外交部任职,领特命全权大使衔(1966年起)。

他主要研究中国近、现代史并以此成名。当他在40—50年代先后以副博士论文《孙中山的民族主义原则及其对外政策》(1945)和博士论文《19世纪末中国的维新运动》(1953)走进学术界时,立刻在苏联史学界显得卓尔不群,也引起中国的史学同行之注意,尤其在两文修订成专著出版之后(《19世纪末中国维新运动与康有为》(1959)①和《孙中山的外交政策观点与实践》(1964))。

它们与后来发表的专著《周恩来与中国的独立和统一》②构成齐赫文斯基中国近现代史研究成果的"三部曲"。同时,他还围绕着康有为、孙中山、周恩来这三位重要历史人物编辑出版了一系列历史资料和人物传记资料,包括专著,极为珍贵。如《孙中山选集》《1898—1949年中国的统一与独立之路(据周恩来的传记资料)》(1996)等。

齐赫文斯基对中国社会有亲身的体验,有亲自参与或见证重大事变的经历,见证了新中国诞生这样的历史大事。在参加开国大典之后,他立即将周恩来总理兼外长的快函传递莫斯科,促成了苏联政府在次日,即10月2日发表声明公开承认并与中华人民共和国建交。他随即被任命为大使馆临时代办,成为首任驻新中国的使节。他的名字已经和两国关系史连在一起了,这是他外交生涯中最为荣耀的经历。更为详细的,还有齐赫文斯基本人描述他在中国的经历和友谊的两本著作:《我的一生与中国(20世纪30—90年代)》(1992)③和《回到天安门》(2002)④。

我国《人民日报》(海外版)2001年9月7日头版以"世界著名汉学家聚会在北京研讨汉学"为题的报道特别指出,"从马可·波罗、利玛窦、雷慕沙、费正清、李约瑟,到齐赫文斯基等,这一连串名字,连接成'西学东渐'和'东学西渐'的桥梁",给予齐赫文斯基院士极高的评价。

史学家米亚斯尼科夫(1931—)

米亚斯尼科夫主要研究中国近代史和中俄关系史,1955年毕业于外交部莫斯科国际关系学院,1964年曾来人民大学进修,1964和1978年先后获副博士和博士学位,1990年即当选为科学院通讯院士,1997年晋升院士。他长期在远东所任职,曾任副所长,至2003年调东方学研究所,为科学院顾问。现为俄国汉学家协会主席。

米氏长期致力于历史档案的挖掘与整理,主持编辑组连续出版了以《17—20世纪俄中关系(文献与资料)》为题的文集,计已出有17世纪两

---

① Движение за реформы в Китае в конце XIX века и Кан Ю-вэй. М. 1959. 419с.
② 齐赫文斯基:《周恩来与中国的独立和统一》,中央文献出版社,2000年版,第604页。
③ Китай в моей жизни (30—60 годы). М. 1992. 159с.
④ Возвращение к Воротам Небесного Спокойствия. М. 2002. 387с.

卷,18世纪两卷,19世纪两卷,20世纪五卷(其中有些卷册系与齐赫文斯基院士或立多夫斯基联合主编的),还有关于两国人员来往、边界问题等类文件汇编。此项工作为进行研究提供很好的基础。

同时,米氏发表了研究清代两国关系的力作《17世纪的清帝国和俄国》(1980)。此外,他还整理完成了斯卡奇科夫编著的《俄国汉学史纲要》(所叙史事迄于1917年),实现了俄国汉学同人的夙愿。

文学家李福清(1932—2012)

2008年5月29日晋升院士的李福清,早在2003年12月22日便接受了我国政府教育部授予的"中国语言文化友谊奖"。这是我国授予国外最为杰出的汉语教育工作者和汉语语言文化研究者的专门奖项。李福清是俄罗斯第一位获此殊荣的人。

李福清从民间文学开始,逐步扩展研究领域至俗文学、古典文学,进而中国传统文化。他发表过一系列文著,其中主要的著作《万里长城的传说与中国民间文学的体裁问题》《中国的讲史演义与民间文学传统——论三国故事的口头和书面异体》《从神话到章回小说》,也已全译或部分译成中文。还有直接出版的中文著作《中国神话故事论集》《李福清论中国古典小说》《关公传说与三国演义》。

在专著以外,当然还有数量巨大的文章。近期出版的中文本《古典小说与传说(李福清汉学论集)》(中华书局,2003年)则是从他的文章和著作选编出来的篇目并经作者亲自审定,可说是他的著作代表。

李福清主要的贡献可以概括为四个方面:

其一,研究涉及中国文学的各个领域,从古典文学到现当代文学,乃至整个中国文学的研究,都广有建树。

其二,中国民间文学和俗文学,始终是他研究的一个重点,为不断探索和阐明的对象,其成就尤显突出。

其三,对台湾少数民族文化的研究,把它同大陆各族文化作比较分析。

其四,中国民间艺术研究。其所编《苏联藏中国民间年画珍品集》[①]汇集了从5000多幅旧年画中挑选出来的200幅在我国已失传的珍品,最能说明他在年画研究上的功力。

---

① 李福清、王树村、刘玉山编选:《苏联藏中国民间年画珍品集》,人民美术出版社,1990年版。

(二) 两次翻译文学热潮(50年代和80年代)

1. 50年代译介中国文学的洪流

在这10年里出版了什图金的《诗经》首次全译本(1957)。还有郭沫若、费德林编选的四卷本《中国诗歌集》(1957—1958),所选诗歌上起古代下迄20世纪50年代。第一卷收入《诗经》的"风""雅""颂"(选),《楚辞》,曹操、曹丕、曹植五言诗,陶渊明诗和汉乐府。第二卷为唐诗,有李白、杜甫、白居易、元稹、王维、孟浩然、韩愈等名诗人之作品。第三卷包括宋、明、清三个朝代,有苏东坡、欧阳修、柳永、陆游、李清照、辛弃疾直至近代林则徐、黄遵宪的名诗。第四卷为1949—1957年的新诗,入选的有郭沫若、萧三、田间、臧克家等众多诗人的诗作。这部由两国学者合作编选的集子,第一次向苏联读者展示了中国诗歌全貌,其选择之精和全,迄今仍为中国国外所仅见,也是后来苏联汉学家编辑中国诗选和选择单个重要诗人作研究对象或出单行本的依据。它的出版是苏联汉学界乃至文学界在50年代的一大盛事。其他的诗集还有一些著名诗人的单行本,如艾德林译的《白居易诗集》(1958),奇托维奇译的《杜甫诗集》(1955)、《李白抒情诗集》(1956)和《王维诗集》(1959),阿列克谢耶夫等译的《屈原诗集》(1954)等。同时,中国几部重要的古典小说也都有了俄译本:帕纳秀克译的《三国演义》(1954)和《红楼梦》(1958),罗加乔夫译的《水浒传》(1955)以及他同科洛科洛夫合译的《西游记》(1959),沃斯克列辛斯基(华克生)译的《儒林外史》(1959),还有费什曼等译的《镜花缘》(1959)。有些甚至在西方都不大译介的清末章回小说也出了俄译本,如谢曼诺夫译的《老残游记》(1958)和《孽海花》(1960)等。至于现代作家的作品,不但一些著名的大作家如鲁迅、郭沫若、巴金、茅盾、老舍、叶圣陶、丁玲等的作品都有了俄译本,如四卷本的《鲁迅选集》(1954—1955)、两卷本的《老舍选集》(1957)、一卷本的《郭沫若选集》(1955)、三卷本的《茅盾选集》(1956)以及丁玲的《太阳照在桑干河上》(1949)等,而且一些在西方还很少介绍的作家如马烽、李准、周立波、杨朔、艾芜、陈登科、秦兆阳、冯德英等在苏联也都得到译介。像苏联如此规模宏大、时间集中的中国文学译介工作,在世界汉学史上怕是少有的。诚如一位汉学家所说,"这证明苏联学者和全体人民对中国命运的深刻关注以及他们同中国人民扩大文化交流的强烈愿望"①。

　　反过来,中国这块友好的土地也给汉学家们以慷慨的滋养。如果说当年费德林有机会来华被视为"特别幸运"的话,那么如今这种幸运已降临一代汉学家身上。今日活跃在苏联汉学界的中年以上的学者,大部分人都时间或长或短地在中国生活过。他们在资料和指导上都深深得益。即以我们所知的到过北大进修的人为例,先不说师从的导师都是一流的,如切尔卡斯基接受王瑶、施奈德接受曹靖华、查瓦茨卡娅接受宗白华的指导,单说资料就有取之不竭的源泉,例如李福清至今还很怀念1965年在北大进修时每天到北大图书馆查资料、每周一两次进城逛书店和到天桥听说书的日子。况且,提供资料方便的何止北大。李福清说过他开始研究孟姜女的故事。那是50年代中期,他缺乏资料,就给中国各省的文联写信,请代为搜集。不多久,几乎每个省都给他寄去了有关孟姜女的资料:民歌、传说、地方戏、宝卷直至古迹的照片。当1958年郑振铎访苏时,看到李拥有这么多资料(包括有刻本、抄本),很是吃惊,说即使他以文化部副部长的名义向各省文联要,他们也不一定寄。因为李是苏联的学者,他们就很热心。时隔三十多年,李福清还由衷地说:"中国朋友的关心和帮助,使我非常感动,永生难忘。"

　　苏联汉学家也拿出了相应的成果,特别是一批研究性的论著。综合性的文学史书有费德林的《中国当代文学概观》(1953)、《中国文学·中国文学史纲要》(1956)、艾德林的《论今日中国文学》(1955)。作家专论有波兹涅耶娃的《鲁迅》(1957)和《鲁迅的生平与创作(1881—1936)》(1959),索罗金的《鲁迅世界观的形成·早期的政论作品和〈呐喊〉》(1958),谢列布里亚科夫的《杜甫评传》(1958),费什曼的《李白的生平和创作》(1958),彼得罗夫的《艾青评传》(1954)。

　　2. 60—70年代扩大翻译的范围

　　进入60年代中期以后,由于中苏关系变冷淡,两国的文化交流大受影响,其主要表现之一是汉学人才的培养上数量锐减,缺乏年轻的后备力量。

　　不过,由于有一代中年以上的汉学家的努力,从60年代初到80年代

---

① 沃斯克列辛斯基:《苏联对中国文学的翻译和研究》,《远东问题》1981年第4期,第174页。

初,中国文学的翻译和研究工作仍有了长足的进展。

在翻译方面,这二十多年中逐步扩展到各种体裁的作品,可以说是在50年代的基础上做了"填平补齐"的工作。古典诗词仍然是翻译的重点。陆续出版的大诗人作品有:《白居易抒情诗集》(1965)和《白居易诗集》(1978),《陶渊明抒情诗集》(1964)和《陶渊明诗集》(1975,以上均艾德林译),曹植《七哀诗集》(1973,切尔卡斯基译),《陆游诗集》(1960)和《苏东坡诗词集》(1975,均戈鲁别夫译),李清照《漱玉词》(1974)和《辛弃疾诗词集》(1961,均巴斯马诺夫译)。也有多人合集的诗选,如《中国古典诗歌集》(1975,艾德林译)和《梅花开(中国历代词选)》(1979,巴斯马诺夫译)。在"世界文学丛书"中的《古代东方诗歌小说集》(1973)和《印中朝越日古典诗歌集》(1977)这两卷里收入的中国诗人最多,计有曹植、阮籍、嵇康、汤显祖、陈子昂等78人。同时,一些不常被人注意的近代诗人之作也有人翻译,如苏曼殊的《断鸿零雁记》(1971,谢曼诺夫译)。由此可见翻译工作涉及范围之广。值得注意的是有一些诗人参加了翻译,使译诗增色不少。例如50年代有著名女诗人阿赫马托娃译屈原的《离骚》(1956),如今有诗人吉托维奇译《杜甫抒情诗集》(1967),巴德尔金译谢灵运、鲍照的诗等。

在翻译小说方面,既有(古文小说)旧小说和笔记,如六朝小说干宝的《搜神记》(1977,吉什科夫译),《紫玉》(中国1—6世纪小说集)》(1980,李福清等译),《唐代传奇》(1960,费什曼、吉什科夫译)和《浪子与术士》(又名《枕中记》,1970,紫科洛娃译);沈复的《浮生六记》(1979)、瞿佑的《剪灯新话》(1979,均戈雷金娜译)和纪昀的《阅微草堂笔记》(1974,费什曼译);也有通俗小说(白话小说),如钱采的《说岳全传》(1963)和石玉昆的《三侠五义》(1974,均帕纳秀克译),《今古奇观》(1962,维尔古斯、齐别罗维奇译)、《十五贯(中国中世纪短篇小说集)》(1962,左格拉芙译)和《碾玉观音》(1972,罗加乔夫译),罗贯中、冯梦龙的《平妖传》(1983,帕纳秀克译)。此外,《金瓶梅》(马努辛译)已在1977年出了经删节的俄译本。有趣的是在苏联也同在我国一样,为了在少年儿童中推广文学名著,在70—80年代出版了《水浒传》(1978)、《西游记》(1982)和《三国演义》(1984)的节译本或缩写本(在50年代已有全译本的基础上缩改)。

同时,还有不少散文作品翻译出版,如《山海经》(1977,杨希娜译),司马迁《史记》(1972、1975,维亚特金、塔斯金译),《韩愈柳宗元文选》(1979,

索科洛娃译)、陆游《入蜀记》(1968,谢列布里亚科夫译)等。有一部《中国古代诗歌与散文集》译本(1979),除收入诗经、楚辞、古诗十九首、汉乐府的选译外,还有司马迁、伶玄、贾谊、赵晔等人的散文作品。

在翻译戏曲和民间文学创作方面,重要的有王实甫的《西厢记》(1960,孟列夫译);《元曲》(1966,彼得罗夫编,由斯别斯涅夫、马里诺夫斯卡娅、谢列布里亚科夫、孟列夫、费什曼等人翻译)共计收入关汉卿的《窦娥冤》《望江亭》和《单刀会》,白朴的《墙头马上》和《梧桐雨》,康进之的《李逵负荆》,马致远的《汉宫秋》,李好古的《张生煮海》,郑光祖的《倩女离魂》,张国宾的《合汗衫》,石君宝的《秋胡戏妻》等。在"世界文学丛书"的《东方古典戏剧》卷(1976,索罗金、雅罗斯拉夫采夫、戈鲁别夫等译)中则收入关汉卿的《窦娥冤》,洪昇的《长生殿》(片断),孔尚任的《桃花扇》(片断),汤显祖的《牡丹亭》(片断),郑廷玉的《忍字记》,作者不详的《劝狗杀夫》。民间文学方面有李福清辑译的《中国民间故事》(1972)和《东干民间故事与传说》(1977)。而袁珂《中国古代神话》的译本(1965,鲁波—列斯尼琴科、普济斯基译)和李福清为《世界各民族的神话》(1980)编写的 200 余则中国神话则使苏联读者有可能了解中国神话的全貌。

还有一种通俗文学的形式,即变文,吸引了汉学家的注意。孟列夫就列宁格勒珍藏的敦煌文献资料,作细心的整理和研究,从 60 年代起陆续出版其整理译注的"变文"成果:《维摩诘经变文·十吉祥变文(敦煌写本)》(1963,译注),《影印敦煌赞文附宣讲》(1963,整理、作序),《双恩记变文(敦煌写本)》(1972,译注),《妙法莲花经变文》(1984,译注)。此外,还有"宝卷"的译本,继《普明宝卷》(两卷本,1979,斯图洛娃译)之后,又出了《百喻经》(1985,古列维奇译)。

现当代文学作品的翻译要比古典文学少得多,但在某些方面也有突出的进展。由于切尔卡斯基持续不断的劳作,他编译出版的几本诗集恰好组成了一个介绍近 70 年中国诗歌的完整系列:《雨巷(20—30 年代中国抒情诗)》(1969)、《五更天(30—40 年代中国抒情诗)》(1975)、《40 位诗人(20—40 年代的中国抒情诗)》(1978)和《蜀道难(50—80 年代的中国诗歌)》(1987)。入选的诗人有 100 多人,规模相当可观。新译的小说也不少,有茅盾的《幻灭》(1972,伊万科译),老舍的《猫城记》(1969)和《赵子曰》(1979,均谢曼诺夫译),张天翼的《鬼土日记》(1972,切尔卡斯基译),赵树理的《李有才板话》和《小二黑结婚》(1974,罗果夫、克里夫佐夫译),

钱钟书的《围城》(1980,索罗金译),以及几本短篇小说集(分别选入鲁迅、茅盾、巴金、叶圣陶、丁玲、王鲁彦、王统照、谢冰心、吴组缃、许地山、老舍等人的小说)。此外,还有《瞿秋白选集》(1975,施奈德译)和邓拓的《燕山夜话》(1974,热洛霍夫采夫译)。

70多年来苏联翻译的中国文学作品已为数不少,目前已将俄译本系列化,于20世纪80年代出版了规模宏大的40卷本"中国文学丛书"。

3. 60—70年代出现一批研究成果

60、70年代的研究已扩大范围,并有向纵深发展之势。阿历克谢耶夫和康拉德的论文集可算是研究中外文学关系包括比较研究的得意之作。前者有《中国文学·论文选》(1978)和《中国民间绘画》(1966),后者有《西方和东方》(1966)及《康拉德论文选·中国学》(1977)。

文学史书有:索罗金和艾德林合著的《中国文学》(史略,1962)和波兹涅耶娃主编的大学教材《东方文学史》(四卷五本,1971—1977),其中有中国文学史部分占700多页。《世界文学史》(九卷本,苏联科学院世界文学研究所编)也有大量篇幅写中国文学史。

一批从20世纪50年代崭露头角的汉学家,在60、70年代纷纷发表专著。属于论述各类体裁的有李福清的《万里长城的传说与中国民间文学的体裁问题》(1961)、《中国的讲史演义与民间文学传统》(1970)和《从神话到章回小说》(1979),热洛霍夫采夫的《话本——中国中世纪的市民小说》(1969),费什曼的《中国长篇讽刺小说(启蒙时期)》(1966),谢曼诺夫的《中国章回小说的演变》(1970),谢列布里亚科夫的《中国10—11世纪的诗词》(1979),索罗金的《中国13—14世纪的古典戏曲》(1979),戈雷金娜的《中国中世纪的短篇小说:题材渊源及其演化》(1980)和《中国中世纪前的散文》(1983)。

属于文学理论和美学问题的有戈雷金娜的《中国的美文学理论》(1971)和李谢维奇的《中国古代与中古之交的文学思想》(1979)。还有论述文学和美学思想的几部论著虽系编译,但其序言及译注也值得一提,如:《中国古代的无神论者、唯物论者、辩证法家——杨朱、列子、庄子》(1967,波兹涅耶娃编译注),《晚期道家论自然、社会和艺术》(1979,波梅兰采娃编注),《圣贤文选·中国古代散文》(1987,李谢维奇编注)。

如若谈到综合性的研究论著,当然首先应当提到费德林的三部著作:《中国文学研究问题》(1974)、《中国古典文学名著》(1978)和《中国文学遗产与现时代》(1981)。此外,还有施奈德的《俄国古典作品在中国》(1979)以及几部集体撰写的论文集,重要的如《中国古典文学论文集》(1969)、《中国和朝鲜的文学体裁与风格》(1969)、《中国文学与文化》(1972,纪念阿列克谢耶夫九十周年诞辰文集)、《苏联对中国文学的研究》(1973,庆祝费德林七十寿辰文集)等。散见于各汉学刊物、其他报刊和文集中的论文则不计其数,无法一一列举。

研究单个作家的专著数量相当可观。古典文学方面重要的有:艾德林的《陶渊明及其诗歌》(1969),切尔卡斯基的《曹植的诗》(1963),谢列布里亚科夫的《陆游传论》(1973),马良文的《阮籍》(1978),别任(列·叶·巴迪尔金)的《谢灵运》(1980),费什曼的《中国17—18世纪的3位小说作家:蒲松龄、纪昀、袁枚》(1980)。

现代文学方面有施奈德的《瞿秋白的创作道路(1899—1935)》(1964),索罗金的《茅盾的创作道路》(1962),谢曼诺夫的《鲁迅和他的前驱》(1967),安季波夫斯基的《老舍的早期创作:主题、人物、形象》(1967),马特科夫的《殷夫——中国革命的歌手》(1962),阿直马穆多娃的《郁达夫和"创造社"》(1971),苏霍鲁科夫的《闻一多的生平与创作》(1968),齐宾娜的《1937—1945年抗日战争时期郭沫若的剧作》(1961),鲍洛金娜的《老舍在战争年代(1937—1949)的创作》(1983),尼古利斯卡娅的《巴金创作概论》(1976)等。

4. 80年代的中国当代文学热

从70年代末起苏联各报刊就陆续译载反映我国改革开放的作品,80年代逐渐形成热潮。

一是翻译作品数量越来越多。仅以汇编的成书为例,已出版中国的中短篇小说集有7部,收入小说近60篇,诗集1部,收入22位诗人的30余首诗(这些小说和诗在收入选集以前有不少已在报刊发表过)。其中1982、1983、1984年各出版1部,1985、1986年各出版2部,1987年是小说和诗集各1部。还有中、长篇小说3部。

小说集有:热洛霍夫采夫、索罗金编选短篇小说集《人妖之间》(1982年版),收入王蒙的《夜的眼》、刘心武的《班主任》和《我爱每一片绿叶》、王亚平的《神圣的使命》、李陀的《愿你听到这支歌》、韩少功的《月兰》、韶华的《舌头》和《上书》、刘宾雁的《人妖之间》、李准的《芒果》等①10篇。

热洛霍夫采夫编选中篇小说集《一个人和他的影子》(1983年出版)，收入刘宾雁的《一个人和他的影子》、刘心武的《如意》、王蒙的《蝴蝶》、陈淼的《稀有作家庄重别传》等4篇。

索罗金编选的《当代中国小说·王蒙、谌容、冯骥才》(1984年出版)，收入王蒙的《春之声》和《海的梦》、谌容的《人到中年》、冯骥才的《高女人和她的矮丈夫》等5篇。

索罗金编选的短篇小说集《纪念》(1985年出版)，收入王蒙的《春之声》、李准的《芒果》、冯骥才的《高女人和她的矮丈夫》、高晓声的《陈奂生上城》、蒋子龙的《一个工厂秘书的日记》、刘绍棠的《蛾眉》等②6篇。

李福清编选中短篇小说集《人到中年》(1985年出版)，收入冯骥才的《啊!》、王蒙的《杂色》、张一弓的《犯人李铜钟的故事》、鲁彦周的《天云山传奇》、谌容的《人到中年》、刘心武的《立体交叉桥》、蒋子龙的《乔厂长上任记》等7篇。

李福清编选《冯骥才中短篇小说集》(1986年出版)，收入《啊!》《铺花的歧路》《感谢生活》《神鞭》《高女人和她的矮丈夫》《三十七度正常》《意大利小提琴》《匈牙利脚踏车》《在两个问号之间》《在早春的日子里》《老夫老妻》等11篇。

热洛霍夫采夫编选短篇小说集《相会在兰州》(1987年出版)，收入韩少功的《西望茅草地》、秦兆阳的《觉醒》、张弦的《被爱情遗忘的角落》、周克芹的《勿忘草》、张贤亮的《苦泉》、温小钰的《我的小太阳》、张抗抗的《夏天》、冯骥才的《酒的魔力》、陆文夫的《临街的窗》、刘心武的《相会在兰州》等13篇。

同时，还有中、长篇小说的单行本如古华的《芙蓉镇》等多部作品，以及发表在杂志上的小说如张抗抗的《北极光》(《外国文学》1985年第6期)和谌容的《太子村的秘密》(《莫斯科》1987年第8期)等。

诗歌有切尔卡斯基编选的《蜀道难》诗选(1987年出版)，其中在"70年代末至80年代初的诗"一编中选入艾青、公刘、浪波、李发模、骆耕野、刘祖慈、吕剑、寥寥、苏叔阳、吴力军、方冰、方殿、方敬、傅天琳、韩瀚、胡笳、黄永玉、赵恺、朱健等22位诗人近年写的30首诗。

---

① 尚有王蒙的《组织部来了个年轻人》、陈翔鹤的《陶渊明唱挽歌》等非新时期的创作2篇。
② 尚有钱钟书的《纪念》等非新时期的创作6篇。

二是加强作品的评介工作。所有选集和单行本都有前言或后记,同时报刊还发表书评,有的书评文章还不止一篇,像长篇小说《芙蓉镇》俄译本1986年出版1年多之后,已经有4篇书评。这些评介文字几乎都一致肯定我国新时期文学的成就,索罗金认为"当代中国文学中的现实主义和人道主义传统到70年代末开始恢复"①。李福清肯定"自1979年当代中国文学开始了一个新的阶段"②。他们还进一步概括出当代文学的特点,热洛霍夫采夫指出:"当代中国文学生活的中心,是所谓的'暴露文学'流派……它的批判力量大大超过以前的同类作品。"③李福清则指出了另一个特点,说"乔厂长"的成功,证明"蒋子龙准确地抓住了时代的要求:现在中国正需要这种熟悉业务而不是空喊口号、精力充沛、行动果断的人来领导经济工作和工业"。④索罗金指出了再一个特点,说张抗抗的《北极光》"是一位艺术家的诚实和激动的叙述……描写了新人和新的思想感情"⑤。此外,书评几乎都一致肯定我国当代文学反映当前的改革和朝着艺术形式及艺术风格多样化发展这两大特色。

汉学家们对当代倾注了极大的精力,把工作重点移到当代也是一股潮流。即便以前不是重点研究当代的人,也开始注重当代。莫斯科大学教授谢曼诺夫对我说,他的主要工作就是继续培养青年汉学家和翻译中国当代的小说,他认为"这是当前最主要的事(由于这类小说非常多)",因而几年来他一本接一本地翻译出版。除了《芙蓉镇》(1986)、谌容的中篇小说《太子村的秘密》(1987)、路遥的长篇小说《人生》(1988),还有1989年出版的他所译张洁的长篇小说《沉重的翅膀》及其另外一部中篇小说。谢曼诺夫还译有蒋子龙的中篇小说《赤橙黄绿青蓝紫》和谌容的中篇小说《结婚进行曲》。同时,汉学家沃斯克列辛斯基也译有王蒙的长篇小说《活动变人形》。

不过,此番热潮已于上世纪末衰减,新译寥寥,乃经济条件严峻使然。至新千年始,有热洛霍夫采夫译的蔡骏两部长篇《病毒》(2002)和《诅咒》(2002),均出版于2006年。阿格耶夫译姜戎的《狼图腾》(2008),叶戈罗

---

① 《纪念》小说集的"前言"。
② 《中国当代文学中的传统成分》,《文艺报》,1986年11月29日。
③ 小说集《人妖之间》"前言",莫斯科,1982年版。
④ 《论当代中国中篇小说及其作者》,中译文见《文学自由谈》,1986年版。
⑤ 《北极光》"前言",见苏联《外国文学》,1985年第6期。

夫译苏童《我的帝王生涯》(2008)。此外,库德里亚切娃从英译本转译卫慧的《上海宝贝》和《我的禅》,均出版于2006年。日丹诺娃也从英译本转译棉棉的《糖》(2005)。长篇小说之外,短篇小说集则以扎哈罗娃和谢曼诺夫合编并翻译的《孔雀开屏》(1995年,收入陆文夫等13人各1篇小说)为著名。其他尚有短篇集或诗集若干种,属于罕见之列。

四、俄罗斯汉学文库编纂规划

为了全面系统又具体鲜明地呈现俄罗斯汉学成就,我们拟编纂"俄罗斯汉学文库"中译本,计30种左右,内含三类。

1. 汉学家论文选集

以人为卷,选入俄罗斯科学院院士、通讯院士和大学教授16人,其中:

院士、通讯院士7人:В. М. 阿列克谢耶夫(《〈二十四诗品〉研究》)、В. П. 瓦西里耶夫(《儒释道与古典文学》)、В. С. 米亚斯尼科夫(《俄中关系的文化因素》)、Б. Л. 李福清(《神话与民间文学》)、М. Л. 季塔连科(《汉学传统与东亚文明关系论》)、С. Л. 齐赫文斯基(《见证中国近代史进程三伟人》)、Н. Т. 费德林(《〈诗经〉与古代文学史》)。

资深汉学家,莫斯科大学和圣彼得堡大学等校教授10人:А. А. 龙果夫(《现代汉语语法研究》)、И. С. 李谢维奇(《中国古典文论》)、Л. С. 佩列洛莫夫(《孔子与儒学古今》)、Л. Д. 波兹涅耶娃(《苏联时代的中国文学研究》)、В. И. 谢曼诺夫(《鲁迅与章回小说》)、Е. А. 谢列布里亚科夫(《中国古典诗词论》)、Ю. Л. 克罗尔(《司马迁〈史记〉》)、В. Ф. 索罗金(《元曲与传统戏剧》)、谢罗娃(《京剧及其改革》)、谭傲霜(《汉语隐性语法》)、С. Е. 雅洪托夫(《汉语史论集》)、

2. 作品研究论集

介绍古典和现代名著作品在俄国的翻译、研究与传播,内容包括作品俄译版本和译者介绍、译本评析、俄国论者观点摘编。以作品为中心,按每部名著一卷,计11卷。有:《论语》在俄罗斯的传播、《孟子》在俄罗斯的传播、《道德经》在俄罗斯的传播、《孙子兵法》在俄罗斯的传播、《庄子》在俄罗斯的传播、《易经》在俄罗斯的传播、《西游记》在俄罗斯的传播、《水浒传》在俄罗斯的传播、《三国演义》在俄罗斯的传播、《红楼梦》在俄罗斯的

传播、《金瓶梅》在俄罗斯的传播。

3. 资料工具书

设若干专题。有：《国图藏俄罗斯汉学著作目录》《俄罗斯汉学的基本方向及其问题》《东正教驻京使团遗存文献书目》《俄国对西域的探险考察及所获文物的收藏整理》《汉文古籍流传俄国分类书目》《俄罗斯汉学家词典》等。

"文库"已筹划有年，早在1999年9月编者就会同出版社编辑进行了一次"俄国之旅"，到朔方去搜寻文宝，同相关汉学家商讨编选的书目。此后，又与国内同行学者反复商议，确定选题，始成规模。

以俄罗斯一国之汉学编立文库，属国内首成，意义重大。唯文库内容既丰，预计费用亦巨，须待筹足资金保障出版，力求稳妥，故迟迟未予启动。

如今，承时任大连外国语大学校长孙玉华教授慨然答应，由该校资助先期出版《国图藏俄罗斯汉学著作目录》，以带动后续。鉴于文库之学术价值，有长远意义，孙教授并允诺将文库出版事宜作为该校国际汉语推广基地的一项工作纳入计划，继续筹措经费，支持出版。

故此，文库将尽快编定付梓，以飨读者。

目　录

中国神话总论/1

中国神话/72

原始的与发达的神话系统/117

书面史诗与小说中的人物描写原则/126

民间平话话本中的人物及其描写/158

东蒙古说书史诗中对女英雄的描写/202

东蒙民间说唱的一种
　　——论唐代说书/231

中国中世纪文学中的体裁/239

译后记/267

中国神话总论

中国神话,作为迄今人们所熟知的一种体裁,乃是由从上古到晚近的民间神话、道教和佛教的秘密传说和仪式构成的体系。这些神话传统中的每一种都有其固定的系统,而且它们之间是互相联系的。道教神话广泛利用了古代神话的形象。晚近的民间神话,人们通常将它定义为混合的神话。它积极吸取道教和佛教的观念和形象。

中国人的古代神话观念以及与之相应的神话本身只保留在简略的、零碎的残篇中。复原中国远古神话是十分复杂的工作。中国上古神话的原初意义,通常被后世的层累所歪曲,受各个时代的哲学、历史观点影响而变形,而神话本身只是被约略提及。大量的古代神话人物,在一些冬烘先生的笔下早已变成了古代似乎真实存在的"历史"活动家。这一过程促使中国人对周围世界由神话解释很快转向理性解释,这种理性解释可以在拒绝"怪、力、乱、神"的儒家的学说中得到鲜明的表达。

我们可以借助历史、哲学著作对中国古代神话进行复原(《尚书》,前16—前11世纪的古代内容;《易经》,前8—前7世纪的古代内容;《庄子》,前4—前3世纪;《列子》,前4—4世纪;《淮南子》,前2世纪;王充《论衡》,1世纪)。大量的神话资料包含在《山海经》(前4—前2世纪)和《楚辞》中,后者是屈原(前4—前3世纪)和其他楚国诗人的作品总集。

中国古代神话的鲜明特色之一是神话历史化,在儒家理性主义世界观影响下,神话人物很早就被解释为远古的历史人物(这种痕迹至今尚存)。最重要的神话人物化为君王,次要的人物化为官吏等。神话的历史化还促使形成中国神话中典型的人物人神同形化过程。在晚近的民间神话中还持续着这一过程。图腾观念发挥了极大的作用。比如,殷人认为玄鸟是图腾,夏人则认为蛇是图腾。蛇逐渐演化为龙,龙能呼风唤雨,同时与世俗权力保持联系。鸟显然演化为了凤凰,这是一种神鸟(它通常翻译成"凤凰"),是女性统治者的象征(龙则是男性统治者的象征)。

关于无形的巨大之物——混沌的神话,显然属于最古老的神话(从"混"和"沌"的字形来看,这个概念是以水混乱的形状为依据的)。在一系列神话先祖身上都可以发现未曾分割的特征(并生的脚趾和牙齿)。依据《淮南子》的说法,其时还没有天和地,无形之物迷茫于混乱之中。在混乱中产生了二神。原初的混乱也反映在"开辟"这个概念中(从字面上看,它指"世界开端",即天地的分离)。徐整(3世纪)《三五历纪》叙及,天地浑沌如鸡卵。天地分离,导致了与天地同样体量的盘古产生。他同自然现象相联系,他吸气产生了风和雨,呼气产生雷电,他睁眼白天即到来,闭眼夜晚即到来。他死后,他的肢体和头变成五岳,他身上的毛发变成草木,身上的寄生虫变成了人。① 盘古的神话证明,在中国存在着典型的古代的宇宙起源学体系,它将人体比喻为宇宙,宏观世界与微观世界相协调(在上古晚期和中世纪这种神话观念也在与人相关的其他知识领域得到了加强:如医学、骨相学、面相术等)。可以设想,这样的神话产生于与汉族人有亲属关系的南方部族。就发展阶段而言,不断演变的生殖始祖女娲的系列属于更古老的类型。女娲是半人半蛇(或龙),被认为是创造一切事物的女神(但尚未见她创造世界的神话)。一则神话说,她以泥土造人。在更晚的神话变体中,她又与婚礼的确立相联系。盘古没有创造世界,他自己随着天地的分离而发展(只是在中世纪的木刻中才描绘了他手持凿子和锤子,分出了天和地)。女娲是很有特色的工匠。她修补崩塌的

---

① [清]马骕《绎史》(齐鲁书社,2001年版,第一卷,卷2页)卷一,引徐整《五运历年纪》:"首生盘古,垂死化身。气成风云,声为雷霆,左眼为日,右眼为月,四肢五体为四极五岳,血液为江河,筋脉为地理,肌肉为田土,发髭为星辰,皮毛为草木,齿骨为金石,精髓为珠玉,汗流为雨泽,身之诸虫,因风所感,化为黎甿。"从上文中可以看出,李福清的转述不尽准确,例如他关于吸气呼气,关于睁眼闭眼的说法。其次,李福清转述的上述神话出自徐整的《五运历年纪》,而不是他所说的徐整的《三五历纪》。——译注

天穹,她斩了巨鳌的四足,用来补天的四极,用芦苇的灰来阻止水泛滥(《淮南子》)。不妨设想,从来源来看盘古和女娲从属于不同部落的神话,女娲的形象或者产生于古代中国的东南区域(德国研究家 B. 缪克),或者产生于四川西南部的巴文化区(美国学者艾伯华),而盘古的形象产生于中国南部。

关于文化英雄伏羲的传说也广泛流传,他显然是夷部落(中国东部,黄河下游)的始祖。伏羲被认为是渔网和八卦的发明者。他教人渔猎,烤肉。夷人的图腾是鸟,伏羲作为夷人的第一个文化英雄,他应该是半人半鸟。后来在进入公元之际,在中国神话体系形成的时候,伏羲被描画成与女娲是一对夫妻的样子。在山东、江苏、四川等省的公元最初的几个世纪的石棺画像上,伏羲和女娲被描绘成人体相连的一对,他们的尾巴(龙尾)纠缠在一起,这象征着夫妇的交媾。在 20 世纪 60 年代初在四川采录的汉族人的代代相传的神话中,伏羲和女娲是兄妹,逃过大洪水的劫难后,他们结婚,以恢复被毁的人类。在书面的文献里(从 2 世纪开始)只是偶然提及女娲是伏羲的妹妹,只是 11 世纪的诗人卢仝①才将她称为伏羲的妻子。

关于大洪水的神话在文献中的记载早于其他神话(《尚书》《诗经》,前 12 世纪—前 11 世纪),但从发展阶段看,它不属于最早的神话。可以设想,大洪水的神话产生于淮河、钱塘江(安徽、江苏)的中国人的部落,然后流传到现在的四川地区。美国汉学家波德指出,中国的大洪水神话中没有对人类的罪过的惩罚(只是在现代伏羲、女娲神话的现代变体中才能看到),只有水患的一般性的观念。这里讲述了农民同水患做斗争,以便种庄稼(开荒)和灌溉。在《尚书》中,鲧试图靠从最高统治者那里偷来神奇的自生土(息壤)来抵御水患(可以设想,这个形象居于这样的古老观念之中,即在创世之初要扩大土地,创世伴随着制服洪水的神话,而洪水则会在神话中留下地球上生命发展新阶段的痕迹)。但是战胜洪水的是鲧的儿子禹。禹开挖沟渠,整理土地,清除土地的污秽(清除污秽是文化英雄的特征),为农业创造条件。

因为古代的中国人把创世看成是天地逐渐分开的过程,所以神话中会述及,开始时可以借助特殊的天梯登上天。后来出现了对古老的天地

---

① 此处作者记忆有误。按,卢仝(? —835),中唐诗人,与韩愈同时代,并非生活于 11 世纪。其《与马异结交诗》(《全唐诗》卷三八八)有云"女娲本是伏羲妇"。——译注

分离观念的另一种解释。按照这样的说法,最高统治者派自己的孙子黎和重截断天和地之间的道路(前者上了天,后者入了地)。① 与天梯观念相伴随,在昆仑山(所谓的世界之山的中国版)神话里有天路的说法。昆仑山连接天和地;其上有上帝居住的下都。这些神话的基础是关于"世界之心"的概念,这不是普通的山,而是高耸在山上的都城——宫殿。另一种垂直宇宙的观念体现在太阳神木——扶桑这个形象里,它的基础是世界之树的观念。在扶桑里住着10个太阳——10只金色的鸟。他们都是住在东南海里的羲和之母的儿子。据《山海经》说,太阳先浴于水滨,然后升上扶桑,从那里走上上天之路。它渐渐飞到最西边,落到另一棵太阳树——若木上。若木的颜色照亮大地(多半是晚霞的形象)。与多个太阳观念相联系的是自然的宇宙平衡被破坏的神话,其结果是同时出现了10个太阳;可怕的旱灾到来了。天上派来的后羿射出箭,射落了多余的9个太阳。

月亮的神话显然比太阳神话更平淡。《山海经》说,在大荒中有日月山,它是天轴,太阳和月亮在其边缘降落。就像羲和一样,嫦羲洗浴自己的孩子,即月亮。只有屈原不把月轮称为月母,而是月亮的车夫(在太阳神话系列中母亲自己驾驭儿子——太阳)。人们对一个特别的角色望舒则所知甚少。假如说太阳会联想到三足乌,那么月亮则会联想到蟾蜍(在后期的观念中它是与三足蟾蜍相联系的)(见《淮南子》)。通常认为,在月亮里住着玉兔,它在捣不死之药(中世纪的作者认为蟾蜍代表阳,玉兔代表阴)。月中的蟾蜍和兔的形象最早的记录出现在帛画上,这是1971年在湖南长沙发现的。假如太阳神话是与后羿相联系的,那么月亮神话则是与他的妻子嫦娥(也称姮娥)相联系的。嫦娥偷了后羿的不死药,吃了后飞到了月亮上,孤零零地住在那里。另一种传说是,在月亮上住着吴刚。他被发配到月亮上砍巨大的桂树,斧头砍的痕迹第二天又长上了。这个神话显然形成于中世纪道教的氛围中,但月亮树的观念形成在更早的时期(在《淮南子》中就有了)。

五个星宫的概念对理解中国神话具有重要意义。五星宫以太一、青龙、朱雀(或朱鸟)、白虎、玄武来象征中、东、南、西、北五方。这些概念中

---

① 此处有误,袁珂校注《山海经·大荒西经》(巴蜀书社,1996年)云"帝令重献上天,令黎邛下地"(第460页)。袁珂《中国神话传说词典》(上海辞书出版社,1985年版)的"重"和"绝地通天"条也指出是重上天,黎下地(第278、306页)。——译注

的每一个都有相应的星宿,有相应的形象。在远古石棺画像上环状描绘青龙星宿诸星,其旁会画上一条青龙,玄武被描绘成龟蛇相缠(相交媾)的样子。某些星宿被认为是神仙或他们居住的地方的人格化。大熊星座(北斗星)和它上面的神仙可预测生死和命运等等。但是在神话传说中人格化的不是这些群星,而是个别的星宿,如在天穹东边的商星、西边的参星。

在自然诸神和自然现象中,雷公显然是最古老的。最初他被表现为半人半神的样子。他很可能被视为始祖伏羲之父。

在古汉语中,"震"这个概念本身在词源学上同"孕"有联系。从这里可以看出一些古老的概念的遗迹,根据这些概念始祖们的诞生伴随着雷鸣,也有"咆哮的龙"相伴。"震"这个汉字也表示家中的长子。在进入公元前后,曾存在过关于天上的龙——雷公的概念。中国人把彩虹想象成卷曲成彩虹状、两端都有头的龙。这种形状在汉砖中是很常见的。从文献记载看,可以分为牡龙(以明亮调子为主)、牝龙(以昏暗调子为主)。曾有关于神话化的君王舜的母亲因大虹(大概就是龙)而得灵孕的传说。风和雨也人格化为风伯和雨师。风伯被想象为狗身人头(参见《山海经》),另外的说法是,他同鸟、彗星有关系,也跟长着鹿身、鸟头、蛇尾、豹纹的神话人物飞廉有关(参见 4 世纪诗人晋灼的作品)。

在中国神话中的大地的世界首先是指河与山(可比较中世纪的词,"江山"指"国家";"山水"指"风景");森林、平原、草原和荒原实际上不发挥什么作用。在远古的文字中"地"作为象形字是表示堆砌的土,也就是说基本上是与大地和山相同的。山神被描绘成不对称的形象(或一只眼、一只脚,或三只脚),通常的人的特征会翻倍(两个头),或者将人和动物的特征相结合。大部分山神的奇怪形貌证明了它们与土地的自然力量可能发生联系。关于泰山(位于现代山东省内)是司生死之神(即某种地狱神)的住所的传说,可以作为这一观点的旁证:这是在大地之下的世界,即从山顶上的入口进入到深深的山洞里。水神大部分是具有龙、鱼和龟特征的动物。但是在纪元之初,水神常常是人格化的。水神既有男性(如淮河神河伯),也有女性(洛水女神洛神、湘江女神等)。人们以女神来纪念各种被溺水者,如洛神,可以被看成是对神话人物伏羲的女儿的纪念,这就是被淹死在洛水中的宓妃。

中国古代神话的基本人物(文化英雄)是——远祖,他们在上古的历史化的典籍中被表现为远古的现实的君王和臣属。他们是作为文化财富和文化物品的创造者而突出出来的：伏羲发明了渔网；燧人氏发表了火；神农发明了耒，创造了农业的基础，挖掘了最早的井，确定了草的医用价值，组织了易货贸易；黄帝发明了运载工具——船和车，他还发现了制衣的材料，他开始建设公共道路。与他的名字联系的还有纪年法（黄历），甚至还有文字（据其他传说，是长着四只眼睛的仓颉创造了文字）。制造各种陶器、甚至乐器，这在远古被认为是最重要的文化活动，这通常会被归在所有神话性的远祖的名下。同一种活动会被以不同的神话记在不同的人物的名下。这表明，文化活动同一定的人物的关联不是一下子就确立的，不同的民族都把发明记在自己的英雄的名下。在古籍《管子》中，黄帝曾钻木取火，可是在古籍《河图》中则是伏羲，而在《易经》系辞传和哲学著作《淮南子》中则是燧人氏（从字面上讲，他就是"钻木取火"的人）。在后续的文化传统中由于这些人物发现火，这一最重要的文化功绩得到了巩固。

　　所有这些文化发明，不管是记录在哪一位远祖名下的，它们反映的远不是神话英雄创造这些事物的最早的观念。他们发明、发现物品的更古老的方法，通常是盗窃，或从主人，或从另外的世界获得神奇之物。只是还保留了这类神话的残迹，比如关于后羿从西王母那里得到不死药的故事。后羿造访西王母是与中国古代关于冥间的神话相联系的，可以解释为从阴间获得了灵药。在这里可以发现中国神话思维具有同后来的道教学说相协调的特点。道教学说以寻找养生和长寿之道为其目的。在《山海经》中已经记载了许多生活在遥远的奇异地方的仙人。西王母与其他特点分明的文化英雄有区别，她是另一类神话人物，她显然具有神魔特点。在古代的文献中她具有明显的兽形特点：豹尾，虎牙（参见《山海经》），她主持天庭的惩罚。根据另外的传说，她播撒海水，传播疾病。她具有虎和豹的特点，她还居住在山洞里，这些都令人设想，她是山灵，是母系社会双面性的形象。

　　神话英雄的另外的神魔变体是宇宙和社会平衡的破坏者——水灵共工和造反者蚩尤。水灵共工被描写成破坏宇宙规则的动物化的反抗者的形象，他同火神烛龙作战（两种对立元素的斗争是远古神话最常见的主题）。在后来的神话里，多手多足的蚩尤（这在某种程度上可以看成是对古老的大混乱观念的反映）同体现和谐和秩序的统治者黄帝的战争，已经不是描写代表对立自然元素的两个英雄的决斗,而是夺取不同部落统治者权利的斗争,同时也描写了自然元素统治者之间的巫术式斗法(比如,风伯和雨师站在蚩尤一边,黄帝的女儿旱魃则站在她父亲一边)。干旱战胜了雨、风、云,因此黄帝作为最高的神战胜了蚩尤。黄帝和蚩尤的整个战争从类型学上看,同希腊神话中的宙斯与巨人神的斗争非常相似,这也可以想象为天神(黄帝)跟地祇(蚩尤)的斗争。

在中国古代的神话中,古代理想君主的形象占据重要位置,尤其是尧和他的继承者舜。在日本学者御手洗胜看来,尧开始是鸟身的太阳神之一,后来他变成了地上的君王。

古代中国不同部落和部落联盟的分散的神话形象逐渐形成了一个唯一的体系,促成这个体系形成的是自然哲学观念的发展,分类体系的发展,其中五行的促进作用尤其明显。在该体系的影响下,世界的四分体系变成了由五行定位的空间五方(大地的四方与中央,或称中心),天上的最高统治者已经被认为是中央之神。在殷商时期(前16—前12、11世纪)的甲骨上已经有了"帝"字,它表示已故的君王的"尊号",或者是与之相应的"神祖"或"圣祖"的称号(日本学者加藤常贤认为,从词源学来看,"帝"字是对祭天的祭坛的描绘)。配上"上"字,"帝"就表示是上天的主宰(上帝)。

在周朝时期(前12、前11—前3世纪),在古代中国已经形成了对作为主宰地上所发生的一切的天的崇拜。但是"上帝"和"天"的概念是纯粹抽象的,同时也很容易同具体的神话人物发生联系,所以就造成了神话五帝的观念。可以设想,在古籍的记载里三皇(伏羲氏、遂人氏和神农氏,当然也有其他说法)的概念是同五帝相平行的,这反映了另外一种三分法,导致了中世纪出现三个神话君王的形象——天(天皇)、地(地皇)、人(人皇)。进入神话五帝的有:中央的统治者是黄帝,他的助手是后土,他的颜色是黄色,他的治下有太阳宫,天中央部分的很多星宿都在那里,有大熊星座(北斗)和天星(土星);东方的统治者是太皞(即伏羲),他的助手是绿色树神句芒,他的治下还有雷公、风伯,有东方的星座岁星(木星),他司管春天,是绿色的;南方的统治者是炎帝(即神农),他的助手是火神祝融,与之相应的南方的星座是荧惑星(火星);西方的神是少昊(他的名字"少昊"同东方神"太昊"是相对立的),他的助手是白色的神蓐收,与之相联系的是天的西方的太白星(金星);北方的统治者是颛顼,他的助手是黑色神玄冥,在他的治下有月宫和雨师,有天空北方的星宿,如辰星(水星)。神话的统治者,即世界各方的君主,按照五行学说,他们也是与季节、色彩、动物、脏腑相配的。比如,伏羲对应于木、动物中的龙、色彩中的绿色、季节的春、腑脏中的脾、武器中的斧;颛顼对应于水、黑色、冬、龟、肠、盾。所有这些证明,出现了足够复杂的等级体系,在那里所有因素处于持续的互相影响之中,一种因素可以转化为另一种因素,这要借助于不同的"密码"(空间的、时序的、动物的、色彩的、腑脏等的密码)。这里不排除这样的可能性,这个复杂的观点体系的基础是这样的观念,即人和宇宙是如何从原初中产生的。古代神话观念的调整也是在总的分类框架中进行的。伏羲被视为最古老的统治者,继承他的有尧帝(神农)、黄帝、少昊、颛顼。这个等级体系得到了历史学界的借用,而且神话人物继续历史化,尤其是到了汉代(前206—220),起源神话被用于证明在位者的合法性,证明某些宗族的古老的起源。大量神话情节被激活在公元前4世纪和以后的典籍中。而且这种情形持续到这个时期,当时人们相信神话,基本上是把神话看成是历史的一种形式。屈原的《天问》可以证明这一点,在这首诗中对古代神话的情节疑惑不解,对其中的矛盾发出了疑问。其后,在1世纪,勇于争论的哲学家王充从朴素的理性主义的立场出发,对神话美学思维展开了全面的批判。但是,古代神话情节的消亡和遗忘并不意味着在民间口头文学中神话创作的停止,也并不意味着新的神话人物不再出现,或不再讲述他们。与此同时远古的人物出现了积极的人形化的过程。比如,在纪元的前后,在文学和艺术中西王母由动物化的形象转化为人形,甚至成为了美人(如在文学中)。沂南(山东,2世纪)的汉砖上在她的旁边描绘了虎——西方神,它接续了她的动物特点(2世纪桓麟的《西王母传》也与此相似)。在汉代,西王母出现了丈夫,他是东方的统治者——东王公。他的形貌模仿了更古老的女性神的形象,这一点在描写他的《神异经》(5世纪?)中更明显(该书是模仿《山海经》的)。在《神异经》中东王公区别于汉砖画像,具有动物的形象(鸟面,虎尾)。

道教神话

在进入纪元和纪元初的头几个世纪之时,道家哲学开始演化为宗教,该宗教吸收了上古民间崇拜和巫术信仰的因素。在这样的情况下,道士们为了自己的目的积极利用中国古代神话形象,首先是利用黄帝和西王母。黄帝失去了远古文化英雄的特点,变成了第一位神仙,变成了作为宗教体系的道教的始祖和保护神,尽管这并没有导致有关他的新的神话情节的出现。不妨设想,黄帝形象的变形是由他在此前的神话传统中居于众神中的特殊地位(被限定在中央的位置)决定的。西王母的形象则是另一种情形。她进入道教诸神中,不是因为她是实行惩罚的西方的女性统治者,而是因为她是不死之药的拥有者。在关于西王母的新的传说中,不死药已经被长在她的花园里的神奇的桃树上的仙桃所代替(生命之树同女性神的特殊联系在各民族的神话中都有记载)。

根据五行理论,西王母获得了金母之名,因为西方属金,与此相应,她的丈夫被称为木公,因为木与东方相配。这些人物的重新的定位,他们同养生和长寿思想的联系,都是由于养生和长寿成了中世纪道教的核心问题——道教徒热衷于炼丹,追求其他的长寿之道(借助于房中术、特殊的吐纳术、导引术和食疗等)。不必惊诧,道教神话中的主人公基本都是神仙。八仙的概念特别流行,他们是各种艺术和职业的保护神,不停地创造各种奇迹,而且时常造访西王母的宴会。在道教神话中,关于蓬莱、方丈和瀛洲三座山的传说发挥了很大的作用,它们浮在海上,它们的概念是从中国古代神话中借用来的。这三座山是道教天堂的变体,在那里住着很多仙人。道家向宗教的转化,佛教、儒教(它不是宗教,而是具有文化实践因素的伦理学说)、道教之间分享影响空间,导致出现以下情形,即道教继承巫术,获得了完整的"法力"来驱除恶魔。在道教神话中,鬼魔的各种掌控者(比如张天师、钟馗、姜太公)运用了这种特殊的法力。

道教诸神里有成千上万的无所不能的仙人、圣者、神、魔、土地神、淫祀对象,还有3千多人形神。这些数目繁多的神由三位初始的、抽象的、神秘象征物——太初、太岁、太一(从这个三位一体中可以看出对中国古代神话的"三皇"观念的模仿)统帅着。也有另外的说法,即是天一、地一和太一。在道教神话的发展中,在它同民间信仰的接近中,这个三位一体的抽象范畴逐渐人格化为老子、黄帝和盘古(有时是太一)的形象。

中国佛教神话

在纪元初的几个世纪里,佛教及其发达的神话体系从印度经过中亚传入中国。为了适应本土的条件，佛教吸收了中国传统伦理道德学说中的某些基本思想（比如孝）。在 8—9 世纪，佛教徒为了传教，利用中国古代的故事情节，其中包括古代神话（如《孝子舜子变文》①）。各种佛教人物的出身渐渐同中国的人物产生了联系。出现了这样的传说，在中国非常有名的观世音菩萨（显然是在 7 世纪之后，在中国主要是以女性的形象出现的），化身为中国王公（7 世纪？）的女儿——妙善公主，她拒绝出嫁，并且违抗父命出家。经历了由于其父亲的报复而来的各种灾难，甚至下了地狱，妙善遇到了释迦牟尼，他把她送到了普陀岛上的仙山（这个传说有各种不同的版本），在那里她成了观世音菩萨。在中世纪出现了其他佛教人物的"本土化"，比如地藏王，根据一种传说，他是来自朝鲜新罗国的和尚，后来成了神。

在佛教的直接影响下，在中国人中出现并发展了地狱观念。在古代，地狱观念是非常含混的。当时认为，人死后其灵魂会坠入黄泉，阴间位于西边，或西南的某地。在纪元之初，阴间被定位在泰山的范围内，其统治者决定人或亡故者的命运。在丰都（四川省）也有阴间，但是细节明晰的地狱观念，众多的阴间判官，在中国只是在佛教的影响下才出现的。

晚期民间神话

同道教、佛教的神话体系相并立，在中国存在着古老的，并且不断产生着地方的民间崇拜偶像，同时还有作为崇拜偶像的儒家智者，有全国性的、地方性的各种英雄。如果说对于中国古代文化而言，神话英雄始祖具有明显的被历史化的特点的话，那么对于中世纪而言，则相反的过程是很典型的——真实的历史活动家被神话化，他们变成神——职业的保护神、城市或地域的庇护神等等。类似的神化的原因、崇拜对象的确立（常常得到官方的、皇帝的认可）有时完全的偶然的。从 3 世纪的统帅、蜀国的创立者刘备的传记看，众所周知，他年轻的时候打过草席、草鞋，并贩卖过这些东西，这足以让他成为编织匠人的保护神。刘备的盟友关羽以忠勇而闻名，他成为了寺庙的保护神，然后成了神魔的克星，大约在 16 世纪的时候成了战神（关帝），这一切身份都跟战功卓著有关。在以后的时间里，这

---

① 按，敦煌现有舜子变文存两卷：斯 4654、伯 2721。前者题作《舜子变》，后者正面原题《杂抄》一卷，反面抄《舜子至孝变文一卷》，未有以《孝子舜子变文》为题者。

位3世纪的真实的英雄变成了财神,变成了无所不能的保护神。还有一系列神话化的历史人物替代(赶走)古代神话英雄,而担任他们的功能。比如,7世纪的将军秦叔宝和尉迟敬德在12—14世纪神话化,成了门神,替代了中国古代的门神神荼和郁垒。不排除这样的可能性,在11世纪末期门神被彻底遗忘了,因此伴随着现实中的将军的神话化,门神又复活了(没有任何有关的材料保留下来)。11世纪末期在中国出现了各种神话体系大融合的趋势,出现了宗教的融合,以及与之相联系的融合性的神话,将道教、佛教、民间宗教,甚至佛教人物融合为同一个体系。各种神话材料融合过程在乡村特别活跃,在一个小小的乡村小庙里可以并立着孔子、佛陀、老子的塑像。在城市里,在大的宗教中心这个过程尚未完成,在黄山的道观里,除了众多道教崇奉的塑像外,大概只有观音,在佛寺里,则没有道教和民间神话人物进入。

　　但是在中世纪,在民间意识中上述混合过程导致出现了一个以玉帝为首的众神家族。玉帝的形象是在8—10世纪的时候形成的。玉帝在一定程度上取代了道教的黄帝,也占据了属于上古神话体系中的上帝的位置。在混合诸神的众多神话人物中形成了固定的分组:天神——玉帝和他的随从;自然神——雷公、电母、风神、水神、各种等级和家族的龙王、星神等;司地方和城镇的神——土地、城隍等;司家庭和公共建筑的神——门神、灶王、床公、床母、司厕所的紫姑、护寺庙的伽蓝神,还有保佑手艺和职业的神,司贸易的神,还有护佑家畜的神;司医药之神,集合为一个药王;还有防治病的神,如痘神,还有救治传染病的瘟神;①送孩子的神——送子的张仙,还有一个送子的女神族,称为"娘娘",在民间意识中这个女神族与观世音菩萨相似;福、寿、财神;地狱使者、鬼魅等集合为一个术语——"鬼";还有其他的民间神话中的人物等等。在混合诸神中应该尤其关注在旧中国特别流行的人物分组。如保护神,特别是关帝;送子神,特别是观音;财神、寿仙;注视着家里发生的一切事情的门神、灶神。中国神话人物,尤其是晚近的、常常以现实中的人物充任的神话主人公,拥有纪念日(如生日等),在中国纪念日是按照阴历的日期来举行的。

　　中国神话对该国的艺术文学有明显的影响,但是由于早期的神话即历史观念的影响,也由于儒家世界观的作用,还由于古代中国缺乏史诗和

---

① 《三教源流搜神大全(外二种)》(上海古籍出版社2012年版)157页记载:因五瘟神"其年国人病死者众"。因而为之立祠。并未叙及救治之事。——译注

戏剧,神话较少在语言艺术中得到反映。除了诗人屈原而外,中国古代神话只是在篇幅不大的诗歌作品中得到了描绘,如曹植(3世纪)的《洛神赋》。在产生于中世纪(起始于3世纪)初期的叙事文学中,以篇幅不大的中短篇故事的形式发展出了奇遇记(讲述凡人遇到神仙),以道教和民间神话为主的形象得以推出。在8—10世纪的发展出的"变文"中,以佛教内容为基本情节,为民众叙述佛教徒和菩萨的生平事迹。发端于12—13世纪的戏曲则提供了有趣的、尽管数量不多的作品,这些作品以道教(如八仙)或佛教故事为情节。以口头传说为基础的书面叙事文学作品个别时候也利用了神话的题材和形象(如吴承恩的《西游记》、许仲琳《封神演义》、周游的《开辟演绎通俗志传》——全是16世纪的作品)。在所有这些晚期的叙事作品中可以明显感到民间混合神话的影响。甚至在《开辟演绎通俗志传》中,既有经过作者的意识加工和以叙述作品和小说的艺术手法提炼的古代神话形象,也叙述了同中国的创世神盘古和女娲相并立的某些佛教神祇。在持续发展的文人小说(同鸿篇巨制的叙事小说相平行,从7世纪开始)和民间话本(从12世纪开始)中,片段性式地利用了民间神话中的某些的形象。这方面的例子是蒲松龄(1640—1715)的小说。

在中国现代文学中,成功地利用神话情节的例子是鲁迅的《故事新编》,在这些作品中,他以讽刺和争论为目的,部分地重叙了后羿和他的妻子的故事,叙述了大禹治水等。

在绘画和实用艺术(古代陶器和青铜礼器)中,神话题材(实际上是动物化的或人兽同形的形象)得到了积极表现。神话情节出现在汉代(前3世纪—3世纪,原文如此。——译者)的石棺画像中,成了墓葬的主要装饰。其中最流行的情节,是描绘始祖伏羲女娲、西王母、后羿等的人兽相杂的形象。伴随着佛教的流行,佛寺的兴建,以及模仿佛寺的道观的兴建,佛教、道教人物的塑像出现了,他们的肖像也出现在壁画上。这些人物也出现在中世纪中国画家(王维、吴道子、马麟)的作品中,还出现在宫廷建筑的壁画中,随着雕刻(起始于7—8世纪)的发展也出现在木刻中(佛、道经书的插图,木刻纸印的佛、道人物像,《山海经》和其他神话叙事作品的插图等等)。在中世纪晚期(大约在15—16世纪)民间混合诸神中的人物也经常出现在版画式的圣像——纸马上。此类内容的版画在中国一直到20世纪40年代还在印制,而在东南亚直到今天还在流传。它们是用来在祭祀相应的神的时候焚烧的。神话在中国文化中的反映表现出如此的特点,从上古时代起,古代的同样的神话情节和观念,以不同的形象呈现在语言艺术和绘画艺术中。在一种情况下,绘画作品中保留着比语言艺术中更古老的特点;在另外的情况下,则刚好相反,与同时期的绘画艺术作品相比,在语言创造的典籍中,英雄——始祖显得为更古老。

对中国古代神话的研究

世界上第一本关于中国古代神话的书1892年出现在俄罗斯。这是M.C.格奥尔基耶夫斯基(1851—1893)的著作《中国人的神话观和神话》,它1891年首次发表于《俄罗斯评论》(第5、6卷)。早在1885年格奥尔基耶夫斯基出版了题为《中国历史的第一阶段(秦始皇之前)》一书,在该书中,按照中国的传统,全部神话人物(伏羲、女娲、神农等)被视为远古的现实的国王。在该书末尾,格奥尔基耶夫斯基对深受上帝观念影响的古代中国人的神话观念给予了短评,描述了对山的崇拜,揭示了五帝与五行、五方(四方加中央)的关系。

在下一本书中格奥尔基耶夫斯基区分了神话和神话意识,他将后者理解为"被所有民众的所接受的"某种世界观基础,它先于特殊的神话(神话是关于神话人物活动的故事)而出现。恰恰在这之后,在中国人中先产生了星空明显"倾斜"的概念,才可能产生水神共工的神话,他在与火神祝融交战失败后,以头撞充当天柱的山。格奥尔基耶夫斯基首次对中国神话进行了分类。他描述了中国人的星宿神话、太阳神话、月亮神话、"罕见的地球大气层"的神话,也就是他所谓的关于雷、流星、彩虹、朝霞、闪电等的神话。他还叙述了关于灵的概念,有善灵、恶灵,有保护神,有护家的神,有从各种疾病中救人的神。与关于古代中国史的著作相区别,在这部著作中他写道:"伏羲、神农、黄帝、帝喾、尧、舜是中国人的文化和文明的传播者,这可不仅仅是神话。"在那个时期,对传统的中国古代历史而言这是全新的观点。

作者正确理解了中国神话的很多问题,比如神话中道教与古代中国的五行的关系。但是格奥尔基耶夫斯基的书也有方法学的缺陷:混淆了不同时代的材料,过高估计了梦幻和"心理"因素在神话形成中的作用(承袭了翁特的观点),用词的原初意义的含混性来解释神话。古希腊人已经用这样来解释神话了。在12世纪中国哲学家朱熹也作了这样的解释。

19世纪德国哲学家马克斯·米勒在更深刻的哲学基础上重新复活了古代的理论。显然格奥尔基耶夫斯基恰恰接受了这样的思想（格奥尔基耶夫斯基的书作为第一本已经中国古代神话的著作，已经在翻译成中文，南开大学研究生李丽华的学位论文以它为研究对象）。

1882年日本杂志《东洋学杂志》（9期）发表了井上圆了（1858—1919）的文章《论作为儒教偶像的尧舜》，在文中作者试图推翻关于古代中国理想君主的传统观念。他认为，孔子和孟子把野蛮时代的人变成模范君主，他们的行为有助于推广儒家伦理。这位学者征引了埃及和希腊人的远古信仰，但他没有用"神话"和"传说"之类的概念。

日本历史学家白鸟库吉（1865—1942）承续了井上圆了的工作。他受到西方学术的影响，开始站在新的批判立场上来研究古代中国的历史史实，他得出这样的结论：睿智的君王舜，他的妻妾，他的兄长象，他的前任、富有美德的尧，大禹，这些英雄不是真实的历史，而是传说。他在自己的文章《中国远古传说研究》（1909）中表达了自己的观点，该文受到传统学者的激烈抨击。白鸟库吉在篇幅不大的文章《〈史记〉敬评》（1912）中回应了驳难，在该文中他证明，古书中所记载的内容都是后世的产物，是建立在周朝流行的关于五行和二十八星宿的自然哲学基础上的。白鸟库吉进而叙及中国历史分期中的神话学特征。1930年他完成了巨著《中国古史评论》，该书是若干年后才出版的。

欧洲汉学界研究中国古代神话的第一阶段（20世纪初）集中于研究西王母的出身问题，讨论在中国的神话中能否从这个名字中解读出示巴女王。在格奥尔基耶夫斯基的著述发表30年后，英国汉学家Э.Т.倭纳（E. T. Werner, 1922）出版了一本篇幅可观的书《中国神话与传说》（俄译本，2005），在该书中中国古代神话基本没有涉及。倭纳只依据四个来源，其中之一，也是最基本的，就是许仲琳16世纪写的小说《封神演义》。另外两个来源是道教整理的神仙传说，对此格奥尔基耶夫斯基认为务必要跟原始的神话区别开来。只是第4本书——干宝（4世纪）的《搜神记》包含了个别经过后来阐释的神话情节。由于未能将古代的民间的版本同后起的作者的版本相区别，倭纳也将不属于真正的中国神话的佛教情节纳入自己的书中。倭纳坚持已经被当时的学者抛弃了的观点——中国神话的巴比伦起源说，即大约在公元前820年巴比伦神话传入了中国。倭纳认为，假如原始的神话是引进中国的，那么后来的神话主要是在远古战争中创造出来的,直到公元前1—2世纪佛教出现在中国之时。所有这些论断完全是没有根据的。比如,倭纳提到殷末周初这个时期只是因为神魔小说《封神榜》描写了这个时期。以笔名茅盾闻名的著名作家沈雁冰指出:"我想,倭纳先生大概不知道他视为中国神话重要典籍的《封神演义》等书竟是元、明人做的,否则他将说中国大部分或竟全部的神话是在六百年前,始由文学家从口头的采辑为书本了。"

倭纳还坚持错误观点:进入纪元后中国人的意识停滞不前,因此中国没有产生如希腊和北欧那么丰富的神话。

1932年出版了倭纳的新著《中国神话词典》,在此书中,这位英国的作者依然将远古神话同后来作者加工的神话,同佛教、道教的传说相混淆。这本有诸多优点的词典的缺点是,几乎完全忘记了中国远古神话。

在中国,最早研究神话的是中国现代文学的创始人、作家鲁迅(1881—1936)。在《中国小说史略》(1923)中他辟有专章《神话传说》,在那里提出了小说起源问题,中国人的原始神话消亡的问题,研究中国古代神话的资料问题。

鲁迅以当时流行的人类文化学派的观点为基础,该派认为,神话是作为原始人解释周围的自然手段而产生的。鲁迅涉及神话进化的复杂问题。他认为,神话的主人公主要是神,逐渐这些神的某些特点开始接近人的形象,后来出现了半人半神的人物,最后出现古代的英雄。熟悉古代史料的鲁迅制定了这样的谱系,该谱系可以明显地发现神人同形说和神话人物历史化,大概它的第二部分是得到认同的。有关神话主人公开始是神的说法,未得到当时学术著作的材料的支持。鲁迅之后,中国文学史研究开启了给予神话以地位的传统。

中国古代神话的另一位研究者是沈雁冰(茅盾)。他在接触到研究中国民间故事的英文书之后,认为其不能满足科学研究的需求,所以发愿要写本国神话研究的著作。在沈雁冰写的文章里,他引用古代神话的片段,并借助历史比较研究方法来解释这些片段,他将中国神话同古希腊、印度、斯堪的纳维亚神话进行比较。比如,沈雁冰认为,女娲的形象比神话君王伏羲形象更古老,尽管某些文献证实,女娲继承了伏羲。他的研究的正面价值在于,对传统的形象采用新的观念,对史料持批判的态度,竭力运用比较神话学的方法。

鲁迅很快注意到了这篇文章。在致两位对神话兴趣浓厚的大学生的信中,鲁迅指出了沈雁冰研究的正面价值,认为他对西方作者的批评是可信的,同时也指出了沈雁冰自身史料知识的不足。鲁迅指出,按照产生的时间,史料可以分为三期,从远古到周朝末期(前225年前)的文献中包含了古代神话,秦汉时期(前3—3世纪)的文献根柢在巫、已有道教成分,六朝(3—4世纪)时期的文献充斥着不属于古代神话的道教神仙传说。在沈雁冰的第一篇论文发表5年后,他的两本书同时出版:《中国神话研究ABC》和更有影响的《神话杂论》。作者叙及各民族神话,试图在世界神话中确定中国神话(尤其是创世神话)的地位,展示中国神话同其他国家神话的共同性(在解释这种共同性的时候,借助了安得烈·兰的心理理论,认为:各民族神话的共同性是由神话创造时代人们的心理结构决定的,而不是由物质生活条件决定的)。人类学派的思想对鲁迅和沈雁冰都有很大影响。

沈雁冰分析了中国古代神话过早消亡的原因。一是神话被改造成历史,神话英雄变成了历史人物。二是没有激动全民族的大事件诱引神话时代的诗人。如果说第一个原因无可争议的话,那么第二个原因引发了质疑,因为神话通常不会被当成历史事件。在驳难胡适(1891—1962)神话产生于热带居民、中国的主要神话由南方居民创造之说时,沈雁冰提出了三地带说,这三个地带在古代形成了具有地方特色的神话体系和形象。沈雁冰分出了北方神话(洪水神话、撞不周山的共工的神话、补天和造人的女娲的神话、黄帝战蚩尤的神话),中部神话(基本上是我们所熟知的屈原和其他楚国诗人作品中的神话),以及南方神话,沈雁冰将盘古神话系列归入其中,这些神话形成于中国南方的小民族之中,后来逐渐传播到北方。尽管对神话地域的具体分类我们不能同意,但是提出存在神话传统的地域性,及其研究中国南方小民族的神话的重要性,即使是在现在依然具有积极价值。另一方面,沈雁冰又警告学者们不要过分热衷于研究具体的地方传统,他认为,不必过高评价中国古代不同地域的文化的特殊性,因为我们面对的是古代形成的一个综合体。

与文学家同时关注神话的,还有以顾颉刚教授(1893—1980)为首的从事中国古代史研究的学者。该派的代表人物持与白鸟库吉相似的观点,认为,应该对中国古代史作批判性的重新审视,将神话与现实的事件和事实区别开来。顾颉刚在质疑直到20世纪初还普遍认可的古代史家和哲学家的论断时,他决定批判性地审视史料。他对成功治水的禹的形象尤其感兴趣。他得出了结论，在最早的古文献中禹是创造神——天地的创造者。在后来的文献里他已经成了人王，后来记载了他作为地王的特点，最后则是治水，他的后继者全都变成他的同时代人了。

尽管顾颉刚批判旧的荒唐的概念，但他赋予古籍的记载更大的意义。比如在某个古籍中没有某个人物的名字，这完全不能证明在该古籍出现时这个人物还不知名。顾颉刚的证据有时是直截了当的，有时他不太注重古代思想的形象性。根据《山海经》上对禹治水走了多少里，再依据其他古籍中记载的他治水的年头，他经过计算得出了这样的结论，这样的速度只有神才可能。

1920年代对中国神话的兴趣，对它展开学术研究的兴趣在欧洲出现了。法国著名汉学家马伯乐首先开始关注神话，他在1924年发表了对《尚书》中神话传说的研究（H. Maspero, 1924）。作者不赞同中国学者将神话历史化，他利用后来的作者的材料，甚至印度支那民族的材料，试图展示中国神话的本来面貌。后来继续将中国神话同他自己在泰国作讲座时采录的泰国神话进行比较研究（发表于他的著作《中国宗教》，俄译本，2004）。

马伯乐的著作出版两年后，德国汉学家艾尔克（E. Erkes, 1926）的研究问世了。他研究了后羿同太平洋各民族（从巴塔基人到美洲的印第安人）和其他民族的众多太阳神的平行关系。他的著作以对待材料的深刻分析和历史眼光见长。他是关注中国的某些神话观念同居住在更靠北的民族（如西伯利亚的诸民族）观念的相似性的第一人。1930年代由梅衡-赫尔芬（O. Mänchen-Helfen, 1935）继续了此类情节分析，他在比较了有关后羿和赫拉克勒斯的神话后，提出了假设：后羿神话是古希腊赫拉克勒斯神话的变形，该神话是通过西徐亚人传到中国人中的。在自己的文章中梅衡-赫尔芬指出：在缅甸的克伦人、景颇人，印度曼尼普尔邦的民间故事中都有月亮盗窃不死药的母题。这位研究者征引了吉尔粤德斯（Гильодес）研究克钦人的著作。在该书中叙述了太阳和月亮偷药的故事，但偷的不是不死药。故事里孤女被凶狠的后母赶出家，她逃到森林里，卡拉·卡萨很同情她，给了她药。孤女开始医治人和动物，所以得到很多礼物。因此太阳和月亮偷了她的药。我们无法验证克伦人的材料，因此其他民族存在着类似母题的问题有待继续研究。同类神话观念在东北亚、中亚和美洲传播的问题，单独的神话体系中的单独形象的类型学的比较问题，本来值得继续研究，但至今没有人做。

中国神话研究 20 年代在日本也非常活跃。津田左右吉（1883—1961）的研究问世了，他是著名思想史家，他在 1910 年代奠定了日本神话研究基础。1921 年他发表了研究中国有关世界起源神话的著述，次年发表了他探寻中国人的天的观念和上帝观念的著述。他研究的激情与顾颉刚流派的激情十分相似，这个流派在后来若干年的研究中一直驳难将神话人物视为现实中的统治者的儒家学说。

津田左右吉依据文化人类学派代表人物（泰勒、弗雷泽、安得烈·兰）的理论著作，借以解释古籍中的神话情节，指出了一系列中国古代神话人物同其他民族神话人物的相似关系，如盘古与古印度的补卢沙（神我）。

这些年白鸟库吉之子白鸟清著（1893—1972）也在研究中国神话。他的学术兴趣在殷周君王的非性交怀孕、中国神话中的龙和其他题材。白鸟清著在研究了古代和中世纪史料中的龙崇拜和各种类型的龙之后，得出了这样的结论：在古代中国龙崇拜是与求雨仪式相联系的，在中国人的想象中龙在天上，是最高的统治者，人可以向它求雨。他认为，求雨的交感巫术是以中国古代人在家用各种器具豢养小动物（青蛙、蛇）的风俗相关的，这些动物被认为是跟雨有关的神奇动物。1910—1920 年代日本的中国神话研究者还可以列举小川琢治和藤田丰八。由于他们的具体的研究方向有异，他们对中国神话的研究方法不尽相同，但他们都熟知中国古籍，都试图阐释那些被中国历史黎明期的儒家学者遮蔽的神话情节。

小川琢治是中国历史地理学家，他由研究那些充满奇迹的地理著作转而研究神话，1912—1913 年间，他试图还原远古中国故事的神话原貌。他研究《山海经》《穆天子传》以及其他汇集古代神话的地理著作。后来他撰写了专著《中国的开天辟地和大洪水传说》《昆仑山和西王母》。小川琢治指出，儒生如何将神话历史化，他从希腊和苏美尔—阿卡德神话中引证了相当多的比较材料。在小川琢治的著作中可以发现明显的两重性。他分明知道他所研究的材料只是对神话的转述，但是他作为地理学家总是力图准确地考证出洪水神话的地点。可以想见，他的考证总是会引起质疑。

另一位日本学者藤田丰八也以其中国历史地理的论著而闻名，他致力于古代中国与印度、南中国海诸国联系的研究。在他研究中国神话的著述中，常常涉及中国神话同印度神话的联系。藤田丰八从十分可疑的引文中得出这样的结论：中国神话未能得到充分发展，因为中国人倾向于实际知识，而疏远幻想。他不否定中国存在神话，但认为大部分中国神话是从印度传入的。这位日本学者认为，中国神话中的浮在海上的龟背（袁珂认为是在龟的头上）的山，即是曼陀罗山，据《摩诃婆罗多》描绘，该山是驮在龟背上的。此外，他还指出，在周朝各地搜集的《诗经》中，找不到后来几个世纪在当地流传的神话的痕迹，这证明，这些神话是外来的。

出石诚彦（1896—1942）的第一位专攻中国古代神话的日本学者。他是津田左右吉和白鸟库吉的弟子，他以还原中国神话原貌为己任，使中国神话摆脱后来中国诸子的政治观念的浸染，摆脱古代作者们的道德观念的层累。第一个摆脱可举《牛郎织女传说的考察》《中国帝王研究》，第二个摆脱可以举《中国古代的奇特诞生》和《天马研究》等。出石诚彦还周详地研究了中国人的神话动物观念：龙、凤凰、麒麟、神仙骑的神鸟；他还依据弗雷泽的著作研究了中国人的洪水神话，将其同其他民族的类似神话进行比较。出石诚彦为了寻找这类神话的现实基础，认真考察了自然史和对所有河流的记载，编织了公元前185年到公元900年的中国各水系的图表。在研究旱魃和求雨仪式的文章中他也如法炮制，他将神话材料与真实的历史史实相比较，也编织了该时期中国发生旱灾的地方的图表。

在研究中国神话的日本学者中，出石诚彦是第一个除了运用书面文献，还将古代神话人物的绘画用于研究的学者，这对其后的研究者多有影响。

1930年上海出版了江绍原的卓越的著作《中国古代旅行之研究》。江绍原研究了弗雷泽的《金枝》、葛兰言厚重的著作《中国舞蹈和寓言》(M. Granet, 1926)，撰写了上述著作，并将它的副标题定为《从法术和宗教的眼光看古代世界》。江绍原以新的眼光来阐释古代文献，尤其是描写古代神话人物行旅的文献，认为，本来是远行的中国人辟邪护神的玉器，被后来的注释者当成了祭祀的玉器。在路上，人会遭遇各种怪物，江绍原详细考察各种古代文献，尤其是《山海经》，以找寻各种鬼、怪、精，有害、有毒的观念。他对这些超自然物进行了分类，确定了它们"寄居"的地点（山、河、森林、路旁的坟茔、旅舍等）。

随着中国社会科学的发展，神话研究也取得了新进展。对少数民族的人类学和民间文学研究，以及研究西方神话的学术著作，都对神话研究大有助益。考古学家的工作、对汉代艺术品的发掘和阐释同样促进了神话研究。

林惠祥的《论神话》介绍了各种神话起源理论。他比较赞赏文化人类学派,借助泰勒的理论来分析材料,他比较了各民族的有关天的神话。但是林惠祥完全没有利用中国的神话材料。

1936年发表了陈梦家(1911—1966)内容详尽的著作《商代神话和巫术》。尽管该著作依据的理论前提未必十分完善(将神话分为自然神话和艺术神话,肯定现实可以转化为神话),但它包含了大量事实材料,而且兴趣盎然地选择了中国一个古老的时代的与巫术有关的神话来研究。

著名诗人、杰出的语文学家闻一多(1899—1946)的特点是,他集民间文学研究家、人类学家、精通古汉语和古文字的语言学家于一身,致力于神话研究。闻一多研究的独特之处是充分利用了中国西南和南方的少数民族(苗、瑶)的民间故事材料。芮逸夫的《苗族的洪水故事与伏羲女娲的传说》是闻一多研究的基础,同时闻一多也将考古材料、艺术作品和各民族的民间故事用于自己的研究。

在自己最重要的研究著作《伏羲考》中,闻一多用新的观点来阐释了中国神话中的很多问题,他指出,不能尽信古代的文献,它每每不能给我们提供神话的原貌。比如,按照古代的文献,伏羲和女娲是兄弟,在后来的文献中又说他们是兄妹,更晚近的文献则说他们是夫妻。考古发现的材料、西南少数民族的对伏羲女娲的各种传说,以及人类学的比较材料,所有这些给了闻一多复原伏羲女娲神话叙述的可能性:他们是大洪水劫后余生的兄妹,为了延续人类他们结为夫妻。

闻一多也对龙的形象作了新的阐述。闻一多证明,龙是中国很多民族的图腾,它的很多细节使人可以认出其蛇的特征。在古代的画像石棺上将伏羲和女娲描绘成人头蛇(龙)身。闻一多还探寻了中国人古代信仰的更早的时期,更早的动物神表明,伏羲女娲的形象是这种这些动物神发展的第二阶段。在篇幅不大的文章《龙凤考》中,闻一多对凤凰的形象作出了解释,他证明,龙是夏部落的图腾,凤是殷部落的图腾。

闻一多进行神话研究是在30年代末40年代初,当时中国史学家徐旭生也在研究神话,他写了《中国古史的传说时代》(1943)。徐旭生在序言中写到,他对神话和古代史的兴趣,产生于顾颉刚的著作发表之后,即20年代。徐旭生在研究中国古代史的时候,力图将神话与历史分离开来,从神话传说中寻找对古代部落真实历史的反映,力图恢复中国历史的某些共同特点。徐旭生此书是严肃的学术研究之作。他对洪水神话作了详尽的研究,在同弗雷泽的《金枝》的比较中,他竭力复原中国疆域内的部落联盟概貌。徐旭生对各种传说(特别是关于统治者的传说)的发生顺序尤为关注。他研究的目的是,阐明各个具体的部落神话之间的关系。

徐旭生与闻一多一样,他也不赞同只有从古代典籍中才能得到历史和哲学研究的足够资料的传统观点。他认为,在晚近的文献中反映的神话和传说,不一定产生于记录它们的时代,很可能产生于更早得多的时代,经历了漫长演变后才被记载下来。比如,他在辨析伏羲、女娲的时候,发现女娲的形象是对母系时代的反映,但是她又经历了父系时代的变形。

徐旭生承认,在写作本书时他受到了功能主义代表人物马林诺夫斯基的影响。马林诺夫斯基比当时的社会学思潮更新颖。后者认为,神话是对原始社会与周围环境、与所谓"伴生现实"的关系的直接反映,是对社会实践的解释。尽管徐旭生没有全盘接受马林诺夫斯基的观点,但可以从他的书中发现这些观点的影响。

徐旭生试图修正将神话人物视为历史人物的传统观点,他认为这不是针对个别神话人物而言,而是针对氏族首领和部落联盟领袖一类的英雄人物而言。徐旭生对神话的各种特性认知不足,这对他理解古代神话体系的复杂性有所妨碍。徐旭生的著作经过60年代的大规模再版,激发了所有中国古代神话研究者的兴趣,尽管该书有上述不足。

20世纪40年代文化史家孙作云也奉献了一系列研究中国古代神话的著述。孙作云由于对图腾问题兴趣盎然,他试图考察古代神话人物与各部落形成的图腾的关系问题。在他的观念里,神话人物是各氏族联盟的首领。所以他认为,蚩尤是崇奉蛇的部落的首领,后羿同乌鸦图腾有关,禹的助手伯益与燕图腾有关,尧的不肖之子丹朱与雁图腾有关,西王母与虎崇拜有关,黄帝与熊图腾有关,如此等等。孙作云旁征博引大量古籍来证实自己的假设,而且运用考古资料。他详尽研究了作乱的蚩尤,还有后羿、饕餮、丹朱、凤鸟和其他神话人物形象。孙作云研究中国古代神话的著述于2003年在中国结集出版。

至于20世纪30至40年代日本的研究,则应注意大阪大学森三树三郎教授的著作。他描述了中国古代神话人物各具特色的"生平事迹"(伏羲、太皞、女娲、神农等),然后他叙述了宇宙神话、起源类神话。他写了专章来研究保护神(门神、灶神)。他的书中有"神话与中国文化"一章。森三树三郎征引了鲁迅、胡适、沈雁冰关于古代神话命运的观点，一一加以评骘。沈雁冰批评持中国神话不发达之说的学者，森三树三郎完全赞同。但是他指出了沈雁冰观点的薄弱环节（如"神话时代诗人"观念的不清晰等等）。森三树三郎指出，沈雁冰对儒家将神话历史的表述过于简略，其实早在20世纪初，在历史学家白鸟库吉和内藤湖南的著作中对此已经作了详尽的讨论。森三树三郎认为，中国古代社会的主要阶层倾向于理性主义，这导致了神话的遗忘，他也将此视为神话历史化的原因之一。

森三树三郎主要从两个方面来解决中国神话为何没有形成发达的体系、没有形成史诗的问题。首先，在同形成史诗的希腊和北欧的比较中，讨论了中国疆域的辽阔性。其次，森三树三郎研究了在形成神话时代中国人的"民族统一性"较为薄弱，认为这是传到今天的中国神话相对贫乏的原因。

在肯定上述成就的同时，应该看到，森三树三郎的这本书也因为在叙述史料时因循传统而有所缺陷，尤其是在与同时期的中国学者比较时更显突出。森三树三郎回避了人类性和民俗性问题，也未涉及原始社会文化的根本问题，不触及这些问题，就无法正确理解和解释神话。我们已经提及闻一多和徐旭生分析了伏羲、女娲神话。森三树三郎将伏羲排在第一，然后是太皞，最后才是女娲（她是最古老的形象），仅举出这一点，就足以表明，森三树三郎的历史观点是有缺陷的。再比如，森三树三郎认为，女娲炼五色石补苍天，其原因是中国特有的石头崇拜。他既不使用人类学的材料，也不征引中国东南少数民族的传说，就此断定，伏羲和女娲是宇宙创造者的形象。对于伏羲女娲的半人半蛇的绘画、他们婚配的神话，这位日本的神话学家则声称，这是纪元初才杜撰出来的说法。他认为，神话记载的时代即是其产生的时代，而且断定，很多神话是在前5世纪至1世纪产生的。

如果说20世纪30年代在欧洲汉学界还出现了一些肤浅之作，如赫兹（C. Hentze）的书，从陈腐的神话学派来解释中国神话（如，禹是太阳神，他的妻子是月亮神）；那么40年代则出现了研究中国古代文化的严肃的学术著作。艾伯华（W. Eberrhard）的两卷本著作《古代中国的地方文化》问世于1942年。艾伯华从法西斯德国逃到土耳其，在安卡拉大学继续自己的研究，后来又到了美国。艾伯华的著作不是专门研究中国神话的，但是他涉及很多与神话相关的问题。艾伯华提出了这样的观点：富有地方特色的地方文化在中国文化,尤其是在民间文学中具有重大的意义,同那些在他之前试图将中国神话的碎片粘合成一个体系的学者相反,他竭力将神话人物同地域文化联系起来。在这位德国汉学家眼中,各种神话人物都是同地方文化相联系的,比如,追赶太阳的巨人夸父是同西藏文化相联系的,女娲同时与西藏文化和四川(巴)文化有关系(我们发现,森三树三郎在谈及古代中国地域的特点时指出,地理条件严重阻碍了中国各地的联系)。

几年后艾伯华在评高本汉(B. Karlgren, 1946)的《古中国的传说和崇拜》的书评中,发表了对中国神话几个问题的见解。高本汉抱持把神话人物当成现实的历史人物的传统观念,他对与祖先崇拜有关的古文献作了历史语文学研究。从民族学的角度看,这种观点与视神话人物为历史人物的中国古代作者的看法相似。因此高本汉研究的出发点是很传统的。高本汉是作为文献学家来研究神话创作中很有特色的问题的。他把古文献分为两类,一类是自在的文献,即属于周朝时期,其中所涉及的神话人物因为偶然的原因而不受任何共同观念的支配,一类是"体系化的"文献,产生于东周,尤其产生于汉代,依据特定的哲学观念(在高本汉看来,主要是依据五行观念)来描写神话人物。高本汉认为,只能使用"自在的",即汉代以前的文献来研究神话。高本汉所坚持的观点与闻一多正好相反,后者认为,更晚近的文献反映了神话的更古老的阶段。艾伯华也得出了相似的结论,他是依据更广泛得多的材料得出的。

高本汉确认,纯粹的古代神话只能存在并记录于这些神话同周代大的氏族的祖先崇拜发生直接关系的时候,因为周代的许多著名的氏族把这些神话人物看成是自己的祖先。前3世纪末旧的社会体系开始崩溃,大的氏族的祖先崇拜失去了现实意义。当时对神话英雄的记忆和讲述已经脱离了祖先崇拜的实践而独立存在,这就为汉代的想象和将"古董"世俗化开辟了道路。我认为,艾伯华是正确的。他在这篇书评中指出:在前3世纪至2世纪之际,已经没有必要发展氏族谱系了,因为新的贵族已经产生。从这个时候开始,注释者们可以让这些人物复归神的面貌,以本原的形式来讲述神话。更后期的作者对神话提出了完全不同是美学任务,比如描写离奇古怪的东西,他们不必把神话变成历史。

高本汉认同中国古代的传统观点,把神话产生的时间和记载的时间混为一谈。实际上,周朝的作者从民间采录神话时,它已经存在好几百年了。艾伯华也指出了这一点。总之,高本汉治神话的文献学家的态度是非常机械的。比如我们很熟悉的《淮南子》中的十日并出的神话,这位瑞典的学者坚持认为是汉代创作的。但是少数民族的民间传说和周边国家的材料证明,这个古老的神话的产生比这个时期要早得多。

艾伯华特别激烈地抨击了高本汉神话主人公是现实中存在过的人物的观点(在高本汉看来,中国人把自己的英雄想象成超人,但不是纯粹的神,也不是普通的亡故者)。这位德国的汉学家如此表述自己的理由:"假如这个观点是正确的,那么中国神话就成了世界人种学上的巨大的例外了。中国人好像应该先创造自己的英雄,然后把他们变成神,甚至变成动物。"艾伯华正确地指出了高本汉观念的缺陷,同时他坚持自己的地域文化理论。"我们将(地域)文化结构同神话的特点和内容相比较,就可以挖掘出在神话中发生的演变,可以复原神话的原初形式。"他如此写到,同时还指出了在研究中国神话同古代泰文化、古代印度支那文化和古代突厥文化的联系的重要性。

20世纪50—60年代在欧洲和日本都没有出现研究中国神话的特别重要的著作。1952年德意志民主共和国出版的K.芬斯特尔布什(K. Finsterbusch)的《〈山海经〉与绘画艺术的关系》是唯一的例外。作者将《山海经》的片段同中国古代绘画中的幻想性描绘相联系。在专著后面有对《山海经》中神物、民族和地名的称呼和别名的译文的附录。对《山海经》本身,这位女学者只了解郭璞和毕沅的注本,其实早在1924年马伯乐就引用过吴任臣、杨慎的注释,用过郝懿行的笺疏。在出版这本专著后,芬斯特尔布什编写了非常完整的汉代艺术目录(石刻、陶器),附有情节指南,以及印刷精美的汉代艺术图册(1966,1971),2000年又出了增补卷。在中国时至今日还没有编写这样的目录。

在日本研究中国的神话的著作中有必要提及贝家树茂的《神的诞生》(1963)。作者是京都大学的教授,他以史学家和考古学家的身份来治中国神话。在其著作中,他大量引述中国学者的著述,试图揭示神话的历史基础,研究了中日神话某些形象的同一性。

在西方研究中国神话的文章中,研究中国历史的大汉学家卜德(D. Bodde)为学术著述《世界古代神话》(俄译本,1977)写的评论值得一提。卜德写出了关于中国神话的学术性的、同时也是晓畅易懂的简述(限于篇幅他只描述了宇宙神话)。卜德不赞同中国没有神话,或只有作者创作的神话之说。卜德认可中国神话的主人公不是历史人物的观点,他列举了儒道两家对神话主人公的各种观点,他强调,道家引述神话通常"只是为了追求哲学和文学效果,而不是因为道家相信这些神话"。

卜德详细辨析了高本汉与艾伯华之争。他赞同艾伯华对哪些史料是研究中国神话更可靠、更重要的资料的判断。卜德建议保持"中庸之道",而不必偏于"局部",这是不无道理的。

60年代中国神话也成了一些俄罗斯学者的研究对象。比如杨申娜(Э. М. Яншина)在《汉代若干画像石》一文中,分析了流传到现在的汉代画像石(前3世纪—3世纪)上的各种神话情节,她断定:汉代的石刻女娲"显然不是完整的主人公,而是给伏羲配对的"。作这样的判断的理由是不够充足的。

50—60年代中国的学者在研究自己的古典遗产方面着力甚多。我国的读者非常熟悉中国的古代神话研究大家袁珂(1916—2001)的《中国古代神话》。该书的俄译本初版于1965年(增订版,1987)。袁珂终生致力于中国古代神话的搜集和研究。袁珂研究了数百种文献,从中选取了讲述神话人物的若干片段,以一定的顺序编排起来。1950年在北京出版的这本篇幅不大的《中国古代神话》并没有引起特别关注。1957年在同一标题下出版了一本实际上全新的书(1960年出了增订版)。这本著作翻译成俄文时加进了作者寄到莫斯科的增补内容。这位研究者把多年的精力赋予将保存下来的神话片段系统化工作。这项工作十分困难,因为古代神话史料散见于儒家、道家经典,历史文献和不同的作者的文章中。不少材料则从对古籍的注疏中耙梳而来,从中世纪类书征引的已经亡佚古书勾稽而来。袁珂创造了顺序叙述方式,讲述从世界的产生到有记载的历史时代的晚期神话观念,借此建构中国神话系统。本书的学术价值在于,作者在自己的注释中征引了数百种古籍,以此为基础复原了神话。此后袁珂完成了一系列有趣的著作(详见下文)。

很遗憾,在中国,50—60年代对神话关注较少。再版了闻一多的研究,出版了印数极大的徐旭生的著作,也撰写了不同的有趣的文章。50—60年代所有的作者都从艺术劳动起源说出发来研究问题。他们都将神话同现实生活相联系,有时过于强调直线条式的联系,从这里可以看到庸俗社会学的影响。比如《中国民间文学史》的作者写道:"现实中有人有蛇,才能创造出人头蛇身的女娲。"在那个时期的文学史中可以发现明显的回避伏羲及其与女娲的关系的倾向。无论是《中国民间文学史》,还是北京大学和文学研究所的文学史都没有提及伏羲。人们不仅把神话同记录它的时代相联系,而且也同神话产生时的人类历史发展阶段相联系。《中国民间文学史》对补天神话的解释就可以证明这一点。很多著作的作者竭力强调神话的浪漫主义(有时是现实主义)特征,这是明显违背历史的。在文学研究所的集体著作中,神话部分的写作没有借助简单化的概念,但可以感到将神话人物视为历史人物的旧理论的影响。

60 年代初可以发现明显的进展。李光信发表了研究神话的有趣的论文。比如他发现了植物神后稷的物质性特征,试图复原神话的远古形式。袁珂在《关于舜象斗争的神话的演变》(《江海学刊》,1964 年 2 期)中也力图复原神话的古代形式,他假设,在古代的传说中舜被描绘为战胜象的猎人。

从 1965 年"文化大革命"前夕开始,在中华人民共和国,古代神话研究如同别的人文学科一样,完全停顿了。学者和一般的知识分子遭受了严厉批判。袁珂自己说,1965 年他的书的俄译本出版给他增添了不少麻烦,使他蒙受新的斥责。过了一段时间,和其他成千上万的知识分子一样,他被发配到"五七干校"接受再教育,在那里他被勒令到乡村的池塘边放鸭子。他在谷草垛后面,或在树荫下躲避炎炎烈日的时候,他总是渴望着什么时候能够重新研究神话。1972 年袁珂离开农村,返回成都,他被派到创作小组,这是唯一可以为"学术"搜集资料的地方。后来袁珂又被派到文学研究所,所里的研究人员都必须研究样板戏。过了一段时间,袁珂被允许编写《中国神话词典》。

从 1965/1966 年到 1978 年,在中华人民共和国,我们感兴趣的领域,如文学、民族学和民间文学,没有产生任何学术研究成果。

在这个时期,中国台湾和生活在其他国家的中国学者继续在研究中国古代神话。台湾的研究特点是常常关注台湾的小民族和南海岛民的民间故事。《"中央研究院"历史语言研究所集刊》(台北,1963 年,第 23 辑)发表了《中国十日神话研究》。其作者管东贵关注了两种十日神话。一种是太阳每天轮流出,一种是太阳一起出。管东贵没有发现在古代的文本里有同一个故事里把这两种说法合并的情况。他认为,十日并出的神话比十日轮流出的更为古老。他把十日的概念同殷人采取的以旬计日方法相联系(但是在瑶族和印度人的神话里也有十日,所以不必将它同以旬计日相结合)。由此管东贵得出了结论,十日的神话不是特别古老,它显然诞生于殷的各部落。殷人崇拜太阳,认为自己的先祖诞生于天鸟(他认为就是太阳鸟)之卵。

管东贵开启的对"太阳树"——扶桑的研究,陈丙良在自己的论文《中国古代神话新解二例》(发表于《清华学报》,台北,1969年,7辑)中接续了下去。在这篇文章里,陈丙良没有引用了管东贵的研究,他得出了自己的结论:桑树对于殷人具有的神圣意义。他研究了扶桑神话的产生:对于殷的各部落而言,从扶桑开始,太阳启动了在天上的运行。陈丙良从殷人神话的太阳性质的假设出发,试图从新的角度来解释治水的鲧和禹的形象。他认为鲧和禹的传说也产生于殷人。陈丙良在不否定鲧和禹与水的联系的前提下,认定他们是太阳神系统中的神。但是陈丙良的论证并不全都是有说服力的。

陈丙良不认同神话主人公是历史人物的古代的观点,也不赞同神话中提及的所有动物、植物都是图腾崇拜的对象。某些学者不加批判地认可所谓中国神话是从别的民族借鉴来的,陈丙良也表示反对。比如台湾女学者苏雪林认为,中国古代神话的大量情节和人物都来源于近东,主要是从巴比伦传来的,它们经过南亚(今天的印度)进入中国。台北的教授杜而未教授将所有的中国古代神话都归结为月亮崇拜。法号叫印顺法师的作者正确地指出,杜而未不是从材料到理论,而是从德国人类学的理论到中国的材料。杜而未完全偶然地发现帕劳岛上的土著居民把月亮叫做"库灵克",古代波斯人把月亮叫做"古浪",他由此得出结论:在中国神话中神山昆仑的词源即是月亮山。相应的,他认为《山海经》中提及的许多奇怪的动物,都跟月亮山有关系。《山海经》中经常出现的蛇也同月亮是同一事物,因为残月与卷曲的蛇相似。王孝廉的著作《中国神话和传说》(1977)中有专文驳斥杜而未的著述。在这篇文章里揭示了杜而未的假说的理论来源——А.孔、М.缪勒、П.埃连列伊赫(П. Эренрейх)的著作,也包括其他神话是古老的月亮观念的反映说的拥护者的著作。

70年代在台湾出版的更优秀的中国古代神话研究著作即上面提及的印顺法师和王孝廉的书。王孝廉常年在日本居留和任教。印顺法师对顾颉刚的著作和他的疑古派学说作出了回应,对疑古派的观点,他完全不赞同,他也不赞同对顾颉刚的批评,因为顾颉刚和他的批评者争论的问题是,大禹究竟是人还是神(以动物的面貌出现的),他们不理解,在中国古代文化中,人和神的分化不是突然发生的,而是社会发展的结果。印顺法师力图将历史主义运用于所研究的问题,他提出了把与四个基本的部落联盟相联系的材料系统化的方法。这些部落联盟分别崇拜自己的图腾(尽管印顺法师没有用这个词):羊、鸟、鱼、龙。他归入第一组的是西藏人的祖先,苗、瑶,还有其他南方民族,他们崇拜羊和其他动物(鹿、牛、熊和虎),这些部落的民间神话是更古老的,对于研究而言,由于保存不善也更难获得。在神话人物中,印顺法师把造反者蚩尤与这一部落联盟相联系。他认为蚩尤是古代分布在齐国和山东半岛的羌人的战神(是第一个用武器的神)。他将崇拜神鸟的部族归入第二组,即他所说的崇拜凤(凤凰)的凤人,崇拜猛禽的(鸢、鹰)殷人,崇拜玄鸟(通常翻译为"燕子")的载人。这位研究者将与风和鸟相关的始祖太昊(常常同伏羲相联系)、少昊,以及他们的后裔和助手同这些部族相联系。

印顺法师将古代的粤人同崇拜鱼、蛇和其他两栖动物的部族相联系,他们往往以鳞状图案来作为文身。这位作者把颛顼和夏人的始祖——治水的鲧和禹,还有舜的全部先祖都当成这些部族的神话人物。他认为他们是虞人的神祇。对于"虞"字是否是部族的名称,存在着争论。袁珂早在1954年发表的文章中提出,"虞"是舜的别称,意为"猎人"。印顺法师并没有对自己观点作出论证。

与轩辕的氏族联盟相联系的是黄帝的形象。对把黄帝作为始祖来崇拜是周人的传统(尤其是在孔子的故乡鲁国记录的宗族谱系中),其他周人的神话英雄继承了黄帝,而且形成了后来的分类:颛顼、尧、舜和帝喾等。

王孝廉的《中国神话与传说》(1977)不是专著,而是论文集。它收录了关于中国古代神话问题的论文,其中也包含未能充分展开的题目:与石头相联系的古代信仰、传说,古籍中的女儿国传说,追日的夸父神话和日本的中国神话研究。

本书以《神话和诗》开篇。在该文中王孝廉运用古希腊神话和远东各民族的神话材料,表达了自己关于神话演化的观点。他指出:神话的发展同人类社会的发展阶段是相联系的,比如关于农耕的英雄们的传说,关于风雨、云、土地、四季的神话观念,关于人所种植的树木和花草(桑树、桃树和麻)的神话观念,是与农业的发展相联系的。王孝廉表达了自己对中国古代神话命运的看法,古代神话由于一系列原因经历了显著的变化,其中部分进入了道德意识、政治和社会观念(从孔子的《尚书》和《论语》中可以看出),部分进入了宗教哲学(老子、庄子的书和《淮南子》),部分进入了历史(《尚书》《左传》和司马迁的《史记》),部分进入了文学(《诗经》《楚辞》),部分进入了哲学(墨子学说),还有部分记载在《山海经》和《穆天子传》中。在这篇文章里,王孝廉揭示了中国古典诗歌里初看之下很难辨识的具有神话思维痕迹的传统形象的原初意义。在分析折柳送别的诗意象征的缘起时,王孝廉这样推论,这种传统的象征不仅应与汉代记录的折柳相送的传统相联系,而且应与原始的柳谷观念相联系,柳谷是日入之处。在神话中柳谷又跟禹渊有关,禹渊是鲧治水失败被处死的地方。由此王孝廉认为,柳树与阴间有关(这是太阳照不到的地方)。进而他又分析了集聚着鬼魂的地方的树,进而推断柳树曾被当成是驱赶恶鬼之物,而且柳树与对雨和雨师的崇拜有关。王孝廉把夸父同黑暗世界(即阴间)的观念相联系,认为他的祖父后土即是阴间(幽都)的统治者。王孝廉指出,在汉代以前中国人把阴间想象成巨大的北方之海,在那里住着以手撑起大地的巨人,以背驮起大地的巨龟。这个巨人与海神禹彊、雨师和夸父都有关系。王孝廉是日本神话学者御手洗胜的学生,他在自己的书中收录了其师论颛顼、黄帝和其他神话人物的文章的译文。1987年王孝廉出版了上下册的《中国神话世界》,在该书中不仅讨论了汉族的神话,而且也讨论了其他民族的神话。

60—70年代,在日本积极研究中国古代神话的有森安太郎、御手洗胜、贝塚茂树、白川静、林巳奈夫以及许多其他学者。

京都女子大学的教授森安太郎的文章结集出版于1970年,题名为《黄帝传说:中国古代神话之研究》。1974年该书由王孝廉翻译成中文。森安太郎的工作是,通过对各种似乎相距甚远的概念的复杂拼合及其近似音韵的考证,对中国人古代神话观念进行大胆的复原。森安太郎研究了一系列形象:火神祝融,水神冯夷,黄帝、禹、舜等等。在各种情形下,这位日本的研究者总是竭力揭示各种形象之间的内在关联。在研究祝融的起源时,他证明,从记载他的名字的第二个字"融"的发音来看,祝融在天为蛇,以闪电的形象降到地上。从古代君王唐的形象中,森安太郎考证出了太阳神的痕迹。在暴君桀的形象中他考证出了让人恐惧的夏雷的痕迹。在森安太郎看来,黄帝最初具有龙的形象,以雷神的身份得到尊崇,后来转化为神人同体的形象而上升到天上。森安太郎的很多研究让人联想到19世纪M.缪勒所开创的神话太阳起源论。

广岛大学御手洗胜撰写了一系列研究古代神话英雄形象的文章,比如黄帝、尧、舜、禹等。如果说袁珂研究的特点是致力于建构中国古代神话的共同图景的话,那么御手洗胜研究的雄心则是寻绎出英雄和神话形象的氏族特征。同时御手洗胜还复原人物的远古形象,确立远古时代崇拜他们的地域,他们以何种身份受到崇拜。比如,他考证出,黄帝原初是龙形,被作为水神受到崇拜,在山东半岛和现代浙江省的北部受到崇奉。

御手洗胜的另一组文章是按照相似的方法来结构的,这些文章的成果在他用英文发表的文章《神话和历史·以中国为例》(1962)中得到了总结。在该文中,他写到,像皇帝、少昊、颛顼、尧、舜、禹这样著名的神话人物(他称之为神),在远古时代被作为祖先神或氏族的保护神受到崇拜,当时还没有上帝的观念。因此,这位日本的研究家认为,尧最初是作为齐人的祖先神而受到崇奉的,舜是摇人(该名称与姓氏尧不同)的祖先神,摇民是一个很弱小的氏族。此后,更加强大的陈人在摇人之地扩大了影响,其统治者们自夸是舜的后裔。袁珂在其《中国古代神话》和其他著作中描绘了舜后来的孝子形象,在袁珂上面提及的文章里讲述了舜同象的争斗,他成了猎象者。御手洗胜则认为,舜最早是作为水神而受到崇奉的。因为河岸和湖岸禽鸟、动物繁多,众多植物生长,舜变成了司动植物之神。此后舜获得人的面貌,成为了吕地的统治者,司掌动植物的生命,再后来则成了农神。另一种说法是,舜成了"农夫",但不是普普通通的庄稼人,而是后来成为统治者的智者。

这位日本研究家激烈抨击从40年代开始在中国研究者中普遍流行的观点——古代神话英雄是部落或部落联盟的领袖。

20世纪70年代白川静、林巳奈夫研究中国古代神话的著作在日本极富声誉。白川静发表了大量研究中国古代文字,尤其是甲骨文、金文的著述,1975年出版了《中国神话》一书,在此他对与地方文化特色有关的系列神话做了研究。在书的开篇中,他就比较了日本神话和中国神话的基本特征,此书始终坚持比较的方法。比如,他写到,在舜的形象中保留了太阳神的特点,这同日本的天照大神相似。遗憾的是,作者的论证体系并未展开。同时,白川静又对镌刻在古文字上的具有崇拜对象的仪式予以特别关注。

白川静将中国古代神话形象同中国境内的各种古代文化类型和氏族

和部落相联系。比如,他把洪水神话看成是创世神话中最古老的部分,他把大禹、共工,甚至伏羲、女娲和伊尹都归属于水神。在这样的背景下,在他看来,禹是夏部落的神,共工是姜部落的神,大概属于藏族中的羌族。伏羲和女娲则是古苗人的神。白静川认为禹和共工属于仰韶文化,伏羲、女娲属于屈家岭文化,伊尹属于龟山文化(疑有误——译者注)。这位研究者认为,古代中国人把禹想象为鱼,或人鱼合体。他把禹同在仰韶文化遗址中发现的彩陶上的奇怪人形相联系。白川静认为,关于共工、鲧、禹和伊尹的传说孕育于现代河南省西部,正好在这个时期,伏羲和女娲以及与之相联系的洪水传说发生于汉水流域。但是不能认同无条件地将伏羲、女娲归于古代苗人的故事的说法,这对英雄结为夫妻的时代,属于更加晚近的中国神话发展阶段。

如果说白川静是由研究中国古代文字转向研究中国神话的话,那么京都大学的林巳奈夫教授则将神话同古代中国考古研究,更准确地说同对在中国发现的器物上的绘画的研究相联系。

正因为如此,林巳奈夫不仅对诸如伏羲、女娲、黄帝、尧、舜等众所周知的神话形象感兴趣,而且他更致力于研究殷商青铜器和汉砖汉画上的奇异的形象的世界。他对蔡季襄发现于40年代初,发表于1944年的战国时期(前475—前221)的楚国的帛画尤其关注。他1964年在《东洋学报》上发表自己的学术文章,强调这些帛画对于复原神话帝王颛顼的形象极为重要。照司马迁的说法,颛顼是统帅楚人的帝王。林巳奈夫在70年代的著作中继续了这项工作,他研究了楚帛上的12位神祇。他不无理由地将这些帛画视为巫术画,并凭借《山海经》和其他典籍的记载来确定这些古怪的神祇的身份。后来,他又发表了对公元前后的典籍和绘画作品中的神怪所作的类似研究,1989年发表的著作《汉代诸神》。

70年代京都大学小南一郎教授开始研究中国古代神话,1974年发表了研究《汉武帝内传》的学位论文,然后继续研究有关西王母和牛郎织女的传说。在援引了发现于四川的汉画像石棺(其左面为情侣,右面为端坐的西王母)后,他论证说,西王母曾被当做护佑爱情的神祇被崇奉,后来她的形象"分裂了",掺入了情侣的传说,其中最著名的就是对牛郎织女的叙述。

日本学者触及了中国神话研究的一系列重要问题。王孝廉认为,在日本甚至形成了两个研究中国神话的学派,一为东京大学派,一为京都大学派。王孝廉不无理由地发现,日本学者的研究结果,他们所提出的假设,区别甚大,甚至互相对立(如前面提及的对睿智的舜的形象的最初性质的研究)。

60—70年代在俄罗斯也形成了中国神话研究的若干方向。

И.С.李谢维奇写作了一系列著述,在其中他试图证明,在古代中国神话英雄的形象里,具有远古时代的外星来客烙印在地球上,尤其是在中国的土地上的记忆。

新西伯利亚的学者В.В.叶夫修科夫致力于从仰韶文化(前5—3世纪)中陶器图案的编码符号学来研究古代神话。作为研究中国神话的一种视域,整个古代神话的系统通常被置于不早于公元前8—6世纪的典籍的系统中来加以复原,更主要的是置于前4世纪至公元初的典籍中来加以复原。吸引像林巳奈夫那样的学者关注的材料大致属于公元前1千年的末期。更早时期中国人的神话观点是如何的这个问题并没有被提出。В.В.叶夫修科夫试图依据仰韶陶器上的图案来复原这些观念。他特别关注公元前1千年后半期的系列图案,这些图案通常分为三部分,其中间部分占据中心的是形体紧张的神人同形的图像,图形的手足在很多时候被描绘成多关节,头在某些时候被描绘成圆形或带点的圆形,但常常是没有头。叶夫修科夫从这种结构中,不仅看到了世界三分的观念(上为天,中为地,下为阴间),而且看到了神话的产生,相类似的神话即后来的分开天地的创世英雄盘古的神话。对此我们不妨再加以补充,系列形象中的多关节形态,在我们看来,则是后来的四手、六手或八手英雄的雏形(如殷商朝的创始者唐帝、蚩尤等等),是多足的英雄的雏形,如蚩尤,我们据材料看,他有八足。В.В.叶夫修科夫认为,"那种把形体描绘成肢体分离、或者没有头的情况证明,这样的情节表达了死后身体化解为不同的部分的观念"。这种观念同一些研究者的观念是吻合的,依照这种观念,微观世界和宏观世界是一致的,即头对应于太阳(难怪,头被画成中间有圆点的圆,这与"日"的古老的象形字是相似的,与月也相似),下肢则与地或阴间相对应。由这样的观念到由始祖盘古的身体诞生世界的神话只有一步之遥,尽管我们没有材料证明在仰韶文化区域存在着类似的神话。

В.В.叶夫修科夫还详细研究了仰韶文化陶器上的青蛙(龟)图像。由于青蛙总是被描绘成圆形,更准确地说是放光的卵形,所以这位研究者推测,这与月亮神话的先声有关。В.В.叶夫修科夫阐述了这样的假设:

将青蛙(蟾蜍,有时是龟)看成是与月亮相联系的动物的观念,在比古籍中记载奔月的嫦娥的发达的神话早几千年的时候就在中国先民中萌生了。在以后几年,叶夫修科夫还发表了几篇复原古代神话形象的文章。

Э. М. 杨申娜早在 1965 年就答辩了题为《中国古代神话》的副博士论文,她把《山海经》作为研究中国古代神话的主要文献翻译成了俄文(我们得指出,这个典籍的中若干处译文我们不敢苟同)。译文的序言对该典籍的历史作了详尽的描绘,确定了它产生的时间(前 3 世纪末至前 2 世纪初),在这里杨申娜将《山海经》作为神话的总集做了精彩的分析。

在《从神话到章回小说·中国文学中人物形貌的演变》(李福清,1979)一书中,主要以公元前后的记载神话人物的奇异形象的非正史著作为依据,力图复原远古神话观念,揭示了神话人物由动物形,向半人半兽,进而到完全人化的演化过程。该书指出:很多中国神话人物,在演变成传说中的理想人物,或残暴的统治者之前,最初被想象成鸟形或龙形,在远古中国人的观念中他们完全是另一类人物。该书利用肖像学的资料分析了对伏羲和女娲的形貌描写,还分析了神农、黄帝、鲧、禹、尧、舜等人物。

20 世纪末俄罗斯的一些民俗学家和比较神话学家也致力于中国神话研究。在 Е. М. 梅列金斯基、Вяч. Вс. 伊凡诺夫、B. H. 托波罗夫等学者的理论著作也广泛利用了中国神话的材料,其中包括《世界各民族神话百科全书》(1978—1988)的大量概述性文章。

在 60—70 年代的著述中,德国的 G. 施密特(G. Schmitt)以古汉语语音学来研究中国古代神话的一些文章引人注目。1962 年他在柏林通过了研究古汉语音位学的学位论文。后来,在 1970 年代他出版了研究《易经》的精彩的专著,该书从《易经》的精神理念出发,对一些神话术语作了阐释。当时施密特开始发表一批研究神话的文章,第一篇是篇幅不大的《风——凤·图腾与禁忌》(1963)。在这里,对古代中国的"风"和"凤"的辨析,并非首创,这容易联想到早期中国和日本学者所做的工作。但是,施密特首先从音韵学的角度来研究这个问题,他表明,在汉代末期(2世纪)中国的注释者们用"反切"来读汉字,即用第一个字的首音,第二个字的尾音。它们已经不是作为声音的偶然搭配,而是固定的组合。这些声音是远古时代作为对神圣的概念的禁忌而生产出来的。比如,"风"这个词,读作"plium",这就意味着,借助 p〔imer〕和〔g〕liam 这两个音素,来标示风神的名字,在现代汉语中它读作"飞廉"。德国学者进一步阐发自己的观点说,凤在远古的中国是需要献祭的有灵之物。

在施密特下篇文章《作为凤的舜妃——理解远古中国的关键》(1974)中,在细致研究古籍的基础上,得出这样的结论,远古的中国人将舜想象成凤。对画像砖上鸟的形状,早有学者论及,如御手洗胜。施密特大概并不知晓这样的文章。但是他提出了自己独特的系统证明,比如舜的出生地是诸凤,他从音韵学的角度说明,这就是"很多凤",他死的地方鸣条,就是"鸣叫的鸟",或"凤鸟"。舜被葬在苍梧,这就是"绿色的梧桐树",按照中国人的神话观念,这就是凤凰栖息的地方。施密特从音韵学的角度研究了舜的妻子——尧的女儿的名字,这就是"凤妻"或"凤妇"。施密特分析了凤的观念同舜、音乐的关系,他还研究了同时期描述凤和舜的其他特征,比如分析了这两个形象同古代日历的联系。

施密特的研究神农的著作(1979)也有同样的特点,他将此文视为舜研究的继续。舜在较晚的传说中已被描写成了农神。施密特将神农的起源同原始的火耕农业相联系。他分析了《诗经》中所有提到神农、农耕、献祭土地和庄稼的文字。后来施密特完成了研究楚神话的著作。在这本书中,他力图不仅对楚国的文献,而且也对马王堆的帛画作出独特的阐释,他还研究了古代朝鲜神话与古代中国神话的关系。

柏林古腾堡大学教师 U. 劳(U. Lau)的学位论文研究神话在中国古代史形成的作用。他感兴趣的主要问题是,神话观念是如何产生出历史观念的,他研究在古代礼制中反映了什么样的神话。

德国汉学家 W. 缪克(W. Wünke)的《中国古典神话》(1976)的内容迥异。这本书由篇幅颇大的绪言和词条构成。在"古典神话"的词条中也包括了显然属于中世纪的人物(如道教神仙麻姑等)。一些神话人物和神话类型(如"太阳神话","月亮传说")写成了专题研究,包含了大量古籍中的引文,对记录人名和地名的文字的图示分析,对高本汉和其他学者(主要是欧洲学者)的引文。在本书中也有不少令人意外的解说和假设:比如,大禹原初为女身,被视为女始祖,后来被当成了地神;还有尧的名字的含义是"世界之山"(一些日本学者将"尧"字解读为"高高的人""人中最高的人"。比如,藤堂明保就认为,"尧"这个字最古老的意思是描绘一个持高高的什物的人)。

20世纪最后20年的俄罗斯的汉学中,值得关注的是杨申娜的《中国古代神话的形成和发展》(1984)一书。作者试图重构中国神话的某些发展阶段。杨申娜一方而热衷于将古希腊、埃及和其他民族(包括格鲁吉亚)的神话材料作比较,另一方面她试图恢复中国人的某些神话观念,试图解释神话在不同时代是如何变型的,中国古代哲学各家的代表人物是如何利用神话形象的。在这本书中,作为古代思维形式的偶像和图腾等现象得到了详尽分析,然后作者转向了对重要神话人物的分析。在考察土地神后稷、后土、羿(常常被称为后羿)时,杨申娜作出推断,在这远古时代这三个神祇被当成女神,其证据是"后"字。在某些中国学者看来,在古代这字作为一个术语是指称女性的,因此,后稷就应理解为"司黍稷的女神",后羿则应理解为"司狩猎的女神"。这位女学者试图将后羿的形象与"古老的狩猎遗风相联系;他与太阳和月亮神话(即具有宇宙起源观念的神话)有关系;他与大自然春天复活的形象有关系;在春天复活中,他作为狩猎神,充当了天体中的猎手重要角色"。杨申娜认为,在其后的阶段,出现了后羿与怪物搏斗的神话,他"显然被看做是始祖神"。但是这个推断证据不足。杨申娜指出,在下一个阶段,后羿呈现为"原始英雄的形象",反映了箭在西方的传播。杨申娜正确地指出:"关于猎手神话的最后的阶段,关于他的神话,即是具有历史传说色彩的古代君王和篡位者的神话。"

20世纪后数十年中,在向西方读者介绍中国神话方面,西欧和美国的汉学家做了很多工作。1978年在巴黎出版了马歇(R. Mathieu)翻译的《穆天子传》。在这本书中,这位法国汉学家引述各种文献,包括20世纪的人类学记载,详尽地研究了西王母神话的演变。

1983年在巴黎出版了马歇的两卷本著作《古代中国神话学、民族学研究·〈山海经〉译注》。《山海经》早在19世纪末已经有了法文译本,但这个译本已经不能适应时代的需要。马歇的这本书是进行严肃的学术批评的著作,它的注释中包含着地名考证,某些汉字的古音辨析,以及对人类学材料的征引。作者引述了涉及生活在古代中国及周边的各民族的材料,还旁及中亚、东西伯利亚各民族的神话,甚至还引用了古代斯基泰人和伊朗人的神话。

6年后马歇出版了一本篇幅甚大的选本,其中收录了100个中国神话,近40个中国传说。他按照时间顺序来编排文本,开始是创世神话,星辰、人、动物、植物的出现,结束于最早的王朝建立的传说,还有关于道教神仙和民间英雄故事。

随着《文物》杂志1972年在北京复刊,以及稍后《考古》杂志复刊,中国开始重新公布有关神话的资料,其中大部分是发现古代图像(如马王堆)的报告,或是对所发现物品的解读。

中华人民共和国神话研究的新时期开始于20世纪70年代末。1979年袁珂的一本篇幅不大的书《中国神话选》出版了,这是一本面对青少年的读物。这一年年底他出版了《古神话选释》。袁珂的这本新书是一组古籍引文(其中有些内容在《中国古代神话》的注释中出现了。对《中国古代神话》俄罗斯读者是熟悉的),旨在向读者介绍神话人物和一些特殊的情节(比如,黄帝与蚩尤之战)。与袁珂先前的书不同的是,这本书中收录了一些古代传说(如关于剑传说,还有韩凭的忠实的妻子的传说,韩凭是宋国康王的近臣。他的妻子不惜以死捍卫自己的名节),每段引文都有语言学注释。对公元前出现的这些难以解读的古文,注释尤为必要。这本书广泛利用了新材料——在四川记录的神话传说和国内苗族、瑶族、壮族和其他民族的作品。提供了这样一些信息:后世的仪式歌谣中对这些英雄的名字的吟唱,哪些寺庙祭祀这些英雄。所有这些有助于从新的角度来解释古籍中的相关信息,比如《山海经》提及建木的地方——这是一种世界之木。据袁珂考证,沿着建木,始祖伏羲得以上天入地。在这本书中袁珂利用了百余种古籍和中世纪的著作,还引用了当代学者的著作,这对原来的一些形象的阐释作了重要的补充。比如,在哲学家王充的著作中发现,久雨不停就要祭祀女娲。袁珂对此作出了有趣的推测:女娲的重要的活动是补天,即止住从天降下的水,因此女娲后来就作为会带来雨过天晴的神被祭祀。总之,《古代神话选释》是对《中国古代神话》的补充和延续。

1980年上海古籍出版社出版了袁珂的《山海经校注》。与其他40—50年得到的中国学者校注的古籍不同(比如,孔子的《论语》,以及《孟子》《庄子》和《列子》),《山海经》没有现代注释本。袁珂比较了《山海经》(起始于1181年的刻本)的16个版本及其注释,他归纳旧注,并对一些晦暗不明的地方作出了自己的解释。通常认为,《山海经》在古代有很多插图(甚至说文字是为解释画配上去的),后来都亡佚了。16—17世纪之交出现了为精怪配画的《山海经》。日本画家也为中国神话人物绘画。袁珂为《山海经》配了150幅中世纪晚期的绘画。袁珂的这个版本还有名物索引。

《古代神话选释》的普及本是《神话选译百题》(1980)。书中引用古籍中的文字,将它们翻译成了现代汉语。就像在《古代神话选释》中一样,每段文字后都有编者的解释（比如袁珂考证出，子姓是从商契而来的，它并非现代汉语的"孩子"之意，而是古代龟骨上和青铜器上张开尾羽的玄燕，这就与由燕卵而生契的传说相吻合了）。

袁珂的《神话论文集》(1980)收录了八类文章。其中两组是研究《山海经》的（曾发表于1978—1979年的集子中），另外四组涉及古代神话研究的一般问题：神话与宗教的联系，神话的演化，远古神话对后世文学传统的影响。书中还收入1964年的谈舜和象之争的文章，以及研究嫦娥奔月的文章。在此文中，袁珂推断了远古上帝帝俊之妻嫦羲的观念向嫦娥神话的演变，当时的先民认为嫦羲诞生了十二个月亮。袁珂关于嫦娥在唐代诗人和后来的作者的笔下逐渐诗意化的论断是饶有趣味的。这篇文章事实上分析了古代中国的整个月亮神话体系。1984年袁珂出版了自己的主要著作的修订本《中国神话传说》（两卷本），其篇幅比《中国古代神话》大两倍。导论篇明显扩大。导论研究了基本问题：神话的起源（作者始终坚持这样的立场：反驳远古思维的综合性，确认宗教最早产生，而后才出现神话）。在导论中研究了保存神话的古籍，古代神话的历史化等问题。他将《山海经》视为古代中国神话基本来源。作者将《山海经》视为巫术文本，从这个观点出发，详尽描述了这本书不同寻常的书各部分。袁珂还提出"神话"的狭义定义和广义定义问题，他首次分析了远古神话观念对中国文学形象的影响。1985年袁珂出版了《中国神话资料粹编》，这是积三十年资料研究之大成。在这本书中收录了《中国古代神话》未收录的材料。这本书事实上是一本手册，在书中可以翻捡到每个古代神话人物的古籍资料。1985年还出版了袁珂编纂的《中国神话传说词典》。1989年袁珂出版了另一本词典，这本词典收录了中国各民族神话的资料。1998年袁珂将两本词典合而为一，出版了篇幅甚大的(1075页)《中国神话大词典》，这本词典包括了中国各民族神话的信息。

在《中国神话史》(1988年)中，除了各种古籍（包括蒲松龄的小说）中记录的神话而外，袁珂还分析了传说，其中有关于白蛇、关于财神和工匠神鲁班的传说。

50—60年代袁珂几乎是中国唯一的研究中国古代神话的学者，到70年代末80年代初，情况发生了根本变化。1983年，袁珂本人就说，在中国研究古代神话有30多位学者，发表了大量的文章。1980年广州的民俗学家谭达先（现居澳大利亚）先出版了一本篇幅不大的书《中国神话研究》。在这本书中对重要的神话作了通俗描述,还分析了一些问题:中国古代神话保存得不好的原因,神话的分类原则,神话变型的特点(包括后来的民间神话传说,比如在镇江的神农传说中,神农有水晶般的透明肚子)。谭达先在很多地方依据茅盾20年代的著作的观念,将中国古代神话同中国南方和西南地方少数民族的世界起源传说与文化英雄作比较。

1982年出版了两本完全以另外的方式写成的书,朱芳圃的《中国古代神话与史实》和朱天顺的《中国古代宗教初探》。朱芳圃的书是按照广泛搜求古籍的传统方法写成的。这本书按照中国古代神话的主要人物和一些题材(如洪水神话、月亮神话),编纂古籍而成。在书中使用了150多种古籍,作者从这些古籍中摘录了近千个与神话有关的片断。

在一些地方这位作者对一些人们熟知的文本作了独特的解释。比如针对《山海经》中有关西王母的描写,朱芳圃从"王母"中摘出词素"母",认为它不是通常的君王之意,而是"神"(作者引用《荀子》注中的"百王"即"百神"为证)。朱芳圃认为"母"字为误植,实际应为另一个字,即"貘",因此西王母实际上为"西方神"。由此朱芳圃出了结论:《山海经》中描写貘族图腾崇拜。接着作者考证道,西王母住的昆仑山被看成是世界之山,它是中国西北的祁连山。在古注中"祁连"是突厥语"天"的变音,因此祁连山即"天山"。朱芳圃发挥自己的观念,得出了这样的推断:后羿见西王母求不死之药是有现实依据的——后羿为东夷部落中夷的族神,该族西迁,与貘族比邻而居,而西王母逐渐成了这两个族的族神。因此这一则神话反映了两族间的接触。

进入朱天顺和他的著作《中国古代宗教初探》(1982年)视野的是十个太阳传说,以及风神、雨神、雷电神、黄河神——河伯、神农、后稷、山灵,还有文化英雄:伏羲、女娲、大禹等。朱天顺的学术动机是,寻找一些重要概念(如天)和各种英雄逐渐神化的过程。

1983年冯天瑜的《上古神话纵横谈》在上海面世。该书下编叙及中国古代的主要神话,上编包含了神话一般问题,在书中作者讨论了神话的起源和特征,神话的传播者,神话、神话人物同地域的联系及其原因,还研究了神话在中国不甚发达的缘由。冯天瑜常常征引各民族神话,主要是古希腊人、埃及人、印度人和澳大利亚土著的神话,借此阐释神话的一般规律。

作为历史学家,冯天瑜对神话与社会发展阶段的关系尤为关注,他作出这样的推断,黄土造人的神话(许多民族的陶器上都描绘了这样的神话),显然出现在发明制陶术的时候。在冯天瑜的神话观中,神话的阶段性是明显的。比如,他指出,世界起源的神话并不是最古老的,它晚于其他神话,出现于氏族社会晚期。

冯天瑜认为,神话的传播者,是古代社会出现的氏族首领和奴隶主代表手下的歌手和音乐家(尽管在中国缺乏这方面的直接证据),工匠(将神话人物绘在宫殿的梁柱、棺椁、墓室上),编年史家、哲学家和文学家,还有野史家。他们不同于宫廷史家。宫廷史家很少记录神话和古代传说,这些都是正史不感兴趣的东西。

冯天瑜的书中并不是所有的观点都应该赞同的。比如,由于作者不是文艺学家,对"现实主义"和"浪漫主义"定义的历史规定性不甚了解(这是 50—60 年代中国学术著作中常见的错误),他认为,《诗经》体现了现实主义,《楚辞》,即屈原和他的继承者的诗则反映了浪漫主义。还有一点不敢苟同,作者事实上把从 3—20 世纪那些有鬼怪和狐仙的中国文学作品都归为神话(不管如何扩大神话这个概念,这也不妥)。在此书中尚有其他不尽准确之处,比如,作者认为,一足的夔原是殷人的图腾,后来又以饕餮的面目成了殷商国家的图腾。这与许多中国、日本学者的研究是相左的,他们认为殷的图腾为鸟。

另一位神话研究家萧兵的主要著作旨在重构屈原的诗歌中的神话(即楚国神话)观念,萧兵研究的特点是,为了重构中国神话中最古老的那些形象,大量征引龟甲、青铜器上的铭刻的古老信息,以及其他民族(希腊、埃及和斯堪的那维亚民族)的神话资料。借助于此,萧兵竭力展示生息于中国国土内的各族群神话观念的互相影响。萧兵证明,通常认为河伯是黄河神,事实上,河伯开始是"九河"(黄河下游的九条支流)和东夷之神,随着东夷文化向南方,向楚地流传,他也就加入到楚地诸神的行列中。在另一篇文章中,萧兵研究了太阳神神话的一系列问题。在将中国古代神话同日本、朝鲜、希腊、伊朗神话,以及印度佛教神话进行比较之中,作者得出结论,中国的一系列古代神话形象(颛顼、后羿、太皞、少昊、启)都是不同族群的太阳神。在这篇文章中,一系列重要的民俗观念得到了研究,如日蚀,将不愿意生养的婴孩弃之于野或由动物或外人喂养的母题,太阳光芒与箭飞的相似性等等。作者认为存在着三代太阳神(帝俊;帝喾—启—昭明;太皞—少皞—般)。与之相似,在希腊神话中也有三代太阳神。这就表明,在中国古代神话中,尤其是在有关后羿的神话中,可以发现欧洲的研究者在古希腊的神话中所发现的情节模式(密兴—黑尔芬曾指出过赫剌克勒传说中类型学上的相似性)。

萧兵是一位高产的学者,他专注于几乎所有重要的中国古代神话系列。在《太阳神话的奇迹》的标题(1992)下,他的研究成果出了5卷。第一篇研究太阳神话本身,第二篇研究弃子,第三篇研究除害英雄,第四篇研究洪水神话,第五篇研究建功立业和牺牲的英雄。

萧兵是以研究《楚辞》中的神话形象而闻名的。他在这个课题的研究中广泛征引古籍,先后出了三本篇幅甚大的著作:《楚辞与神话》(1987)、《楚辞新探》(1988)、《楚辞文化破译》(1991)。

研究保存在口传文学中的神话传说成了那个年代的新方向。袁珂在1964年开启了这种研究,张振犁成功地持续了下去,后者研究了河南省所有采风的记录。张振犁强调,忽视民间留存的神话已经对中国古代神话研究造成负面影响,明显制约了研究的视野。在自己的著作中,他提出了一系列理解各个阶段神话非常重要的问题。比如,神话在宗教传说中变形的问题,一方面是神话的世俗化,另一方面是神话的地方化,神话演变为地域性、地名起源的传说,神话主人公的行动与讲述的地方相联系。张振犁正确地指出:民间材料有助于补充保存在古籍中的神话片断,并对之作出新的阐释。

张振犁的研究成果集中于他的著作《中原古典神话流变考》(1991)中。在这本专著中他研究了神话变形的一般性问题,神话的地方化现象,他试图以新的观点来分析古代神话的主要人物,如盘古、女娲、黄帝、大禹等等。饶有趣味的是,他首次展开了对中国盗火神话人物商伯的分析。这个神话很有名,但是只有一个采录本,这是1987年大学生谢书民从商丘县一个六十来岁的不识丁的农民那里记录的。

陈履生的《神话主神研究》(1987)对伏羲、女娲在汉代的描绘多有涉猎。作者注意到了两对夫妇的画像——伏羲和女娲、西王母和东王公。他利用了一些此前学术界未曾使用过的画像资料。在陈履生编制的表格中,有汉代的87种伏羲和女娲的画像(其中一些是80年代出土的)。画像的地域分布表明,始祖伏羲和女娲的画像主要出现在山东、四川和江苏。在这个表中还应该补充河南省,1982年公布了该省发现的伏羲和女娲画像。陈履生认为,汉代以前不管是伏羲和女娲,还是西王母和东王公都没有描绘成夫妻,将他们描绘成夫妻是在公元以后。

陈履生的书中辟专章研究画像的细节,分析描绘头、头饰、服饰和发式的类型。这位中国学者指出,始祖的服装和头饰是对汉代人服装和头饰的摹仿。由于中国人对朝代和皇帝年号过于关注,在研究服装和日常生活中往往缺乏历史感。传统戏曲是引人注目的,因为在传统戏曲中,人物总是穿着与所表现的时代不相应的服装(服装只是显得比较古老而已)。即使是陈履生也是如此,他在描述汉画像上的伏羲和女娲的服饰时,不曾顾及中国服装的准确的历史。同时应该指出,从明朝开始,中国人画始祖,并不画衣服,只画树枝做的裙子。

陈履生对始祖的下肢(腰以下)作了详尽的分类,分出了五种形态(主要是蛇尾)。还有一部分研究伏羲和女娲手中所执之物,在画像上他们手中执托着东西(规、矩、日、月、芝草)。

陈履生还分析了汉画像的变形,始祖画像上的环境观念对当代美术家的影响,神话观的演变。作为艺术学家,陈履生还专门从绘画的角度研究了汉画像,强调了所分析的神话夫妻的肖像上的特征,阐释了空间布局特点。

90年代出现了对古代神话的其他阐释。1995年考古学家陆思贤出版了《神话考古》一书。作者征引考古资料,试图对古代神话材料作出新阐释,提出了一系列假设,但是引发了质疑。他在书的开头部分作出了推论:中国人喜欢花,远古时代就以花为图腾,"中华民族"的称呼即有此意。作者对此深信不疑,并作出推论:伏羲之母华胥氏为华族远古之祖。接着陆思贤征引了土陶上的植物花纹来进一步证实自己的推断。除了植物学解读法而外,这位研究者还试图运用气象学解读法。与此同时,司马迁《史记》的补充材料中言及,伏羲姓风,植物种子随风飘荡,落进泥土里,经过冬寒之后,又赋予新的植物生命,陆思贤就对"华胥履大人迹……而生伏羲"作出了新阐释。陆思贤就此确认,华胥氏即华族始祖花之女神的名号。借此即可理解,上面引证的"华胥履大人迹……而生伏羲"意味着大自然的四时交替。按照同样的逻辑,陆思贤进行了天文学的解读,试图证明:伏羲是大火星神的心宿二。由此转向了对始祖女神女娲的分析:从中世纪的文献看,女娲为风姓,伏羲象征着吹化冰的春风,女娲不仅给予春风以生命,她本身又是严酷的秋风。

1997年北京出版了中国社会科学院文学研究所的研究员叶舒宪的

一本书名不同凡响的著作《高唐女神与维纳斯》。这本书证实了中国学术实质性的新趋势。我们从袁珂的书中可以看出,中国的学者通常局限于国内的材料,很少去分析其他民族(希腊人和埃及人)的神话。通常他们并不使用各国学者研究中国神话的著作。叶舒宪的书提供了将中国学术与世界文化的成果相结合的成功范例。

叶舒宪相当详尽地追溯了在欧洲、美洲和亚洲发现的"旧石器时代的维纳斯"(其中也有在中国罕见的发现,如1991年陕西的考古发现),从中研究古代对女性形象的描绘。他特别注意到夸张的女性特征,在他看来,这是对生育后代的女性的崇拜。与此相联系的是,视丰满为正面品质,相反,弱和瘦则是病态的,不美的标志。在这位学者看来,汉字瘦、瘠,都有"疒"旁。因此,这位学者的"美"的观念(更晚近的"美")是与女性丰满和夸张的女性特征相联系的。叶舒宪的书的基本立意是关注地母崇拜。这位学者运用考古成果、宗教史料、语言学分析,试图对古代文化典籍作出阐释,他还对史前时代的绘画作了新阐释。1983年辽宁省牛河发掘出了被称为"女神庙"的遗址,在那里发现了中国境内最古老的被称为史前维纳斯的女性雕像,在其附近的古墓里发现了猪的雕像。其他学者认为,猪为图腾,与这种看法相反,叶舒宪认为,猪在这里是生命力和繁育后代的象征。这位学者征引中国南北方发现的数量不少的史前猪头发掘,他还分析了"家"字。这个字的意思是房顶下有猪。他推断:在远古,肥硕的大耳猪被当成家神受到崇拜,还充当远古女神的有生命的位格。

在发挥"地母"研究纲领的时候,叶舒宪征引了中国古籍,其中有《周易》中的文字——"天也,故称其父,地也,故称其母",对汉字中的"土"字作了分析。郭沫若认为,"土"字为男性生殖器。与之相异,叶舒宪则引用《说文解字》("土……地之吐生物者也"),得出结论:"土"在古代中国或许与女性的生殖能力相关。更进一步,作为"地"字一部分的"也",也表示大地,是对女性生殖器的描绘。由此,这位学者得出结论,在甲骨文中,"西母"和"东母"也是大地女母的一种位格。但是,此论断似可质疑。始神女娲和西王母的形象是上述的甲骨文中提及的东方和西方的母亲神的变形。叶舒宪只征引了中国古代的资料,没有引述中国各民族神话观点(比如,满族的"侗"),也没有引述美洲印第安人的神话。有研究材料证实,许多民族的始祖女神是最古老的神祇,以后逐渐被其他以男性面貌出现的神所取代。

叶舒宪的这本书,不是严格意义上的中国神话研究,而是借助比较的方法进行研究的著作,它分析了与中国人的神话观相联系的各种古老的观念。比如,这位研究者在研究"美"的观念的形成过程时,通过比较古希腊、印度和中国人意识,研究分析周详,得出了这样的结论:古希腊人和印度人的美的观念是爱、与女性和少年的外貌美相联系的,中国人最初的美的观念不是与爱相联系的,而是与食相联系的。以后中国人形成了"艳"的观念,这与现代人的性感略为相近。"艳"原来不是与性感相联系的,而是与"大"和"硕"相联系,后来采成了女性美的同义词。叶舒宪作以上的考证是为了回答这样一个问题:中国人有没有爱和美的女神的观念。中国人没有类似于阿弗洛狄忒的美神,但是叶舒宪认为,我们可以详尽分析高唐女神。高唐女神出现在楚怀王的梦中,与之相爱,她是阿弗洛狄忒——维纳斯的中国相似物。在分析高唐女神的同时,叶舒宪还追溯了中国古代的巫女。叶舒宪从远古的神话观开始,一直将研究的视野触及18世纪,考察了远古的神话观念如何变型到后来的文学作品之中,其中包括蒲松龄著名的《聊斋志异》和曹雪芹的长篇小说《红楼梦》。还有其他一些神话人物得到分析,其中与农耕文化相关的无头巨神刑天得到了全新的解说。

1996—1997年在中国发表了研究女娲和伏羲的饶有趣味的论著。其中有两篇是解读1942年长沙发现、收藏于美国的帛画上的图案的论文。1996年《文学遗产》第4期发表了吕威的《楚地帛书、敦煌残卷与佛教伪经中的伏羲女娲故事》。在饶宗颐和曾孝同对楚地帛书解读的基础上,吕威分析说,伏羲女娲婚配的神话不是出现于汉代,而是出现于战国(前5—3世纪),这个时期的帛画说明了该问题。按照这位学者的解读,包羲(伏羲的另一个名字),娶了女儿为妻,她的名字叫女皇。女皇,这是女娲的名号,首次记载是《世本》,这是不晚于公元前221年的书,也见于几乎同时,或略晚的楚帛。尽管这提供了将女皇解读为女娲的证据,但尚不能断定。未见文献提及女娲是什么人的女儿(表示她的娲字,并没有得到解读),更遑论其父其母。在所有的文本中,女娲,就像其他民族类似的始祖一样,是无父无母的。在提及女娲神话其他古籍中,没有一处于像楚帛一样述及女娲在婚配中生了四个儿子——四季的主宰。此外,女皇之名太普通了,不排除这是另一个楚神话中的人物,其事迹已然湮灭无闻,因此我们不得而知。在楚帛书中还提及了其他著名的神话人物:炎帝、祝融、共工，但只字未提及女娲的功绩——补天、用土造人。

1997年女学者杨利慧的专著《女娲的神话与信仰》在北京出版。这是一本不乏新见的著作，它大量利用了70—80年代中国民间文艺家收集的文献，因为这是"供内部使用"的，所以各国学者难以得到（在外省和外地出版的大量的"中国民间文学三套集成"有两千多册。甚至中国的民俗学家都难以收集齐，可能只有北京的中国民间文艺家学会才有整套）。杨利慧不但利用了上述材料，也利用了她在中国各省调查得到的田野资料。她运用于分析女娲形象既有古籍，也有对民间留存的神话传说的现代记录，还有各种民族志材料（有关仪式、信仰、节庆的材料），还有此前的学者的著作，比如《从神话到小说》（李福清，1979年）中讨论伏羲、女娲的章节。这位女学者专注于比较材料，她运用了波利尼西亚、美洲印第安人和西伯利亚民族的神话。杨利慧没有去解读楚帛书，因为她认为，最早女娲是作为始祖女神出现的，若干世纪后出现了女娲与伏羲结合为夫妻的神话，后来又出现了与大洪水后兄妹乱伦神话的混合。在分析新采录的关于女娲的神话时，杨利慧展示了古代神话母题的复杂混合，如取土造人母题与乱伦生子母题的混合。

杨利慧提出了一个有趣的问题，为什么女娲总是被雕刻在墓葬之处，或在墓道，或在祠堂前的石柱上，或在石棺上，在吐鲁番还被绣在覆盖尸体的罩上。这位女学者认为，女娲被当成造物主、人物和万物的始源、恢复天下秩序（补天）的神圣。由对她这种的崇拜出发，产生出了对她的另一种崇拜，即将她当做最强有力的神祇，认为她能发挥守护神的功能，借助于她，亡灵能够转生于另一个世界。

杨利慧认为，不管雕刻的是单独的女娲，还是与伏羲相配的女娲，女娲神像的基本的、隐含的内容即是宗族延绵，所以会向女娲和祖先祈求保佑子孙，令其昌盛。由此伏羲和女娲象征着阴阳和谐。重庆沙坪坝墓葬的发掘证实了这个推断。那里发现了两个石棺，大的石棺上雕刻着手捧日轮的伏羲，另一个雕刻着手捧月轮的女娲，考古学家和古代艺术研究家指出，墓中葬着一男一女。由此杨利慧得出了结论，女娲的雕像具有家族延绵不绝的象征作用。她还注意到了女娲的蛇身。蛇蜕皮的神话在东南亚和太平洋岛上被认为是跟死有关联的，人们相信蜕皮的蛇长寿，相信古人也能蜕皮成仙，在还没有变成蛇的时候蜕皮是非常痛苦的，此类故事在中国很多省（陕西、广西、安徽、江苏）都很流行。在广西还流传着这样的传说，古人成仙与女娲有关，女娲靠法术造了人，使他们成为不死的仙人。这些让杨利慧产生这样的看法：在石棺上和墓道上雕刻女娲与古代成仙和延续家族的观念相关。

在汉代的墓葬里不仅雕刻伏羲和女娲，还雕刻其他神话人物：西王母、东王公、治水的大禹、春秋之神蓐收（1997年在陕西北部神木县发现的汉墓中就雕刻了这些神话人物）。由此产生了一个问题，为什么在新疆的唐代的墓葬中，我们熟知的神话人物就只剩下人身蛇尾的伏羲和女娲？

将女娲当作送子女神来崇拜的信息引起了人们的兴趣（在中国具有相似功能的女神有不少，从送子娘娘、到观音菩萨和文王的王后都是）。杨利慧非常细致地描绘了河南省淮阳传统仪式舞蹈。舞蹈只能由成年妇女表演。她们被认为是古代的"龙花会"节庆的传播者。在举办"龙花会"的时候，大龙象征伏羲，小龙象征女娲。跳舞的女人拖着长长的彩绸。跳起舞来时，她们背对背跳着，彩绸就交汇起来，学者们认为，这象征着伏羲跟女娲的交媾，就像在汉画像中他们的蛇尾的交媾一样。

杨利慧详细描述了淮阳县民间艺人制作的泥塑作品：突出女性性征的泥人，背着几只猴子的老虎；背着几只小猴的猴子。泥塑叫"泥狗"，或者叫"陵狗"，杨利慧没有解释这样的名称。不排除这样的可能性，这样的名称与当地流传的这样关的传说有关：女娲补天后误入恶狗村，变成了黑狗（泥塑的主要颜色是黑色）。这自然是较为晚近的，与佛教的轮回观念有的传说，但它可以补充说明女娲形象在中国民俗学中的细节——她偶然充当了狗的神灵。

杨利慧还描绘了庙里的女娲和伏羲的塑像。在河南聂堆镇的思都岗村的女娲宫里，女娲和泥塑高约一米，以树叶为裙（从明代开始女始祖就被塑造成这样的装束）。与佛教的菩萨相类似，女娲坐在莲花座上，手捧太极图，下面有另一尊塑像——伏羲手捧八卦。不难发现，这两样画像取代了汉画像上的日轮和月轮。

2000年过伟出版了《中国女神》。在这本书中，作者运用"文化生态学方法"追溯了大量的材料，给予民间创作传统，神话传播、神话与大自然和文化环境以特殊的关注。过伟有时也引用中国之外的民族的神话资料，但他从中国统一民族的思想出发，试图证明，像女娲这样的始祖在很多少数民族中是很有名的，比如，在生活在广东省南边的水族中就很出名，尽管她的水族名字叫"雅乌"（老奶奶）。作者确认，女娲的神话在苗族、土家族、藏族、壮族等少数民族中流传甚广。正因为如此,像其他中国学者一样,他引用了陆次云(8世纪)对苗人祭祀时敬女娲、伏羲的像记载,还有贝清乔《苗俗记》中苗人崇拜圣母(即女娲)之说。作者所引的其他民族的资料不免引起质疑,比如土家族的歌谣,其中唱道,女娲叫没有子嗣的女人吃了八个桃子,一种神奇的花,此后这个女人生了八个孩子。过伟引用的是汉语的翻译,在土家族的原本中名字究竟是什么完全不清楚。同样值得质疑的还有,青海省的藏族人的史诗性诗歌《混沌世结束了》(意译),这是叙述女娲的歌谣,她割了金蟾的舌头去补天。从各种细节可以看出,这是中国史料较晚的混合物(歌中提到了老子和孔子),因而迥异于蒙古各部落的史诗传统。对过伟而言,所提及的这些材料都是中华民族统一的证据。

在利用考古资料的时候,过伟把不同的考古学家的资料糅合在一起。在山西省吉县发现了一幅史前的绘画。他认为画上一个高举双手、胸部发达的女人就是最早的女娲像。可是就在离发掘地点150公里的地方就有宋明(10—17世纪)的庙宇,在那里曾举行过祭祀女娲的仪式,难道这与一万年前的这幅画有联系吗?

涉及洪水和乱伦(兄妹)神话时,过伟引用了属于汉藏语系壮侗语族的壮族、布依族、仫佬族、毛南族的神话,也引用属于汉藏语系苗语族的苗族、瑶族和畲族的神话,他甚至还引用了中国其他民族的神话,比如藏族的近支羌族、纳西族的神话,生活在内蒙古的鄂伦春人,以及鲜族人的神话。与此同时,过伟还提到了中国(云南省)和毗邻的国家(缅甸和泰国)生息的佤族的神话。这表明,出现了新的研究倾向,过去中国的作者完全不会提及生息在国境另一侧的民族。

从过伟的材料看,当时中国收集了400多种汉族和其他少数民族的洪水神话。过伟认为,在世界上没有一个国家保存着如此丰富的洪水神话,他的结论是,这些神话反映了民族的统一,也反映了与周边民族的团结,因此所有的民族都是一母一父所生(显然,这个结论是基于较晚的神话做出的,在这样的神话里,自己民族的人物与相邻民族的人物的乱伦繁殖了后代)。这位作者找出了中国女神与希腊神话中的相似形象的三点不同之处。第一,中国各民族的众女神处于比希腊女神更为古老的发展阶段。第二,中国的众女神是为了公众的利益而勇于自我牺牲(这是很多民族神话的特点),体现了原始的集体主义精神,这就是后世的"集体主义、爱国主义和国际主义"的雏形。过伟认为,第三个区别就是:古希腊众女神是贵族妇女型的,而中国诸女神则是平民妇女型的。在过伟的讨论中,完全没有考虑神话发展的不同阶段,比如,在荷马史诗中呈现的希腊神话就是若干世纪历史发展的结果。

1993年美国出版A.比勒尔(A. Birrell)的著作《中国神话概论》,该书有袁珂写的序言。这位美国女学者以袁珂的《中国古代神话》以及他后期的若干本书为基础,她还吸收了西方学者的著作。该书开始于一篇综述,其中分析了各种神话定义,神话与传说、童话的区别,评述了西方、中国和日本学者研究中国神话的著作。为理解中国神话英雄的特点,该书还对比较神话学的著作及其意义作了简略分析。比勒尔对中国古代神话的基本文献作了描述,她尤其着意于这些古籍产生的时代,她在这些古籍的基础上来复原古代中国神话的体系。这位女学者主要利用了三个时期的文献:汉代以前的——公元前600年至前221年(应该指出,是产生于公元前450年和前221年的文本);第二个时期——前221年至4世纪;第三个时期——从4世纪到17世纪初(最后一个时期,最重要的是宋代类书,还有对古籍的注疏,在这些注疏中引用了后世已经亡佚的早期古籍)。

比勒尔将对闻一多的著作的继承视为中国神话研究未来具有前景的方向,在这项研究中将古籍同保存在日常生活中的神话作比较;将对基本母题(如洪水)的专题研究与神话人物和神话要素的变型作比较。比勒尔认为另一具有前景的研究方向是,在历时和共时的层面研究母题和形象,以展示另一个时代的神话在社会中的活跃程度。依比勒尔之见,在儒家、道家和佛家的传统中都可以提供这种特别的研究题目。研究生息在古代中国土地上的非汉族的语言也被这位女学者视为具有前景的研究领域,这样就会在汉族的文献中发现非汉族因素的影响,发现非汉族神话的来源;语言学研究有助于确定在神话中遇到的地名、植物名、甚至神的名字的含义。

比勒尔根据袁珂的建议建构了自己的书的框架:从世界起源开始,以朝代建立者的传说结束。她的书与袁珂的著作的区别在于,在书的每一部分作者都写了研究概述,在其中作了文献分析,引述了西方学者的研究成果,也展开了她自己对神话形象的阐释。在书中比勒尔引述西方读者所熟知的希腊神话的相似现象,比如将西王母同阿尔米忒弥斯进行了比较;在提到女娲用土造人的神话的地方,引述了希腊神话相似的信息,也向读者介绍了弗雷泽的经典著作,在其中有对全世界范围内用泥土造人母题和其他材料的分析。

比勒尔严格按照时间顺序类排列材料,但没有考虑神话发展的阶段性。因此就出现了这样的情况,唐代(在李冗的作品中,9世纪)记载的乱伦神话,反映的是这个传统题材晚期的状况,几乎就是对当时的现实的反映。遗憾的是,比勒尔没有使用中国少数民族的材料,在少数民族的神话中乱伦主题是很常见的。甚至不排除这样的可能性,李冗所叙述的神话受到了少数民族口头传说的影响。在叙述盘古神话的时候,比勒尔同样没有引述中国少数民族的口头文学,尽管她提了一句,照艾伯华和卜德的看法,这是苗族和瑶族的神话,为了解释中国神话的各种现象,比勒尔引用了西方不同流派和不同研究方向的学者的著述(弗雷泽、马凌诺夫斯基、伊利亚德、列维-斯特劳斯等)。2000年比勒尔出版了一本更为通俗地介绍基本神话的书,题目是《中国神话》(俄译本,2005年)。

20世纪末,在原本并无研究传统的国家也开始了对中国神话的研究。如波兰汉学家T.日宾科夫斯基(T. Zbikowski)和K.龚斯特尔(M. Künstler)就致力于这个题目,他们发表了若干篇研究宇宙起源神话、创世神话、伏羲形象和中国洪水神话的文章。1981年华沙出版了民龚斯特尔的一本篇幅不太大的书《中国神话》,其插图有《山海经》刻本中的古老的雕刻和汉代画像石的照片。

在韩国最早的关于中国神话的通俗读物出现于20世纪70年代末,真正的学术研究则开始于《山海经》的韩译本问世后的80年代。然后韩国学者将《楚辞》作为神话源头来加以研究。90年代出版了一些专著,它们以比较方法为基础,研究中国少数民族的神话,并展开了中韩神话的比较。

研究中国神话最知名的学者中的一位是郑在书教授,他翻译了《山海经》,出版了详尽研究这部古籍的著作(1994),还出版了探讨中国人神话观念的著作(2000)。2003年北京还出版了他与中国学者合著的研究《山海经》的新著作。

郑在书运用新的理论,试图对古老的文本作出新的阐释。郑在书长期致力于研究《山海经》,他也研究其他题目,比如,他考察了高句丽古代壁画(常常描绘中国神话人物)与道教传统和神仙观念的联系,他证明,古代的神话观念和神话人物融入了早期道教。

在这个时期在韩国还形成了研究中国古代神话的学者群，其中有徐敬浩，他研究《山海经》的起源和结构(1996)，永松雷(音)研究《楚辞》以及《楚辞》与巫术的关系，宣钉奎研究火神祝融，探讨其起源和演变，还涉及《楚辞》中的东夷文化因素(1996)。宣仲华(音)则致力于中国神话中的女娲形象研究(2003)。

1990年东京出版了铁井庆纪教授研究中国神话的论文集，其题目是《中国神话的文化人类学研究》，该书收集了他20世纪70—80年代写成的论文。铁井庆纪依据伊利亚德著作中的理论，分析汉字最古老的字形，深入探析历史语音和大量古籍，追寻中国和日本宇宙起源神话的特征。铁井庆纪试图揭示神话人物的符号学，比如，他证明，尧的名字具有"高""白"的意义，他是上帝形象的人格化。铁井庆纪借助这样的历史语音分析，研究帝俊、太昊、帝喾，探讨"神"和"帝"字，他认为后来表示帝王的"帝"，在更远古时代是祭祀天地的祭坛。铁井庆纪尤为详尽地研究了伏羲、女娲的画像砖，他认为，他们的交媾(交尾)和互融(以圆规形交叉)反映了阴阳"循环"，孔子对"道"的理解也有此意。

在其他文章里，铁井庆纪分析了古代中国人的雷神、电神观念，探析了治水的鲧、河神冯夷、分开天地的重和黎、黄帝和其他形象。

考古发现赋予研究者解释这些著名的神话人物以新材料。日本研究者工藤元男研究1975年湖北云梦县睡虎地发现的秦简(前4—3世纪)，得出了这样的结论，治水的大禹是旅行之神，该形象的起源与生活在四川境内的羌族部落有关(1998)。

日本学者也展开比较神话研究。在京都大学山田均的材料丰富的学位论文《射向太阳的箭》(1996)中，作者收集的所有民族的神话都得到了研究。

从1979年开始中国给予古代神话研究以极大的关注，在中国文化领域取得了不容置疑的进步。中国学者着意于神话的现代理论和对神话的比较—类型学研究。在中国发表了А. Ф. 洛谢夫、С. С. 阿维林采夫的文章译文，梅列金斯基的《神话诗学》、列维—斯特劳斯的著作和其他西方学者的中译本也出版了。归入中国神话的，除了古代神话而外，还有道教、佛教神话，晚近的民间混合神话，在研究视域中，它们被看成是一个整体。实际上，那些年出了几本解释各种神话的工具书。在欧洲的语言中马伯乐的长篇论文《现代中国神话》是当时最具综合性的文章,这是他为《亚洲神话插图本》(1928年)那一卷写的,后来被翻译成了英文(1932年)。在这篇论文中对各种类型的神(民间神、"职官"神、家神、行业保护神、阴间鬼灵等)作了翔实的描述。在中国出版的工具书中,篇幅最大的是《中国各民族宗教与神话大词典》(1993年)。在这本书里,有描写道教、佛教和中国人崇拜的民间神的篇幅不大的词条,有中国各民族宗教信仰的词条,还有对20世纪70年代采泵的中国神话的新版本的描述。

神话传说的新采录

直到60年代之前,学术界对古代神话人物的当代传说完全不了解。在中国杂志《民间文学》(1964年第3期)上突然发表了在四川省采录的一组传说,前面是一篇袁珂写的简短的序言。袁珂指出,中国的民间文艺工作者到四川省的中江县去采风,那里不是与古代神话人物的活动有关的有名的地方。这些民间文艺工作者无意之间收集到6个流传在民间的传说:《伏羲和女娲生孩子》《伏羲教捕鱼》《神农尝百草》《黄帝制衣》《神仙大禹》《嫦娥奔月》(其中,第一个和第六个故事还记录了不同的版本)。袁珂说,在这个地区还流传着《盘古分天地》、《大禹灭九怪治水》和《大禹变鸟》等传说,这些传说在这次采风中未来得及采录。采录的三个故事发表在这一期杂志上,其俄文译文收录进了袁珂的《中国古代神话》(第二版,1987年)中。在这以后的年岁里,《民间文学》和其他出版物陆续发表相似的传说的新的采录稿。

20世纪70—80年代被称为"中原"的河南省做了大量有意义的采录。这里很多县都收集了传说,比如,世界的起源、伏羲和女娲、洪水、补天、用土造人、共工与祝融之战、黄帝和西王母、后羿和他的妻子嫦娥,睿智的尧和大禹等。这些采录稿收集进了河南师范学院民间文艺工作者小组的编的《河南民间故事集》和张楚北编的集子中(1988年)。

80年代江苏省的淮阴县开始采录一种古老的仪式歌谣——草仔歌。这是中国其他地方所没有的。民间文艺工作者发现了《伏羲王》的歌本,唱叙了始祖和世界的产生(《民间文学论坛》,1983年第3期)。

1983年湖北省的民间文艺工作者发现了当地居民保存的古老的抄本,它抄录了具有神话内容的、很长的歌谣。这些歌谣显然是比较晚近的,其中可发现道教和佛教的影响。对神话人物的影响活动的记载比较粗略。这些歌谣对于理解古代神话在晚近时代是如何演变的是有所助益的(最有特征的例证是《黑暗传》。中国民间文艺家协会湖北省分会在1986年发表了《黑暗传》的八种抄本)。

中国其他省也在70—80年代采录了很多传说。它们收进了各省的民间故事集中。

这些故事引出了极大的兴趣,这在"伏羲和女娲造人"这个传说中表现得特别明显。从生息在中国西南的少数民族的民族中采录的民间故事,特别详尽地讲述了这两位始祖在大洪水中的行为。在四川省采录的故事中,大洪水不是偶然的灾祸,而是玉皇大帝因为人类的灾祸而降下的。玉皇大帝是中国晚期神话中的人物,大约在10世纪才出现,常常可以在民间故事中遇到他。玉皇大帝大约是从民间故事传说中进入到上述传说中的。洪水是对罪孽的惩罚,则是典型的圣经情节,在这里大概是一种次生的层积现象。不排除这样的可能性,基督教传说渗入了这样的情节中。这是在中国热心传教的耶稣会士传播的,传说中含糊其辞或许并非偶然,故事的讲述者也不知道人们在玉皇大帝面前犯了什么罪(我们要指出,玉皇大帝因为完全不知其所以然的罪过惩罚人,在其他晚期的传说也会遇到,比如"三国故事"中关羽的神奇出生)。

在苗族、瑶族和其他中国西南的少数民族的传说中,洪水是雷公造成的(黄苗把雷公称为科梭)。与此不同,在汉族的传说中制造洪水的是风伯和雨师,他们是中国古代神话体系中的人物。有一个神仙警告伏羲女娲说洪水将要到来,这是晚近的民间神话。他是民间故事中的典型的人物。他以穷老头儿的面貌出现,发挥"好助手"和神奇助手的功能。老头儿在故事中会给予英雄神奇之物,借助此物主人公得以摆脱灾难;在这个故事中他给予伏羲和女娲一个篮子,他们后来坐在篮子里,就像坐在船里一样,从洪水中得救了(我们应该指出,竹编篮子很像木筏,今天越南人依然用木筏,遗憾的是,在四川省没有这样的故事流传)。借助这种工具得救的,在苗族、瑶族这样的少数民族传说中,只有兄妹——伏羲和女娲。在类似的传统的传说框架里,情节会如此发展:因为大洪水后没有人了,兄妹婚配,人类又重新开始繁衍。

在唐代汉族人的民间故事里,也记录了类似的情节。但是在唐代作者李冗(9世纪)的笔录里,并没有洪水,只有乱伦的主题(兄妹婚配),而且只有妹妹有名字——女娲,没有提及哥哥的名字。情节发生在"宇宙初开之日",显然这是指人类创造之际最初始的形态,在后来选取的苗族、瑶族和其他民族的文本中,乱伦发生在"世界终结"之后,为新一代人的出现提供了可能性。

乱伦是"与族外和婚姻禁忌的破坏相联系的。因为族外婚是社会发展的基本方向,所以族外婚的破坏会导致基本方向紊乱,同其他禁忌相比,这种紊乱在很大程度上会导致宇宙紊乱(有时,这种状态会引起像大洪水这样的紊乱)"。(梅列日金斯基,1984)在这样的文本里我们发现了类似的情形,但是情节是这样的:大洪水先于乱伦,它是乱伦的原因,兄妹由于这个原因而被迫成为夫妻。洪水被描绘为对不明确的罪孽的惩罚,这并非偶然,因为从情节的角度看,罪孽不是先于洪水,而是与洪水相伴随的。在我们所讨论的文本中,用泥土造人的不成功先于乱伦婚配。不难看出,这里有对众所周知的中国古代神话(女娲用土造人)的反思。故事的讲述者竭力调和两种人类产生的神话:始祖用泥土造人和始祖婚配产生人。前一种说法,从发展阶段看是更古老的,在这里经受了晚近的理性意识的反思。

"伏羲女娲造人"故事的下一部分也引起了极大的兴趣。这部分就是男女主人公在婚配之前的竞赛。婚配的念头在这里是地母娘娘产生的。地母娘娘是大地的人格化,她是晚期民间神话中的人物,很少出现。这个人物有其基础,她是与大地生殖神的古老观念有关的。在李冗的笔记中,女娲和其兄是孤零零的,婚配和延续人类的提议者是女主人公的兄长。但是唐代的这个说法并不反映此类情节最古老的形态。在苗族的传说中,产生婚配延续人类的念头产生于妹妹,而不是哥哥。从这里不难发现母系延续的痕迹,更何况在中国西南和南方的少数民族中母系社会的残余保存得比较多。

在所分析的关于兄妹婚配的文本中,提出婚配建议的是一个神,应该看到是第三方的神,这是这个情节发展的晚近的阶段。正是在这个阶段,由神向男女主人公提出婚配建议的这并不是唯一的例证,何况在所采录的苗族的传说版本中,有各种神(金鱼道士、金星神、金龟道士等等)提议婚配。在河南省汉族的传说中充当这一角色的常常是石狮,有时是石人、石龟、怪树和"人间真神"。在《黑暗传》的一本抄本中,伏羲向女娲提出婚配的要求,女娲怒而出走,向伏羲建议去找女娲的是金龟道士。可以设想，在这个情节的其他变体中，向男女主人公提供从洪水中逃命的竹篮的神仙，会向他们提出婚配的建议。

在西南和华南少数民族乱伦故事中，有一个很有特点的细节，这就是表明男女主人公应该婚配的占卜的标志。这些标志与某种色情象征物有关联。在唐代这是直上天穹的烟（在《独异记》中，与此说法有异，为"烟悉合"——译注）。在晚近的四川省的变体中，先讲到了赛跑（伏羲要赶上其妹女娲），然后是从山上滚下两个磨盘应在山下合在一起（饶有趣味的是，在云南省景颇人的相似的神话中，兄妹从山上滚下，滚到了对方的怀里）。这些占卜，显然是远古婚姻考验观念的演变，婚姻考验是男青年在结婚前必须要通过的。磨盘"考验"本身就引人注意。类似的母题在苗族和与之相近的瑶族的乱伦和洪水情节的各种变体中是很常见的。闻一多在40年代研究伏羲神话的时候，征引了8个苗族的故事，5个瑶族的故事，从山上滚磨盘的情节在当时就已为人们所熟知了。与此同时，汉族故事中磨盘作为"人物"出现，也并非偶然。证实这一点的有40年代末四川省东部有关伏羲女娲的巫术歌中，河南省商丘县关于伏羲女娲乱伦的传说中有类似的情节。在四川省采录的传说的结尾处，女娲生了一个肉团。在湖北省《黑暗传》的一种抄本中，女娲生了一个装着肉团的皮囊，皮囊里有五对童男童女。在苗族和瑶族洪水后乱伦的传说中生肉团的母题也是很有特色的。在苗族和瑶族的一些传说中女子生下的甚至就是磨盘（或者是几个磨盘），这些磨盘后来成了碎片，又变成了孩子。这些孩子就成了各部族、各民族的开端。在四川省的传说中，女娲生了差不多一百个肉团，这些孩子就成了"百姓"。在河南省正阳县的传说中我们找到了特别的变体，其中哥哥叫胡玉人，妹妹叫胡玉姐，结婚后，他们用泥土造了人。然后分散到各地，以所居之地为姓，姓河、姓沟、姓林等等，就有了百姓。这里需要略作解释，在古代中国"百姓"意味着人民众多，某些古籍中提及，在神话君王尧舜时代即有"百姓不亲"之说，看来分散得相当远。尽管四川省的传说是相当晚近的现象，但不排除这样的可能性，其中反映了今天的汉族的一百个先祖的古老观念。难怪今天中国人自称为"老百姓"还有一本书，叫《百家姓》（实际上收录了400多个姓氏）。

饶有趣味的是，中世纪的古籍中记录了唐朝、宋朝宫廷的一种风俗：在举行婚礼的时候，要准备绣有百子的锦帐，显然这表达了期望子孙众多的心愿。在中国民间绘画中类似的主题是很普遍的，这种画叫"百子图"。

在汉代的《诗经》注本中也有"百子"的说法,这证明,"百子"的观念是非常古老的,也是同远古的神话相联系的。

在四川省关于伏羲女娲的传说中还有一个与情节间接相关的特殊细节。我们是指与那只让伏羲去追赶女娲的龟相关的细节,女娲由于生龟的气,踹了龟足,打碎了龟甲。在《黑暗传》的抄本中,在大洪水之后,建议婚配以繁衍人类的,也是金龟。妹妹(没有提及她的名字)愤怒地砸碎了龟甲,哥哥用尿淋碎片,重新捏合了龟。在四川省的传说中,这个细节演化成为一个起源学式的结尾:为什么龟甲上有裂纹。众所周知,在古籍中,据某些神话变体的说法,伏羲是神龟,其背上有文字。

有趣的是,在8世纪画家马麟画的伏羲的脚下也画了龟。不要忘了,在远古时代,中国人恰恰就是借助龟甲上的纹路来占卜的。在女娲对待龟的负面态度中,可以看出对流传甚广的古代神话的回应:女娲断鳌足以补倾斜的天穹。

在四川省的传说中,龟充当建议者的角色,并非偶然,因为在离四川省很远的浙江省有仪式歌《伏羲王》,在歌里类似的建议者也是龟,先称为白龟,后来又称为龟王。在仪式歌中同样可以感受到女主人公对龟的负面态度(在这个文本中她叫羲女)。羲女捉住了龟,把它盖在黑盆下面。几只乌鸦砸碎了黑盆,救出了龟王。尽管仪式歌没有起源学式的结尾,但是不难发现黑盆与龟甲之间有相似性,发现黑盆和四川省传说中的龟甲碎片之间有相似性。我们还要提醒一句,在苗族的某些传说中,提出乱伦建议的是金龟道士,这是取代早期的兽形人物的更晚近的神人同形人物。在上面提及的《黑暗传》的一类抄本中仅仅是金龟,而在另一类抄本中则是金龟道士。

于是摆在我们面前的是在四川省的偏远地方一直保存到现在的传说,或者说是在较晚的时间记载的传说,它会不会受到书面传说的影响呢?要回答这个问题并不容易。分析四川省的传说时,我们注意到流传在与汉族很接近的苗族和瑶族中的民间故事,也注意到近些年在河南省采录的情节。不妨假设,这个传说从相邻的苗族人那里借用来的因为有一部分苗族人生息在四川省境内。美国学德·格雷姆在四川省采录了苗族人关于乱伦的传说,乱伦是最早的人(兄妹)在洪水后犯下的。在那个传说中,尽管哥哥叫米罗(音),妹妹叫图美(音),可以断定,这是苗族人中的神话变体,那里的男女主人公就是以这样的名字来指代伏羲和女娲。

芮逸夫专门研究了苗族人的洪水和乱伦的传说（1938年），他引述了17世纪作家陆次云的文献。苗人冬季必用巫，设女娲伏羲牌位。陆次云见到，苗人之妇所拜祭的神妇即是女娲。芮逸夫本人论证了苗族人的一些传说中"布乙"（音译）即是伏羲，在苗语中"布乙"就是"始祖"。但是对芮逸夫有趣的推论，应该做补充说明，因为他所使用的材料是用汉语记录的，没有对苗语发音的记载。我们也不知道陆次云是否懂苗语。更何况，他所记载的苗族人的神的名字与汉族始祖的名字很相近。用汉族人的名字来代替讲其他语言的人物的传统一直持续到20世纪。与此相一致的例子是，在美国受过教育的胡适，在翻译拜伦的诗的时候，以中国的月神来代替阿弗洛蒂忒，或者在蒙古史诗《格萨尔》译本中，凡出现格萨尔父亲的地方必代之以玉帝。我们要指出：在数量甚多的苗族神话中并没有出现伏羲和女娲的名字，研究者们引用的都是陆次云的话。进一步说，苗族人并不知道伏羲和女娲。

但是，伏羲和他娶妹妹的仪式歌的公布，还有前不久采录的河南省的大量始祖乱伦传说的报道，使人有理由推断：远离文化中心的，相互并不联系的中国人，可以将古代神话的古老的情节保存在日常生活中。

浙江省的伏羲娶妹妹的仪式歌中，没有大洪水的母题。这个事实值得注意。在那里，伏羲和他的妹妹是首先在大地上的人，他们生活在混沌时代，当时没有鸟兽，没有分出白天和黑夜，阴和阳，盘古也还没有坐上王位。在这个层面上说，仪式歌与唐代作者李冗的记载比较相近，这我们在上文已提及，这可能反映了伏羲女娲神话更古老的阶段，比四川省的传说更古老。

就一系列细节而言，仪式歌《伏羲王》，在伏羲类作品中是很突出的。这个变体的特点不仅于没有大洪水，也在于它不同寻常的结尾。羲女生的不是婴孩，不是要砸碎的肉团（就像四川省的变体中那样），而是巨蛇。不排除这样的可能性，这反映了伏羲和他的妻子的蛇身，这在古代的画像上是清晰可见的。

伏羲劈碎了蛇，以这种方式确定了大地的秩序。他劈成两半，便有天阳、地阴。他劈成四份，便有了一年四季，他劈成了八份，便有了四面八方（东北、西北等等），他劈成十二份，便有了十二地支，这是昼夜十二时辰循环的基础。蛇齿变成珊瑚、玛瑙，蛇骨变成路和山，蛇血浇灌大地，教姑娘出嫁，蛇肚子上的皮变成田和土。大地上是如何出现人的，歌词中语焉不详。这或许是因为公布的版本不完整（做了一些删节），或许是因为所发现的古本不够多。《伏羲王》总体是创世神话的新变体，乱伦和创世相结合。其创世完全符合盘古神话的模式：盘古死后，他身体的各部位分别变成了太阳、月亮、山河等等。或许，在这种变体中蛇是初始混沌的隐含象征，而劈蛇意味着伏羲同混沌作斗争。从类型学看，这个情节与印度雷神因陀罗具有类型学的平行关系。因陀罗战胜了蛇形的弗栗多，将它劈为两半。弗栗多的一部分变成了月亮，另一部分变成了爬虫。Б. Н. 托波罗夫在《世界各民族神话》中写道：因陀罗"战胜弗栗多可以比拟为宇宙中变化的因素战胜僵死的混沌"。对此还可作补充，在中国古代神话中，伏羲被视为雷神之子，这样一来，相似性就更加明显，使人看出仪式歌的基础是雷神与蛇搏斗的普世性观念。

现在重新回到四川省的伏羲和女娲传说，应该指出，关于大洪水以及其后唯一的乱伦兄妹的神话，在华南地区和南亚的一系列民族中都有采录，包括中国台湾、菲律宾，在印度的比莱人中也有。在分析一系列变体之后，一些学者得出了结论，这类神话"属于南亚各族统一的时代，即次新石器时代，蒙达人的祖先在这个时期迁居到印度东北地区"。正如 Б. Б. 帕尔尼克尔所说，"这一类神话，一方面流传在山地菲律宾人中，他们可能是与经过中国台湾的古奥人的一支后裔一起到达菲律宾的；另一方面也流传在中印度的比莱人中，他们中的一部分人显然是蒙达人的后裔。不妨推测，这个情节确实可能产生于南亚部族，或南岛部族中，产生于西江和长江河口之间地带的古住民之中，后来才流传到北方。在其影响下形成了关于伏羲和女娲兄妹婚配的神话。而更早之前伏羲和女娲被看成是没有关系的始祖"。

伏羲女娲乱伦神话不是原生神话，而是后起的次生神话，这得到确凿材料的支持。在唐代李冗的文本中女娲与她的无名的兄长出场了，完全没有提及伏羲名字。在仪式歌《伏羲王》中，则正好相反女主人公并无女娲之名。在河南省的传说中，大部分是无名的男女主人公，在河南省还采录到了这样的传说：结婚的是盘古和他的妹妹，是始祖胡玉人和他的妹妹，或者是气人（空中来的人）和他的妹妹女娲。在关于胡玉人和他的妹妹女娲的传说中提到，一部分孩子是始祖用泥土做成的。所有这些材料，包括在低地藏族人（云南的）和越南人中的关于女娲的传说，都证明，在汉族人中在较晚的时期才将洪水后的乱伦归到伏羲和女娲的名下。这种归属先发生在中世纪，然后传播到中国的所有地域。六十年代在四川省南面云南省迪庆藏族中采录的神话传说，我们找到了关于伏羲和女娲在晚近时期才形成婚配关系的补充证据，其中只提到了女娲。

当时采风队员向钟敬文所报道说，这是个从藏族人那里采录的文本，那个地区所有的藏族老人都知道这个传说，并且会讲述这个传说。众所周知，这个地区的藏族人同生活在那里的汉族人和其他民族的人有联系。钟敬文分析了这个传说，但遗憾的是，他没有提供传统的汉族人是否知道这个传说的任何信息。总的来看，这个传说同在四川和河南采录的传说毫不相似，是很古老的类型。在这个传说中，女娲是很古老的、孤独的女始祖。她用土造了人们（或是一个人），她把他们赶进森林里，她观察，哪些野兽和昆虫（兔子、蜜蜂）是他们的朋友，哪些应该提防（虎和豹）。一个小男孩跟着兔子进了森林，就消失了。过了几年，女娲在森林里碰到一个女孩，就问她在做什么，她听到这样的回答："我在听河唱歌。"当时她就明白了，女孩不是玩偶。女娲就发明了笙。可是有一天女娲发现她的孩子中有一个睡着了就死了。她吓着了，担心所有的孩子都会死掉。她让他们逃向四面八方。就这样，四面八方出现了人。

这个传说继续讲述道，有一天鹿神和水神碰到一起，就打了起来。鹿神败了，就怒撞不周山。不周山倒进了天河，天河漏水了。这时候出现了龙形怪兽，它开始吃人。同时又发大水淹了陆地。女娲的孩子和孙子请求她帮助他们摆脱恶龙。女娲同恶龙斗了三天三夜，战胜了它。然后她开始补天，她用泥土和木头筑坝，未能成功。后来女娲在海岸边碰到了海龟，海龟自己向她建议，断自己的"脚"去补天。女娲用长的脚撑起了东边，用短的脚撑起了西边，所以现在天穹是向西方倾斜的，太阳也向西方转。然后女娲炼了无色石，用来补天。然后她补地，补南边的地时石头不够，所以南边就比北边低矮，河水不停滴流向南边。补了天以后，女娲就死了。

在这个文本中，有很多我们在古籍关于女娲神话采录中所熟悉的东西。用土造人、发明笙、补天、断巨鳌足（这里是海龟）修地，战胜恶龙，所有这些都是前2世纪至2世纪的古籍中记载的女娲的功绩。但是与古籍相区别的是，这里女娲的行为都是按照一定的逻辑来讲述的。钟敬文（1982）正确地写道，在这个文本里，没有历史化，没有去适应作者的哲学任务，也没有文学修饰。这里也没有民间口头文学传统的影响。但是这个文本里有一系列新的细节。比如,女娲(像四川的传说中的地母)建议自己的孩子结对逃跑,并成婚,但是没有在西南的少数民族中普遍存在的乱伦的母题(而且孩子不是生下来的,而是泥土做的),而且也没有惩罚性的洪水。尽管有洪水,它只是跟天河泄水相联系的。补天的母题是新的,这几乎可以用风格性的对称来解释,既然有补天,自然也要有补地。在四川中江县采录的传说《女娲圣母补天地》讲述了女娲的这项功绩。按照这个发给袁珂的未曾公布的传说,古时候天的很多地方布满了无数多的洞,太阳和月亮都不敢在天上行走。同时地上出现了巨大的洞,冒出了水,淹没了大地。发大水的时候,淹死了很多人。女娲就去找跟天上的洞相配的发光的蓝色的石头。举起石头一吹,天上的洞补上了。这些石头夜里就放光,人们就把它们称为星星。这以后,女娲就是着手恢复地上的秩序。因为盘古创造世纪的时候把地造成平的,所以水不容易流动。女娲从东南取石头和泥土去补西北,不但补了大地的缝隙,而且也让水流向东入大海。四川和云南(藏族)的女始祖补天的传说不是孤立的,在河南商丘县采录的传说《兄妹》中也有相似的母题。那个传说中讲述了补天和洪水之后的修地(始祖中的一个补天,另一个修地)。一些证据表明,陕西的骊山附近农历正月二十要庆祝补天修地的女娲节、女皇节或娲皇生日。在这个节日里要用泥土补房顶,这就是补天,然后把泥土扔进深沟或枯井里,这就是补地。

在云南采录的藏族传说里还有有趣的地域性的细节。那传说中讲述道,女娲的石头不够用,因此南方的地就比北方低,所有的河都流向南方。这里所描述的地貌与传说流传的云南西北的地貌完全吻合,而这与河都流向东方的汉族的共同观念不尽吻合。在上述四川的传说中,河都流向东方。

钟敬文似乎并不怀疑,藏族的传说保留了古代神话的最本源的形式。很难断定,是否如此。女英雄的基本功绩与古籍中的记载实在是太吻合了(比如,古籍中说女娲炼五色石补天,在这个口头传说中也是如此)。这就造成了这样的印象:这个传说的基础是经过了民间想象的改造的书面知识,但令人困惑的是这里完全没有在这种情况通常应有的童话的影响。弄不清楚的还有一点,为什么这个神话在藏族人中流传呢。因为藏族的神话中有叫库媒(音)的人格化的女始祖,她的身躯的各部分化为了天、地、星星等等,这个形象与盘古很相似,而不同于女娲。有关库媒和盘古的观念是这样的一类神话,其实质是始祖的身体的各部分形成了万物,这与用泥土和树木等物造人和形成世界是不同的。在藏族的关于女娲的传说中我们找到的是第二种类型。从我们熟悉的材料来判断,这与藏族的传统是不吻合的,这说明这个传说是从汉族人那里借鉴来的。而且没有任何新的采录出现,这就可以设想,这是一个孤立的,与藏族人的风俗无关的文本。暂时可以这样判断,这个文本,就像四川关于圣母女娲的传说一样,证明女娲的形象形成在远古,很可能在中国南方和西南她与伏羲是不相干的,只是在后来,在汉族的神话体系形成的时候,他们才结成了夫妻,这里也有其他部落和其他民族的影响。

女娲的形象不但在云南的藏族人中有,而且在越南人的神话传说中也有。在越南的神话传说中她叫雷娃,从发音上看,与汉语的女娲是相似的。越南人的相似传说,与汉族人的神话、与苗族、瑶族和中国西南少数民族的神话传说有很大差异。在越南人的神话传说中古老的细节中存在着古老母题的改造和神话学变型。雷娃的形象不是独立活动的,她与巨人蒂蒂诺(音)是夫妻(蒂蒂诺在汉语中的发音与"四见"近似,即有一年四季的意思。尽管在传说中没有出现这个词,但不妨设想,他是时序的创造者)。这两个任务的突出特征是他们的生殖器的尺寸尤为巨大(雷娃的阴户有一越亩,蒂蒂诺的阳具有 14 里长)。这一特征尤为古老。有趣的是,在汉族人中,关于巨人始祖的观念只是体现在个别非中心的人物(如夸父等)身上的话,那么在苗族人中始祖英雄恰恰具有这样的巨人的特点。在越南的传说中,完全没有涉及男女始祖英雄的出生。叙述一开始就是,蒂蒂诺向雷娃求婚,雷娃则提议他们都堆山,假如蒂蒂诺的山比她的山更高,她就嫁给他。蒂蒂诺在北边堆山,她在南边堆山。蒂蒂诺开始担土,他的扁担断了,绳子和一部分土撒在地上,形成了九个小山包。当雷娃和蒂蒂诺登上他堆的山上时,他们看到了东海和附近的地方,当他们登上雷娃堆的山时,他们看到了大地的四边。蒂蒂诺在比赛中败了,雷娃把他的山推成了平地。她的山还保存在河静省(越南中部的北边)。雷娃让倒霉的求婚者另外再堆一座山,他又造了从南到北的很多座山。以后雷娃同意嫁给蒂蒂诺,他们商定了结婚的日子。未婚夫派了一百个人带着礼物过河去探望未婚妻,可是他们在河中间时,天色昏暗,他们游不过去了。"一百"的数字不是偶然的(四川的传说中伏羲女娲有一百个孩子)。越南人还采录了一百个孩子,这是最早的人,他们是兔子生的。他们一半住在平原和沿海的地方,这就成了越南人,另一半上了山,成了少数民族。

蒂蒂诺用自己的阳具当"桥",让自己的人过河,可是他的使者走到"桥"中间时,一个持香烛的老头的香掉了,"桥"没了,50个人还没走到岸边,掉进水里。见此情景,雷娃脱了衣服,立刻恍如白昼。她把落在水里、冻得发抖的那些人救了起来,用自己的身体温暖他们(越南作者解释说,用了非常不堪的方式来温暖他们)。雷娃对蒂蒂诺勃然大怒,因为他不能办好婚礼。

假如把这个传说与中国汉族著名的女娲神话,同苗族、瑶族和中国其他少数民族的各种始祖传说相比较,就很容易发现,在越南人的传说中,很多母题有了变型。乱伦消失了,尽管保留了贯穿始终的难题婚姻。没有从山上滚磨盘的占卜,可是却有更为古老的堆山,这证明了主人公的世界创造者功能。在女主人公提出婚姻考验中常常会提到山:绕山而跑,比如在浙江的仪式歌《伏羲王》中是绕昆仑山(中国神话中的世界之山)而跑。上面提及,仪式歌里伏羲斩的蛇的骨头堆成了山,因此主人公就成了山的建造者。难怪在马麟(13世纪)的画中始祖伏羲的背景是高山。应该指出,在流传于湖南省的传说中,洪水后剩下的兄妹犯了乱伦之过,其中一个主人公就叫东山长者。在这些传说的基础上,可以发现很多民族具有的与始祖相联系的世界之山的概念。

在越南的这个文本中还有来自黑天的惩罚。不妨设想,在更古老的文本中,这种惩罚恰恰是与血亲相奸相联系的。在越南的传说中没有洪水,代替它的是黑暗,人们从水里得救,在功能上与人们从洪水时得救是相当的。可以假设,越南发表时删掉的雷娃温暖人们的方式,象征着生殖行为,在这里可以找到视雷娃为人类女始祖的古老观念的折射。

雷娃在越南还以巴达的名字而闻名遐迩。"巴"是越南语的"女子""夫人""娘们""老婆婆"。从语源学来看,"达"更为复杂("运重物的木轮""铁梁""节奏"等等),让我们想到"追赶""快行"(有趣的是,在《越南文中文词典》中对"达"的解释是"快行,即车在斜坡上轻快滑行")。这样的解释让人联想到了在兴安省东冈村采录的传说,那传说中叙及,巴达长大了,可是还没有婚配,她对自己的哥哥说,他们绕山跑,假如碰到一起了,他们就结婚。伏羲女娲绕山跑的传说,在四川省汉族人的神话中,在浙江的仪式歌中,在中国南方的少数民族的传说中都有,其中有乱伦的神话。就此可以设想,从词源学上看,"达"这个词就是越南语中是绕山跑的意思，就是女娲的名字。女娲在越南语中还有一个名字，叫巴般——"（用手）大大张开（阴户）的女人"。这个绰号是与庙宇中的女娲塑像相联系的。在越南供奉她的庙宇里，她被塑造成座像，大张着双腿，用手撑开自己的阴户。类似的大张双腿（有时是用张开的指头，或蜷曲的指头撑开阴户）的女性形象是非常古老的，在各大陆的岩画或木刻等上常常可以看到。类似的女性画像在西伯利亚的被称为鲈墓的地方（哈加斯科—米努欣平原）的石板上也可以找到，这是前18—11世纪的文物。考古学家 Э. Б. 瓦杰茨卡娅写道："所有的女人都被画成蹲着的，一部分举着手，阴户画得很分明，有时在肚子上或大腿间有婴孩。这些画画的是不同分娩阶段的产妇。"（1970）假如关注女娲的另一个越南的名称巴麦奥——"生子女神"，这种相似性就显得更加鲜明。就此可以得出结论，在庙宇中她被塑造成不同寻常的形象，是与分娩相联系的，象征着子孙繁多。应该记得，在《淮南子》中，女娲一日生育七十次，可以想象，难怪她要享有生殖女神的称号（我们记得，在流传在河南仪式歌中，女娲生育了一百对儿女，大概这是与"百姓"的传统相联系的，歌词中也提到了百姓）。

越南教授邓万龙（音）提请我们注意类似的现象，但是很可能应这样来看，越南和中国南方的瑶族人称为"大女"的女始祖，是这个形象的更为古老的阶段。她以相似的姿势被塑造，即坐着，大张着双腿。通常认为，她具有魔力，可以将飞禽走兽的生殖器吸进自己的腹中。显然在这里可以发现农耕文明之前的古老观念（众所周知，在瑶族人中狩猎至今还是重要的生产方式）。

越南将女娲作为善于生育、多子多孙的女神来崇拜，还可以得到以下间接材料的证实。在旧时代越南的某些地方，如在平定省，女娲（巴般）又被称为"巴降降"——"蝗虫女"。从这里可以看出远东文化圈的象征，蝗虫象征子孙繁多。

在越南的庙宇中女娲的塑像还有一个特点。她不同于其他神祇，总是被塑造成赤身裸体，背后垂着两条大辫子。而且，假如有谁看到这塑像哑然失笑，或者大声惊叫，他马上就会嘴巴歪斜，或失语；假如有人经过这里不下马下轿，他马上会摔下来（这种信仰在越南19世纪诗人阮公怒的诗中也有反映。阮公怒到平定省时经过一个蝗母庙，也被称为巴般庙，在大门前立着一尊笑容可掬、阴户大张的女神像）。

从越南总是塑造成裸体的女神像中，可以发现旧石器时代塑像的古老特征。在欧洲各地，从法国到东西伯利亚，还有在南美、埃及、印度，考古学家都发现了女性塑像（即所谓旧石器时代的维纳斯），她们被刻在黏土上，或是骨头上，而且总是赤身裸体。类似的土陶塑像在中国也有发现，比如在辽宁省（红山文化）。对这个事实有不同的解释。一些学者认为具有色情意味，但是这个说法难以得到证实；另一些学者则在这里看到了多子崇拜的遗迹。旧石器艺术的研究者们认为，"在农耕民族中，赤裸的妇女作为生殖和守护的力量发挥了重要的作用"。这个结论可以通过征引保存在各民族中的反映类似观念的材料得到证实。与此相联系，我们可以提到海华沙对密涅加加的呼告，请求她在夜里脱下衣裳，绕着种子行走。我们还可以联想到一直保存到20世纪初的斯拉夫人类似的观念的残余。按照风俗，妇女们夜里集会在田地里，一个姑娘绕着她们行走，这就会保障大丰收。在人畜染瘟疫的时候，赤身裸体的妇女，尤其是肥胖的、怀孕的妇女就要拉犁头，举行耕地的仪式。

上面已经提及，越南的女娲（雷娃）塑像的特点是夸张其阴户。这里不难发现对古代神话思维中很有特征的换喻法，通过局部来表达整体。雷娃巨大的阴户表示她有巨大的身躯。我们记得，男性巨人是通过提及他的巨大的阴茎来描述的。古代神话中最有特征的巨人始祖的概念，保留在汉族人的盘古和夸父形象上，保存在苗族巨人始祖的形象上。中国古籍中没有提及女娲伏羲的身高。汉画像石砖上，比如在重庆盘溪（音）乡出土的汉画上，女娲伏羲被画得高过三层楼，别的地方的汉画像（比如江苏省睢宁县的汉画像）也会造成这样的印象，汉族的始祖盘古和伏羲是巨人。

在越南那些建有女娲（雷娃）庙的村子里，在阴历正月初八要过雷娃节。在这个节日前要用黏土做女神的阴户，在过节时敲锣打鼓抬着这泥塑的阴户游村，然后进到庙里，把泥塑的阴户打碎。参加仪式的每个人都取一些碎块，然后撒在自己的地里，这样就会保障大丰收。Г. Г. 斯特拉塔诺维奇（1978）指出，"在女始祖崇拜大量传播的地域，大自然就被视为是女性始祖的收成，泥塑的阴户被视为繁殖和丰收的护佑者、激活者，受到深深的崇拜。"

不妨这样思考，像始祖女娲这样的形象，显然产生于母系氏族体系占上风的时代。一些学者认为："同石器时代的观念相比，将人的生殖力与植物的繁殖力相联系的观念是新现象，是农业兴起的精神反映。"越南的材料充分证明了这一点。还有注意一个事实,在庆祝雷娃节后,农民们要上到山上去,那时山上还有洞穴,一个洞穴要挤进几家人,这个时候少男少女可以自由性交。毫无疑问,这是非常古老的风俗的遗绪。很有可能的是,我们很少了解的阴户崇拜,比通过大量的石雕表现的阴茎崇拜要古老得多。本文的作者对其他民族的巨大的阴户崇拜了解甚少。唯一的例外是生活在台湾的排湾族的神话,那里涉及了女阴崇拜,但这很可能是与对男主人公巨大生殖器描绘的风格性的平行。无论如何,在汤普森的《民间故事母题索引》中提到了作为民间故事母题的只有巨大的阴茎。这个母题中国人是知道的,但是没有关于女阴的母题(这里我们没有考虑那种有裂缝的巨石,很多民族把这种巨石当成神圣的女阴来崇拜)。中国的考古学家在新石器时代和商周时期的发掘中,发现了大量的石头的和陶器的巨大男根。在楚地的绘画上,我们发现了人脸、兽身的神像,有尾巴和男根。学者在这里看到了古老的性崇拜的痕迹,但是没有找到描绘女阴和崇拜女阴的任何信息。旧石器时代维纳斯的特征是隆起的胸脯,常常有隆起的腹部,以这样的方式在强调性别特征。

在越南,阴历三月初八要过所谓的"游蚬节",与汉族人的"游蚬会"是相应的。蚬(汉字是"蚬",越南字是"亨"),是一种牡蛎,古代解释为"平蜗牛"。在古代女娲名字中的"娲"字,带"女"旁,有时带"虫"旁,读着"蚌"。蚬与蚌的区别仅仅在于它更小(在一系列辞书中"娲"写作"蜗",它们只是在很晚的时期才产生了分别)。就像其他贝壳类生物一样,蚌和蚬与阴户相似,曾被视为女性生殖器的象征。因此就不难解释,在这个节日何以要抬着泥塑的阴户游行,而且就叫"游蚬节"。不妨设想,越南的这个节日的名称(正如仪式本身一样),保留了与女娲和她的名字相关的古老观念。

女娲名字的语源学考察,成了一个讨论多年的问题,美国汉学家沙非的《女神:唐代文学中的龙女和雨妇》就是一个例证。这本书提出了一个假设:女娲的名字的"娲"表示的是蛙。1986 年中国著名的社会学家和民族学家杨堃(《民间文学论坛》1986 年第 6 期)也得出了同样的结论,他看到了这个名字与蛙图腾的联系,而且认为,女娲不是名字,而是在表示女始祖。同时,一些这个学者注意到,在中国传统医学中,蛙是女阴的转喻。1989 年山西出版的《晋学刊》(第 3 期)发表了刘毓庆的论文《女娲即女阴考》。作者对"呙"字与不同偏旁的关系做了分析,"呙"意味着深窝,因此女娲名字中的"娲"即是女性生殖器。尽管刘毓庆的证据未必十分可靠,但他得出的结论恰好印证了笔者所征引的越南材料。

上面所叙及的有关越南的女娲(雷娃)崇拜材料在各地的不同崇拜中具有特殊性。根据逻辑应该提出这样的问题：在那些广泛吸收了在越南各民族中的各种始祖崇拜的因素，又保留了较多的母系社会残余的地方，女娲(雷娃)崇拜是否更发达。对这个问题需要做专门研究。向越南的民俗学者求教，也没有获得任何新材料。越南学者阮当奇(音)叙述了女娲(雷娃)的传说后指出，在巴纳人(即山地高棉人)中也有类似的故事情节传播(1956)。越南的女娲(雷娃)传说本身证明，在古代的时候女娲的神话在现代中国的南方(很可能包括古代越族人——今天越南人的祖先——生息的地方)流行特别广泛。间接的证据是，在越南，女娲(雷娃)被认为是当地生息的中国人的秘密宝库的守护者。从中可以看出，越南人感受到这个形象与中国传统的联系。

在中国没有裸体的、突出阴户的女娲塑像。应该注意一种非常独特的现象，在河南省淮阳县(当地被认为是始祖伏羲的神话之都)，有一种用自古以来就制作的玩具。在用黏土做的玩具中有一种"人面猴"，好像是在重复着伏羲女娲造人一样。用当地民间工艺研究者李村颂(音)的话说，用四种颜色(黑、白、绿、红)的土表示这是一种古老的传统，殷商时代就是用这些颜色的土制陶。在猴子的肚子上(从喉咙开始)画着一个很大的女阴。不妨假设，这种不同寻常描绘是对始祖女娲的巨大女阴的朦胧的记忆，仿佛她生出了最早的与她相似的人们。在中国学者的著作中，我们没有找到任何对这一现象的解释。

值得注意的是，在三个地方作为"献祭"给女娲准备了八对寿桃，用中国学者的话说，寿桃上画着植物和水果的，象征着"对图腾，对女阴，对动物、植物的崇拜"。遗憾的是，报道过于笼统。这里或许可以发现这些大寿桃与越南雷娃塑像上的巨大的阴户之间存在着遥远的相似性。上面我们已经提及，女娲(雷娃)是唯一的供奉在庙里的赤身女神。有趣的是，在河南省东部女娲崇拜流行的地方，以前供奉着女娲的坐像，没穿衣服，只是腰间围了树枝，很可能反映了后来的传统。上面也曾言及，从明代开始(14—17世纪)始祖就被描画为穿着树叶裙的样子。在中国和越南的寺庙里所有的神都一直塑造成穿衣服的样子，或直接给塑像穿真正的衣服。照我们看来，所有这些细节，能够证明(尽管是间接证明)一种设想：越南保存了女娲崇拜的古老的特点，是它引进的中国的古老传统，这种古老的传统在中国已经失传。

值得注意的是，在越南人们完全不知道伏羲。比如，在1764年礼部公布的《南方京族众神录》中，记录了对女娲、神农、黄帝、后稷献祭的县和乡，没有提及伏羲。这又一次证明，女娲和伏羲原来是独立形成的，后来才结为了夫妻。屈原的《天问》也仅仅提及女娲。在长沙马王堆汉墓发现的帛画也只有女娲。长沙古代属于屈原生息的楚国。

在20世纪60—80年代采录的神话传说中有伏羲发明渔网的传说，这是伏羲的文化行为之一。在古籍中也记载了他的这一行为。袁珂引述了1—2世纪的文献，那里写道，伏羲结绳为网，以便捕鱼。在更晚的葛洪的《抱朴子》中写道，"太昊师蜘蛛而结网"（对俗卷）。在四川采录的传说中，也叙及这个故事，只是用民间传说的方式来叙述的。这个传说的主干是与龙王的冲突，龙王不准人们用手抓鱼，伏羲想出了办法，发明了渔网。龙王（显然是公元初才出现的）和他的虾兵蟹将是民间故事中的典型人物。就像起源传说一样，这里解释了中国的乌龟为什么是黑的。在四川的传说"神仙大舜"中，龙王充当了神奇助手的角色。同伏羲相比，我们所知道的舜的细节要多得多。司马迁的《史记》对有关舜的神话的叙述是比较详细的。通过在敦煌石室找到的《孝子舜变文》我们现在知道，在唐代讲述舜的故事的传统还保留着。由此我们不妨假设，由于保存在书面文字之中（在旧中国有关舜的故事写进了小学大纲），有关舜的故事一直保存到了现在。当然，不要以为，60年代采录的有关舜的故事保存了关于他的最古老观念的痕迹。情节的发展完整是在日常生活的层面上（这是典型的童话冲突）展开的，这是坏后妈同前妻之子（替代前妻之女）直接的冲突。

在《尧帝嫁女》这个传说中，继母（不是亲娘）的一切都受制于继母和前妻之女冲突这一最终模式之上的。大概，同第一个传说相比较，第二个传说至少要晚两千年。第一个关于舜同后娘之子象的竞争传说也不是神话。按照袁珂的专题论文（1964）的推断，故事象与舜的斗争的基础是猎人舜与动物象的争斗的传说。

总的来说，在现在采录的传说里反映了这个形象发展的最晚的阶段。这个众所周知的英雄舜经历了一系列发展阶段：先是动物性的始祖，如具有鸟的外形（另一个说法是龙，所以在传说"尧帝嫁女"中龙帮助了主人公），然后向半人半兽的人物过渡——狩猎野兽的猎人，然后变成了农夫，再演变成为孝子,进一步成为了理想君主,即同样理想的君主尧的即位者。

除了尧和舜的传说而外,近年来还采录到讲述尧和他的不肖之子丹朱的作品。在采录与河南省范县的文本中,丹朱想杀死父亲,把他骗进一座新建的富丽堂皇的宫殿。可是睿智的尧并不就范。他把儿子囚禁在宫中,又用土埋了宫殿(像棺材),狡猾的丹朱就死在了那里。流传于丹江县(河南省)的传说讲述道,尧教育好了儿子,把他派到偏远的地方。丹朱看到百姓生活得很苦,就变得更好了:他教人们打猎捕鱼,后来发洪水,他在同恶龙搏斗中身亡,成了人们崇敬的对象。为了纪念他,人们就叫这条河叫丹江(这是典型的地名起源传说)。根据对这则神话的古代的记载,丹朱被发配南蛮居住的丹水,古籍中提及,丹朱被其父诛杀(或死于征战)。同时也暗示人们敬仰他(《山海经》中说,他与其父葬于同一墓中)。不妨假设,据神话所言,在朱丹发配之地丹江流域,可能保留着把丹朱描绘为文化英雄的更早的神话片段,他不是儒家经典中的不肖之子。

还有一些讲述治水的大禹的后期传说。这是早期神话的某种转述。其中一些就是在解说古老的谚语——"大禹治水,三过家门而不入"。传说《大禹治水》和《神女峰》具有地名起源传说的痕迹。其中第一个是按照古代关于天命的故事的模式来讲述的。我们记得,史书记载,始祖伏羲见到龟(更晚的说法是龙),其背上有神秘的八卦。还有黄河神授予大禹治水之策的传说。袁珂在一篇文章中提到了有关大禹的另外一些传说。在纪元之初的纬书《河图降祥》记录了传说:在太湖的洞庭山藏着禹的"真书",吴王阖闾派人去取。那人取回一卷,可是阖闾读不懂这些神秘的文字,就请教孔夫子。智者用包含着预言的童谣回答阖闾,阖闾吓了一跳,就命令把书卷还了回去。过了几百年,葛洪在自己的书中重复了这个传说,可是作为道家他补充说,大禹的书就是长寿之方。

这个传说还出现在3—4世纪的一系列作品中,如何逊的《会稽山记》,同时还有孔灵符的同名的书都记载了这样的故事:大禹在治水前到了会稽山南面的宛委山,想找到藏在那里的黄帝的"金卷玉书"。读了此书后,大禹明白了该如何治水。

在前不久采录的苏州的传说《大禹获水书》中,大禹得到了藏在太湖洞庭山上的《水书》。纪元之初的传说提及了这个地方。只是在早期的故事里是大禹在那里藏自己的书,后期的传说保留了那个地名,但情节则来自别的书中。

古籍《尸子》记载，大禹是从黄河神（白面人鱼）那里得到河图的。在周代的传说里，河神是"长角"的水怪（传说中说得没有这么直接），他握有此书，控制了神仙长者。在文本开头的地方，那长者告诉禹，在哪里可以找到书，然后向他解读了书的内容。

谈及长者及其作用，应该知道，这种在中国的故事里来无踪去无影的神仙，在功能上与欧洲童话中的好巫师相似，他要赋予主人公宝物或神奇的武器。在中国许多著名的传说里，他长者会授予主人公天书，主人公借此建立奇功，或尽显智谋。在苏州的传说里，可以发现经过变型的其他古老主题：大禹带领学生进到黑洞里，走了一千来步，前出现了亮光，恍如白昼。从文本中难以看出，何以会如此。6世纪的传说描述道，大禹在洞里从神那里得到了镶有蛇身人面的玉尺，这是用来丈天量地的尺子。在后期的文本中说，大禹刚翻开书，"水尺"两个字就映入眼帘。下面再也没有提及这两个字的意义，但是这是治水时用来丈量水的高度的宝尺意义的"活化石"。

《神女峰》这个传说采录得早一些，是在20世纪50年代采录的。它同样包含了从神（西王母之女瑶姬）那里获得宝卷的主题。凭借这宝卷，大禹获得了智谋，学会了战胜妖怪（蛇、龙）和猛兽（虎、豹）之法。这个传说不但叙述了大禹，而且描绘了仙女瑶姬。这里道教的影响十分明显，而古老的神话因素却保留得不多。

总之，可以确认的是，新采录的保存到现在的神话传说和仪式歌谣，提供了解读古代神话、认识其演变过程的有趣资料。

汉族和相邻民族神话的共同特点

中国古代神话不是一个封闭的体系，其许多形象显然产生于远古的神话观念的基础之中，这是东亚、中亚、东南亚，甚至南亚所有的民族共同的神话观念。这个问题尚未得到充分研究。同一主题在这个区域的各民族的神话中以不同的方式发展，但是立足于神话的基础有时不难发现相似的古代观念。就以众所周知的中国古代的后羿神话为例。后羿用箭射下了同时升在天空的十个太阳中的九个，从把世界从奇旱中拯救出来。我们在与汉族人相邻的民族的民间故事中没有找到后羿这样的形象，但是一系列民族都在纪念射掉"多余的"太阳的射手，这些民族都有多个太阳的观念。中国南方的壮族至今流传着颂赞特康（音）的歌，特康建立了与后羿相似的功绩。在壮族的歌中，像一年中月的数一样有十二个太阳，特康也是射箭手，他本想把太阳全射下来，可是人民请求他留下一个，以便晒熟牧草、温暖人民。瑶族人民保留着歌唱射手杨雅射太阳的歌。这些太阳曾同月亮一起照着。在苗族的歌里有详细的叙述，用金打制了太阳，用银打制了月亮。箭射后，只剩下了一个太阳，一个月亮，它们都吓得不敢上天了，只有公鸡呼唤的时候才出来。布依族也有这样的歌，歌里的太阳也有十二个。在布依族的几种神话版本里，射太阳的主题是跟大洪水相联系的，比如在《十二个太阳》、《布金射太阳》等歌里都能发现这种联系。在不同的版本里，英雄有不同的名字，比如王江、酿旺、布金、雷江，他们的行为不是完全一样的。

　　射太阳的神话不但在东南亚各民族中流传，而且记录了这样的神话的还有：台湾的六个南岛民族，靠近中国台湾的菲律宾吕宋岛上的三个民族，印度尼西亚的达雅人，东印度的几个民族，还有阿穆尔河下游的通古斯—满族语系的几个民族（赫哲族、沃伦春族）。在通古斯—满族语系民族、汉族和其他与汉族有亲缘关系的少数民族之间，这是我们所知道的拥有共同神话主题的唯一的例子。在蒙古人中采录到了这个神话片段明显变型的文本。在蒙古人那里这个神话已经变成了关于旱獭起源的传说（某个叫额日亥的勇敢的射箭手在大旱时夸口，假如不能把3个太阳，另一个版本是5个太阳击落，假如太阳还在天上，他就变成不喝水、不吃草、待在地下的畜生。他打掉了两个太阳，为了践行自己的誓言，他就变成了旱獭）。在另一个中国公布的蒙古族的版本里，天上同时有十二个太阳。勇敢的射手乌恩射下了十一个太阳，上帝惩罚他，把他埋进山里。后来在埋葬他的山上长出了五颜六色的草。人们认为这草是乌因变成的。很有意思的是，在所有蒙古的版本中，射箭手最后都入了地。这就让研究者有理由赋予一类形象地王的特色。

　　涅凤阁（А. Н. Невский）认为，关于两个太阳和射箭手的传说在台湾所有的部族中都有流传，"在排湾族及其分支中很有特色。在若干种传说中讲到了两个太阳和两个月亮，其中有个巨大的太阳，箭射后成了两部分，大的是太阳，小的是月亮。在一个传说中，两个太阳不停地照着，烧死了所有的植物。在另一个传说里，一年是白天，其热无比，一年是黑夜，其冷无比"。在涅凤阁1927年采录的邹族的传说里,族人中有个奥那济梅(音)应召唤去用箭射多余的太阳,恢复大地的正常秩序。富有特色的是,英雄说出了消灭紊乱的话("我要让太阳像原来那样"),而不是用箭灭掉太阳。他用箭射到太阳的中心。于是就出现了黑暗,没有受损失的太阳也消失了,它去照料受伤的太阳去了,过了一些时间它又出现在天上。逐渐天体的秩序恢复了,受伤的太阳白天没有出现,只是到了晚上才升上天空。这就是月亮。

假如将这个传说与射箭的神话相比较,那么不难发现,两个故事的基础都是出现在天空的几个太阳,也就是自然和谐的破坏和恢复。但是它们的细节是不同的。汉族人没有关于受伤的太阳成为月亮的神话,也没有这样的说法:几个太阳出现的时候天变得很低。也没有这样的说法:受伤的太阳的血"变成了海"(海水)。但是有一千很古老的情节,由它派生出中国古代神话和邹族的传说。邹族人认为,奥那济梅死后变成了奥那济梅鸟,根据它的啾啾声邹族人就能猜到该到哪里去打猎。从保留的后羿的神话的片段里,我们知道他死后成了英雄。分析他的名字的"羿"字,上面的偏旁是两个翅膀,这就让人想到后羿与鸟的观念有关。

应该指出,在一些前不久还保留着古老生活方式的民族那里,射太阳的并不是人,比如在萨哈林的尼夫赫人的神话中,是一只小鸟完成了这个任务,在加利福尼亚的印第安人的神话中是一头丛林狼用匕首杀了太阳。

总之,这一类神话可以称为消灭多余的太阳的神话。远不是所有的民族的神话讲述的都是用箭射太阳。在贵州省仡佬族的神话里,英雄阿鹰登了天,用长长的竹竿灭了多余的太阳。在离台湾70公里的兰屿的雅美人的神话中,太阳害怕巫师作法的小刀,甚至害怕咒语(我们注意到,雅美人是渔民,岛上完全没有野兽,所有弓箭完全派不上用场)。

《山海经》中载,"帝俊赐羿彤弓素矰"。这并非偶然的细节,因为在许多民族的神话里,射太阳的箭不是寻常之箭。

英雄从另一个世界获得弓和箭,比如云南傈僳族的神话叙述说,龙王赠给英雄自射弓和箭,也就是说武器是从水下得到的。在一系列民族中,射箭手从上面的世界得到弓和箭。在水族的神话中,英雄从造物主那里得到了铁弓铜箭。在另一些民族的神话里,英雄自己打造不同寻常的弓和箭,比如在瑶族的神话中,英雄听从白胡子老头的建议,造出了虎尾弓、虎筋弦、鹿角箭。我们在台湾的泰雅人那里发现了不同寻常说法。根据日本民俗学家藤琦济之助在20世纪30年代搜集的资料,在对太阳毫无办法之后,只好用松鼠鞭了。20世纪90年代笔者在台湾搜集泰雅人的神话的时候,请教过不少长者:松鼠有什么神奇力量能够射伤太阳?没有谁能够作出有价值的解释。不排除这样的可能性,这位日本的民俗学家泰雅语不够精通,记错了词。但是有一点清楚的,就是在泰雅人的神话中,寻常的箭不能射伤太阳。

台湾邹族人的射太阳的传说不同于台湾其他原住民的传说。在台湾其他民族的传说中,没有文化英雄奥那济梅,甚至完全没有文化英雄。这项功绩是由无名的主人公完成的。比如泰雅人的神话说,天上照着两个太阳,人们简直无法生存,人们决定派三拨人去灭多余的太阳:老人、中年人和青年人。路途遥远(各民族的神话说,要到太阳升起的地方去),老人在路上死了,中年人老了,青年人走到了,消灭了多余的太阳。

台湾的邹族是印度尼西亚原住民的后裔。有这样的看法,他们是在石器时代后期从大陆(中国南方)迁徙到台湾的。中国学者认为,后羿的神话是远古时代在东夷中传说的。东夷大概是南岛部族联盟的一支,居住在太平洋沿岸的山东半岛。现在已经很难考证,天上同时出现几个太阳、消灭多余的天体的神话观念究竟产生在什么地方。我们所面对的只是情节的形态学上的相似。很可能是,这个神话(准确地说,只是情节核心、神话元素)产生于太平洋沿岸的民族,传到北方的民族(阿穆尔河流域)、远迁南方的民族(台湾岛上的民族)。我们注意到,同箭射多余的天体相比,多个太阳的观念流传得更广泛。检视艾尔克搜集的资料,加利福尼亚的印第安人和苏门答腊岛的巴塔克人都知晓多个太阳的神话观念。

比较这些神话,不难发现一个阶段性的特征。在中国汉族的神话中,后羿秉帝俊之命降到人间,他既是好射箭手,又是奉命帮助人的神。在保留在中国少数民族中的神话里,射箭手不是神,而是生活在大地上的典型的文化英雄。在台湾邹族人的古老传说里,还保留着邻里社会的形式(不久前邹族人还以狩猎为生)。从涅凤阁的采录的材料来看,奥那济梅只是氏族联盟的普通成员,其形象上文化英雄的特点尚不够充分。根据形态学对比可知,公元前若干世纪记载的中国汉族的后羿神话,与相邻民族的传说相比,反映的是神话发展的更晚阶段。

后羿的神话是与其妻嫦娥的相联系的。嫦娥从丈夫那里偷了不死药,飞上了月亮,至今还孤零零地住在那里,伴着巨大的桂树(此外,还有月中的蟾蜍的说法,另一种说法是嫦娥自己变成了蟾蜍;还有捣不死药的玉兔)。在亚洲的民间故事中,我们没有发现与奔月的嫦娥相应的因素。我们所知道的唯一的例外是瑶族,在该民族中,有箭手葛华射十太阳的神话,猎人杨拉射月亮的神话也同样有名。杨拉把外形像星星的月亮修圆了,可是不能减弱月亮的炎热。他听从妻子尼娥的建议,用箭把她织的锦射向月亮。她刚刚在家里织完了这匹锦,上面织了房子、她自己的像、桂树、玉兔、白羊。杨拉把锦射上了月亮,使地面免除了炎热的光。但是锦上尼娥召唤真的尼娥,尼娥飞上了月亮,她们合成了一个人。后来尼娥向丈夫垂下长长的辫子,他攀着辫子上了月亮;尼娥在桂树下织锦,杨拉放牧羊和兔。这个神话同汉族的神话是相似的,或许受了直接影响,但是在瑶族的亲近的民族苗族和畲族中却没有采录道相似的情节。

在阿穆尔河下游和萨哈林岛的尼夫赫人中,在西伯利亚的鞑靼人中,都采录到了住在月亮中的女人的情节。但女性形象都是否定性的,在尼夫赫人那里是荡妇,在鞑靼人那里,那女人是因为伤风败俗而奔月。京族人有女骗子库奥耶的神话,她带着京族人视为圣物的榕树飞上了月亮。在缅藏语系的民族中,如云南普米族中采录到了月亮中长大树的情节。这类神话中部分情节与小红帽的童话相似。在童话中,老巫婆吃了小姑娘们的妈妈,装成妈妈的样子和小的姑娘们睡在一起,夜里就吃掉一个最小的女孩。姐姐逃跑了,藏在开红花树下她请求月亮救她,月亮伸手把小姑娘和树(或灌木)一起拉了上去。我们注意到,不光在缅藏语民族中有女人和树上月亮的故事被采录到。总之,类似的情节(孤女请求月亮施救)在亚洲的各种文本中是很典型的,仅仅指出一下事实就足够了:在雅库特族和布里亚特族的童话里,坏后妈(或婆母)挑剔小姑娘(或儿媳妇),月亮把她迎到自己那里。不排除这样的可能性:中国古人关于偷不死药后奔月的嫦娥的神话,产生于两个基础,其一是流行于古代中国北方的月亮中的坏女人的古老观念,其二是中国南方各民族熟知的"飞进"月亮以及月亮中生树的观念。

阐释这个形象的发生学,正如解释其他人物一样,是未来的任务。这里只是展示中国古代民族的神话人物和神话观念与相邻民族的神话人物和神话观念的同一性,借此指出未来可能的研究路径。

中国神话

阿女

某些文献中的女枢或者景仆。帝王颛顼之母。相传,一道星光如长虹一般穿过太阳(另一说是穿过月亮),于是孤寂中的阿女心中感动,便怀孕生了颛顼。

鳌

中国古代神话中海里的巨龟,背上驮着三座仙山:瀛洲、蓬莱和方丈/方壶。另一说为五山(增加了岱舆和员峤)。鳌出现在女娲神话系列中,女娲为修补被共工与颛顼之战所毁的苍天,断鳌足以立四极。(《淮南子》,公元前2世纪)鳌在中世纪中国文学中成为大学问和高学位的象征。"鳌头"或者"独占鳌头"的表述喻指状元考试中的第一名,"鳌峰"指翰林院。此象征与流行的保佑应试者的北极星神魁星的表述密切相关,魁星的背上绘有直立着的鳌。鳌有时被绘成人头鱼。

鳌属于鳖或者龟类,这两个象形字义合成的"鳌"字,一来自"黾",另一个来自"鱼"。道家典籍《列子》(篇5)记载了与《淮南子》(篇6)相同的关于断鳌足以立四极的神话和其他关于渤海之东,不知几亿万里有归墟的神话。天地间一切河流的水都汇集于此,其中还飘浮着五座巨大的高三万里,相距各七万里的山岛:岱舆、员峤、方壶、瀛洲和蓬莱。其居民为会飞、不老不死的仙人和圣人。天帝为了让漂移不定的山岛原地稳定,命禹强(据《山海经》篇 8,14,17)向此调遣十五只巨鳌。禹强是黄帝之孙,掌管北方的北海之神,人面鸟身、两耳各悬一条青蛇。与象数之学"三五"数式相符,五座山岛中的每座仙山都需要三只巨鳌用头顶着才能稳定(每六万年轮替一次)。但是有一个巨人国龙伯国的大人,钓走了六只巨鳌,回到他们的国家开始烧灼龟甲,用来占卜吉凶(以数焉)。十五只巨鳌九死六生的这种分配,编制出整体和部分,或者阴和阳的基本数字象征,和源自古代传统的"卜"——《周易》中占卜中的三爻合成一卦。剩下的两座没有支撑的仙山"岱舆"和"员峤",漂流到北极,沉没在大海中。鲁迅(1922)编写过这个神话。①

项住仙岛的"巨丑"(B. M. 阿列克谢耶夫用词)鳌成为描写洪水中常见的诗歌形象,如屈原(前 4—前 3 世纪,《天问》;俄文翻译 A. E. Адалис,1954),张衡(1—2 世纪),木华(3 世纪,《海赋》;俄文翻译 B. M. 阿列克谢耶夫,1944/1978),李白(8 世纪),吴承恩(16 世纪,《西游记》,43 回,诗;俄文翻译 A. П. Рогачёв,1959)。《天问》的首位注释家王逸(89—158)注引刘向(前 1 世纪)所作《列仙传》"有巨灵之鳌,背负蓬莱之山而抃舞,戏沧海之中",说明屈原的诗中最早提到鳌。②

总之,鳌的形象与其作为支撑的柱子以及连接天地、山水、当下和未来、自然与人文间的一环之特征密切相关。因此,那些象征自然大地的平坦底面——龟甲上刻满了文字,其上饰有朝向天空的垂直文碑的石雕巨鳌(龟跌),成为孔庙始终不变的标志。其中类似的高 1.25 米,刻有明宪宗(1464—1487)所撰碑文的高 6.2 米御碑的龟跌,1468 年安放在圣人故乡曲阜的孔庙中。③

敖丙

中国民间神话中的华盖星神。华盖星座由九颗星组成④,罩住天帝的宝座。但在民间,敖丙更常见的说法是东海龙王敖光的第三个儿子。

---

① 此段内容由 А. И. 科布泽夫(Кобзев)撰写。——译注
② 此段内容由 А. И. 科布泽夫(Кобзев)撰写。——译注
③ 此段内容由 А. И. 科布泽夫(Кобзев)撰写。——译注
④ 华盖星座共 16 颗星,参见《宋史·天文志》"华盖七星,杠九星如盖有柄下重,以覆大帝之坐也"。——译注

敖丙具有人形，手持长矛，骑在海里的一头巨大怪物的身上。16 世纪的奇幻小说《封神演义》里说，敖丙从深海里出来，力图制服小勇士哪吒，后者曾弄得水下王国里的居民们不得安生，但是敖丙却被哪吒所杀。敖丙在某些民间佛教经籍中也有记载（如《宝卷》）。

白帝

古代中国神话中五方天帝中的西方之帝。其他四位为：东方——太昊，南方——炎帝，北方——黑帝和中央——黄帝。白帝让人联想到西皇少昊。据古代五行说，属金，其色为白，司秋天，称金星，或称太白金星。在中世纪人的观念中，白帝作为金星神农历每月的十五日下凡。

白虎

中国古代神话中世间四方神灵之一（与青龙、朱雀、玄武并称）。冥界庇护西方的瑞兽。白虎的出现可以辟恶，同时亦是科学发展的标志。相传公元前 61 年擒得白虎，皇帝以为是天上的赏赐，立墓纪念。白虎常被画在棺材壁和送行兵士队伍后的旗子上（前面是青龙旗）。白虎是祥兽，尽管其天性凶残，但并不伤人和其他动物。中世纪的中国，白虎和青龙一同画在道观门上作为守卫。近代民间版画（年画）中，白虎已经具有人面。白虎作为西天七星之神以殷成秀之名出现于 16 世纪的神魔小说《封神演义》中。另一说，白虎为恶兽，其出现预示着死亡和一切厄运，因此民间称其为"丧门白虎"或者"退财白虎"。

中国古代天文学和星相学认为，西宫是白虎，包括奎（木狼）、娄（金狗）、胃（土雉）、昴（日鸡）、毕（月乌）、觜（火猴）、参（水猿）七星。此外，这一星区还包括其他一系列小的星座。白虎本身是参的象征，是猎户星座三星之腰。据司马迁《史记》《天官书》所记，星空中的状态反映出国家战争与和平的情况。①

白泽

中国古代神话中全知能言的贤明神兽。16 世纪的绘画中，图其若长角之狮。据古代神话记载，黄帝巡狩，于海滨得白泽神兽。白泽言之天下鬼神

① 此段内容由 М. В. Анашина 撰写。——译注

之事,游魂为变者凡一万一千五百二十种。黄帝令其以图写之,以示天下。

包公

中国民间神话中的清官,作为阴间判官之一受到尊崇。包公的形象基于因执法严明,廉洁奉公闻名于世的大臣包拯(999—1062)。他铁面无私,甚至对皇亲国戚也如此(参见中国谚语:"关节不到,有阎罗包老")。包拯之名逐渐被神话。其中之一讲述的是包拯判解老鼠精的案子。一书生进京路上向遇见的五只老鼠精讲述了自己家人的情况。于是第五只老鼠精变成书生来到了书生妻子那里。书生回家发现后向宰相投诉。但是第四只老鼠精又变成了宰相,事情更加扑朔迷离。朝廷闻之此事,但是朝廷也出现了两位皇帝、两位皇后。太子求助包公,包公也变成了两位。真包公在神梦中来到玉帝那里讲述了一切。玉帝派玉猫到人间捕抓了这些老鼠。后来,又出现了包公降生时有黑面神奎星相伴的神话,以及一系列的他成为阴世判官,审理人世犯罪的案例。包公发现地狱里一判官收取贿赂,修改生死簿上的寿数,便告到阎王那里,将他惩处。在后来的观念中,包公成为地狱里惩治鬼魂的判官。包公的形象(包括在戏剧舞台上)总是黑面——象征廉洁。

13—14世纪时出现了包公戏(十余种)。他的形象出现在一系列的中世纪的民间话本(《龙力公案》(16—17世纪)中,也出现在长篇小说《平妖传》(14世纪)和《三侠五义》(石玉昆,19世纪)中。民间文学中,他以包龙图之名著称。包(源自"楼阁")龙图(皇帝从事书画之事的馆阁——楼阁之称),包拯曾官至龙图阁学士。龙图是著名道士陈抟的八卦图示。

八骏

中国古代神话中周穆王(约前10世纪)的八匹骏马:赤骥、盗骊、白义、逾轮、山子、渠黄、华骝和绿耳(《穆天子传》)。在其他书中,则记载迥异。有绝地,足不践土;有翻羽,行越飞禽;还有奔霄,夜行万里;又有挟翼,身有肉翅。八骏是中国绘画和诗歌中的常见主题。

叭蜡

后期中国神话中驱灭蝗虫之神。据说叭蜡传蝗虫到庭并锁以链条。叭蜡的样子被画成人面,像似鸟嘴的鼻子,腰以上裸露着,腰部以下好似一口钟（一说，他生于钟），钟下面有两只大鸟爪，头上两耳后有一绺像似代替角的怪发。他一手拿着葫芦，里面装有用它逮杀的蝗虫；另一只手握剑，亦或金锭，亦或木锤，亦或写有"捉杀蝗虫"的旗子。每年收割后都要举行谢叭蜡的仪式活动。

比干

中国民间神话中的文人财神，与武将财神关帝不同（中国神话中某些神如臣官一样有文武之分）。比干是古代神话中的英雄。他曾试图劝谏殷朝暴君纣王（帝辛），但是纣王不听其劝谏，大怒，说"吾闻圣人心有七窍"，命人剖观比干之心。后来比干被誉为儒家传统的忠直、守信的典范。显然比干成为神灵较晚，这要归之于民间将他与关帝共同供奉。关帝也以忠义闻名于世，虽然只是在战场上。旧时中国通常在新年初始的日子里举行迎财神比干的活动，特别是供奉他的那些商人。比干的形象由于16世纪的长篇神魔小说《封神演义》和民间戏曲在民间更加广为流传。

并封

中国古代神话中的怪兽。据古籍《山海经》中记载："并封在巫咸东，其状如彘，前后皆有首，黑。"

碧霞元君

中国道教和民间神话中的女神，送子娘娘，幼儿及狐仙的保佑神。居于神山泰山（山东省），是当地广为信奉的女神。其封号全称为"东岳泰山天仙玉女碧霞元君"，但在民间她更以"泰山娘娘"之称闻名。较流行的说法，碧霞元君是东岳大帝之女。她常与象征天地交合、予大地万物的生命的狂风骤雨相伴出现，显然，碧霞元君已被尊奉为送子娘娘，其作为泰山之神受到祭祀可追溯至汉代（前3—3世纪）。另一说法，碧霞元君或是黄帝之七女，或是华山仙女，或被奉为室女和巫女。最后一说可能是某些最古老的宗教观念的反映。

北京附近的妙峰山上有碧霞元君祠。祈祷时，如古代求雨一样向她舞折扇（或铁扇），并敲鼓。每年农历四月一日至十五日，北方春芽破土，春雨贵如油之时，在该祠举行祈祷仪式。泰山碧霞元君祠则农历四月十八日开放。相传碧霞元君每年沉睡九个月,此中可见古时碧霞元君与农业祭礼之关联。

关于古时碧霞元君的传说,张华在《博物志》(3世纪)中说:文王梦泰山女当道而哭,曰其为东海神女,嫁于西海神童,现在无法回到东海,因为灌坛令姜太公当其道,她不敢以暴风疾雨过也。另曰,文王召姜太公。果有急风暴雨。是为神女还家。

然近代中国,碧霞元君更以送子娘娘(如道家传说中的观音佛)和幼儿病患保佑神之名流行。祠中她常为尘像。面相为一女主,座位红色,戴特殊的形为三鸟展翅之头饰。此中可见西王母的使者三青鸟观念的影响。碧霞元君两侧各立一侍女:保佑幼儿免患眼病,手托一只大眼珠的眼光娘娘,和手托婴儿的送子娘娘。碧霞元君周围还有六位仙女,从送子娘娘到痘神(天花娘娘),保佑儿童生长的各个阶段。祈祷求子时必须要在树上拴红线。中国东南部,如福建省有些地方不祭碧霞元君,有些地方将她混同于当地送子神临水奶(临水夫人)崇奉。

不周

中国古代神话中位于昆仑西北之山。此山原为天柱。水神共工曾因发怒用头撞不周山。不周山崩塌,大地一方(东南方向)塌陷,天空向西北倾斜,倒塌。这场灾难之时,山林中烈火漫卷,地下水汹涌泛滥,陆地变为一片汪洋,浪涛冲天。"不周"之称同此神话有关。

北斗

中国神话中北斗星座的某一星君或一组星君,也可为最大星座之称。所有星神都被拟人化。其一主掌雨水,整体星宿则主掌人的生死运命。术士管辂推算一位叫颜的人的儿子只能活到十九岁[①],颜便依管辂之意携酒和鹿肉去找寻北斗。他在大桑树下遇见两个人下棋,默默地递上酒和鹿肉。对弈的双方正是北斗和南斗。他们吃喝完毕,发现了颜。北斗欲谢之,遂在生死簿上把颜的儿子的寿数由十九岁延至九十岁。公认南斗主生。而后由北斗主死。在中世纪的中国,大熊星座的示意图或象形图具有神奇的驱除恶魔之意义。又有驱邪神剑、七星剑之说;道教则称长

---

① 一说为"颜",而不是颜的儿子,参见《三国演义》第六十九回。——译注

生不死药为七星散等等。后期民间神话中,且遍行于斗母和其伴侣斗父的说法。

卞和

中国民间神话中的护玉神。其形象源于周朝官吏中一个同名的真实人物(前8—前7世纪)。据《韩非子》(前3世纪,参阅《韩非子·韩非》)记载,相传卞和有一次在荆山觅得玉璞,献给厉王。厉王不识宝玉,怪罪卞如欺君,命砍去左脚。后来武王即位,卞如再次献玉,又被砍去右脚。当文王即位时,卞和抱璞哭于荆山下。文王差人去问,答曰:"吾非悲刖也,悲夫宝玉而题之以石,贞士而名之以诳,此吾之所以悲也。"文王使人雕琢其璞,得到一块稀世宝玉璧(天的象征),称之为"和璧"——"和氏璧"。在中世纪,卞和作为一位珠宝行神受到尊崇。

扁鹊

中国神话中医生的保佑神之一。其形象显然由两个不同的人物错合而成。(1)神话中的扁鹊长有鸟嘴和蝙蝠翅,是文化英雄、人类祖先黄帝的大臣。曾帮助黄帝识别草药。(故扁鹊之名可解释为:"扁",即"蝙蝠"和"鹊",即"喜鹊");(2)公元前6—前4世纪真实存在的名医秦越人,被尊称为扁鹊。相传,扁鹊得艺于仙人长桑君,他将神奇的药饮传给了扁鹊。三十日后,扁鹊能够透过墙壁视人,并且尽见人的五脏六腑。相传公元前521年,扁鹊使虢国太子起死回生,此后其医术高超传遍中国。后世医生药者尊奉他为神。扁鹊生日、农历四月二十四日这天会举行祭祀。古代画像石刻中的扁鹊是人鸟形,正为病人扎针。

王灵官

玉枢火府天将。中国道教神话中的三十六天将之一。镇守玉帝天宫和地下祠庙之门:道教(有时佛教)庙堂外门塑王灵官像:赤面,三目执鞭或疖子多的手杖或棒,以驱恶魔。其塑像上衣三月一换,每三年会烧掉和更换一件服饰,衣饰富丽,每十年会将所有服饰烧掉。15—17世纪,这一民俗尤其盛行。王灵官的祭祀日安排在每年的正月初一、每年的冬至日,以及王灵官和其道教传师萨守坚的纪念日。12世纪的王善被当做王灵官供奉。从15世纪开始,正式祭祀王灵官和对其道教传师萨守坚的祭祀同时进行。另一说:某道士告之永乐皇帝(1403—1420年在位)①,他从王灵官那受了魔法,于是皇帝下旨在北京建立了王灵官庙。

王母使者

中国古代神话中西王母的使者。据最古老的文献史料《山海经》中说:此为三青鸟(一说为青鸟),为西王母取食。再晚些时候的文献记载其为鸟身、人面之物。公元初的小说中,渐传为娇弱美女,且各有名姓。其中最有名的是王子登。她传西王母之令,到扶桑、仙人岛,玄都。王子登善弹弦,董双成善吹笙,史公子善击锣。另一说源自段成式的《酉阳杂俎》(9世纪),说:此鸟足青,嘴赤黄,素翼,绛颡,在函山上守护西王母药匣。

王亥

中国古代神话中的英雄,传说中的殷之先祖。其名见于古代甲骨文中。据《山海经》中说:王亥两手操鸟,方食其头。据中国学者胡厚宣推测,英雄的名字、象形文字"亥",即"以手捉鸟"。显然,这里的"鸟"是图腾的标志,况且殷的图腾就是鸟。据袁珂考察,王亥同其弟王恒赶着牛羊游牧到北方有易国。在河神河伯的帮助下,把牲畜赶过了河。王亥和其弟客居于有易国君绵臣,品尝美食,与老绵臣之妻调情。后来王亥被青年卫士砍死,王恒被逐出有易国。

王子乔

亦称王乔、王子晋。中国古代神话中的神仙。王子乔形象源于传说中的周朝灵王太子(前6世纪)。相传王子乔二三十年的时间里学仙于道士浮丘公。一次他告诉家人,农历七月七日(牛郎与织女相会的日子)他会显身。至时,果乘白鹤(参见"鹤")升天。王子乔以善变形闻名。为了让他的弟子知其仙术,子乔曾化为白霓,持药与文子。崔文子惊怪,引戈击霓,刺中了他。但在霓尸处,却是一双鞋。崔文子以破筐盖之,鞋却化为一只大鸟。崔抬起筐,大鸟飞走了。另一说,据1世纪王逸所注,王子乔死之后,其尸覆于筐内,化为大鸟飞去。汉代(前3世纪—3世纪)民歌中,王子乔是骑在白鹿上飞升。但较为流行的说法是,他成为神仙,乘白

---

① 永乐皇帝在位时间应为1403—1424。——译注

鹤升天了。

望舒

中国古代神话中月亮的御者。望舒之名见于一系列古籍中：屈原（前4世纪）的诗篇，扬雄（前1世纪）的赋以及各种历史著作中。可以认为望舒形象是根据为太阳驾车的羲和塑造而成。某些古代注释家一般认为望舒即月亮。

偓佺

中国古代神话中的仙老。据刘向（前1世纪）撰《列仙传》中记载：偓佺者，槐山采药父也。好食松实，形体生毛，两目更方，能飞行逐走马。以松子遗尧，尧不暇服也。时人受服者，皆至二三百岁焉。偓佺常见于中国古代文学和中世纪文学中。

韦古

中国神话中医药师的庇护神之一。历史上的韦古在713年和742年①间入国都长安，头戴纱巾，身着丝袍，手持拐杖，背上腰悬药葫芦数十。广施药饵，帝召入宫，赐号药王。但是还有一些医药师人也以有此称号闻名于世，其中孙思邈（581—682）最为著名。成了神灵的韦古被认为是药王的化身，道教称他为归藏。

文昌

后期中国神话中主文运之神，等同于大熊星座北斗星宿——斗魁或者魁，掌管文运，包括考选文武官吏的科举考试。祭祀文昌始于10—13世纪的四川，到13世纪末—14世纪上半叶则盛行于整个中国，尤其受到儒家弟子的尊崇。文昌像供于孔庙中单独的神龛，许多地方都建有祭祀他的庙堂。文昌像通常为坐像，着官服，手持如意，表示还愿。其旁有两助侍：魁星和朱衣。朱衣代表地上的文昌，通身红服，是一蓄长须老者。认为博取科名乃依靠朱衣主掌之命运。他能越过考试者的肩头窃见试题，然后悄然点头，示意如何答卷。每年农历二月三日（文昌的生日）举行

---

① 即，唐玄宗开元年间（713—742）。——译注

文昌祭典。文昌祭祀也广泛流行于朝鲜和越南。道教神中文昌君是主宰人生之神。

瘟神

中国民间神话中的一组神。相传隋朝(581—618)时隋文帝591年①农历六月间,有五力士现于凌空。其中一人着青袍(东方色),一人着白袍(西方色),一人着红袍(南方色),一人着黑袍(北方色),第五人着黄袍(中央色);且人手各执一物:一人执杓子并罐子,另一人执皮袋并剑,第三人执扇,第四人执鎚,第五人执水壶。太史张居仁告诉文帝:此为五方力士,在天为五鬼,在地为五瘟:春瘟张元伯、夏瘟刘元达、秋瘟赵公明、冬瘟钟仕贵、总管中瘟史文业。果然这一年瘟疫流行。于是为安抚众神,隋文帝便命为五神立祠,并封他们为将军:青袍力士封为显圣将军、红袍力士封为显应将军、白袍力士封为感应将军、黑袍力士封为感成将军、黄袍力士封为感威将军,农历五月初五祭之。又一说见于14世纪的神魔小说《封神演义》,其中记载有另一些瘟神。据此传说,全知全能的姜子牙封吕岳为主管瘟神昊天大帝,统率瘟部正神:东方行瘟使者周信,西方行瘟使者李奇,南方行瘟使者朱天麟和北方行瘟使者杨文辉。后期道教典籍中又称"瘟部大帝"为:晏公元帅、朱府令公、忠正李王、曹大将军和金元七相,为一人统辖。他们的像闻名于民间版画。也是农历五月初五祭之。其像立于道观中的青面温元帅也属于这组道教神中。还有其他一些瘟神,总是五人一组;并严格地相合于一年的各个季节和各个季节的瘟疫。例如,在后来的民间观念中,五大瘟神有称五岳的,在北京南部的三义阁里举行祭祀,祈祷驱除各种瘟疫、疾病,并供奉面饼五个,肉一斤(约0.5千克)。相传此为玉帝派往人世的五星神,其名曰:田伯雪、董宏文、蔡文举、赵武真和黄英都。7世纪初他们已经转世于中国各地,后来被尊为瘟神,封为香山五岳神。

温元帅

孚祐温元帅。中国民间神话中称为六甲神,是掌管命运的泰山府君近侍之一。认为温元帅出生在浙江温州附近的商贸城市白石桥,一个穷

---

① 即,开皇十一年。——译注

困的书生家里。他父母无子,到后土庙祈求生育。当天夜里,其母梦见被称为六甲之神、玉帝部将的金甲神一手持巨斧、一手托着一颗明珠,说:欲寄母胎托质为人,母能允否?她答应了,于是自称火神的巨神向她怀里投下一颗火珠,遂醒。十二个月后,顺帝汉安元年(142)农历五月初五,她产下一男孩。当给婴儿洗澡时,见左肋有符文二十四篆,右肋有符文六十篆,人莫能识,已而隐去。其母在又一次梦中见到一神,交其云环与玉石,因此给婴孩取名为环,字子玉。童年时,他便通晓儒、释、道及百家之言。但是12岁和26岁时赴考科第不中,使其立志成为隐士,此时忽见天上有一苍龙现身,并向他脚前扔掷一颗珍珠。青年人拾起珍珠含之并吞入腹中。苍龙直舞其前,青年人抓住龙,扭绕截尾于其手。瞬时间青年人变得面青、发赤、蓝身,形貌狰狞可怕。另一说,他科举不中,进士不第后,说:"吾生不能致君泽民,死当为泰山神,以除天下恶厉耳。"而后留下三十六神符,自己变身为夜叉。这些神符相助人们驱邪化煞。宋代(10—13世纪)时他先后被封侯,封王。此后,泰山府君召他为佐狱之神,玉帝册封他为泰山众神之首,赐以玉环及环花一朵,有权自由出入天门朝奏和在特殊情况下返回人世。在泰山神庙里,其像左手执有玉环、右手握有铁棒,并排立有二仆、一马像。温元帅在其家乡温州特别受到尊崇。

勾芒

名"重"。中国古代神话中东方天帝伏羲之臣。《山海经》(前3—前2世纪)中曰:"东方勾芒,鸟身人面,乘两龙。"另有记载:勾芒,木神也,方面素服。手持圆规,主管春季。再晚些时,勾芒则作为五行神之一——木神受到崇拜。在公元前2世纪的《礼记》(前4—前2世纪)注疏中说:"是勾芒者主木之官,木初生之时勾屈而有芒角,故云勾芒。"还有另一说认为其是生命神。

郭子仪

中国神话中的福神之一。历史上的郭子仪(697—781)是位著名的大臣和大将。其家被儒家尊为家庭美满之典范,其儿子们与女婿们皆为皇帝手下高官,其子郭暧娶了一位公主为妻。相传,有一次夜里织女来告诉郭子仪说:他是天神,命中注定长命百岁,万事如意、官高位尊。郭子仪一家是家人合居的古老的大家庭。在民间年画上,郭子仪四周围有七个儿子和其家人；或者是父亲带着年幼的儿子郭暧上朝；或者在做生日（拜寿）；或者甚至是位武财神。

关帝

关公，原名"关羽"，字云长。中国民间神话和后来的官府祭祀中的战神，又为财神。关帝形象基于真实的人物武将关羽（160—219），他因勇敢无畏、效忠其主刘备闻名于世。后来关羽之荣名，成为一种真正的宗教崇拜。关于他神奇的出世传说有很多讲的是他是由一个佛教僧人收集在钵中，受玉帝处罚的龙血变的。又一说，关帝出世前，有一条龙在自家父母的房顶上盘绕。关帝因为勇猛异常，不可检束，被父母锁在后花园的小空屋里，但是他逃了出去，并成就了一生中的首次功绩：杀死了横行霸道的县官。为逃脱关卡，被当做凶犯捕抓，关帝伏在水边洗脸，其面即刻变为赤红。（另一种传说是，他出生时就是红脸，因为装有他出世的龙血之钵，比期限提前了一天打开。）关帝以卖豆腐为生，因此豆腐商尊奉他为保护神。关羽死后，遂被推崇。但他的庙仅见知于7—9世纪的文献记载中。公元7世纪，佛教开始在佛寺中塑造威严武将关羽像。此后公元9世纪初，道教宣称移关羽魂灵回乡解州，认为他有驱妖避邪之能。

1102年，宋徽宗加封关羽为忠惠公；1110年①封为"崇宁真君"；1128年，高宗又给了他新的封号，并且此时有了对他的专门祭祀。明朝1594年，他正式获封"帝"号，开始作为一名勇猛的战神受到供奉，亦称武帝。1856年，在似乎关帝显灵，帮助清朝军队打败攻太平军之后，被清朝皇帝咸丰加封为"圣"。此前只有孔子之称为"圣"。

皇帝曾下旨在所有的军帐中悬挂关帝像，并作为士兵们的护符。1916年，袁士凯总统重新正式颁布法令要求所有官吏供奉关帝，但是关帝庙里已经发生了一些变化。

如果说从前他常为坐像，居中，双手捧着喜爱的儒家史籍《春秋》，两侧立有持刀大将周仓和义子关平，那么现今则与关帝像并立有12世纪时的大将岳飞像，两侧则是二十四位著名将军的名录。

祭祀关帝在旧时中国非常复杂又极流行。曾有1600个官府设的关帝庙和1000余个民间的小关帝庙（19世纪）。供奉关帝者又有佛教徒、

---

① 应为1104年（崇宁三年）。——译注

又有道士、又有儒家人士，也有普通百姓。他们有的是独特的三教合流与古代地方信仰混合的宗教信仰。佛教徒中流行有公元 6 世纪出现的关帝听从一个僧人的话信奉佛教的传说；公元 10 世纪的道教神话中出现了关帝如何佑护当时某一教派的信徒，率领天兵天将，占据五岳，杀死神话中逆贼蚩尤的传说。由此产生了中国古代神话英雄（蚩尤等）与中世纪供奉的神灵（关帝）间的情节关联。儒家将关帝作为学者文人的保护神供奉，显然这与传说中关帝对《春秋》一书的厚爱有关。市民，尤其是商人尊崇他为武财神（比干为文财神），店铺中供奉着关帝像，合伙集资谋事时，则对其像起誓。乡村里供奉他为庇护神、驱疫神，甚至送雨神。农村里相信，关帝到病人床边，把金丸送给病人，把手放在病人身上，病人就会痊愈。在农村庙里，又尊他为雨神，塑像上披着似乎是因平息洪水得赠的金色虎皮袍。

民间一般称他为"老爷"，此中含有最崇拜之意。有时甚至称为关帝菩萨，即佛教中的菩提萨埵。祭祀关帝在农历二月十五日和农历五月十三日进行，每月的十五日都要烧香；供奉关帝又有其地域特点：在中国西部，他常常近乎土地神；在南方，他更多的是一位财神。据某些资料记载，在扬子江流域下游（此地曾为吴国，而关帝曾同吴国战斗）很少祭祀关帝。在香港，警察们会供奉他（白关帝），黑帮们也会供奉他（黑关帝）。

关帝崇拜在中国的邻国亦然，例如：在 16 世纪的朝鲜有十余个关帝庙，其中部分是由官方下令建造的。关帝崇拜也曾遍行于满族人中。相传满族各部落的统一者努尔哈赤，向明朝皇帝神宗（1572—1620）求取保护神。神宗送关帝像。努尔哈赤认为关帝面相与其父相像，遂宣称关帝为其朝（清朝）的保护神。满族征服蒙古、新疆和西藏后，那里也有了许多关帝庙。喇嘛（蒙古人、西藏人）尊奉他为佛教守护神"伽蓝神"，普通蒙古人则尊奉庙中的关帝像为史诗中的英雄格萨尔王。18 世纪有一系列的藏文喇嘛教伪经出现，证明关帝即喇嘛教的伽蓝神（他和关帝一样，像为红面）。公元 7 世纪时，关帝似乎是作为远嫁西藏王的中国公主①的保护神，随其入藏。藏文中据关帝汉文名字中的"云长"称其为"云长王"。

同样存在着对关帝手下大将（周仓等）的崇拜。许多庙里，如道观中

---

① 即"文成公主"。——译注

立有关帝赤兔马的塑像。众多算命者认为关帝有特殊的占卜奇能,在关帝庙里的抽签算命极其灵验。

鬼

中国古代神话中人死后的灵魂。佛教的传播使鬼成为群魔和阴间死魂灵的统称。道家神祇中亦有各种鬼。后来的民间观念中,鬼与人相似,但无下颏、无影、无踪,突然间会变为狗形、狐狸形和其他兽形,以及男人或女人的样子来诱惑,作祟危害活着的人们。鬼分别为:溺水的水浸鬼;吊死的吊颈鬼;与虎同行,直到虎吃掉另一个人的老虎鬼;在河上用竹竿诱骗人们登船的竹篙鬼;火鬼;在十字路口专等他要害的人(通常都是孩子)的毛鬼;为吃病人食物而降病于人的饿鬼;以及饿死在狱中的班房鬼等等。但是大多数情况下,鬼是那些死于非命或者自杀者的不安的魂灵,没有葬在祖坟里。一般认为鬼害怕喊声、害怕朗读儒学经籍或佛教《观世音经》的诵读声、害怕黄历、害怕杀死许多人的剑(此剑放在病人的床上或和黄历一同挂在娶亲的礼轿中)、害怕尿、害怕痰、害怕芦苇(它们常缠在病人床上,或正在嫁入夫家门的新娘的身上)、害怕桃树(巫师们能用桃树枝驱除病疫)等各种各样的护身符。鬼经常被塑成像立于庙里,也画在民间年画上,通常都是尖头,红发。人鬼相遇是中世纪小说中流行的主题。

鬼谷子

鬼谷先生——鬼先生。中国古代神话中的神仙。相传鬼谷子姓王、名诩(另一说,名利),居于黄帝时代,帮助黄帝完成了神农在农业和辨识百草为药方面的工作。而后历经商周,随老子西至流沙,泊周末复还中国,居鬼谷,因此自号"鬼谷子",且有弟子百余人。著作《鬼谷子》记述阴阳之力的相互作用,鬼谷子显然因此作为卜卦、算命者的保护神受到供奉。因为他们大多是盲人或者戴着眼镜,鬼谷子又作为眼镜商们的保护神受到供奉(与黄帝相提并论,将眼镜商们的发明归之于他)。

鬼母

鬼的母亲。中国古代神话中的女神。《述异记》中说:鬼母住在南海的小虞山中。朝产千鬼,暮食之。其虎头龙足,蟒目蛟眉。鬼母形象显然是远古原始神灵之一,类似于西伯利亚和中亚各民族的女神。她们保佑人的魂灵的生死,其生于此,死后又归于此。鬼母与鬼子母很相近。鬼子母信奉释迦牟尼,于是她做了尼姑。鬼子母像立于每个佛教尼姑庵内,人们祈求她赐子,驱灾。

归墟

中国古代神话的海中无底之谷,位于渤海之东,八纮九野之水,天汉之流,莫不注之,而无增减焉。(《列子》,篇5)

共工

中国古代神话中的水神。形似恶魔,蛇身,人面,头顶朱发。据古籍《山海经》记载,祝融似乎是共工之父。昔者共工与火神祝融争为帝,祝融胜利。共工怒而触不周山,天柱折,山裂,地塌,天倾西北。另外一种显然年代晚些的说法是:共工与统治者颛顼争帝或者妨碍禹治洪水。在更后期的历史著述中,共工明显地成为史实记载中一个邪官恶吏的形象。他与贤明的君主舜(《韩非子》,34章)为敌。共工的名字本身可解释为责任("共工"字面义为"共同的工作")的统称,因为显然,此即后来其名字的象形字的解释。共工有几位助手:九首人面,蛇身,残暴贪婪的相柳和死后化为熊的恶毒的浮游,以及两个儿子。其一(名字不详)死后化为恶魔;其二,名脩,性善。

鲧

"大鱼",中国古代神话中的治水英雄,颛顼帝之子。这一形象可能出现在中国东部扬子江流域的氏族中,属于各种水物的图腾崇拜。鲧的活动主要局限在今四川和浙江。(另一说认为鲧来自于白马①。)鲧的神话相互间矛盾甚多。天帝派鲧根治洪水,筑埋九载,绩用弗成。鲧遂窃取天帝之息壤以平治洪水,未成,尧帝(又作舜)命诛之于羽山。相传鲧死后三年不腐,剖腹,则出禹,其继续治水。另一说,鲧娶女嬉,其吞薏苡妊孕,生下禹。又传说,鲧被杀死后化为三足鳖(亦作黄熊或黄龙,玄鱼),沉于羽渊。

---

① 参见《山海经·海内经》:"黄帝生骆明,骆明生白马,白马为鲧。"——译注

葛姑

中国神话中保佑接生婆和产妇的仙女。真实的葛姑生在安徽葛乌村，因具有接生技艺被尊奉为仙女神，死后建庙祭祀。后来其女亦被奉为女神，其像放置于庙中母亲像旁。祭祀葛姑逐渐遍行于中国各地，尤其是19世纪末至20世纪初。在有些庙中，其像与观音并列，写有其名的神牌则通常供奉于难产产妇的房里。

葛仙翁

中国神话中染色工、纸匠、画(年画)匠的保护神。通常与道士梅仙翁一同供奉。因为通常将染料放在大缸里染色，所以又称他为"染布缸神"。农历九月初九，二人生日那天，会把他们的名字写在特制的牌位上，其前置祭祀供品。二人的画像亦一同绘制在祭神时焚化的纸马上。

大乃夫人

中国神话中保护生育女神。相传她姓陈，766年生于福州(今属福建)附近。其降生归于观音。观音将一手指化作一道金光，直透大乃夫人母亲腹内，其遂出生，因此又称她为"进姑"。皇帝因其帮助皇后生育太子，册封进姑为"大乃夫人""佑国女神"和"救产护胎佑民女神"。人们尊她为"催生娘娘"，其像常为木版，左手抱有婴孩(子)，右手执桂树枝；婴孩则右手持笙，左手托莲，其字音的完整表达即同音祝福"连生贵子"。在佛寺中，催生娘娘像通常与观音像和眼光娘娘像并列，作为伺服催生娘娘的辅神；培胎娘娘、引蒙娘娘像则位于其像左右。

丹朱

中国古代神话中尧帝之子，以傲慢、不孝出名。因其骄横淫佚，父亲拒绝传位给他，且长时间地寻找继位人。丹朱之名与地(河)名丹渊有关，父亲派其居此为诸侯。众所周知，神话中的昆仑山西北建有四角祭坛，有两个供台，以祭祀丹朱。一般认为丹朱之墓在苍梧山。现代一些学者(御手洗胜)认为丹朱是太阳神之一。

帝喾

中国古代神话中的英雄，据说帝喾即帝俊，类同于舜和夔(——郭沫若)。相传,帝喾生而神异,自称其名曰夋(在此可能与"帝俊"产生错合,尽管"夋"和"俊"在写法上存在某些差异)。其形具鸟首(商——殷契和那些中国东方部落以鸟为图腾)、猿身,曾被认为是神话中的帝王黄帝之曾孙,号曰高辛。史料记载,例如司马迁(约前145—约前86年),《史记》将他描画为理想化的、正直的帝王:"取地之财而节用之,抚教万民而利诲之,历日月而迎送之,明鬼神而敬事之。……其动也时,其服也士。"中世纪早期的史料中,帝喾被描画成头顶盾牌、生而骈齿,标志他出生即为神杰。据说他15岁时就帮助叔叔(又一说为"兄")颛顼理政,30岁时则登上帝位,在位70年(或为75年),百岁时死。流传有许多关于帝喾妻子们的传说。其一未曾以足触地。常梦吞日,此后则生一子,她为帝喾生有八子。古代历史文献中,帝喾被史化为真实的帝王,有四妃:姜源、简狄、庆都、常仪。帝喾二子阏伯、实沈的传说流传更为广泛:二子整日争斗,互不相容。最终帝喾便派一子,主掌商星(心宿二或者大火,属于天秤和天蝎星座的氐宿、房宿和心宿);派另一子主掌叁星。二星在天永不相见。在先贤墓地祠堂的武梁祠(2世纪中叶)中,有著名的着帝王服的帝喾汉代石刻画像。

地藏王

地藏菩萨。后期中国神话中的阴世之王(佛教地藏菩萨Ksitigarbha的汉译),以拯救地狱魂灵为职责。他探访地狱,盖出于怜爱,以善渡亡魂升天。与印度不同,在中国认为地藏王是地狱中的最高统治者,受到地狱十殿阎王的尊奉。在安徽省和江苏省对他尤其崇拜。据《三教搜神记》(15—16世纪)记载:被尊奉为地藏王的佛家僧人来自朝鲜半岛新罗国(另一说来自印度),名为 Ким Кёкак(汉语读音为"金乔觉",新罗国王子),法名目连。他似乎于公元8世纪时来华,择居于安徽省的九华山。99岁时,他召集众弟子辞别后,坐脱、净足、圆寂为地藏王。但在中国,8世纪前已开始祭祀地藏王,并且6世纪时已有其像。

另一说,其为释迦牟尼佛十大弟子之一,名为Maudgalyayana,汉译"目连",入地狱救母。

地藏王常为立像,少有坐像。着印度或偶尔为中国佛教和尚服、光头圆顶。右手持锡杖,此杖头有6锡环,行路时振环作声,为地藏王开地狱门之用。左手持宝珠,其光照亮地狱之路。有时在和尚服外会加戴毗卢冠,此时地藏王像或坐或立于宝座(或狮子背)上。有时他有二仙人协伺,一人持锡杖,另一人持宝珠。地藏王巡行地狱时会拯救罪恶的灵魂,使之重生。

农历七月三十日地藏王生日那天,举行纪念活动(认为地藏王除这一天外,整年沉睡),烧香;孩子们用砖、瓦搭建佛塔;妇女用红纸做衣裙,举行穿脱仪式(这样会使将来生育容易)。现存的一些关于地藏王的宗教文献中,既有佛教著述,也有密教著述。农历七月十五日(饿鬼的祈祷安息节开始),向地藏王祷告拯救地狱里死去的先祖和父母之灵魂。

帝俊

中国古代神话中殷人东方部族所崇拜的上帝。据某些学者(郭沫若)认为,其名"俊"在甲骨文卜辞中象形字为类人猿;另外有些人(吴祺昌)则认为,它是鸟首、人身。中国神话研究家袁珂推测,"俊"这一象形字即是有鸟头、两角、猕猴身、猕猴尾,手持拐杖沿路行走的一足物。帝俊形象混同于帝喾和帝舜。殷国被周朝(前12/11世纪)征服之后,帝俊作为殷人的上帝在许多方面被黄帝替代了。据古代典籍《山海经》中说:帝俊经常从天上下来,与五彩鸟为友,帝俊的两座祠坛,就是由这些五彩鸟管理的。显然,这个神话通过帝俊外形的描述,反映出图腾崇拜的观念。帝俊有三妻:羲和生有10个太阳儿子;常义生有12个月亮女儿,以及娥皇生有1个头3条身子的先祖。许多零散的传说记载有帝俊众多子孙的多项创造发明(譬如:车、琴瑟等等),以及建立的各种国家。

帝江

中国古代神话中古神之一。《山海经》记载:作神鸟形,状如黄囊,赤如丹火,六足四翼,浑沌无面目,是识歌舞。据某些古代注疏,"帝江"之名应读作"鸿"。有些人以之为浑沌之父,另有些人把他混同于中央之帝黄帝。这里可以看出更晚一些时人们阶段性观念的反映。通过帝江,特别是其子混沌的形象,记载了很原始的对浑沌状态的观念。或许正如一些研究者的推测,这种浑沌乃是对洪水劫难的联想(人物亦由此得名)。

地煞

中国民间神话中的七十二星神,招灾引祸。与地煞对立的是北斗星座的星神三十六天罡。根据这一分类系统,尽管地煞是星神,但被认为是地上恶势力的化身。掌管地煞的是某个年轻的术士,他制服了地煞,用铁叉刺穿它们,投入地罐。而后携之到一荒地、抛之于火中,并用石灰浆在四周,画一圆圈,使之不能跃出火堆。

地狱

后期中国神话中的阴间地府。地狱概念的形成是受公元初传入中国的佛教影响所致。根据后来的关于六种托生情形的观念,规定地狱中的死人:唯行善者,转世托生为王侯大臣、将军、官吏;有善德者,托生为商人、学者、匠人、农人,或为鳏夫、无子女者、孤儿;然后那些应受惩罚者,则转世为畜、禽、昆虫或者爬虫。

在古代中国的观念中,人死后亡魂归黄泉,或归极乐之地,或归泰山,此后的命运则由土地神和山神主宰。4—6世纪时,道士们常论及地处阴曹地府的都城罗丰(丰都),位于极北高山。再晚些时,又有阴魂分布的六天殿之说。至9世纪前,有了对丰都山24阴曹地府的描述。这时中国佛教徒中产生了地狱十殿的概念,大约13—15世纪,民间宗教融合之时,设立有以玉皇大帝为首的神之职位等级,地狱由死魂之王地藏王管辖。此外,又有东岳大帝管辖地狱十王,俗称十殿阎王。在后期文献中,地狱局限于四川省丰都县。

地狱由十殿组成,每殿又各有十六判堂。第一殿设在大海上,黄泉旁黑路上,判官秦广王是十判官之首。十判官判审亡魂,无罪者发往十殿转世,罪孽者解往朝东的孽镜台,在镜中看到自己的恶行(镜框上写着"孽镜台前无好人")。

地狱中分布有"饥场""渴场""补经所"。"补经所"里的是那些为死人诵经只为索取酬金、却未能将经文诵全的僧人。自杀者的亡魂(除非自杀者是出于忠孝礼义,保持贞节)被秦广王发往人世成为饿鬼。上天注定的寿数满了以后,他们落入枉死城,在此永远不得超生。

有种迷信之说,如果他们能够进入别人体内,他们便可以转世超生,因此亡魂们就追逐生者,百般折磨垂死之人。农历二月一日祭祀秦广王,其时斋戒、忏悔,不得作孽。

第二地狱(在南方海下)由楚江王分掌,其伴从是狰狞、赤发二鬼。发往该处的亡魂,皆是通奸男女、江湖庸医、欺诈偷盗之徒。他们居于肮脏污浊之处,受到铁叉戳刺。农历三月一日祭祀楚江王。

第三地狱之殿黑绳在东南海下,罪孽鬼经宋帝王判审后,由大力鬼将其解往该处,以粗麻绳捆其咽喉、手足,刺其腰,铁钳夹其心肝,刨其心,打其膝骨,挖其双眼和剥其皮。落入此地狱者是那些不思皇帝恩德的臣子、膺位享禄者和欺骗丈夫的妻子等等。每年农历二月八日祭祀宋帝王。

第四殿由伍官王掌管。发配该处的罪孽鬼都是些偷税、克扣分量、出售假药和蘸过水的米、造假银钱、卖布时坑骗顾客、偷盗路石和路灯之油,以及妒忌他人财富、违备借钱、借药之约、往马路上扔碎玻璃、责骂恶魂、欺诈他人之徒。第四地狱设有奈何桥,由毒蛇、恶狗把守。罪孽死魂被抛入血池,其污血溅洒于厨房、炉灶,或神庙、佛寺,他们在血池里受尽折磨,且不准将头伸出池面。每年农历二月八日祭祀伍官王。

第五殿(在东北海下)之王是阎罗王。阎罗王以前管辖第一地狱,因其将死于非命的罪孽鬼魂放回人世,遂被调往地狱五殿。这里专门掏挖亡魂之心。阎罗王有牛头马面相助,解送罪孽鬼魂到由六十三层刀阶砌就的望乡台。鬼魂们从望乡台上远眺便可见故乡,可闻亲邻之声。登入此台的都是未完成父母遗嘱,不守国法,有钱却不乐施行善和贪念他人的有夫之妇(或有妇之夫)等等之辈。阎罗王的生日是农历一月八日。

第六殿(在北海海下)由卞城王主管。打入此处的是些不敬鬼神直呼鬼神姓名、不敬神、偷盗神像上的镀金和珍宝,及不敬经文之徒。他们在这个大殿被鬼挖心,扔给恶狗。卞城王的生日是农历三月八日。

第七殿(在西北海下)由泰山王执掌。发落到这里的都是抢劫、弃婴、赌博、食人肉之徒。在因诽谤得名的拔舌狱中,食人肉者被记入生死簿;若其托生,则永世遭受饥饿之苦。泰山王的生日是农历三月二十七日。

第八殿(在西海下)由都市王主掌。发落到这里的是不孝敬父母、不葬父母之辈,他们因此会来世减寿(来世常托生为牲畜)。如果罪孽者能改过自新,灶王就在其额上涂写三字:遵、顺、改。都市王的生日是农历四月一日。

在铁网围成的第九殿(在西南海下)中,平等王专门处罚那些纵火者、制做毒药及伤风败俗的书画(春画),用药剂打胎之徒。他们被斩首,砍成碎块,亦或用绳子勒死。平等王的生日是农历四月八日。

第十殿(在东海海下)里设有六桥:金桥、银桥、玉桥、石桥以及两座连接地狱和人世的木桥。判官转轮王决定,转世者托生为何种人,并且每月将亡魂薄送往第一殿,然后上交阴阳分界之丰都神。此处亡魂落入孟婆娘娘殿,皆饮"迷魂汤"。一些女鬼欲报复诱骗欺辱自己之人,其魂灵会重返人世。转轮王的生日是四月十七日。

地狱的各个图景画像盛行于各大城隍庙中。地狱的各种游历数次呈现于始自8—10世纪的宗教仙话至中世纪的小说(唐代传奇),以及吴承恩的神魔小说《西游记》(16世纪)与各种传统戏曲(13—20世纪)中。

斗姆

后期中国神话中的神,主掌生死,属北斗星座。其像为四面、八臂,持弓、矛、剑、旗、龙首、塔、太阳和月亮。斗姆既受到道士,亦受到佛教徒们的祭拜。道观中设有专门的斗姆宫或者斗姆阁。佛教徒们认为斗姆是亮光神和战士的保护神。由于佛教的影响,斗姆像成为坐于莲花宝坛,头戴菩萨宝冠的坐像。有三目,其一竖在额头中间,故能看到世上的一切。人们祭拜祈求斗姆保佑免遭夭折和病魔之害。在道藏中她有丈夫斗父和九个星子,其中两子是北极神和南极神;一着白衣者主掌死亡(中国人葬礼上着白服),另一着红衣者主掌生育。

痘神

后期中国神话中的天花神。痘神像立于那些小庙,十字路口和偏僻之地。有些地方认为痘神是位女神,另外一些地方则认为是位男神;其像面部长有水痘。长有水痘的女痘神又称痘神娘娘,或称天花娘娘(水痘在中国也被称为"天花")。通常认为它是能保佑儿童免得豆疹之神,亦称豆疹娘娘。中国各地存在着对痘神的各种祭拜。

杜康

中国神话中酿酒者和酒商的保护神之一。一说他居于神话国度黄帝时代,首先开始造酿酒,别号"酒泉太守"。杜康死于地支酉时,因此这些天禁止造酒。济南(山东省)舜庙以杜康命名,其水造酒甚佳。流传有很多传说讲述杜康如何发明酿酒法的。他将没有吃完的大米放入桑树洞中,经过一段时间后从树洞里便有浓香的液体流动。

东王公

中国古代神话中东方之王，西王母之夫。其形象显然仅形成于公元前后，比西王母晚得多。有推测认为东王公形象是古代半人半神帝王周穆王形象的演变，古代中国盛行关于周穆王巡游见西王母的传说。较早的东王公画像见于山东省汉代画像石刻上（约2世纪）。据最早的关于东王公的记载（《神异经》，5—6世纪？）中所说，东王公居于大石室，长一丈（约3米），头发皓白，人形鸟面而虎尾。中世纪道教神话中，东王公又称木公，因此在五行之说（木）中，属东，于是被奉祀为天神，仙人（"仙"）保护神之一。

东方朔

中国民间神话中的道教仙人和金银匠的保护神。东方朔的形象基于前2—前1世纪汉武帝真实的大臣东方朔。他以擅长诠释神异闻名。据道藏记载，东方朔之母生下其三日，即死。其父弃其于大路，黎明时被邻女抱走（他因此得姓"东方"）。东方朔童年时就创造了神迹：他曾访冥府（幽都）；骑虎飞驰；将养母给的布条挂在树上，布条变成了龙；与西王母相会等等。后来东方朔成为汉武帝的大臣，与之论长命之术及各种征兆。东方朔数次送皇帝各种仙物：十枝声风木，曾为西王母驾车的神马，五色露（道家认为，露水是仙人饮）等等。有一次天降青龙——东方保护神，东方朔乘之升天。此时皇帝乃知，东方朔是降地金星，另称"岁星"。中世纪的金银匠人尊奉东方朔为自己的保护神。传说东方朔偷了西王母的长命仙桃，因此有一段时间被逐出天界，下凡人世。

东君

掌管东方，中国古代神话中人格化了的日神。在《楚辞·九歌·东君》中，东君被描写成英俊的男子，驾飞车，驰骋天空，且放声高歌。东君着青云衣，白霓裳，手持弓箭，射天狼。以北斗为勺，饮桂浆。在《史记》把东君列为君主之一。中世纪的某些诗篇中，东君已经不再是人格化了的太阳神，而为春神（即东皇），有些古书中东君与东王公同。

杜宇

中国西南（四川省）神话中的人物。据扬雄（前1世纪—1世纪）《蜀王本纪》所记,杜宇从天降地。此时,有一女子叫利的,从江源井中出,嫁杜宇为妻。杜宇自立为蜀(四川)王,号曰望帝。一次,河中漂一人尸至蜀都,遂复活,名鳖灵。杜宇以鳖灵为相,派其平息洪水。鳖灵治水期间,杜宇与其妻私通,而后内心惭愧,乃让帝位于鳖灵,自己却死于西山,其魂化为杜鹃鸟。

至今四川的口头传说中仍保留着古代的某些特点。相传杜宇是位打猎的勇士,他战胜了常发洪水为害的恶龙。龙妹助杜宇平治洪水,遂为杜宇妻。杜宇被拥戴为王以后,他的一位近臣,欲夺其位,霸占其妻。于是诡称恶龙邀请杜宇,致使前往赴邀的杜宇被恶龙囚于铁笼。杜宇死,其魂化鸟。

电母

中国神话中的闪电女神——闪电娘娘。其像着彩色(兰、绿、红、白)衣裙,两手高举过头,各执一镜。电母腾身云雾,双镜时合时分,由此产生闪电。古代电神为男子,称电父。后来电父让位于电母。显然这受到中世纪观念的影响,认为电与土地相关,属阴。认为电母以闪电照亮了罪孽者的心,他们本应该受到雷公的惩罪,因此常称电为雷公镜。电母尤其受到道士们的尊崇。

若木

中国古代神话中的神木,生于南海之内,黑水青水之间,昆仑山极西之处。其叶青绿,状如莲华,光照下地。神话传说中,若木枝端有十个太阳,沿天空有其光路。若木等同于西方的日(太阳升起时的)树扶桑。位于东极。若木的形象多次见之于中国诗篇(屈原,前4世纪;李白,8世纪)。

弱水

中国古代神话中西王母居处昆仑山下的一条河。河水之弱,鸿毛不能起也。可以推测出,弱水是一条特殊的,用以区分生死(人间与冥界)之界的河流。弱水是典型的非特指地名,中国各个边陲和邻近地区的大片土地上存在的一些河流都以此名命名。

容成

中国古代神话中的术士,黄帝的老师(大臣)。据记载,他发明了黄历,又擅行玄素之道,延寿无极。在道教典籍中,以阴补阳之说与容成之名联系在一起已经是公元前后的事情。相传约1010年他在世上重新现身。认为他掌有回春之秘术,能使老者白发复黑,齿落复生。有时,亦以之为老子之师。另一说,容成是上古帝王之一(《庄子》)。

蓐收

曰该,中国古代神话中的秋神。《礼记》(前4世纪—前2世纪)解注中注解其名说:"蓐收者,言秋时万物摧蓐而收敛。"蓐收又为金神。因为金属西方,故蓐收被置于庙中西边。其像手握曲尺(或者斧头),乘两条龙。他又掌握天刑。相传蓐收居于泑山,日落之时,观之日入反景,据此,号曰红光。

羿(后羿)

射手羿。中国古代神话中的文化英雄,天帝帝俊之子。帝俊派其到人世救民于大旱之灾,诛除猛兽长蛇之害。羿的左臂长于右臂,故精于射。天上曾经十日并出,羿射中九日,使万民免受干旱之苦,而后又射杀了形状像牛、红色的身子、人脸、马脚(另一说为龙头、虎爪)的怪兽猰貐;又到南方的畴华之野射杀了怪兽凿齿;到北方凶水射杀了能够喷水吐火的九头怪兽九婴;到青邱之泽射杀了能掀起飓风摧毁民居的魔鸟大风;到洞庭湖杀死了怪兽巴蛇;最后羿到了桑林,生擒了活吞人畜的大野猪封豨。但是帝俊却迁怒于羿,并剥夺了羿和其妻嫦娥的神位。于是羿去神山昆仑山向拥有长生不死之药的西王母,讨要到了一包药。羿回到家里,其妻窃得此药。服之,变为仙女("仙"),飞往月宫。射手羿留在地上,最后在他最好的弟子、射手逢蒙的唆使下,被仆人们害死。羿死后,被奉为统辖万鬼的神灵(宗布)。

伊尹

中国古代神话传说中的贤者,似为夏朝末期人。据古代传说,伊尹黑,无眉,无须,生于小国有莘。有一次夜里伊尹母梦中有神告曰:河中流过来一只木臼,宜离家亟去无顾。母亲依此言而行。一些邻人随之于后,行十里,母转身回顾,身后尽为大水。此一回顾间,其身化为空桑之木。木臼中寻得小儿,因此河称伊水,故取姓得伊("尹",官也)。伊尹神奇的降生传说反映出古代洪水神话观念中的另一种形成方式。据此推理,显然伊尹母由漂流河面的臼所救,因此古代神话的情节系统在此被打破。伊尹在厨房里长大,擅烹饪,然与此同时却以其贤明,善论掌管国家之略而闻名。他曾献此说于民间传说中的暴君,夏帝桀,也曾献此说于商朝的开国帝王成汤。

瀛洲

中国古代神话中仙人("仙")所居的神山,道教胜境(与古代神山蓬莱、方丈二山并称神山)。据《海内十洲记》(4—5世纪):瀛洲在东海中,大抵是对会稽(浙江省),去西岸七十石里。上生神芝仙草,又有玉石,出泉如酒,令人长生。此泉名之为玉醴泉。

阴阳

中国古代神话和自然哲学中黑暗为阴,与之相对光明则为阳。实际上二者总是以一对组合的形式出现。起初阴指山的背(北)面,后来由于二元分类法的流行,阴开始成为女性、北面、黑暗、死、土地、月亮、偶数等等的象征;而阳最初意即山的正(南)面,相应地成为男性、南面、明亮、生、天空、太阳、奇数等等的象征。某些学者(瑞典汉学家高本汉)的看法是:贝壳(女性——阴)和玉(男性——阳)都属于古代类似的一对象征之列。据推测,这些象征是基于古代关于繁育、生殖和对男性生殖器崇拜的观念。据B.高本汉的意见,这些强调男性和女性对偶性的最古老的象征——男性生殖器的勃起和女阴的卵形,在古代青铜器肖像艺术中表现出来。不晚于周代,中国人开始把天空作为阳的化身来考察,而把大地作为阴的化身。在中国人看来,整个宇宙和生活的发展都是包括相互依存和相互对抗的阴阳相互平衡作用的结果。阴阳间相互排斥相互吸引,其相互关系间的极点被认为是天和地的天地之合。阴阳系统是古代和中世纪中国人世界观的基础,盛行于道家和民间宗教占卜,预兆等等情形下对神祇的分类中。

开路神

后期中国神话中埋葬死人前驱逐坟疫鬼魅之神。据《三教搜神大全》（15—16世纪）所记，其源头与古代驱鬼避邪的术士方相氏密切相关。另一说，黄帝的元妃（又作:子）嫘祖，死于路上，其变为开路神。开路神像（身材高大，身穿红色战袍，须赤面蓝，左手执玉印，右手执方天画戟）用纸扎（糊）成，出柩以先行之，为灵柩开路辟邪，祛除恶鬼。

开明兽

中国古代神话中的九头神兽。长4丈（约12米），兽身似虎，九首皆人面。向东立于神山昆仑山上，守九门。可能开明兽之称与其通报黎明有关。《淮南子》（前2世纪）中说：东极之山，山上有开明门，太阳从中出。

夸父

中国古代神话中与冥界有关的人物，幽冥之神后土之孙。居于名曰成都载天的山上，古时中国人以为此山乃是通往冥界之门。夸父形为巨人，两只耳朵上各贯一条黄蛇，两手又各握一条黄蛇。夸父曾追日，追入其禺谷，然口干舌燥，于是喝干了黄河和渭水，但水仍不够喝，又想去喝大泽的水，还没有走到，就渴死了。另一说，夸父（可能作为风神和雨神）参加了蚩尤攻打黄帝的战争，被应龙杀死。这两种说法来自《山海经》。据某些学者的看法，夸父为一巨人部落。

夔

中国古代神话中的怪兽，一足，苍身而无角，状如牛。夔可自由行之大海，且出入水则必风雨。其目光如日月。据韦昭注《国语》（约前4世纪）说：夔一足，人面猴身，能言。某些文献中指出，夔，如龙一足，或状如鼓（相传，神话中的黄帝命以夔牛皮制鼓），或为山上的木、石之怪。后来怪兽夔与传说中舜帝时掌管音乐的夔化合为一。

魁星

中国神话中的神，佐文神文昌。从12—13世纪起开始祭祀魁星，其被尊奉为北斗星座第一星。魁星画像为一蓝面赤发之鬼，右足独立，左足屈膝，向上翘起；右手执笔，左手持官印或北斗星座七星之斗。其唯一装束为大腿周围系带,脖围散开头巾。通常被画成立于鳌(参见"鳌")背之上。相传,魁星相貌丑陋,当其应试高中榜首,受到皇帝召见时,帝见其容,拒见。魁星绝望之极,跳海,然鳌驮之于背,救之。魁星像立于考场内专门的魁星阁中。道士们这样认为,魁星就是成为天神的大文豪苏轼(1036—1101)。

昆仑

中国古代神话中的神山,在中国大地的西部。昆仑神话显然是基于对宇宙之山的认识,认为昆仑高万一千里百一十四二尺六寸(逾七千公里),是中国古代的主要河流黄河的发源地。又外绝环以弱水,火炎之山。昆仑是天帝上帝之下都,上有悬圃,有清澈泉水的瑶水、瑶池。《山海经》中说:昆仑山神陆吾(不山神?),虎身九尾,人面虎爪,主司天之九部及上帝苑囿的时令与节气;那里还有食人兽,其状如羊,有四角,名曰土蝼;有鸟,其状如蜂,大如鸳鸯,名曰钦原(蜇中鸟兽则死,蜇中林木则枯);有鸟曰鹑鸟,司上帝之百服;有木曰沙棠,其状如棠,黄华赤实,其味如季而无核,食之使人不溺;有草,食之已劳。据后来的更多的史料记载,山上又有千年一生实的仙桃树——长生不死树和另外一些神树。由于将上帝与黄帝混为一人,昆仑便成为黄帝之都,以玉为槛,面有九井,面有九门。内有黄帝宫,大五围,傍有玉楼十二。在帝宫最高处长有奇米穗,高四丈(约12米)。

又认为昆仑是西王母和仙人("仙")居处。中世纪的道教传说中,昆仑为地上仙境(同蓬莱一样)。公元初佛教盛行于中国后,对昆仑山的认识一定程度上同印度对梅鲁山(须弥山)的认识相互融合。昆仑又被认为是天地相合之处,日月在此处轮流隐落。其最高处有通报黎明的九头兽,名曰开明兽。

老郎

亦作"老郎菩萨"近世中国民间神话中戏曲艺人的保护神。认为以戏曲艺术的护佑神闻名的8世纪的唐明皇(玄宗)被奉祀为老郎神。某些史料中也有称戏神为二郎神的,此时经常将其混同于同名的水神。旧时中国通常在每座戏院的舞台后面设有老郎像或者老郎画的小神龛。各种地方戏的演员又把各种人物供奉为老郎神。

李丙

中国神话中的岁神。认为李丙是古代商殷(公元前 13/14 世纪—前 12/11 世纪)最后的君主纣辛之子。因姬妾谗言,纣辛杀死了李丙之母。纣辛又欲杀李丙时,其逃脱,并成为一贤者之弟子。据中世纪传说,他曾在一次战斗中战败,然菩萨救之。姜太公又封其为岁神(神魔小说《封神演义》,16 世纪)。又认为李丙是性情凶暴之神。在远东春季为岁首,故春季之始,官吏们奉祀李丙。

李冰

中国神话英雄。李冰形象显然基于公元前 3 世纪历史上古代蜀(中国西南四川省)地君的形象。相传(《风俗通》,2 世纪)李冰任蜀郡太守,其命停止以往献童女为扬子江神娶妇以避免水灾的做法,而亲带两女儿到河岸神祠。李冰请河神从水中现形,相敬酒。酒微微动荡,标志神的显现,此时李冰历数神的恶行,神暴怒。而后皆见岸边两苍牛——李冰与河神相战。李冰之官属助之杀牛——河神的化身。百姓遂不须献童女奉祀扬子江神,亦再无以前常见的水灾为害。在更晚些的传说中,李冰与河神的外形是两条龙。某些说法是,河龙被人们锁在李冰开凿的山崖路上,以引走洪水。李冰胜河神后,作三石人于河中以誓河神曰:旱年,水渴不至石人足;涝年,水深不没石人肩。李冰之功业又由其子二郎神承继。李冰与二郎神的形象常常合二为一。

陵鱼

中国古代神话中有手有脚、人头鱼身之物。这一陵鱼形象与"龙鱼"完全一致。据推测,后来的陵鱼形象是美人鱼(鲛人)的变形。

李三娘

中国神话中保佑磨坊工的女神。人们将 947 年后汉(947—950)创建人刘知远的妻子奉为此神。年轻时,刘知远离家投军,妻子留家与其兄嫂生活。其嫂待李三娘非常严酷,令她代驴拉重磨,又图谋溺死李三娘的幼子,幸被邻人所救。后来李三娘成为皇后,死后则被尊奉为磨坊工女神。

李天王

李托塔,托塔李天王。李天王形象产生于7世纪的著名将军李靖和佛教北方多闻天王(中文音译"毗沙门天王")的错合。毗沙门天王为四大四方持国天王(多闻天王属该体系中的"北方持国天王")之一。中国佛教寺院中,李天王像右手持旗,左手托塔。最初,李天王像置于寺院四方,后来始塑成寺门特殊的守护者。具有此种作用的李天王像,道观中亦有设置,称之为:李、马(参见"马王")、赵和文(文殊师利)。民间传统中只有托塔的李天王闻名于世。以下传说解释了其手中塔的存在:毗沙门在争战中失败后逃离战场,藏在佛塔下,祈求菩萨保护,于是得到了神奇的宝物"塔"。李天王的形象出现在吴承恩(16世纪)的《西游记》和其他中世纪作品中。在《封神演义》里他是骑士英雄哪吒之父。

罗祖

罗祖大仙。中国民间神话中乞丐神和理发匠神。认为罗祖是老子的弟子,返浮世后,以街头理发为生。旧时中国各户张贴其像,朱面,赤足,两袖卷起。罗祖庙里,其像绘有书卷,内述理发之艺。在其诞辰日农历七月三十日时举行庆祝会。

洛神

中国神话中的洛水之神。认为神话中的始祖伏羲的女儿宓妃溺死洛水,遂为神。诗人曹植(192—232)其诗《洛神赋》使洛神的形象广为流传,诗人描述了与自己抒情诗的主人公、美女洛神奇妙的梦中相会。

罗神

中国神话中医治眼疾之神,又称眼目司和明目侯。对其开始供奉与御史冯恩(16世纪)有关。冯恩失宠,被放逐广东,见到暴行虐待当地百姓,却突然幡然醒悟,遂自杀结束生命的罗家五兄弟。冯恩被赦免回家后,得了白内障。一次他梦中罗家五兄弟显灵。醒后,眼已痊愈。冯恩建庙祭祀五兄弟,于是患眼疾者都到这里祈求医治。

鸾鸟

中国古代神话中的神鸟。鸾鸟绘之为赤色、振五彩羽(另一说,多青色者鸾),似公鸡。鸾鸟鸣中五音。另有史料记载说:其音如铃。认为鸾鸟出现,则天下安宁。某些古籍中推证:鸾——凤凰属也。鸾鸟常绘之于古代帝王驭车和帝王旗上。

鲁班

中国民间神话中建筑工匠、木匠的保护神。传说中通常讲述的是,他真姓公输,名班,生于前606①,农历五月初七,鲁国,故后称其为鲁班,虽然又有其生于其他朝代之说。古代史料中常常提到鲁班,譬如:《墨子》记述了他如何建造云梯,以攻城墙。认为作为晚期文化英雄的鲁班发明了许多器具(锯、斧、钻等等)。他教会人们安装门户。与鲁班神话联系在一起的有各个朝代建造的著名建筑:湖北赵州桥、桂林花桥、北京紫禁城(故宫)角楼等等。据其神话之一中说,鲁班去东海龙王那里暂借龙王美丽的宫殿,他将橛子钉在地上,留存至今。从此在中国始盛行建造龙形屋顶。有很多古老的传说认为鲁班做成木头鸟(喜鹊、鸾)能飞。一说他做成木鸢,其父乘此鸟飞往吴会(现苏州城),被吴会人当成妖怪杀死。鲁班大怒,造木仙人伸手指向东南即吴会,吴会城遂大旱。当地人始祈求饶恕,鲁班方砍断木仙人指向东南之手,立降大雨。鲁班为其母造成木制自动车马。某些神话还记载有鲁班妻的神技。但是鲁班40岁时,他去了历山(山东省),学道成仙。认为他为西王母造殿、修天柱等等。当为纪念鲁班立寺,香火点燃之前,道士们纷纷祈祷,其时,工匠正在架大梁。1403年②,鲁班被皇帝封为辅国大师以后,对其尊奉尤盛。典籍《鲁班经》以鲁班之名相称,此书是旧时中国建筑行业的基本用书,内有鲁班略传,及其神奇诞生的神话传说。旧时中国举行纪念鲁班的仪式,时间不一(在广州尤其隆重盛大),但通常是在农历五月十三日和七月二十一日举行祭祀。农民纪念鲁班,因其造出能提高水位,浇灌田地的木制转轮;船员纪念鲁班,因其发明船、船桨。他又常常受到铁匠、陶器匠的奉祀。鲁班庙遍建于全国。旧时北京,其诞辰之日(当地认为是农历六月)在著名的白塔寺举行祭祀活动。相传明代时白塔寺出现裂痕,行将坍塌,是鲁班将其修复。鲁班有二妻:一着黑衣,一着红衣,认为她们是漆匠(黑漆、红漆)的保护神。

---

① 即鲁宣公三年。——译注
② 即明永乐元年。——译注

龙

中国神话中的神物,龙,成形于中国古代。原始文字的文献显示,像字中的"龙",图为长身,长头,有皇冠般的双角(某些学者认为是种冠状物),这在商殷时期(前14世纪)甲骨卜辞中已有发现。有推测认为,这些象形字的原型是蜥蜴类(刘城淮等人),同样龙的形象也与鳄鱼类有关(荷兰学者,德格鲁特)。

甲骨卜辞中"龙"又与上古藏人羌部族之名有关,该部族生活在现今河南省西部和中部,也可能是在山西省南部。

龙或许是一系列古代部族的图腾,这在通常是以真实存在为图腾崇拜的世界原始信仰系统中,极为罕见特殊。或许,龙是对远古图腾崇拜观念中蛇类、蜥蜴类,或鳄鱼类的替代。比较与图腾崇拜观念有关的东部水域"越"部族,以龙文刻画其身的习俗;某些传说中的帝王像饲养家畜一样在宫廷中食龙肉、繁殖、牧养龙的诸种神话;数不尽的讲述先祖、先帝因女子与龙乃诞生的传说故事(一说,一女子遇龙,只瞥其一眼,或仅仅与龙梦中相见,而英雄出生时有龙在其屋上空现身亦然;英雄是龙血变的);以及古代皇帝的额上"龙颜"(中世纪的中国,龙是帝王的象征,绘之于皇位、皇袍)。

龙的形象在古代关于宇宙起源学的概念中具有特殊的巨大作用。商殷时期的一个青铜器盘子上绘有二龙:盘底之龙——无足、有鳞,每片鳞有旋涡闪电图;盘沿之龙——有脚、鸟、鱼亦然。某些研究者(Л. П. 斯乔夫)认为,在第二种情况下,龙是大地的象征(鸟象征天空,鱼则象征水域)。《易经》中有关于龙与土地关系的记载。但是随着神话观念的发展,龙开始成为光明、上天、男性力量——"阳"的化身,而不再与作为黑暗、女性——阴性(参见,"阴阳")的化身——大地之间发生关联。古代龙与土地最古老关系的残遗见于某些传说中:龙居于地下,水井里,守护地下宝物,知地脉(龙脉),帮助人逃离地下。以及关于龙、蛇都在地下冬眠(某些后来的传说中,龙秋季潜海,夏季升天)的看法。

龙作为阳性与天的象征,常常被画成有翼之物,主司云、雾、雨水,飞翔于天空,或遨游波涛,又有火舌笼罩——显然这是作为天地交合的雷的象征(据古代中国的宇宙观,雨是天地交合,因此对于农人甚为重要)。比较龙血的彩色特征——"黑黄"(玄黄,玄——天之色,黄——地之色)亦然。

随着五行之说及相应的五种状态分类体系("五行")的盛行(特别是自公元前 4 世纪始),遂有五色龙之观念:黄龙、青龙、赤龙、白龙、玄龙。传说中青龙(东方的象征)和与大地以及中部相关的黄龙为龙的主要形象。依其外形,龙又分为:有鳞曰蛟龙,有翼曰应龙,有角曰虬龙,无角曰螭龙(《广雅》,3 世纪)。王充(《论衡》,1 世纪)说:他同时代的画家绘龙,马首蛇尾。某些古代传说中提到居于水中的龙马,龙变为牛马之说。

中世纪以前(六朝)传说中的英雄常驾龙升天。李时珍在《本草纲目》(16 世纪)中引王符(1—2 世纪)言龙曰:"头似驼,角似鹿,眼似兔,耳似牛、项似蛇、腹似蜃、鳞似鲤、爪似鹰、掌似虎,是也。其背有 81 鳞、具九九阳数……颔下有明珠……头上有博山"(显然,博山表示龙额头中间长有的一物,名尺木,象征龙的神性,能使龙升天)。中世纪传统中,龙曾是所有禽兽的祖先,即"龙者鳞出之长"(《尔雅翼》,11—12 世纪)。

龙是种行善之物,尽管古代神话中有恶龙相斗之说,但龙的出现常常代表着吉祥。中世纪有地龙的概念,其不能升天,以惩戒其蠢行。

龙的形象极其广泛地流传于中国绘画和工艺中。龙的形象常常见之于神话、传说、中世纪传奇和诗歌中。

龙王

中国神话中水界的主人,群龙的首领。据最早的传说,龙王是群龙中之佼佼者——具有非同寻常的长度,约 1 华里(约等于 0.5 千米)。龙王的形象是在公元初头几个世纪里形成的,据许多学者(譬如,法国学者 A. 马斯佩罗等人)的意见,是受佛教的影响形成的[——佛经中的"蛇王"(纳加拉扎)一词译为中文时成了"龙王"]。龙王的数目也是由佛教典籍中因袭而来。佛经《妙法莲华经》中龙王的数目是八,其他的佛经本中为十。但是据广为流传的道教分类观,又有了四海龙王的说法(与中国其他的宇宙观相符):东海龙王广德,南海龙王广利,西海龙王广闰,北海龙王广泽。他们都算是敖的兄弟,其中广德是大哥。在吴承恩的神幻小说《西游记》及其他龙王作品中又是另外一些名字,即敖光、敖钦、敖顺和敖润。又有中国四大主要河流的龙王一说。

民间故事的口头传说中一般简单地称之为龙王或者东海龙王。在后来的民间迷信中,龙王常常被奉为自然界的主宰,雷公、电母、风伯和雨师都受其管辖。在后期混合型的民间神话中,龙王和众神一样受辖于玉帝,龙王为了表示对玉帝的敬意,常常要进天宫谒见(传说此时必暴雨倾盆)。

在后期传统的民间故事中,龙王常常被说成是位老者,住在地下水晶宫——龙宫("龙宫"也是在佛经中首次出现的词)。龙王守护着无数的金银财宝,他有其水族军护卫:海龟、乌贼、虾蟹及其他有护卫能力的水族大军。中国画家常常将龙王画成手执拐杖的老者,拐杖顶端镶嵌有龙头,这是龙王兽形说特点的残余。也常常说到龙王的儿子,有时说到女儿。这些创作中常见的情节有:龙王之子陷入劫难,一个年轻人来救他。龙王之子请年轻人到父亲的宫里做客,并告诉他在回到陆地之前要向龙王要什么礼物。这通常都是些神奇的宝物(譬如,能变出食物的宝葫芦),或者甚至将龙王的女儿嫁给英雄,但是给他生儿育女后,过了一定的年限还会返回水下王国。

旧时中国盛行于祭祀龙王。龙王庙遍立于每个城市、乡村、河边、湖畔、渡口以及井旁。海员、渔民、农夫都来求他保佑,来担水的人也来求他,他们以为井里的地下水泉由龙王管辖,并且地下的水与海相通。干旱的时候,将龙王像从庙里抬到太阳下晒;洪灾时也将他抬出,好让龙王看看他造成的灾难,让他羞愧。如果不奏效,就将龙王沉入水里。中国历代皇帝赐予龙王许多封号,有时也贬他的官位,因为其过错降旨发配其至边陲等等。

禄星

禄神,官星。后期中国神话中的官神,尤其受到官吏们的崇拜。属三星①之一。历史上辅佐汉朝建立者刘邦的石奋(前2世纪)曾被作为禄星尊奉。禄星之图常为一骑鹿("鹿"与"禄"谐音)老者。有时,禄星又混同于文神文昌。

雷公

雷神。中国神话中与"夔"相像的雷电之神。据《山海经》所说:"雷泽中有雷神,龙身而人头,鼓其腹。"(显然,这是最古老的雷神观。)哲学家王充(1世纪)述之曰:"图画之工,画雷之状,累累如连鼓之形。又图一人,若力士之容,谓之雷公,使之左手引连鼓,右手推椎,若击之状。"汉代画像

---

① 三星,即"福星、寿星、禄星"。——译注

石刻(山东省家族墓地祠堂——武梁祠,2世纪中叶)中,雷公为人形,乘车出行,以云彩作轮,手中拿一槌擂击两鼓。后来显然下佛教,其中也包括金翅鸟的影响下,雷公开始被描绘成背插黑翅,似蝙蝠,鸟爪鸟头(有时额具三目),蓝色人身;通常只着裤,双肩连鼓,右手持槌击打。7—10世纪,雷公被描绘为青色有翅,似猪,有角,前后爪皆各有指,前爪执木槌,食红蛇(《太平广记》,卷三九三至三九四)。雷公因为同决定庄稼收成的雨神联系在一起,被奉为助民之神。从7—10世纪起已有雷公庙,农历四月二十四日祭拜雷公,道士们尤其尊奉雷公。元明时期(13—17世纪)出现了主管打雷的部门——雷部之说。雷部之首为天祖,统率三十六位雷神(另一说为二十四位)。中国西南少数民族的故事传说中,雷公通常是引发洪水的主人公。

吕洞宾

中国道教神话中的八仙之一。传说中形象的形成已经是公元11世纪中叶。最早对其详细的记述见于郑景璧的《蒙斋笔谈》(11世纪末)。在岳州(现湖南省)建有吕洞宾祭祀庙,对其正式祭拜始于1111年。相传吕岩(即"洞宾",其别名)生于798年农历四月十四日。其降生的瞬间有一只白鹤从天而下,飞入其母帐中不见。吕洞宾似乎生来便鹤顶猿背,虎体龙腮,凤眼朝天,双眉入鬓,左眉角有一黑痣。吕洞宾能够一日强记万字。其为官德化(浔阳,现为江西省)时,在庐山遇钟离权,得以传授大道天遁剑法。其师称其道号纯阳子。另一说,年已五十的吕洞宾携家人游庐山时,被钟离权度化入道。吕洞宾向其师承诺救助道中落难之人,扮作油商来到岳阳决意帮助买油从不求添的摊主。一个老太太正是这样的人。吕洞宾向她家里的井投了几粒米,井水立刻变成了酒。老太太卖掉这些酒,富了起来。流行最广的神话传说是,年青的儒生吕洞宾在客栈遇到一道士。道士嘱店主人煮粥,在等待食物时,他与吕洞宾谈到世间功名的虚幻。吕洞宾没有言同,入睡后梦见自己的未来生活,自己的升迁以及失望、可能的图景和悲惨境域。当死亡威胁降临时,他醒来看到自己仍在那个客栈,店主人在煮粥,道士则在等待。恍然大悟的吕洞宾入道成仙。这个神话中采用了在唐代已经形成且在8世纪沈既济所作唐代传奇《枕中记》中举世闻名的故事情节,其中的道士姓吕。后来这一情节被戏剧家们用于吕洞宾的创作中，如马致远（14世纪）①、谷子敬（9世纪）、贾仲明（9世纪）、朱有燉（死于1439年）、苏汉英（16世纪）等等。后期无名氏剧作《洞宾梦景》通常在道教尊神东王公降生之日在道观中上演。广为流传的许多关于吕洞宾来到世间的故事，常常得自于他自己写就的许多诗篇中。

民间迷信吕洞宾为圣祖，他知晓世间人生疾苦且决心驱鬼济世，救无助的众生。木刻年画上他常常被画成佩带驱妖魅的长剑，手执象征仙道的拂尘，旁边是弟子柳（柳树精），一端尖头上生有柳枝。（相传这是个老柳树精，被吕洞宾度化入道。）有时画上吕洞宾手托童子，蕴含祝福多子多孙之意，这是人们将吕洞宾作为送子仙人，拜其为男人祖师。吕洞宾被认为有治愈疾病或者济世救人之能。神话中的吕洞宾显然受到佛教的影响，包括历史传说中的神梦。佛家说法也存在于助其降妖伏魔的"天遁"剑术中。在后期道教中，吕洞宾开始被奉为某些道派的天尊。

刘海

刘海蟾。中国道教神话中的钱币之神，伴从财神。刘海形象可能基于8—9世纪真实的历史人物。一说，他事刘守光为丞相；另一说，自917年起他侍奉辽代建立者辽太祖。一次有道人来谒，自称正阳子（名为吕洞宾②，八仙之一）。他向刘海传道，刘海悟，成仙人。刘海故作癫狂病人，纵歌放舞（一些诗词歌赋以及论述都被认为是刘海所作）。据道家传说，他制成长生不死药，服后立刻倒地无息，其身则开始渐渐消失，化为鹤，飞上天。民间相传，有一次吕洞宾把自己腰带角缠有金钱的腰带放入井中，然后嘱刘海从井里钓蟾。这是刘海的仇人，前世贪财，托生为蟾。蟾蜍咬住钱币，刘海遂将其钓出，因此他总是被画成手持标志着敛钱鬼的三足蟾。（"钱"方言发音几乎同"蟾"的发音一致）民间年画中的钱币神通常是蓬头笑面（象征着超凡脱世）、袒胸、皮肉下重（源于佛像的道教艺术特点，象征着隐士的蔑视尘世）、树叶围腰、赤足（企望成仙的隐士之标志）。他一脚抬起，仿佛要使动作有力而猛烈，而手握有串着金钱的细绳，三足蟾将绳抓住，紧咬着最后一枚钱币。有时钱币之神站在蟾蜍身上。民间年画中刘海通常与和合二仙在一起，表示亲睦和天地和谐。

---

① 此处恐有误，应为马致远（13—14世纪）。——译注
② 另一说为钟离权。——译注

另一种传说是,刘海是个樵夫。一次他遇一啼哭之女,其家被毁,遂娶她为妻。某次在山中,有一山石喊住他,告之说:其妻是狐狸精。山石嘱樵夫,夜里当其妻自口中取出神奇的护符——一个小红球时,放红球于他自己口中,并吞下。不可还与她。狐狸精无护符,即死。刘海照此为之。狐狸精向刘海解释说:山石欲而后打死他,得红球,以升天。她使樵夫劈山石,自其中扯出一绳末端将有一蟾。然后站起或坐在蟾蜍背上(刘海骑蟾蜍背上之画由此而来)。蟾蜍载樵夫,升天。其绳他想必留与母亲,她需要时,可摇绳,便纷纷掉落金钱。这个传说解释了刘海与蟾蜍的关系和人们以他为钱币神的缘由。后来还流传很多有关刘海降世的传说,譬如:1822年他创造的那些奇事。

马王

中国民间神话中的护马神。显然远古时已有马王之祀。按星相术来讲,马王是天上"东宫"的房星化身,房星主宰马的命运。马王受到武人(骑士)和畜养车马者的供奉。祭祀马王盛行于中国北方。可以推知,此祭祀是某些古代祭神仪式交融的结果。据古籍记载,如:夏祭先牧(始教人放牧者也),秋祭马社——始骑马者,冬祭马步——兴灾害马之神,及春祭马祖(马之祖先),以房星为马祖。(另一说为:天驷星——天中第四星,马星同义于马祖或者王良星。)后来马王之名的意义开始体现于其在庙中所绘之三面。以为一面象征马祖,一面象征女神先牧(马之女祖),第三面则象征马社。民间木板年画中,马王被画成护卫军及首领的大帝,此时它被称为司马大神。有时马王画成有龙、凤和仙鹤相伴的马。在中国的中世纪晚期,每年农历六月二十三日,马王生辰日,备供品祭祀,甚至在庙里唱戏。因马王生辰与火神(火星)生辰同日,故常常二神同祭。这一天马车夫们要求乘客支付高出平时几倍的车费,称之为"祈福钱"。

麻姑

后期中国民间神话中的助民女仙。相传麻姑古时出世(传统说法是前2世纪),应寿星王方平仙人之召,降生于一位蔡经的人家,样子是年方十八的娇美女孩,手指极长,如鸟爪。蔡经见之,心曰:背大痒时,得此爪以爬背,当佳。王方平得知蔡经所想,便派人去鞭打他,并责骂说:麻姑仙女也。后来麻姑念神咒退海水,变江苏省沿岸大片土地为桑田,归之于民。又一说,麻姑在世为4世纪(可能此说谓另一麻姑)的安徽省,后得名麻姑山。她在此制长生不死药。麻姑生活在这山上,酿造奇酒,她的失明父亲尝后,即双眼复明。麻姑从此山升天,显然乘巨鸟而去。据说农历三月三日西王母生辰之日,麻姑会向其供献灵芝和酒。

民间木板年画中多以麻姑画像象征福运(图蝙蝠,"蝠"与"福"谐音)和长寿——寿桃、猫和蝴蝶(谐音耄耋高寿),图常绘有使人长生不死的仙草灵芝,及其他吉祥物。这类年画名为"麻姑献寿"。常有一男童与麻姑同画,此意为麻姑乃送子仙女。民间神话中常以麻姑为落难之士的护佑神。具有此特点的麻姑形象还见于朝鲜民间文学和中世纪叙事文学中,她以麻姑仙女之名相传于世。

蟒

中国神话中可怕的巨蛇。最古老的词典《尔雅》以蟒为王蛇(据古时解释,蟒,巨蛇也)。蟒蛇形象显然形成于中国南方区域。中世纪时,蟒开始成为一种龙——四爪龙。明(1368—1644)、清(1644—1911)大臣和宦官所穿礼服,上绣蟒(皇帝龙袍绣五爪龙)。有时遵圣旨赐准某有功之臣着五爪蟒袍,此时,"蟒"词前加"五爪"一词饰之。

蒙恬

后期中国民间神话中的笔神。其形象基于真实的人物,公元前3世纪秦始皇手下的大将蒙恬。传说蒙恬发明了书写用的毛笔。在旧中国,蒙恬尤其受到经营笔的商人们的崇拜。早在元代(1271—1368)已有关于祭祀蒙恬的记载。他的纪念日,农历三月三日时举行盛大活动和祭拜。有一传说讲述他率军镇守国家的北部边关,行经后涧时,他从马尾上剪下一些毛做成了毛笔。

门神

中国神话中的把守门户之神。《礼记》(前4—前2世纪)中记载有供奉门神和户神的祭祀。门神和户神是根据明暗(阴阳)之始连为一体的。后来古代把守门户者开始作为门神纳入神系。《山海经》(前3—前2世纪)中说:"沧海之中,有度朔之山,上有大桃木。其屈蟠三千里,其枝间东北曰鬼门,万鬼所出入也。上有二神人,一曰神荼,一曰郁垒,主领阅万鬼。恶害之鬼，执以苇索而以食虎。"古代农历大年三十，将手执苇索的神荼、郁垒二神的木刻像送人，立于门户两侧，门上则画巨虎，以卫家宅，驱邪，吃掉恶鬼。《荆楚岁时记》(6世纪)说：新年第一天画两位神贴在两扇门上。左扇门上是神荼，右扇门上是郁垒。神荼、郁垒遂为把守门户之神。12至14世纪时将7世纪的秦叔宝和尉迟敬德二将军供奉为门神。据《三教搜神大全》所说：唐太宗寝门外似有鬼魅呼号，太宗惧之，二将军请戎装在门前侍卫，夜果无事。太宗命画工绘二人之像，悬于宫庭门上。直至12世纪方有关于印刷门神像的记载。后来门神几乎成了最流行的民间年画。画中的秦叔宝、尉迟敬德为二威严将军，手执玉斧。二人像各贴于一扇门上。门神像通常悬挂在公共建筑物、庙堂(佛寺除外)、私人住宅的门上。在叙事小说(吴承恩《西游记》，16世纪等)中，秦叔宝和尉迟敬德的形象得到了具体展现。有时又有另外一些受崇拜的人物被尊奉为门神，例如：赵云(3世纪)或者岳飞(12世纪)。

哪吒

后期中国神话中的勇士英雄，李靖的三太子。其名最早见于13—14世纪的戏曲中。哪吒的传说在神幻小说《封神演义》(16世纪)中述之最祥。哪吒降生是一圆圆的肉球，和而成三岁半之孩。右手套一金镯——乾坤圈("卦"，《周易》)；腰系红绸带——混天绫。凭借这些神符相助，哪吒可以降服众敌。他投混天绫于大海，搅海水，毁东海龙王之安宁。龙王传兵，亦不能服之。遂至其父，索哪吒命。哪吒自殪，以赎罪。后来哪吒之魂化为庙中神泥像。当其父打碎塑像，保护哪吒的道家仙人太乙真人，运用法力，借莲花为侍，重造新哪吒。哪吒复生，欲报父逼己自殪之仇，然文殊菩萨(文殊师利)庇护其父，借精心所制之浮屠相助，制服了发狂的哪吒，然后将浮屠送于李靖，使其能随时控制哪吒(李靖托搭李天王之名号由此而来)。但是不能排除的是，民间神话中仙人托塔李天王的形象很可能早于哪吒传说，而且最初与哪吒并不相关。哪吒形象遍行于民间戏曲中。他的故事不仅在中国广为流传，诸如东部蒙古人中亦有许多传说。

牛王

保牛大王、牛栏大王。中国民间神话中大角牛的保护神。人们认为它能保护牛畜使其不染瘟疫。传统的说法之一是(河南密县),牛王最初是13世纪宋朝末年一学者,随着蒙古人建立元朝(自1271年),传统职业被破坏,他沦为农人。以牛耕地,未曾打之。若牛止足,学者则跪其前,牛即拉犁复行。又据另一传统说法,有以煤山(浙江省)上的金大圣(因此可能常常以"金"字修饰牛王即源于此)为牛王。他被尊奉为天瘟神,可变牛形。牛王又以金牛之名闻世。金牛神话之一讲述了公元332年金牛退浙江钱塘(今杭州)洪水之事。

在中国18世纪到20世纪初普遍流行人神牛王年画(有时与护马神马王同画)。它们悬之于牛棚或其他牲畜棚内,以护牲畜。

女娲

中国远古神话中的古代女神。"女"意为"妇女","娲"难以对译。美国汉学家爱德华·谢弗把"娲"假定同"蛙",认为最初是当做水洼神来尊奉的,想象她是一种潮湿的、滑润的东西。中国学者闻一多考证"女娲"之名即"女葫芦",这同亚洲东部、东南部民间广泛流传的人类始祖由葫芦而生的神话联系在一起。

但是在屈原的《天问》(前4世纪—前3世纪初)中第一次提到女娲,并且更后来的资料中也缺少对这两种假说的证明。在所有公元前后①的资料中,譬如:石刻艺术中,女娲形为半人半蛇(龙)(某些记载中还有牛首)。显然,最初尊奉她为夏各部落(黄河中游)的始祖。可能对她的崇拜是基于对蛇的崇拜,蛇同母系始祖崇拜密切相关。有女娲造人的神话(《淮南子》,前2世纪),盖然无形之一团,诸神咸来助之,造出身体的各个部分和器官:上骈助其生耳目,桑林助其生臂手等等。据年代上更加后期的传说,又有应劭的《风俗通》(2世纪)所云:女娲抟黄土造人,但是工作极其繁重,她便拿了绳子把它投入泥浆中,然后举起绳子一甩,造人。用绳沾泥浆,把泥浆洒落在地上变成的人,都是贫贱凡庸人;女娲亲手抟黄土造的,都是些富贵人。这类史料中认为女娲建立了婚姻制度,她被供奉为婚姻女神,称"高禖"(高即"高的",禖即"祈求赐子之祭祀")。为免遭不育之运,多子多孙,人们祭祀女娲。祭祀之时,舞乐尽欢,显然有情爱性质。

---

① 公元前后,即汉代。——译注

又有女娲平息自然界灾变,回复宇宙平衡的传说。大地上的四根擎天大柱倾倒(一说是由于水神共工怒触不周山)之时,女娲炼五色石来修补苍天,然后砍断巨龟的脚来做大地四方的柱子,以撑起天空。同时她还努力建堤坝战洪水,又杀死恶魔黑龙——妖孽的化身(《淮南子》)。在王充的《论衡》(1世纪)以及更后期的典籍中,这些神话互相关联,可能是后来循环的结果。

公元初的石刻画像中,女娲大多与人首蛇身的伏羲二人一同入画,且二人两尾紧紧交缠(象征着夫妻间的亲密)。可见,伏羲和女娲结为夫妻的时间相对要晚一些(可能是在公元前后)。但只有9世纪时,诗人卢仝的诗中有"女娲本是伏羲妇"之句。据李冗(约9世纪)在《独异志》中说:昔宇宙放开之时,只有女娲与其兄(即伏羲)在昆仑山。议以为夫妻,又自羞耻。兄即携妹上昆仑山顶,咒曰:"天若造我兄妹二人为夫妻,而烟悉合;若不,使烟散。"天上的云烟立即合了起来。

古代石刻画像中女娲的象征,时而是女娲创制的芦草造口吹乐器,即笙;时而是规,表示四方形,即大地。同样她手持圆月——女性的象征,即阴。女娲神话成为了鲁迅小说《补天》(故事集《故事新编》)的基础。

娘娘

后期中国神话中的神系。其中包括保佑多子之神送子娘娘,所建庙堂民间称之为娘娘庙;保护婴孩不害眼疾的眼光娘娘;早生贵子之神催生娘娘等等。

盘古

中国古代神话中的人类始祖,地球上的第一个人。只是在公元3世纪才有文字记载的盘古神话。正如中国一些学者推测,盘古形象最早出现于中国南方同源的民族,现为苗族、瑶族的祖先中。徐整(3世纪)的《三五历纪》中说:天地浑沌如鸡子,盘古生在其中。万八千岁,天地开辟,阳清为天,阴浊为地。盘古极长,其长度为天地之距(九万里,约四万五千公里)。据某些中世纪的文献记载,宇宙间具体的万象、万物皆盘古重死化身(这类说法基于大宇宙、小宇宙统而为一的观念):盘古之气成风云,声为雷霆,左眼为日,右眼为月,四肢五体为四极(天地四大支柱)五岳(仙山),血液为江河,筋脉为地里(理),肌肉为田土,发髭为星辰,皮毛为草木,齿骨为金石,精髓为珠玉,汗流为雨泽。盘古死后,身之诸虫化为黎民。又据其他记载,说古时候,盘古喜为晴,怒为阴。根据古代人的信仰,盘古之魂追葬于南海。如文人任昉(6世纪)所述:当时桂林(中国南方)有盘古祠,人们供物祭拜祝祀(《述异记》)。在后期中世纪时代,盘古通常绘之为:手持斧凿开天辟地。有时,画中的盘古一手捧日,另一手托月,这是根据神话传说:宇宙初开之时,盘古置错日月之位,致使日月同时落入大海,人间一片黑暗。其时上帝吩咐盘古改错,盘古便于其左手上写"日",右手上写"月"。向前伸出左手,唤出太阳,又向前伸出右手,唤出月亮。如此重复七次,而后日月间分离出昼夜。

后期道教中,盘古是最高尊神之一,三皇(始与老子和皇帝并称,后又与玉帝和老子并称)之一。某些学者(譬如,袁珂)间接地将盘古的形象同苗族、瑶族的始祖盘瓠或盘王的形象联系在一起。

判官

神判。后期中国民间神话中的:(1)主管阴间阎王的僚佐们的统称,主记生死簿。同样也是辅佐人世间某些文官和武官的天神。(2)主宰人的命运之神。常以之为守护城池之神城隍的助手。又以城隍为管领亡魂之神,判官则管领活人之魂。判官像作为执行护城神之令首者,立于城隍庙内。传统上尊奉文人崔珏为判官。他曾为县令,后任采访使,寿寝,则为判官。相传判官做的主要的闻名于世之事,是为唐太祖添寿还阳。因判官于太祖之大限薄上改一为三,故太祖延寿二十年。

后来的民间信仰和与之相关的民间年画中通常使判官混同于驱恶除祟的钟馗,他既决定生死,又清除天下妖孽。民间年画中的判官,常绘之为着红袍,系饰玉腰带,手持七星(参见"北斗")神剑,挥向蝙蝠,其意喻霉运,因福("福"与"蝠"谐音)运到来太迟之故。他的文官袍服与盔甲(武士的标志)的混搭,表示判官的文武双全和强力无比。其画像,时而挥剑打鬼,时而是一快乐鬼首。跟随其后的众小鬼百依百顺,讨好判官:以车载之游乐,以酒相敬,于其前起舞,亦或唱戏。甚至曾有一类特殊形式的民间年画为《五鬼闹判》。民间年画中的判官常大肚袒露,象征其心满意足。总而言之,旧时中国的判官画乃是借其神力,以驱邪祟。故判官画时而悬于门户,以为如此可保护屋舍、驱避鬼魅。

蟠桃

灵桃、仙桃。中国神话中桃能赐寿。远古神话中多数相传桃树具有宇宙树的特性。《山海经》(参见,卷一)中提到:沧海之中,有度朔之山,上有大桃木。其屈蟠三千里,其枝间曰鬼门。传说神射手羿(后羿)被桃木大棒杀死,故后世尊奉他为驱邪神宗布。有迷信之说,鬼皆畏桃树也。古时用桃木刻的神像置门户,以驱鬼避邪。晚些时(大约自1世纪起),道教由桃树做出多种护符。曾以桃树枝击病疫,以驱病魔。

在更后期的神话发展阶段,道教神话系统形成之时(世纪之交)最先有了蟠桃的概念,以其为長寿不死之果。《神异经》中说:东北荒有大桃树,其果广三尺(约1米)。蟠桃与西王母关系甚密。西王母园中有桃树,三千年一生实。道教传说,逢西王母生辰日,农历三月三日,其宴请众大神、仙人。后来道士们在这一天举行盛大活动,纪念名之为"蟠桃会"的西王母蟠桃宴,据吴承恩的神魔小说《西游记》(16世纪)所述:西王母园中有三千六百株树,三分之一的树三千年一结果,另三分之一的树六千年一结果,最后那三分之一的树是九千年一结果。人吃后,相应地或得道成仙;或长生不老,自由飞行于天;或与天地齐寿,日月同庚。与此同时,且有窃仙桃之一说(东方朔和孙悟空)。道教又有同蟠桃观密切相关的赐寿风俗:饮桃树汁或桃汤迎新岁,生日时食特别的桃形包子,元旦时挂桃符于门,祈求福至。画上的长寿之神寿星通常手捧仙桃,有时画上的寿星出自大桃。

鹏

中国古代神话中的巨鸟。其背有几千里(1里约为0.5千米),其翼若垂天之云。抟扶摇而上九万里。典籍《庄子》(前4世纪)中首次提到鹏,说:某巨鱼鲲(鲸?)化而为鸟,其名为鹏。鹏之徙于南冥,即天池。其飞,浪击三千里。有些古代解注者认为,鹏之称是鸟名"凤凰"之变形。

蓬莱

蓬莱岛,蓬莱山。中国道教神话中的仙山岛,浮于东海或渤海湾中,道家之仙境。据道教称,共有三十六洞天和七十二福地,福地即仙人所居胜地。蓬莱乃其中最有名的仙人居住地。蓬莱之称,显然,是所谓的流动之地名,因为蓬莱是山东半岛一地名("蓬"谓之茂密艾蒿地,"莱"则谓古代部落名,约公元前 14 世纪时,甲骨文上一有名的部落名)。蓬莱于典籍《列子》中,述之甚详,其中说:五底之谷归墟有五山:岱舆、员峤、方壶(方丈)、瀛洲和蓬莱。其山高下周旋三万里(1 里约为 0.5 千米),其顶平处九千里,山之中间相去七千里。其上台观皆金玉,其上禽兽皆纯白(即"仙"色)。珠玕之树皆丛生,华实皆有滋味,食之皆不老不死。所居之人皆仙圣之种。然岛常随潮波上下移动,不能有一刻稳定。神仙们便向天帝抱怨。帝派巨鳌(参见"鳌",),举首而戴之。龙伯国之大人一钓而连六鳌,于是岱舆、员峤二山流于北极,剩下蓬莱、方壶和瀛洲。中国古代一些帝王曾派专人结队探寻蓬莱。相传蓬莱和另外两山,未至,望之如云;及到,三神山反居水下。

彭祖

中国古代神话中德高望重的长寿者,传说中天帝颛顼的玄孙,姓篯,名铿。似乎他已经生活在至贤至明的尧帝(据传统纪年表,其统治时期为前 2356—前 2255 年)时代,又经过传说中的夏朝,一直活至殷朝(即,前 12—前 11 世纪)末年。相传他活了七百多岁(一般说为 767 岁)。诗人屈原(前 4 世纪)在《天问》中说:彭铿将烹调的美味鸡汤献给天帝(另一说为尧帝),因此受寿永多夫何久长。据葛洪(3—4 世纪)的《彭祖经》所记:彭祖三岁而失母,遇犬戎之乱,流离西域,百有余年。丧四十九妻,失五十四子。彭祖曾传道放弃尘世享受(五音致聋,五味损口)。认为他有强体健身的养生术("精")。精少,人病;精尽,人则死。精之补充或者失去是在行房事之时。彭祖又有导引行气之术,可使人长寿。相传有一女子彩女向彭祖讨求长寿之法,转与殷帝。殷帝行之,而后却命灭绝所有传播彭祖道术之人。彭祖觉焉而逃去,不知去向。其后七十余年,闻人于西方流沙之国见。中世纪有些人把彭祖形象混同于老子形象。又有传说,彭祖纳彩女为妻,有子二人,武和夷,因此名武夷山,这里曾是彭祖的住处。彭祖形象常反映在中国文学中。

扫晴娘

后期中国民间神话中的好天气女神。"卷袖搴裳手持帚,挂向阴空便摇手。"(李俊民的诗,13 世纪)。据更多的后期文献所记,大雨连绵时,扫晴娘剪纸画(提帚女子剪影)挂在屋檐下。人们向她祈求雨晴。类似的习俗曾在扬子江流域下游的民间流行。

契

中国古代神话传说史中的文化英雄,商朝始祖。据一神话传说,契生自燕卵。其母简狄捕捉了燕子放入玉筐。据另一则年代上更为后期的传说,简狄吞食了燕卵,破胸而生契。历史传统上认为契是真实的帮助了大禹治水的功臣。传说之一认为契是舜时掌管教化等行政事务的司徒。

西王母

中国古代神话中的女神,拥有能使人长生不老的神药。上古神话中,西王母显然是阴间仙人中的女仙,居于西方。据最古老的记载(《山海经》,前3世纪末—前2世纪初),西王母大致像个人,豹尾虎齿而善啸,蓬发戴胜,是司天之厉及五残。西王母住在山洞里,三青鸟(参见"王母使者")为其取食。郭璞(3—4世纪)所作《山海经》注,西王母也是主知灾厉五刑残杀之气之神。据《博物志》(3世纪)记载,除圣人、真人、仙人和道人,万民皆付西王母(此话为老子所说)。对西王母最古老的看法,她显然是掌管死亡和瘟疫之神。其他的神话中,西王母住在昆仑山,此地有其宫阙和空中花园(悬圃),另一神话中则是住在白玉山;通向其居所的路上有弱水。

西王母的形象或许发生了本质的转变公元世纪之交的某些文献中,她已经被描绘为美女,西方之国的女王(《穆天子传》,成书日期存疑;前4世纪—4世纪)。周穆王送给她绸缎,和她一起在瑶池饮酒,听她歌唱。沂南(山东省,不晚于193年)汉墓画像石中,西王母像完全是人兽合体的样子,头上戴着一只大大的头饰。她坐在山峰中心,脚下似乎是作为西王母兽形说(古代文献中西王母外形有虎的特征)表现的西方之神白虎,与西王母一起的玉兔,正在用臼捣制长生不老的神药。从西王母那里得到神药成为射手羿(后羿)情节链中的环节之一。但是在正史典籍(《汉书》,班固,1世纪)中可见,公元之交时的西王母继续被尊为掌管天上刑罚之神。中国大旱之年(前3世纪),各地都在祭拜西王母,祈求其救助灾民。随着道教在公元前后从一种哲学体系变为一种宗教信仰,西王母成为阴元之气生成的化身,她有了夫君、掌管东方的东王公。一说,西王母与他在大鸟翼上每年相会一次。因为根据五种要素五行衍生体系,西方为金,西王母又名为金母。道教传统中还称其为侯婉姈或者杨回。班固的伪史小说《汉武故事》、《汉武内传》描绘了西王母乘着天上仙女们驾驭的紫云车到汉武帝(前141—前87)处做客。两位三青鸟(两位青衣少女,《汉武内传》)相侍。西王母送与汉武帝仙果"蟠桃"(古代神话中等同于长生不死的神药)。(这一情节或许源自没有传至我们的西王母朝见神话中的舜帝传说,其异类的描述保存在古本《竹书纪年》里。)在中世纪的道教和民间文学中,西王母是生长着仙桃的昆仑山上独特的女仙之首。众仙会按时来为她祝寿。据说她和丈夫保存有众仙名册,管辖众仙,奖赏或者因为过错责罚他们。中世纪年画上,西王母通常被画成年轻美貌的女性,着官服,头上戴胜,有孔雀伴侍,甚至偶尔坐在孔雀上。木刻版画纸马(用来焚化以救助阴间死魂)上,其夫与她并排。她的画像应该送给不到五十岁的女性。中国的一些地区,譬如北京周边的村民卜算天气时,常常祈求西王母显灵,称她为王母娘娘。相传西王母有九子和二十四女。西王母的形象进入到中世纪较后期的文人长篇小说(吴承恩的《西游记》,16世纪;李汝珍的《镜花缘》,19世纪)中。

刑天

古代中国神话中的巨人,后期神话中也是神话中的炎帝的大臣。《山海经·海外西经》中说:"刑天与帝争神,帝断其首,葬之于常羊之山。乃以乳为目,以脐为口,操干戚以舞。"中国研究者袁珂关于刑天之名词源的考释基于古代甲骨文和青铜器上的"天"字形体特征,像画出大头的人(其名的逐字翻译意为"刑罚的天")。

原始的与发达的神话系统

虽然这个研讨会上专门讨论神话研究各种问题，我还是想再提什么是神话及其特点。

原因是我查了很多书，很多工具书（百科全书，专门词典），都解释神话，但没有数神话所有特点，另外原因在台湾及中国大陆有人不同意中国汉族有神话或把一些非神话的，但有幻想（fantastic）因素的作品列入神话之类，如孟姜女传说，或唐代传奇等。所以我试一试再写神话这个术语。

神话术语好多国家本来没有，后来许多西方语言借用古希腊词 mithos，所以英文 myth，德文 Mythos，俄文 Миф 中都是外来词。希腊的 mithos 意思是故事及寓言，后来大约 9 世纪用的这个词意思与现在相同。在此基础上，日本借用这个词用汉字写神话，因为日本古代故事讲他们各种神的活动所以日本把 myth 译成神话，虽然古代希腊文没有这个意义。1903 年从日本回来的蒋观云（1866—1929）在《新民丛报，谈丛》（36 号）发表了一篇文章，题为《神话历史养成之人物》，这大概是第一次在中国用这个词。有学者如北大段宝林教授给学生解释，"什么是神话？神话是关于神的故事"，如果谈日本神话，那大概对，但是谈到中国古代神话或台湾少数民族神话，那不大正确的。各种科学家，如宗教学家、民族学家、哲学家、文学家、语言学家、文化学家都谈到神话，都有自己的看法。笔者是民间文学家，要从民间文学角度,从历史比较角度讨论神话的特点。

据民间文学理论家及笔者个人研究(利用全世界材料)神话主要特点是:

一、神话描写有着特定的时间范围,即是所谓开天辟地,史前的时代,有些民族很清楚划分神话时代与我们现在的时间,如非常原始的澳大利亚原住民一些部落的人把神话时间特别叫做"梦幻时代",台湾布农族神话时代称为minpakalivan即"神奇时代",是从前,最早的时代。总之,神话时间并非历史时间,有人认为孟姜女故事是神话,那是完全不对的。孟姜女故事情节与万里长城及秦始皇时代是分不开的,是典型的传说。研究台湾少数民族神话的美国何廷瑞教授写得很正确,台湾少数民族神话时代与历史及现代时间分得很清楚,在神话时代宇宙还没有形成现在的形式。

二、神话描述人类的起源及我们习惯的制度、惯例、生活规矩、周围环境地形、山、河、海,是怎么形成的?怎么把浑沌(chaos)变成宇宙(cosmos)?这都是神话主题。

三、神话可以分为两类:比较原始的神话、较发达的古文明民族神话。

四、神话也可以分两大类:宇宙神话(cosmogonic myth)与人类神话(anthropogonic myth)。第一类描述宇宙是怎么形成的,第二类描述人类起源。

五、神话与原始崇拜、原始祭奠及仪式有一定的关系。当然现在这些关系可能不大明显。

六、神话有神圣的,献给神的(sacred)特性。在没有形成神的社会,神话当然没有这个功能,神话不能随便讲的,这习惯大概与这种概念的原始仪式有关。

七、神话有推究原因的功能(etiology function),即解释各种东西,动物、人类、祭奠、仪式来源或特点,是神话主要的功能及叙述的目的。一般神话用一些像前例的描述制定现在的规矩。

八、神话有特殊的英雄角色,是动物或人,在发达社会中之神话往往含有神、半神、各种文化英雄、创世者及建立世界规定之人物等等。

九、神话的典型人物是所谓的文化英雄,即获得各种"财富"或做发明。

十、神话中英雄做的事一定为全人类（全部落）。如后羿射日，是因为人类受不了十个太阳之热，并不是嫦娥太热。大禹治水不是为了自己家人，而是为全人类等等。

十一、神话一定有情节、可叙述的内容，以故事的形态表现。

十一、神话有特殊结构及特殊情节的展开，神话利用许多固定的母题。

十二、神话有象征性，有象征性的倒置，如描写怎么从青蛙肚子取水之后，加上青蛙吸尽所有的水为开端的情节。

十三、在神话中，现实的与神奇的（超自然的）没有差别。

十四、神话也用"梯子"情节，即先描写人物怎么得到工具，然后描写他的重要功绩。如先描写人物怎么寻找宝剑，然后他用这个宝剑怎么杀一条恶龙。

十五、神话常用换喻（metonymy）及隐喻之转化，即神话母题谓词用在各种代码（据列维-斯特劳斯的理论），如先描写神话人物饥饿（食物代码），后描写他的性交淫欲（性代码）等，其中有的情节发展的方法在后期的民间故事中有重要的作用。

十六、谈到神话也可以分别出所谓神话观念与神话故事（据俄罗斯格奥尔吉耶夫斯基教授在他的世界第一本关于中国神话的书（1892年）提出来的）。这些神话观念与神话母题是差不多的。如许多民族有神话时代天非常低，天与地接近的观念。但每个民族神话中有不同的解释后来天怎么高了。这个天低观念在世界各地的民族中常有。如罗马尼亚人、高加索格鲁吉亚与亚美尼亚人、芬兰—乌戈尔语系的居在窝瓦河一带的科米人（Komis）、乌德穆尔特人（Udmurts）、马里人（Mad）、恰瓦什人（Chuvash），非洲有的民族，如阿尚体（Ashanfis）也有。这些民族（除了窝瓦河的诸族），从来不会有什么关系，不会从台湾少数民族传到非洲，或从罗马尼亚传到台湾。有一些奇怪，这个观念没有列入 St. 汤姆森编的《民间文学母题索引》，只有682.1母题"从地到天的距离"（谜语：从地到天多么远?）。类似的例子很多，大约与原始思维特点有关系。

十七、神话可以分两类：原始民族神话与发达民族神话，发达的有古代神话的国家除了古书记录的神话也有所谓活神话，即现在在民间流行的变形的神话，如在台湾采录的女娲故事说她为了补天要运大石头，所以发明了火车。

这是综合性的神话这个概念的特征,下面笔者试一试描述较原始的神话特点。

1. 原始神话与原始思维有密切关系。如原始人把动物与人没有分开,赛夏族说在古时猴子还是人,泰雅族说鸢也是人。所以人可以与动物交媾(布农族神话中猎人妻子与野猪有关系,太鲁阁神话中女人和狗交媾,噶玛兰族神话哥哥与雌犬结婚等),交换身体某部(男人与狗交换阳具故事为例)。人也可以变为动物,动物也可以变为人。

在非常原始的澳大利亚原住民神话中常常不容易明白人物是人还是动物或者两性的东西(也可以当人,也可以当动物)。

2. 原始神话不描述宇宙形成的过程,原始人没有提问题,地或海是怎么形成的?只有一些对太阳与月亮的概念,太阳与月亮可以人格化,如澳大利亚原住民神话月亮是男人。上天吃饱鱼鼠变大的(满月),累了变成灰色的袋鼠,青年人杀它,但有天保留它的一个骨头,新月从这个骨头生(月牙儿)。他们说太阳是姑娘。不少民族有太阳与月亮结婚神话(阿美族)。在台湾少数民族神话中太阳也人格化,没有说太阳是人,但被射中的太阳流血(如泰雅族),这是典型的换喻(metonymy),不描写全体,只用部分描写全体或全东西,太阳好像也有手,这都证明太阳人格化,月亮在台湾少数民族神话中讲的较少,只说被射中的第二个太阳变成月亮。在发达文明的民族神话中天上的星有很大的作用,如在古代希腊神话。在古代中国神话中星神也有较大的作用,如北斗七星、寿星等,在较原始民族神话中星的角色并不大,没有具体的什么星的神话,只有女人从星中降下又回到星上,但是她是不是星,讲的不怎么清楚(布农族神话)。阿美族有人死后变成星的说法。但没有什么星的故事,在台湾少数民族中虹的神话较普遍(布农族)。较原始神话中天的概念较模糊,没有说天是怎么形成的(盘古神话是例外),没有天与地怎么分开的,只有从前天很低,人上山无意地可以上天,但不少民族有神话解释天怎么变高了(见第八条)。发达民族神话中有天神、天帝、上帝、天上各种神,较原始民族天没有人格化。

3. 发达民族神话中有所谓文化英雄,即为人类做各种发明,如伏羲发明网纲、卦等,神农教人耕地等等。在原始神话,如澳大利亚原住民神话中图腾祖先做文化英雄功能。在台湾少数民族神话好像没有什么图腾概念(这个问题还要研究),也没有文化英雄的形象。文化英雄的行为大部分是无名的某人做的,如取火,拿到小米,射多余的太阳等。射第二个太阳只有邹族有固定的英雄。(邹族神话与其他台湾少数民族神话有些不同,这可能与邹族特殊的采源有关系)。

4. 在发达文明神话文化英雄自己做什么发明,如女娲发明笙等等,在晚期的神话她不是自己做,而命手下的人制乐器(参见"世本·帝系篇")。在原始神话东西不是做的而是从另外世界得到的(见第十)。原始神话人物常是动物,或有动物型的图腾,发达文明神话中人物是人格化的,或逐渐丢他原来的动物身体特征,如在中国古代神话治洪水是人格化的大禹而在布农或邹族神话是螃蟹。

5. 原始人关于室宣起源没有什么说法,一般只有人类起源神话,台湾原住民就是这样。人类起源神话有两类:第一,最早的人是自然生的,如在泰雅族说大石头开了,人就出来了,或雅美人说最早的人从石与竹生的等.布农人说最早的人从虫粪生的。第二,是文化英雄或神造人,如女娲用泥造人,发达文明的民族一般有一个造人的伟大人物,有一个人类起源神话(盘古神话是例外,是南方民族的),原始民族不同,差不多每个部落有自己的说法,有的与其他差不多,但还是不完全相同。

6. 神话时代是黄金时代,台湾少数民族说那时一粒米可以煮一锅饭,不要担水,水自己到家来,柴也来等等,但是这些神话讲这个时代是怎么结束的,而现在的情况是怎么开始,在发达文明的古代中国黄金时代是历史化的尧舜时期,他们是理想的统治者,那时生活是非常好的。原住民这些神话有一个特点,理想生活的总结与女人做不好的,不应该做的事有关系。不只台湾少数民族神话,其他许多民族也说这样。在古代中国原始的理想时代在神话历史过程中变成尧舜时代。但民间流行的汉族《活神话》也有原始说法痕迹。有些较偏僻的地区还保持这类神话。如在新疆吉木萨尔县采录的《妇女为什么裹脚》故事中说:"传说开天辟地时,当时是油泉醋井,米山面岭,当时人是光吃,不动弹。有一天坚查神到凡间观察,这时有一个妇女正在烙油饼,怀中孩子忽然屙屎尿,妇人随手拿起一块油饼为小孩子擦屁股。检查神知道后,就下令让后时的人自食其力。从此油泉醋井统统变成凉水,米山面岭也统统变成雪。这时人们还不知道怎么一回事。他们互相查找原因,查来查去才发现是妇女造成的罪孽。所以就令女人裹脚,永远不出门,不让妇女下地干活,若要下地则为不吉利。"这个故事中可以分出来三个母题:1.最古时的黄金时代什么都有,人们不要劳动。2.因为一个女人做得不对,黄金的生活结束了。3.罚女人。前两种母题在台湾较原始的神话也有。可以推想第一母题是较原始的,很多类似神话中如库页岛原住民乌德盖(Udegei)人把这个事情发生在黄金时代,那时粮食从天散落,湖中都是油。第二个母题是女人用饼或面包擦孩子屁股。这个母题在欧洲(法国人、德国人、乌克兰人、波兰人、保加利亚人、俄国的科米、恰瓦什人)及亚洲(阿尔泰人、亚库特人、新疆哈萨克族)神话故事都有。大部分这些发达的民族人说从前麦子从根到梢都是穗,因为一个女人用穗或一块面包擦了孩子的屁股,神罚人类。神把这些穗都摘了,只剩一个。许多较发达的民族神话还保存原始的概念,在原始的神话罚女人是自然发现的,我们不知谁罚了人类,在发达民族神话神(或耶稣或回教的真主,或无名的神)罚人类。也要注意在发达民族神话说关于麦子,原始民族不知农业,不种粮食,所以没有关于穗的说法。再看新疆采录的故事。这故事中罚人类的是从天下凡的无名的检查神。汉族有的传说有玉帝派的神检查人类(如在关帝出世传说)。这当然是发达神话特征。如在吉尔吉斯斯坦采录的东乾(donggan)人(甘肃回族后代)的故事说真主要罚人类,派一个神仙摘穗。神仙在许多汉族故事是无名的。

7. 虽然原始神话中没有宇宙形成的题目,但有调整宇宙与人的神话。大概最普遍的是很低的天怎么高了,即宇宙怎么变成现在的形式。天低的神话观念差不多全世界都有(母题A625.2举天)。天怎么高了有几个说法,大部分民族说一个女人捣什么,如米(台湾少数民族、越南泰族、印度、菲律宾等、云南佤族),小米(非洲东部),山药(非洲西部),用竿打了天,天就高了,也有一些民族神话说捣米的是男人(如在马来故事)。但不是一般的男人,是神或文化英雄,也有些民族举天是有力的巨人,像盘古,或台湾邹族天神哈莫(Hamo),或南美火地岛Selknam族神话中创世者Kenys,可是这样的例子很少。

除了调整宇宙也有调整人神话,即完成,修整没有完成的人。在澳大利亚原住民神话说从前有所谓粘在一起的人,或没有眼睛、耳朵、嘴等等的无能为力的生物,后来一个神话人物(图腾祖先)把他们分开了,切开了眼睛、耳朵、嘴等口,就完成了人物。在台湾少数民族神话有这样观念的痕迹,如女人部落神话说那里的女人上下缺门,即无嘴与肛门,也说无阴户与肛门,所以他们不吃饭,而闻水气,偶然来到女人部落的男人乘她们睡觉时用一根热铁棍戳穿女人们的臀部,但是他们都死了。印度东北部阿萨母省有类似的故事。笔者以为《庄子·应帝王》中浑沌神话同：儵与忽两个神一看浑沌无七窍,故凿之,浑沌死,在最原始神话中切开窍的工作是成功的,在不怎么原始社会及发达社会流行的神话相反,完全不成功。

8. 原始神话用讲从前,在最古代时代发现的事情来解释现在的风俗或情况,所以在神话非常重要的是一个事件、先例,如在台湾少数民族神话中懒惰小姐想天天煮米很讨厌,一下子放到锅里一把米(不是一粒),饭满了全房子,以后一粒米不能煮一锅饭(一粒小米一天够的说法在菲宾神话与东非洲神话也有)或一女织布,柴火来了,她不满意,说打搅她工作,以后柴火不来到家里,人家要自己上山拾柴.就是一个事件代替因果关系.应该注意每次因为女性做事或行为不对,旧的好的情况改成对人类不好的。

9. 在原始的神话中天然财物或从另一个世界自己下来(如从天上落下葫芦,葫芦里有小米(布农族神话),越南泰族神话说米自己飞到家里)或从另一个世界盗的(第二个说法比第一个是常见的),如布农族神话中说,古时布农人没有小米,只地下 Ikolon 人有,如有人下到他们那里只给吃,但坚拒不给拿走,所以祖先想偷回家种,藏在指甲中被发现,藏在阴茎包皮内也被发现取回,后来一个小姐藏在阴道内,地下人没有搜查,所以没有发现。

排湾人也从岛有偷粟的神话(在民间文学海岛代替另一个世界)。有时偷食物母题在后期传说也可以发现,据浙江宁波地区采录的传说唐僧与三个徒弟在西天佛祖那里第一次看到了大蒜,孙悟空想偷一点回来种,但告别时佛祖搜遍孙悟空,发现帽子里的大蒜,后来耳朵藏的,长指甲下塞的都发现,但佛祖没有查孙悟空的屁眼,原采他在屁眼里塞了大蒜,所以现在大蒜有一股怪味。据另一个传说孙悟空从另一个世界(西王母的瑶池那里)偷大葱,这当然是晚期的传说,但用原始神话的母题。

10. 神话逻辑特征之一：用反面证据来解释情况,即从前在神话时代都是相反,而后来因故变成我们习惯的"现在"的情况。例如那时女人有胡子,男人却没有,后来因孩子吃奶不便,丈夫便与妻子交换了胡须(邹族神话),或从前男人有月事,女人没有,后来因为狩猎不便而他们交换了(布农族神话)；或古时女阴长在额头,因不便移到颈,后来移到脚踝,后来移到脚弯,又不便,所以移到股间(鲁凯族),或从前男人从小脚肚子生孩子,后来女人可怜她的哥哥,说女人要生(菲律宾 Mangian 族)。

11. 在原始神话中有不少讲生殖器的故事。主要把生殖器大小夸张。如台湾泰雅族神话中有一个叫 Halus 的巨人，他的大阳物八公里长。布农族有神话讲 Haraharae 巨人，他的阳物那么大，走路扛在肩上。另外一个说法缠在脖子上，可以侵犯二十至三十米外的女人。南洋斐济（Fiji）岛原住民神话中描写一个巨人 Tuna-mbanga，他的阳具那么大，要一百个笼子才可装得下。据 St. 汤姆森的母题索引（F547.3.1）在印度故事中也有长阳具的人物。在发达的神话中我们没有发现什么关于生殖器的说法，但是古时很可能有。在越南有关于女娲神话，说女娲的阴户有三亩大（越南三亩近一公顷），要娶她的四象阳具十四竿子长。在中国古书没有关于女娲阴户什么记载，只有在淮阳民间玩具中有所谓女娲之儿童，他们的阴户从喉咙到股间那么长。这些玩具保持古代风格，因为孩子保持母亲的特点，可能是女娲天阴户的痕迹。越南这个神话较特殊，因为在 St. 汤姆森母题索引没女人大阴户母题，但在台湾卢凯族神话也有一个例子。一个女子女阴很大，她将其装竹箱里，用袋子背着。虽然在中国古书记载的神话也没有关于男性人阳物大的话，但在民间流行的荤故事还是有古代说法之痕迹。如陕西省关中一带流行的荤故事说："很早，很早以前的人并不是现在这样的，很长乙能在腰里缠三匝，身后还要拖丈八。"同类的概念在大陆其他地方也有，如湖南湖西一带，山东嘉祥一带采录的故事都说很早之前男人的阳具非常长，疑是太古巨人形象之残余。在原始的神话有时生殖器能离离开身体，自己行动（排湾族、卑南族）。另外，原始神话有关生殖器的母题是女人阴户中有牙齿（F547.1.1）。所以一夜新郎死或几次结婚丈夫就都死（T172.0.1），台湾阿美族、泰雅族、排湾族、鲁凯族、赛夏族都有这个母题。St. 汤姆森的索引只提到八个民族例子，据圣彼得堡 Ju. Berezkin 最近编的母题索引，世界差不多一百个民族（除了非洲与澳大利亚）都有这个神话母题。在发达的民族民间故事中可以发现这个母题痕迹。大部分民族神话说男人用石头打碎阴户中的牙齿，在台湾少数民族神话一般母亲用石头磨掉牙齿或把它们拔掉，这与其他地区的民族神话不同，世界著名的民间文学理论家普罗普（V. Ja. Propp）教授在他的《神奇故事历史根源》一书写女人阴户有牙齿是女人的势力象征，她对男人的优势。如是这样，那可能这是最早时期女人势力的痕迹（待考）。在晚期的民间故事中（如在俄罗斯故事）也保持几个丈夫在一夜死亡的情况．虽然没有说为什么，新娘用她的有力的手要压男人，也有时要压死他。一夜是危险的,所以在民间故事一夜破贞不是新郎自己而他得有魔法的助手,他还用树枝或铁枝打她。女人已经变得无害之后才派新郎到洞房,普罗普教授假设这个助手代替了初时给女人破贞的代神的巫人。是不是这样,笔者不敢说,因为台湾少数民族没有这方面的资料。无论如何原始神话中生殖器题目是较重要的,而在发达的神话或没有记载或变形.

12. 因在原始社会神话有神秘功能,所以神话不可以随便讲,不能给女人或小孩子听,神话是部落的"历史",男孩子长大了,快要过成年礼时,才可以讲给他听,如几内亚中山区的巴布亚人讲神话是在特定的小房子,其他地区的巴布亚人讲神话是在男子所(女人决不能进去),讲神话都是男人。发达的民族不同,一般文明社会都是母亲或奶奶(有时是祖父)对年纪小的孩子讲故事。在台湾少数民族对年纪十多岁的男性讲神话,是原始社会要过成年礼入男圣会传统的痕迹,阿美族还保留古老的传统,宇宙起源神话只有祭司(sapalunau)或头目可以讲述,讲神话时,他要遵守各种禁忌。

13. 原始民族主要是神话,民间故事刚刚开始形成,台湾少数民族只有一些动物故事及孤儿的故事,民间文学各种论著都写民间故事是从神话变的,但是没有举什么例子,台湾布农故事中可以看到神话怎么变成民间故事。神话与民间故事主要的区别是神话固有群众精神,而民间故事讲的是家里的、个人的事情。如布农人除了一群人去射太阳神话之外还有另外一个说法:从前有一家人,有丈夫与妻子,也有小孩子(这是所有民族民间故事典型的开端)。他们去田里劳动,母亲把小孩子放在一棵树底下,用羊皮盖了。过些时候,她去看孩子,原来太阳把孩子晒死了。她告诉丈夫,父亲发怒,去射太阳,为了给孩子报仇,并不是因为全人类(全部落)的人受不了两个太阳热,而为了自己家里的不幸的事。可以说这是神话变成了民间故事,民间文学母题也可以有减弱的形式,如在甘肃回族的故事说太阳晒了老人,他的孙子也去到太阳那里,但是不是去射太阳而向太阳的母亲告太阳。

笔者未见专门讲发达民族与原始民族神话特点区别的论著,只有在前人各种研究说几句,所以根据自己的经验写这篇小文章,希望专家指教。

书面史诗与小说中的人物描写原则

我们曾以《三国志平话》及同类其他作品为主要分析对象，试图详细地揭示出平话中人物肖像描写特点。现在，我们则将注意力转向罗贯中的《三国演义》，具体分析该书卷史诗如何描写公元3世纪的那些风起云涌的英雄们。

让我们先来看看《三国演义》对刘备的描写："生得身长七尺五寸，两耳垂肩，双手过膝，目能自顾其耳，面如冠玉，唇若涂脂。"①早在陈寿的《三国志》中对刘备的身高描述就提到了这些数字②，而后这一细节被移用在了平话中，其后才转用在罗贯中的书卷史诗里。值得一提的是，从人物的具体身高生发开去的描写模式在古代便已形成，这与对神话先祖人物的肖像特征描述有关。

接下去的细节"两耳垂肩"，如上文中已经提到的那样，源自印度佛教体系中对佛祖与伟大人物的象征性描述，4至6世纪时被中国历史编纂者借用在对本国人的描写中；陈寿也曾使用这一细节勾勒刘备这一法定国君的肖像。不知为何，平话作者

---

① 罗贯中:《三国演义》，上海：商务印书馆，1929年版，第1卷，第6页。俄语译文中，这一肖像特征表达得不够准确："高高的个子，黝黑的面庞，鲜红的嘴唇，两耳下垂，凸眼，长长的双手——所有这一切都显示出此人不凡。"[40a, t.1, c.17] Ло Гуань-чжун. Троецарствие. Т. 1. М., 1954. с.70.

② 详见陈寿:《三国志》，北京：中华书局，1964年版，第4卷，第872页。

在描述刘备外貌时却错过了这一细节,或许他们是故意漏掉这一佛祖形象特征,而深受陈寿《三国志》影响的罗贯中将其搬至自己的史诗中。

"双手过膝"按其来源仍旧属于佛教细节,在中世纪的中国成为了伟大人物或幸运之人的显著外貌特征(这一特征我们在中国当代文学作品中也时常遇到,如周立波长篇小说《暴风骤雨》中)。官史编纂家陈寿在自己作品中已经将这一伟人的特征放在了刘备的身上,稍晚些时期,平话的佚名作家将其借用在平话中,罗贯中也借用了这一表达方式。

罗贯中写道:刘备"面如冠玉"。这一表达形式在陈寿的《三国志》和《三国志平话》中都没有提及,不过,如前文中所说的那样,这一用法在其他平话中的确已经出现,只是失去了早期历史小说中的消极色彩。显而易见,将刘备理想化了的罗贯中,从历史小说中借用这一比喻时,全然不是在"贬低"自己的英雄人物。可以猜想到,这一修饰人物外貌的词语(不含否定意义),此时之所以会博得罗贯中的青睐,是因为这种肤色完全符合描述刘备时所普遍存在的佛教化语境。①

最后一个描写细节"唇若涂脂",在平话中也极为常见,不过不是用在刘备身上,而是在对他的谋士诸葛亮的描写中。正如我们已经指出的那样,将嘴唇的颜色比作朱砂色,在中国文学作品中自古有之,大约可追溯至公元前4世纪的文献。红色嘴唇,朱砂色嘴唇作为显贵之人的特征被收录在中世纪相面术典籍中[详见 228,27]②。或许,正是这种象征意义左右了刘备肖像③中这一细节的选择。由此可见,罗贯中在此处也采用了传统的刻板模式,因此,事实上,《三国演义》中对刘备的整个肖像描写聚合了已有的固定搭配细节。

刘备两位最亲近的战友与结义兄弟关羽、张飞的肖像特征也是如此建构的。在《三国演义》中,关羽"身长九尺三寸,髯长一尺八寸;面如重枣,唇若抹朱;丹凤眼,卧蚕眉;相貌堂堂,威风凛凛"④。首先映入我们视线的是,在同一个肖像描写中两种不同风格的搭配:分解描述,它源自古

---

① 提醒诸位读者,身体发出的光芒,也是佛祖或佛家圣人的显著特征。
② 《神相水镜集》,台南:北一出版社,1974年版,第27页。
③ 值得一提的是,毛宗岗校订罗贯中的《三国演义》时,将这一描写中的"脂"改为"痣",这并非很成功的修订。
④ 罗贯中:《三国演义》,上海:商务印书馆,1929年版,第1卷,第4页。这一肖像描写的俄语翻译并不准确,大致将意思表达了出来:"长长的胡须,黝黑的面孔,柔丝眉,堂堂的姿态吸引了刘备的注意力。"[40a, t.1, c.18](Ло Гуань-чжун. Троецарствие. Т. 1. М., 1954. с. 18.)

代民间艺术和神话文本,是口头讲述与平话所共有的特征;与此同时,还有概括描述,它源自严格遵循仿古用语的高雅文学。对关羽相貌特征的描写,正是采用了概括描述,用两组总结性的成语来结束。①

《三国演义》对关羽的描写始于他的确切身高,不过,在平话中说他身高九尺二寸,而罗贯中在文中却增加了一寸,或许,这是誊抄者的不认真或是印刷错误造成的。让人好奇的是,批评家毛宗岗干脆将寸去掉仅留下"九尺"。同时他还将胡须的长度四舍五入,用两尺来替代一尺八寸。显然,在他看来这些细节是多余的。值得一提的是,在平话中仅提到关羽的美髯。或许可以这样理解,罗贯中在文中提及胡子的长度,这些数字仅仅是为了修辞上的对称;对关羽的所有描述都是以对称的方式呈现出来的(先四字,后三字)。因此,在词组的第一部分中出现的长度单位要求后面也要有类似的对应描述(我们注意到,毛宗岗在四舍五入长度的同时,努力保持了这种对称:去掉了第一部分中身高的寸数,也去掉了第二部分中胡子的寸数)。

关羽的美髯,这是陈寿在官史里所提及的关羽外貌中唯一一处显著特征。平话中将关羽的胡子称之为"虬髯"。"虬"意为"龙的幼子",同时也有动词"弯曲""卷曲"之意。《大汉和辞典》将"虬髯"这一搭配解释为"弯曲似龙的胡须"②,或仅仅是"大胡子"③。而指出胡须的长度似乎首次出现在罗贯中的《三国演义》中。极有可能,这一变异描述形式不仅仅是出于修辞结构的需要,如我们上文中刚提到的那样,而且,还与对长胡须的认识有关,将关羽的这一外貌特征与其高尚的道德品质联系在一起。此外,在《关帝明圣真经》中提及关羽时,直接描述为:"须长义更长。"④还需要指出的是,与民间迷信传说相符,在关羽的胡须中还有一根细细的发毛,被看作是黑龙——北海龙王的化身,以此将自己的神力全部转给拥有者。这一迷信传说的基础便是各国民间文化中所普遍存在的认识,即勇

---

① 将不同描述风格结合在一起,大众文学和高雅文学,这是罗贯中艺术风格的最具代表性特征。关于这一问题的详细论述参见我们的《中国史诗风格》一文[71](Рифтин Б. Л. Стиль китайского книжного эпоса. -Памятники книжного эпоса. Стиль и типологические особенности. М., 1978.)。

② Морохаси Тэцудзи. Большой китайско-японский словарь. Тайбэй. [Б. г.], т. 10, с. 2.

③ Палладий, Попов П. С. Китайско-русский словарь. Т. 2. Пекин, 1888, с. 352.

④ 《关帝明圣真经》,粤东省城双门底古经阁,第 18 页。

士或魔法师的力量或者被分散在有毛发的顶部,或者集中在头发的发髻中①,再或者,就像我们文中所提到的那样,集中在一个细发里。

奇怪的是,在一些描述被崇拜的偶像关羽并使用民间神话的中世纪作品中,关羽的美髯是作为性格特征出现的。如《关帝圣迹图志集》中提到,1014年,关羽下凡与怪物蚩尤作战,解救了家乡解州的百姓免受蚩尤之害——他们无法从盐池里获取盐。根据这一传说是道教创始人张天师请来关羽,让其消灭蚩尤。不过文中并没有提到关羽的名字,而是写道:不多时,美髯公,骑着马,手持大刀,从天而降,并在天师宫前下马鞠了一躬。②

中国读者根据所有信息提示毫不怀疑此处指的是关羽,收集圣迹集的编者将这一传说收录在册时也对此毫无疑义。显然,此处身份确认的基础正是英雄人物的外貌特征,一成不变的标志甚至可以取代他的名字。由此也不难看出,不同民族的史诗创作中,总会描写一些与勇士姓名联系在一起的明显特征③,有时这些特征可以替代该勇士的姓名。

在接下去的描述中则提到关羽的面色。平话中提到"面如紫玉",而此处则使用了对汉语表述习惯来说并不太常见的表达方式"重枣"。甚至是《大汉和辞典》和四十卷的《汉语大词典》等全面的、权威的典籍中都没有收录这一搭配。④ 精通古代文化的鲁迅,同时也是出色的语言学家,他曾在一篇文章中专门指出,描写关羽的这一外貌特征细节不明晰。我们认为,"重枣"应该是在指人物面孔的某种颜色特征,此外,中国的枣色为红棕色,所以从逻辑上可以推断,文中的确是在说关羽的面色为暗红色,红棕色。需要提醒大家的是,平话中用的是紫色,而许多关于三国的舞台戏剧中,扮演关羽的演员,其面部总是被涂为亮红色⑤,与关羽有关的宗

---

① Неклюдов С. Ю. О функционально-семантической природе знака в повествовательном фольклоре. -Семиотика и художественное творчество. М. 1977, с. 218.
② 黄华节:《关公的人格与神格》,台北:商务印书馆,1972年版,第134页。
③ Жирмунский В. М. Огузский героический эпос и «Книга Коркута». -Книга моего деда Коркута. М. -Л. 1962, с. 255.
④ 我们所知的唯一一个例外,便是因诺肯季编辑的《大汉俄词典》,其中有两处对这一搭配进行了解释:第一处解释为"比枣色还要红的脸庞"(第1卷,第286页);第二处"他的面颊如两枣一般,非常红润",援引对关羽的描写(第2卷,第727页)。需要注意,这一表达本身并没有一丝比较级的含义,同时也没有任何依据可以将重看做是数字"两",因为重只能看做是"双重"。
⑤ 《关羽戏集》,李洪春演出本,上海:上海文艺出版社,1962年版,图8。

教典籍中,也是提到红脸:"面赤心尤赤。"① 这种对颜色的偏好源自中国戏剧对颜色象征意义的传统认识。其中,红色是忠贞不贰的象征,这也正是关羽的主要特征之一。而将面色之红与心联系在一起,这在宗教经书中也并非偶然现象,它是基于相面术中的传统观点,亮红色,即赤色与"心经"相关。② 这些认识在古代便已形成,如《淮南子》中记载:"赤色主心"③,以及在中医理论著作《素问》(即《黄帝内经素问》)中,直接将赤色定义为心的颜色。④ 此外,我们所感兴趣的并不是"赤心"的直接含义,而是其引申意(真诚,坦诚),即没有任何其他预谋和私心杂念,赤心者,本心不杂贰。⑤ 这种含义也古已有之。如哲学家荀子所使用的正是这一词组的引申意。在对荀子论述的注解中,这一词组被解释为:"赤心"⑥,如果关羽的面赤,和我们想象相符,与古代道德标准相关,那么还需要留意这样一个有意思的情况。根据帕拉基编著的《汉俄辞典》,词组"赤心"在描述关羽的宗教经文中,还具有一个植物学意义,即"枣子"⑦。正如我们所记得的那样,罗贯中将关羽的脸色比作枣色。这一吻合也并非偶然。在赤面—枣红—赤心之间极有可能存在着某种深层的语义关联。

我们在民间流传的关于关羽这一英雄的神话传说中找到了对赤面的专门解释。清文学家梁章钜(1775—1849)在《文选旁证》中举了一个例子,其中提到,关羽在城门关卡前的小溪里洗脸,而后脸就便红了,借此逃脱了因杀死县城里的贪官污吏而被抓的灾难⑧,正是脸色的改变使他免遭牢狱之灾。这一情节明显受到童话诗学的影响。

根据阜阳地方志记载,关羽出生于龙血(记得在第一章中,我们已经列举了许多祖先的出生都与龙这一图腾崇拜有关),这滴血用专门的体钵盛放着。天庭处死龙的49天之后才可以将其打开,但是人们违背了上天的意愿,提前一天将其打开,因此其变身还没有彻底完成,而关羽的面容

---

① 《关帝明圣真经》,粤东省城双门底古经阁,第18页。
② 参见《神相水镜集》,台南:北一出版社,1974年版,第46页。
③ 《淮南子》,诸子集成,北京:中华书局,1956年版,第61页。
④ Морохаси Тэцудзи. Большой китайско-японский словарь. Тайбэй. [Б. г.], т. 10, с. 815.
⑤ Там же, с. 810.
⑥ 《荀子》,(白话译解荀子),上海:广益书局,1936年版,第2卷,第109页。
⑦ Палладий, Попов П. С. Китайско-русский словарь. Т. 1. Пекин, 1888. с. 525.
⑧ 由云龙:《三国演义论证》,上海:上海钱氏油印,1954年版,第87页。

则永远都停留在血色,即红色。① 需要强调的是,这一神话的基础是典型的带有神话起源的童话史诗情节——用关羽出生的环境来解释他的脸色。正如我们所看到的那样,关于关羽的红脸——其肖像最显著的特征——有着各式各样的解释。

对关羽嘴唇的形象特征描写"唇若涂脂"(描写他的另一个细节),这与对刘备的描写非常相似。让人好奇的是,平话中对英雄人物的嘴唇并没有提及,而在其后更晚一些时期的《关帝明圣真经》中虽提及关羽的相貌,也没有提及这一细节。不过,其他的外貌特征,诸如"丹凤眼,卧蚕眉"等在后来的文章中都被重复。罗贯中借用的"卧蚕眉"显然源自相面术(在平话中,关羽的眉毛被修饰为神),卧蚕眉用来描写尾部上挑弯向鼻梁的眉形,拥有这种眉毛的人通常是睿智的,坚定且善良的人,注定会成为显赫之人。② 关羽的眉毛特征在宗教经文中也多次被提到,将卧蚕眉这一比喻扩展为八字眉。③ 这一补充比喻也转引自相面术中的概念,认为这种眉形会给主人带来财富。④ 显而易见,这种观点,首先完全不与关羽的命运相符,其次与关羽肖像中前两组特征的象征意义不太有关联性。或许,作品的作者最感兴趣的是外形特征,而非其后隐藏的相面术意义。将关羽的眉毛比作卧蚕,显然并非随意而为之的描写。根据《汉语大辞典》的解释,卧蚕具有两种含义:一为眼袋;二为漂亮的弯眉。显然,此处我们需要选择第二种含义。但是,需要注意的是,辞典中所提到的《神相全编》中,卧蚕的第一种解释与发红的脸色有关⑤,即与关羽的主要脸色相关。

"丹凤眼"是罗贯中为自己的主人公安排的特征,只是他在借用平话形象时,稍微有所变形。在《三国志平话》中也提到关羽的"凤眼",却没有使用修饰词"丹"。同时,平话中也如此形容刘备的眼睛,而罗贯中却将这一特征应用在关羽的外貌上,并使其成为该人物的显著特征,随后这一特征也出现在了《关帝明圣真经》中,除此之外,在真经中为了修辞上的对称,又增加了双睛。其含义应该从两个方面来理解:像智者舜一样目生双

---

① 《关云长是龙血变成的》,民俗,1930年,第107期,第16页。
② Lessa W. A. Chinese body divination. Los Angeles, 1969. 65.
③ 《关帝明圣真经》,粤东省城双门底古经阁,14a。
④ Lessa W. A. Chinese body divination. Los Angeles, 1969. 63.
⑤ 《中文大辞典》,台北:1956年版,第29册,第274页。

瞳；或者指关羽长着两只眼睛，这更可信一些，因为后面关于特殊的"双瞳"再也没有提及过。罗贯中之所以会使用修饰语"丹"放在"凤"之前，是因为这一搭配由来已久，并且这两个字放在一起，意味着凤的一种特殊种类，根据《禽经》记载，这是传说中的鸾，长着红色头颅和红色翅膀。① 此外，丹凤这一搭配在中国文学作品中被广泛使用，通常与皇帝及皇宫联系在一起，类似"丹麾（军队指挥所使用的赤旗）""丹阁（宫殿中的阁楼）"②，因此，并不排除，罗贯中使用这一搭配不仅仅是因为颜色上的相近（红脸—红色眼睛），而且也与宗教对关羽的形象定位相关，在宗教认识中关羽死后获得帝的封号。③

就此结束我们对《三国演义》中关羽肖像描写的分析，我们可以看到，对关羽的描写借助了固定词语搭配，同时，在重复已有搭配的同时，对平书中已出现的肖像特征的细节方面进行了修正（如，神眉被卧蚕眉所取代）。不过史诗作品中的描写被糅合在概括性地描述伟大统帅的特征之中，这种特征源自高雅文学。

对于结义三兄弟中性格火暴的老三张飞，罗贯中也如同平话一般，用类比的方法来描写他的外貌。在平书中我们可以读到："生得豹头环眼，燕颔虎须，身长九尺余，声若巨钟。"④"玄德回顾见其人：身长八尺，豹头环眼，燕颔虎须，声若巨雷，势如奔马，"⑤这是《三国演义》中的描写。⑥ 此处对张飞主要外貌特征的中心描写都是选用固定的两字搭配，它们构建在与不同动物和鸟禽的外貌相似处的表述之上。这种特征的表达方式，几乎是最原始的方式，我们在分析古代神话文本中已经提到过这一点。因此，毫不奇怪，为什么这一部分的描写是最为固定，最没有变体的，它即便是在 20 世纪 50、60 年代所录制的关于三国之争的说书内容中也并没

---

① 《禽经》，备注中没有 165a 这一作品的信息。

② Морохаси Тэцудзи. Большой китайско-японский словарь. Тайбэй. [Б. г.], т. 1, с. 328.

③ 民间什么时候开始将关羽称之为帝，已无可查据。官方这一封号，根据黄华节的研究，是 1531 年授予他关帝的封号，同时还有其他的死后封号。即在罗贯中完成《三国演义》之后。详见黄华节：《关公的人格与神格》，台北：商务印书馆，1972 年版，第 139—140 页。

④ 《三国志平话》，上海：古典文学出版社，1955 年版，第 11 页。

⑤ 与上几处译文一样，对张飞外貌的描写，俄文版也并没有准确地表达出来："在他面前立着一位体形魁梧的大汉，头大，环眼，脖子短而粗，胡须竖立如虎须一般。他的声音如巨雷。"[40a, т. 1, с. 18]（Ло Гуань-чжун. Троецарствие. Т. 1. М., 1954. с. 18.）

⑥ 罗贯中：《三国演义》，上海：商务印书馆，1929 年版，第 1 卷，第 4 页。

有发生变化。

至于罗贯中在张飞肖像中的添加之笔,即将张飞之势比作奔马,这一比喻显然引用了修辞对称,这是史诗作者常用的文学化风格。在平话中,对这一勇士的描写以"声如巨钟"的比喻结束,这一比喻并没有另外并列成分相随。罗贯中使用了这一描述,只是稍加改动了比喻的客体,使用了更为传统的"雷",并保留了修饰语"巨"。不过这一修饰词放在"钟"身上合适,用来修饰"雷"显得并不是那么贴切恰当。① 将张飞这一勇士的嗓门比作雷的说法在平话中已经出现,但是在陈寿《三国志》的静态描写中,提到英雄的出场时并没有用到这一比喻。②

"玄德见他形貌异常,问其姓名。"③我们可以看出,俄语单词"不同"无法完全表达出中文中的异常,因为异包含着奇怪的意思,除此之外,在中世纪的文学作品中,异常用来表示某种与阴间相连的事物。

需要强调的是,罗贯中在肖像描写中保持了拼贴的方式,主要根据类比原则将独立的固定搭配连用在一起,在非肖像的次要细节中,他使用比喻,这些比喻已经失去了与古代图腾的直接关联,而变成了英雄肖像特征中的某些特殊符号的表达,这些表达,特别是与野兽对比的词组,其目的在于强调英雄的威武。

有意思的,对中世纪晚期世俗文学作品与说书传统的分析表明,这些符号表达是非常牢固的搭配:在后来所有的变异形式中,它们都完整地保留了罗贯中《三国演义》中的形式。因此,完成于19世纪的俗文学典型代表作《三国故事鼓词选》,也描写了结义三兄弟刘备、关羽和张飞。刘备"生得身长八尺,力举千斤,面如冠玉,双耳垂肩"④,很容易就可以看出来,其中主要的细节都是来自史诗中(例如,平话中对刘备的面孔并没有任何修饰)。

类似的现象也出现在对关羽的描绘上,以下便是口头讲述中比较典型的十言诗(3+4+3):

---

① 让人感到奇怪的是,《佩文韵府》中根本就没有提到过这样的搭配"巨雷",而在诸桥辙次《大汉和辞典》中,虽然提到这一词组,但是所举事例中没有一个用法是来自经典文学作品中的(词典中几乎没提到引用史诗和小说的例子)。
② 《三国志平话》,上海:古典文学出版社,1955年版,第70页。
③ 罗贯中:《三国演义》,北京:人民文学出版社,1962年版,第1册,第4页。
④ 《三国志鼓词》,上海:二酉山房石印,1906年版,第1册,第1页。

> 他二人正然饮酒叙家常,忽见个大汉推车进上房,只见他身品魁梧多出众,黑森森五缕长髯世无双,生就的卧蚕眉衬丹凤眼,红馥馥面如重枣起霞光,举止间龙行虎步多端重,又搭上威风凛凛最轩昂,看此人不是碌碌无名士,论体统好似天神降下方。①

这一描写多受到十言诗句形式的影响,不过,关羽相貌的显著特征并没有发生改变,如长髯(只是在此之前使用了两个限定词,对颜色和形式进行了修饰:关羽的五缕长髯常出现在书面史诗的插图中,其中有两缕长在小胡子的位置,另外三缕长在下巴上)、面若枣色、眉似卧蚕、丹凤眼等等。就连脸色的修饰词,以及用"丹"来修饰"凤"这些表达方法都证明了,鼓词的说书人正是引用了史诗中的内容,而非更早时期平话中的表述习惯。

对张飞的肖像描述更能体现出描写肖像所用词语搭配的牢固性:"身长九尺,背润腰圆,豹头环眼,燕颌虎须,声若巨雷,势如奔马。"②在这一描写中,只有两处与史诗中的风格有所不同:其中将张飞的身高增加了一尺,这更符合俗文学中的夸张修辞,此外,在燕之后的并非是颔,而是类似面部位置额,于是传统的燕颔变成了燕额。很有可能这是印刷错误(或笔误),因为这个字在字形上非常接近。

《三国故事鼓词选》是书面作品,为"晚期"平书的范本,录制于20世纪50年代中期,讲述的是三国时期的英雄人物,在大鼓的伴奏下由著名说书艺人霍树棠说唱。尽管对人物外貌的特征描述得到扩展并花样繁多,不过主要特征仍旧没有发生什么改变。如鼓词中对《华容道》片段中对关羽和曹操碰面场景的描写:

> 将当中闪出了主将八尺高。
> 高戴扎巾镶珠宝,
> 宝镜胸前放光亮,
> 亮晶晶锁子连环甲,
> 甲衬征衣绿罗袍,
> 袍下宝剑剑藏鞘,
> 瞧见掌中青龙偃月刀,

---

① 《三国志鼓词》,上海:二酉山房石印,1906年版,第1册,第1a页。
② 同上。

刀壁面面如重枣,
早瞧见五缕长髯在胸前飘,
飘飘卧蚕眉两道,
刀挑凤目发森瞧也不敢瞧……①

尽管优秀的说书人为关羽的外貌增添了许多修饰语,但是我们仍旧能够看出鼓词中既有面如重枣,又有长髯、卧蚕眉、凤眼等等,这一系列显著特征几乎都是从史诗作品中引用过来的。

有意思的是,关羽的主要外貌特征也保留在了其他语言对三国讲述的说书传统中。1974年,在对蒙古中戈壁省的民俗调研中②,我们从还健在的当地说书人乔伊恩霍尔(Чойнхор)和萨姆博达什(Самбодаш)那里录制了以诗歌形式颂扬关羽的段子③。这两位说书大师所讲的是布里亚特与蒙古英雄史诗,它们从来源及情节设置方面来说与中国民间艺术和浪漫主义传统密切相关,另一方面与蒙古史诗传统也紧密相连。这种颂扬对专业说书来说是一种典型的静态描写。其中年长的乔伊恩霍尔在讲述时提到关羽的脸"红色,如血",也提到"五缕黑色长髯,飘散而去"。值得注意的是,关羽的"五缕长髯"在小说作品中不曾出现,仅仅在中国口头说书传统中存在,而后这一形象传入蒙古人那里。在萨姆博达什那里也使用暗红色形容关羽的脸庞,同时也提到了"五缕长髯",不过此处并非颜色修饰语,不过却利用了它的"五绺"之意:"五缕长髯,五关皆识。"④

两位蒙古的说书艺人在描绘关羽面容时,都会强调它的红色,不过他们并不是按照罗贯中作品或后来口头说书内容中将面色比为枣色的说法,因为,这样的比喻对于从未见过这些果实的蒙古听众来说显然是外来物。或许,也是因为这个原因,在蒙古说书版本中也取消了其他一些关羽身上的细节。例如,在萨姆博达什那里,提到"纵横龙眉,如嘉鲁达神鹰一般的灰色眼睛"。此处,用"龙眉"取代了对蒙古人来说晦涩的"卧蚕眉",尽管不能排除,萨姆博达什深谙中国民族文化,选择"龙眉"是出于语义方面的考虑:根据中国人的认识,具有龙眉的人——有着漂亮的弯曲形状且

---

① 霍树棠:《三国故事鼓词选》,沈阳:春风文艺出版社,1962年版,第75页。
② 关于这次调研,其参与者以及记录详见[56]。
③ 这些记录是在蒙古科学院的语言文学系的工作人员多格苏伦(Ч. Догсурэн)的帮助下完成的,保存在本文作者这里。
④ 此处暗指罗贯中《三国演义》中的著名场景,即关羽一人单枪匹马过五关斩六将。

越来越细的眉毛——会成为天才，他们将前途无量，他们的双亲也将延年益寿，受人敬爱。① 而将"凤目"改为神鸟嘉鲁达的眼睛，该形象随着佛教一起从印度传入了蒙古的民间文化中，这一更改在我们看来更为成功、恰当，更何况，中国人在翻译印度作品时，会使用自己的"凤"（或凤凰）来翻译梵文中的"嘉鲁达"。②

另一位说书大师乔伊恩霍尔则偏离中国书写及民间艺术传统更远，他在描述关羽的眼睛时（对于眉毛只字未提），使用了完全不同的形象，或许已经是地地道道的蒙古史诗传统中的形象了："睁开的双眼，就像晨星；远视时，就像狮子或老虎的眼睛。"③

上述蒙古式表述方式的共同之处在于它们都指向一定的符号系统，直接强调关羽的外貌与这一英雄人物在万神殿中的角色相关（这是中国传统所不具有的内容，同时也说明了蒙古听众对中国传统的不熟悉）。在列举关羽不同寻常的主要面部特征之后（面色、胡须形状、眼睛的特殊之处、高过八肘④、大嘴、宽肩、长臂⑤等等）乔伊恩霍尔在结束时说道，所有这一切都"证明了，他是一位王"（此处说书人使用了进入蒙古语中的汉字王，意为统治者，古代的王）。萨姆博达什则用"关羽是佛"的词汇来收尾。乔伊恩霍尔在开篇时也将关羽比作活佛，使用的词语是西藏语中的沙乌达格（Шавдаг）（此处应该指的是撒博达格 Сабдаг，蒙古和西藏神话传说中的地方神）将关羽比作佛，这与他在晚期中国人民间的混合宗教中的角色以及他形象的错位有关，在蒙古人的理解中，关羽的形象与史诗英雄格萨尔的形象以及藏传佛教战神贾姆萨兰（Джамсаран）的转世。⑥

---

① 《神相水镜集》，台南：北一出版社，1974年版，第65页。
② 用灰色来形容关羽的眼睛，是因为在蒙古语中为了在韵律上保持首个音节的押韵；与前面一句纵横龙眉中的босоо对称，便用了发音上近似的бор。
③ "虎眼"这一表达方式在中文里也存在。根据诸桥辙次《大汉和辞典》中仅给出了一个例子，形容旋转的水波纹。唐李白《泾溪东亭寄郑少府谔》诗："欲往泾溪不辞远，龙门蹙波虎眼转。"[参见 317，第9卷，1048]（Морохаси Тэцудзи. Большой китайско-японский словарь（Дайкан-ва дзитэн. Тайбэй.），t 9，с. 1048.）在中国占卜书籍中，"虎眼"则意味着财富和失去孩子[117,60]（Lessa W. A. Chinese Body Divination. Los Angeles, 1969.），而最为根本的是，在中国传统描述中，说书人绝对不会将豹与虎两种动物放在一起。由此可以看出，此处的表达主要是遵循了蒙古传统。
④ 此处说书人使用"肘"，在蒙古语中是32厘米的长度单位[51,414]（монгольско-русский словарь. Под ред. А. Лувсандэндэва. М.，1957.），这与汉语中的尺相同。
⑤ 不排除此处移用了关羽好兄弟刘备的外貌特征。
⑥ Дамдинсурэн Ц. Исторические корни Гэсериады. М.，1957. с. 15—30.

由于条件的限制而无法详细地分析蒙古说书艺人对关羽的描述,我们仅找出在其他语言的民间艺术传统中保留下来的翻译的或直译的固定搭配,它们产生于中国民间传统中,并具有象征意义,以及牢固的符号化性质。

在研究平话作品中的人物外貌时,我们遇到了刘备的军师——全知的诸葛亮与众不同的肖像。在罗贯中的《三国演义》中对他的外貌如此描写"玄德见孔明身长八尺,面如冠玉,头戴纶巾,身披鹤氅,眉聚江山之秀,胸藏天地之机,飘飘然当世之神仙也。"①与平话中一样,诸葛亮被描绘成明显具有道家特征之人,同时又将其比作永生的神仙。不过,描写中在特征的选择中则发生了变化并且明显被压缩:其中包含必须有的身高特征,刻意指出非常高(此处将近两米半),借助描绘刘备时也用到的固定搭配来说明面色,提到英雄人物的眉毛和前身,只是首次没有将它们与某些动物或物体类比在一起,同时也描写了衣着,强调道家形象。诸葛亮头上戴着一顶特别的帽子——纶巾,用青丝带做的头巾②,后名"诸葛巾"以示纪念诸葛亮。更具特点的是鹤氅,这是道家隐士的服装。③

我们发现了在罗贯中所描写英雄人物眉毛和上身的时候,隐含了两个不寻常的平行时期,这是我们以前所没有遇到的。值得一提的是,将眉毛或胸膛比作某种动物(昆虫)或物体(例如将胸比作桶)的方法非常古老。根据后来对于传统散文故事的记录④可以看出,罗贯中所使用的空间隐喻和夸张手法,都是中国人口头说书传统中的特征,史诗的作者在很大程度上对此有所借鉴。⑤ 需要说明的是,罗贯中文中所提到的"江山"

---

① 罗贯中:《三国演义》,上海:商务印书馆,1929年版,第8卷,第32页。

② 诸桥辙次《大汉和辞典》中给出了纶字两个发音 lun 和 guan。[317,8,1105]([317,第8卷,1105](Морохаси Тэцудзи. Большой китайско-японский словарь (Дай кан-ва дзитэн. Тайбэй.), t 8, c.1105.)我们依据《三国演义》注释中的专门解释而选择 guan 的发音。[180,1,301](罗贯中:《三国演义》,北京:人民文学出版社,1962年版,第1册,第301页。)

③ Палладий, Попов П. С. Китайско-русский словарь. Т. 1—2. Пекин, 1888. Т. 2, c.461.后来,这一表达方法鹤氅统指厚衣服。在《三国演义》的插图中,诸葛亮穿的是普通长衫,只是衣衫的名称与道家隐士的服装一样。

④ Рифтин Б. Л. Историческая эпопея и фольклорная традиция в Китае. М., 1970. c.334.

⑤ 值得注意的还有将眉宇之间比作江山的类似描述,不是眉毛本身,而是眉毛之间,面容的一部分,我们在前面已经指出,这在古代相术和星象术上来说非常重要,这种比拟在接近民间艺术的朝鲜文学中也存在。在17世纪的《洪吉童传》中,萨满师到洪吉童家为其双亲占卜时,如此说洪吉童:"在他眉宇之间我清晰地看到我们的江山,他有着帝王之貌……"[72,11]

一词,在中国古代转义代之国家、王国。它经常以此含义出现在民间神话传说中,因此,在罗贯中对似乎蕴藏在人物眉宇之间的山河美的描述,意在向读者介绍诸葛亮是思虑国家的伟大政治家。第二部分表述也会引起读者的类似想法,即智者胸怀天地间所有的秘密。[在卡尔梅克关于江格尔的史诗中,我们也找到了类似的例子,智者 Алтан Чээнджи(意为金胸)知道一百年之后的所有事情。]诸葛亮面部特征的这些细节不仅是为了让读者对人物的外貌有直观的想象,同时也为诸葛亮戴上了智者的特别光环,塑造一个对不同民族史诗创作来说都相似的对此世彼世都了如指掌的智者谋士形象。

以上所考察的是《三国演义》中正面主要人物的相貌特征。罗贯中的作品也为我们研究与人物外貌描写相关的其他问题提供了材料。其中之一便是不同勇士和将领的肖像描写中野兽相貌特征的存在。我们在前面已经提到史诗创作中显著描写方式为将人物的外貌特征比作动物相应特征。在古代,神话传说中对祖先的相貌描写与图腾想象有关。在后来的史诗创作中则仅用其隐喻之意,比作野兽是为了强调人物的英勇与力量。

例如,在描写将领孙坚时,"生得广额阔面,虎体熊腰"[1][2]。对年轻将领马超的描写也类似,"这个少年将军,面如琢玉,眼若流星,虎体猿臂,彪腹狼腰"。[3]

还有一个类似描写,即对骁将华雄的描写,"其人身长九尺,虎体狼腰,豹头猿臂"[4]。

在分析这些肖像描绘时,我们发现,最为明显的是视觉非线性。正如谢·涅克留多夫指出的那样:"在分析原始叙事艺术的诗学与表达系统时,我们总会遇到相悖的源头。一方面,极度详细的描写,情节不断细化

---

[1] 和前面几处类似,俄文译本中在处理肖像描写中并没有体现出史诗中肖像的特点。[40a,第1卷,29](Ло Гуань-чжун. Троецарствие. Т. 1. М., 1954, с.29.)动物类比在译文中都被删除了,这便让人无法理解,为什么虎体就被翻译成"阔肩";而"熊腰"被翻译成"细腰"。

[2] 罗贯中:《三国演义》,上海:商务印书馆,1929年版,第1卷,第21页。俄文译本中对此处的翻译不是很准确。很容易就能察觉到,对于相同的形象表述译者的翻译都有所不同。例如上个例子中的"虎体"翻译成阔肩,而此处则处理成力量和柔软的意思。(Ло Гуань-чжун. Троецарствие. Т. 1. м., 1954, с. 130.)

[3] 罗贯中:《三国演义》,上海:商务印书馆,1929年版,第2卷,第64页。

[4] 俄文中对于此处的描写比起其他的肖像特征来要更为准确些。详见 Ло Гуань-чжун. Троецарствие. Т. 1. м., 1954, с.72.此外,如上文中例子一样,将人物与狼类比。罗贯中:《三国演义》,北京:人民文学出版社,1962年版,第1册,第38页。

的趋势,似乎都指向了描述人的特殊具体性。而另一方面,正是这种极度具体的,同时又是由严格的几乎是刻意储存的物体建构出来的物质世界,会时不时为我们检测出物体结构相悖的不可捉摸性。"①类似的场景我们在书卷史诗描写人物相貌特征中也能找到:罗列的细节化描述,还有具体的比拟,和事实上无法直观想象出的类似肖像。在现实中,读者未必能够想象出有着豹头、虎体、狼腰和猿臂的英勇将领。只需翻阅一下《三国志平话》中的插图(14 世纪 20 年代),以及罗贯中《三国演义》不同版本中的插图,其中对历史人物的勾画完全都是参照人形,而古代神话传说中的人物则很长时期内都被描绘为动物的形状。

或许在书卷史诗中借助了现有的通用固定词组,能够从对一个人的肖像描述转移到对另一个人的肖像描述,以此来隐喻地描绘人物。因此,"豹头"这一描述张飞的细节也被用在了对华雄的肖像描写中。"虎体"②这一最为通用的隐喻特征则被应用在孙坚、马超、华雄和周泰身上。③

对将领的描写通常使用节律与句法相同的四字成语:野兽的名称＋人的身体部位—野兽的名称＋人的身体部位。因此,与虎体这两字搭配在一起的词语也是具有相同结构的熊腰(在一些场景中也使用狼腰)。不管是前者还是后者在词典中都不是作为固定搭配存在的,不过它们的出现也并非偶然,而是符合了汉语形象化言语中已有的动物形象,同时也遵

---

① Неклюдов С. Ю. Особенности изобразительной системы в долитературном повествовательном искусстве. Ранние формы искусства. М. , 1972, с. 193.

② 在王莽时期(公元 1 世纪),曾专门设置"虎将"一职,而后便延续下来如此称呼勇猛的将领。(Морохаси Тэцудзи. Большой китайско-японский словарь (Дай кан-ва дзитэн. Тайбэй.), t 9, с. 1050.)或许,在这个场景下,"虎体"应该理解为对勇猛将士的隐喻意义,尽管诸桥辙次《大汉和辞典》还给出了另外的含义,将这一词组理解为人物出身好,并引用《西厢记·崔莺莺夜听琴杂剧》的例子为证,"故知虎体食天禄,瞻天表,大德胜常"。Морохаси Тэцудзи. Большой китайско-японский словарь (Дай кан-ва дзитэн. Тайбэй.), t 9, с. 1051. 不过,在话剧文本中,这一词组并不是像《三国演义》中用来描述人物,而是提喻法。因此,对这一词组的第一种解释更适用于书面史诗中。总的说来,将英勇的将领比作猛虎在中国文学中具有特殊语义。正如在第一部分中我们已经提到的那样,在中国古代象征系统中,与西面联系在一起,这是肉体力量的化身。根据古代习俗,当皇帝在会见殿堂时,面南而坐(他总是这样坐着),那么他的左手旁,即东面,站立着文官,如龙一般;而他的右手旁,即西面,站立着武将,如虎一样。(Сычев Л. П. Китайский декор как часть единой системы космогонических символов. Государственный музей искусства народов Востока. Научные сообщения. Вып. IX М. , 1977, с. 127.)或许,这种仪式实践不可能不对民间文学中将将领比作猛虎的认识产生影响作用。

③ 罗贯中:《三国演义》,上海:商务印书馆,1929 年版,第 3 卷,第 75a 页。

循了语义搭配的原则。可以说,熊虎是对勇猛的隐喻,自古以来就被应用在历史文学作品对勇猛将士的描写中。① 陈寿在《三国志》中也曾写道,关羽和张飞是熊将虎将。

将虎与狼搭配在一起也出现在许多固定成语中,用来表示将士的狂暴、凶猛。② 例如,经常使用的搭配"狼吞虎咽"(隐喻吃东西时又急又猛③),还有其他使用虎狼的搭配,与虎熊有所不同,除了带有暴躁和勇猛的色彩之外,还有一些负面的愚笨和野蛮的附加色彩。因此,在翻译《三国演义》中将领的肖像描写时,需要指出,"虎体狼腰"似乎都被用在了愚笨和暴躁的将士身上。

在分析平话与书面史诗中的人物肖像描写时,我们不止一次地提到相面术,将其看做是吸纳了许多关于人的民间传统认识的特殊标志系统。其中,相面术描述人身体的界定语中也有"虎体"这一词组,用来形容高大的人,头大,高额头,从远处都能看到眼放金光,炯炯有神,面部具有罕见的鬃毛,头上毛发浓密,声如洪钟,步伐轻快。④ "虎体"的拥有者还有其他显著特征,如红色的,圆圆的,饱满的脸庞⑤。现在让我们回到上文中所列举的《三国演义》中拥有虎体的人物的肖像描写上来,我们会发现,他们身上的"非动物"外貌特征符合民间对拥有"虎体"的人物的普遍想象。因此,孙坚的广额阔面;华雄的高大身躯;马超的眼若流星,所有这些面部特征都与相面术中对拥有"虎体"的人的描述相符。不过,它们的相互依存关系并不是完全的(马超面如冠玉这一比喻无论如何也不属于这一系统),而是局部的,因为史诗描写中对"动物风格"不同特征的选择是非常复杂而非单一的,对这些特征的使用目的也远不是局限在占卜书籍上的所写内容。

在这一方面,词组"猿臂"更具代表性,它出现在对马超和华雄的描写中,意为长长的手臂。而在相面术书籍中并没有提到手臂,只是提到猴形

---

① Морохаси Тэцудзи. Большой китайско-японский словарь. Тайбэй. [Б. г.], т. 7, с. 496.
② Там же, с. 706.
③ 高德沛:《最新成语大辞典》,台南:正言出版社,1974年版,第23页。陆澹安编著:《小说词语汇释》,上海:中华书局,1964年版,第901页。
④ 参见《神相水镜集》,台南:北一出版社,1974年版,第160页。
⑤ Lessa W. A. Chinese body divination. Los Angeles, 1969, p. 36.

的特征之一是手臂长。①在其他艺术传统中可以找到这一形象——如民间关于公猴与其掠夺来的女子所生的孩子的传说中常提到这一点。这一情节被应用在著名的唐代传奇《白猿传》中。"猿臂"一词似乎最早出现在司马迁《史记》中的《李将军列传》,"广猿臂善射"。② 在司马迁之后,历史小说中通常将猿臂用在善射之人的身上,如太史慈(3世纪),光文帝刘渊和刘存(4世纪),生活在10世纪的唐代大臣郭知运、李存孝,甚至还有驻军北京的成吉思汗的大将木华黎。③ 或许,在书面史诗中这一细节也具有隐喻之意,即证明其拥有者具有出色的军事才能。显然,罗贯中对将领的肖像描写中,不仅是"猿臂",其他的"野兽"形象也都具有隐喻性质,并且其使用目的首先是为了强调人物的军事才能、无所畏惧及英勇。

有别于用野兽特征修饰的将领,《三国演义》中的其他人物形象都是整体勾勒且遵循固定模式:指出人物的个子高——从吕布的一丈(多于三处)到许褚④的八尺;脸色——蒋钦的面黑⑤,陈武的面黄⑥,或者用固定模式来说明白色(面如傅粉),因此,对吕范与著名将领邓艾也如此描写⑦。

对人物面色的描写根据修辞对称的原则,通常也需要面部另外部位的颜色对应。例如对蒋钦的描写"面黑须黄";对陈武的描述"面黄睛赤",而对邓艾白色面孔表述则借助了比较的结构,同时也借用类似的修辞对称对嘴唇进行描写:"面如傅粉,唇似抹朱。"

类似的对应形式在其他场景中也能够见到,没有修饰面色,而是脸庞的形状,如"面方口阔"(描写董袭时所用。⑧)"眉清目秀"这一成语的主体词语也是脸部的具体部分(描写程昱时所用。⑨)或者"浓眉大眼"(描写赵

---

① 参见《神相水镜集》,台南:北一出版社,1974年版,第160页。
② 司马迁:《史记》,北京:中华书局,1963年版,第9册,第2872页。
③ Морохаси Тэцудзи. Большой китайско-японский словарь. Тайбэй. [Б. г.], т. 7, с. 718.
④ 在俄文译本中,将壮士一词翻译为"巨人"不太恰当[40a, t. 1, c. 156—157](Ло Гуань-чжун. Троецарствие. Т. 1. М., 1954. с. 156—157.),更应该是大力士,勇士。
⑤ 罗贯中:《三国演义》,上海:商务印书馆,1929年版,第3卷,第75a页。
⑥ 同上书,第80页。
⑦ 同上书,第72a页;第23卷,第25页。
⑧ 罗贯中:《三国演义》,上海:商务印书馆,1929年版,第3卷,第86页。
⑨ 罗贯中:《三国演义》,上海:商务印书馆,1929年版,第2卷,第69a页。

云时所用。①)。

　　罗贯中在塑造人物形象时对固定词语搭配的使用并不多。不过,这些特征的"独特性"主要是将固定词语中的一些或另一些部分进行改变,有时候是改变它们的位置,或者利用已有部分组合成新的搭配。如果在描写程昱时提到"眉清目秀",那么在描写董超时则用"眉目清秀"②。如果对马超面容使用了"面如琢玉",那么在描写周瑜时,则是"面如美玉"③。

　　不难发现,在这些四字成语公式中,主要单词由名词充当,它们或多或少是固定元素,而修饰它们的定语则经常会发生变化。这一规律适用于遵循以下公式的表达:被修饰语—定语—被修饰语—定语(如眉清目秀),或者相反的顺序:定语—被修饰语—定语—被修饰语(如浓眉大眼),也适用于比喻的结构中(面如……)。总而言之,这些四字结构的成语很容易在具体描述中融合概括性的,非具体的特征,同样也是四字结构内容,就如我们在关羽的外貌特征描写中所看到的那样。

　　描写次要人物的特殊之处在于根据民间传说中的著名人物的形象或相似之处进行勾画。有时候这种定位是有意而为之,而有时候则缺少直接描写。例如,对猛将魏延的外貌描写这样表述:"此人是谁?身长九尺,面如重枣,目似朗星,如关云长模样。"④这里直接提到该人物与读者所熟悉的关羽的相似之处⑤。

　　在其他的场景中,这种描写上的联系并没有标明,但是根据人物的相同类型或相同功能我们也能够判断出来。例如,刘备的军师诸葛亮类似吴国的统帅周瑜。因此,对周瑜肖像特征的描述是按照大家所熟悉的对诸葛亮的描写为范本的:"其人面如美玉,唇若点朱,姿质风流,仪容秀丽,胸藏纬地经天之术,腹隐安邦定国之谋。"⑥这一描写与诸葛亮肖像的相

---

　① 罗贯中:《三国演义》,上海:商务印书馆,1929年版,第2卷,第17页。
　② 罗贯中:《三国演义》,上海:商务印书馆,1929年版,第3卷,第56页。
　③ 同上书,第3卷,第73页。
　④ 罗贯中:《三国演义》,上海:商务印书馆,1929年版,第9卷,第4页。
　⑤ 有意思的是,毛宗岗在评论《三国演义》时,删除了直接指向关羽的内容。[180,1,326](罗贯中:《三国演义》,北京:人民文学出版社,1962年版,第1册,第326页。)保留了关羽身高的信息,以及最主要的面部特征——面如重枣。中国的读者根据这一细节可以毫不费力地猜出这种隐藏的对比。
　⑥ 罗贯中:《三国演义》,上海:商务印书馆,1929年版,第3卷,第73页。

似之处有将面比作玉的固定细节,以及朱红的嘴唇,不过这些细节在书面史诗中并没有用在诸葛亮的身上,而是在平话中,还有描绘周瑜的胸与腹的两个对称句子,将其看做是宇宙空间与韬略的处所。这种比较我们仅在对诸葛亮的描写中见到过。

但是在《三国演义》中,诸葛亮不仅被描绘成睿智的战略家,还是道家智士(被比作神仙)。因此,书面史诗中对其他道家人物的肖像描写也多具有诸葛亮的道家风范。与此同时,也使用到道家相貌的其他特征——行为举止,外貌细节等。最具代表性的是对著名道家药师华佗的肖像描写:"(孙)策见其人,童颜白发,飘飘然有出尘之姿"①。"童颜""鹤发"以及特殊的飘然步伐(这里使用了一个带有"然"字后缀的副词词组,飘飘然),所有这些都是道家隐士的典型特征。在世纪初的许多描写中都使用"童颜"这一词组。例如,在关于汉武帝的历史小说中这样的面孔不带有任何邪气②,因为这一形象是远离尘世的隐士的特征,此外,"童颜"也说明隐士服用了神奇的长生药丸,返老还童。

有意思的是,在毛宗岗看来,"白发"太普通,并不是道家长者的特征,因此他改为"鹤发"③,因为在中国传统观念中,鹤是与道家仙人形象联系在一起的(将白发改为鹤发并不复杂,因为在中国诗歌中常将白色比作仙鹤的羽毛④)。提醒大家一下,诸葛亮穿的是鹤氅,同样穿着的还有道人于吉,被称之为神仙,寓居东方,往来吴会。⑤

罗贯中在肖像描写中对鹤的使用通常与将道家人士比作树木的类比结合在一起。这里起作用的似乎是民间原始艺术中的语义搭配:树与鸟。描写水镜道士时便提到,他"松形鹤骨,器宇不凡"⑥。而在对李意的描写中,"鹤发"与"身如古柏之状"⑦用在了一起,在对于吉的描写中,"面似桃

---

① 罗贯中:《三国演义》,上海:商务印书馆,1929年版,第3卷,第87—87a页。
② Морохаси Тэцудзи. Большой китайско-японский словарь. Тайбэй. [Б. г.], т. 8, с. 716.
③ 史诗中描写李意时也曾使用"鹤发"。[179,第17卷,11a](罗贯中:《三国演义》,上海:商务印书馆,1929年版,第17卷,第11a页。)
④ 在《大汉和辞典》中引用了庚肩吾、钱起、刘希夷等人的诗句[详见317,第12卷,861](Морохаси Тэцудзи. Большой китайско-японский словарь. Тайбэй. [Б. г.], т. 12, с.861)《佩文乐府》中引用了杜甫、欧阳修等人的诗句。
⑤ 罗贯中:《三国演义》,上海:商务印书馆,1929年版,第6卷,第55页。
⑥ 罗贯中:《三国演义》,上海:商务印书馆,1929年版,第7卷,第68a页。
⑦ 罗贯中:《三国演义》,上海:商务印书馆,1929年版,第17卷,第11a页。

花"与"身披飞云鹤氅"连用。① 不管是松树、柏树,还是桃树,在中国古代文化中都有着固定含义,其中桃树代表长寿,它具有辟邪的功能;松树代表坚毅,永恒(四季常青),也代表长寿,严格遵守规则等②;柏树与松树类似(难怪,在古代书籍《礼记·礼器》中提到:"如松柏之有心也,二者居天下之大端矣,故贯四时而不改柯易叶。"③)两者都被看做是对规矩的严格遵守④,同时也都会被栽植在墓穴旁⑤。

树木的象征意义是用来强调将鹤与松、柏用在一起的深层含义。这种搭配并非符合现实生活,而更多是从语义角度出发,因为鹤不会在松树上筑巢,这里是由隐喻意义构成的比喻要素,如长寿和道德纯洁的符号。其实,罗贯中将松树与鹤骨用在一起的形式,我们在中国以往的诗歌中也曾遇到,例如苏轼的《赠岭上老人》一诗:"鹤骨霜髯心已灰,青松合抱手亲栽。""鹤骨"在中国诗歌中隐喻瘦弱之人,此外,根据《大汉和辞典》中所列举例子可以看出,该词组不仅是用来说明人瘦弱,而是指枯瘦的隐士:孟郊在《石淙》诗之五中写道:"飘飘鹤骨仙,飞动鼍背庭。"齐己在《戊辰岁湘中寄郑谷郎中》诗中,"瘦应成鹤骨,闲想似禅心,"这里伶仃瘦骨与断绝尘世杂念联系在一起。而苏轼则看透了一切欲望。⑥ 毋庸置疑,《三国演义》中描写水镜道士时使用松形,"鹤骨"等隐喻,都在强调魔法师和预见者的非凡外貌。

还有一些道士所特有的其他肖像特征也起到这一作用,如方瞳⑦,根据《俄汉词典》解释,与鹤骨一样,它也是长生的标志。⑧ 还有罗贯中在描写道士李意时所使用的"碧眼",紧跟着是对瞳孔的描述,"碧眼方瞳"。根

---

① 罗贯中:《三国演义》,上海:商务印书馆,1929年版,第6卷,第55页。
② Морохаси Тэцудзи. Большой китайско-японский словарь. Тайбэй. [Б. г.], т. 6, с. 206.
③ Там же, с. 206.
④ Там же, с. 213.
⑤ Палладий, Попов П. С. Китайско-русский словарь. Т. 1—2. Пекин, 1888. Т. 1, с. 40. 与一些古代文章吻合,柏树还表示道德高尚春这,它与白色这一主要颜色联系在一起,意为西(Морохаси Тэцудзи. Большой китайско-японский словарь. Тайбэй. [Б. г.], т. 6, с. 259.),即亡故人的过度,根据古代中国人的迷信思想。因此,在一些古代文章中常使用"柏"来代替"魄"。如班固《汉书》中《东方朔传》一文写道:"柏者,鬼之廷也。"(Палладий, Попов П. С. Китайско-русский словарь. Т. 1—2. Пекин, 1888.)字典对"鬼廷"的解释便是松柏的隐喻。
⑥ Морохаси Тэцудзи. Большой китайско-японский словарь. Тайбэй. [Б. г.], т. 12, с. 859.
⑦ 罗贯中:《三国演义》,上海:商务印书馆,1929年版,第17卷,第11a页。
⑧ Палладий, Попов П. С. Китайско-русский словарь. Т. 1—2. Пекин, 1888. Т. 2, с. 28, 112.

据《大汉和辞典》中对诗句的引用可以看出,这种不同寻常的眼睛颜色与方瞳的搭配在罗贯中之前就已经被使用了,并且是用来描述道家(李咸用作品中)和佛家隐士(苏轼作品中)的固定词组①。

总体而言,罗贯中在作品中借助已有固定词组对特殊群体道士的肖像描写绝不是单一形式的。这种多样化并不是借助个性特征,而是在固定形象的内部进行变异,借助同义词的使用和扩展隐喻。

在本书的第一章中,我们提到了对神话传说中先祖们的分解式描述的例子。这种肖像特征常用在平话中的主要人物身上,对于书卷史诗中的一些人物描写来说也是常见的方式,特别是具有野兽形貌特征的人物。需要指出的是,罗贯中的一系列人物似乎所拥有的是压缩过的肖像特征,其中最为固定的元素应当是神话传说中就已非常典型的告知身高。例如,对许褚的肖像特征描写:"为头一个壮士,身长八尺,腰大十围,容貌雄伟,勇力绝伦,截住去路。"②对其相貌描写几乎只提及两个特征,身高与腰围,而其他在描写勇士和壮士外貌中多提到的概括特征在此并没有涉及③。

在罗贯中笔下还有一种肖像描写非常普遍,它也源自平话,即通过描写人物的衣着和兵器,或者某一件兵器,来代替对相貌的描述。如描写董贵妃之兄董承时写道:"承拜谢,穿袍系带,辞帝下阁""锦袍玉带……"④其中没有一处描写人物的肖像细节,仅用衣着替代。

还有一种特别的肖像描写,即将领纪灵:"纪灵乃山东人也,使一口三尖刀,重五十斤。手下战将极多,是日纪灵引兵出阵。"⑤此处并没有肖像描写,取而代之的是指出特殊兵器,这也是英雄人物的特征之一。也存在

---

① Морохаси Тэцудзи. Большой китайско-японский словарь. Тайбэй. [Б. г.], т. 8, с. 379.(原文中注释有误,并非第 9 卷,而是第八卷)唐李咸用《临川逢陈百年》:"麻姑山下逢真士,玄肤碧眼方瞳子。"宋苏轼《佛日山荣长老方丈》诗之二:"何处霜眉碧眼客,结为三友冷相看。"

② 罗贯中:《三国演义》,上海:商务印书馆,1929 年版,第 3 卷,第 30 页。

③ 将他的肖像与吕布对照,我们就能看出此肖像的特别之处,"身长一丈,腰阔十围,眉目清秀"。[详见 179,第 1 卷,46a](罗贯中:《三国演义》,上海:商务印书馆,1929 年版,第 1 卷,第 46a 页。)这一肖像几乎与平话中对吕布的描写一样,也指出了身高、腰阔。有意思的是,毛宗岗对如此吝啬的描写不甚满意,将其删去,并引用高雅文学中的概括描述,"生得身宇轩昂,威风凛凛。"[180,1,24](罗贯中:《三国演义》,北京:人民文学出版社,1962 年版,第 1 册,第 24 页。)除了身高和腰围,还补充了眼睛和眉毛的描写,尽管"眉目清秀"也是概括形式。

④ 罗贯中:《三国演义》,上海:商务印书馆,1929 年版,第 3 卷,第 46 页。

⑤ 同上书,第 65a 页。

着许多过渡的例子,在人物描写中既保留了一些简洁的外貌特征,同时用对兵器和服饰的描写来补充来弥补这种明显的描写不足。"一将步行出战,销金黄抹额,绿锦细纳袄,身长九尺五寸,手提铁棒一条,名号截天夜叉何曼。"①

书卷史诗对人物肖像描写的普通原则是静态描写。与古代神话传说中的人物描写相似,仅在人物首次出现的时候对其进行描述,经常直接指出其出身如何。绝大多数这样的肖像描写都成为了作家写作中不可分割的部分。不过有别于古代神话传说,作家都试图直接且明确地让读者看到祖先非凡的相貌或者未知国度里的奇怪居民(例如《山海经》),在中世纪史诗中这种介绍便不那么直截了当了。在平话中我们已经看到了许多不断打破这种传统的例子,如人物在作品中的突然出现,并且将人物姓名介绍置于肖像描写之前,而非其后。上文中所列举的对何曼的描写正是如此。在罗贯中的《三国演义》中我们发现了一些其他的肖像描写,它们也打破了描写的静态与单一式。与作家所描写的其他人物肖像有所不同,跟随关羽的周仓是通过某个啸聚山林的裴元绍之口说出的,"离此二十里新版有一卧牛山。山上有一关西人,姓周,名仓,两臂有千斤之力,板肋虬髯,形容甚伟"②。

周仓的肖像虽然出自人物之口,但是它在原则上仍旧是静态的。史诗中肖像的静态性只有在"情景肖像"中才被打破,这些情景肖像都是基于读者已经熟悉的肖像特征的静态描写细节之上。这一特点在对张飞的描写中就已经呈现出来了。当吕布引兵搦战时,"傍边一将,圆睁环眼,倒竖虎须,挺丈八矛,飞马大叫:'三姓家奴休走!燕人张飞在此!'"③此处即便不说出人物的姓名,根据"圆睁环眼,倒竖虎须",读者也能看出这是张飞,还有对他的兵器属性的说明——长矛也是一个提示。类似的描写在张飞遇害时也有所体现,"范张二贼探知消息,各藏短刀,夜至初更,密

---

① 同上书,第29页。有意思的是,在校对《三国演义》文章时,毛宗岗感到对身高的描述不太合节律,就删掉了。(罗贯中:《三国演义》,北京:人民文学出版社,1962年版,第1册,第94页。)

② 罗贯中:《三国演义》,上海:商务印书馆,1929年版,第6卷,第38—38a页。Ло Гуань-чжун. Троецарствие. Т. 1. М., 1954. с. 352. 需要注意的是,细致感受到罗贯中艺术手法的《三国演义》注释者,17世纪著名作家李渔也注意到关于周仓不同寻常的肖像描写。

③ 罗贯中:《三国演义》,上海:商务印书馆,1929年版,第1卷,第83页。

入帐中,诈言有人欲禀机密大事,直至床前,飞鼻息如雷,二贼下手将飞杀之"①。这里似乎可以看到情景肖像的"萌芽",提到勇士如何打鼾"闻鼻息如雷"。需要提醒大家的是,在描写张飞的肖像特征时曾提到声若雷。不过这个比喻是强化了的静态性质。此处则指进入睡梦中的人物在一特定时刻的特定场景下的鼾声之大。有意思的是,毛宗岗细致地捕捉到这一描述中所存在的尚未成熟的情景肖像描写的趋势,自己成功地对此进行了补充。在毛宗岗评本中,这一场景是如此呈现的:"范、张二贼……直至床前。原来张飞每睡不合眼,当夜寝于帐中,二贼见他须竖目张,本不敢动手。因闻鼻息如雷,方敢近前,以短刀刺入飞腹。飞大叫一声而亡。"②很显然,这里对张飞被害的场面描写比《三国演义》原先版本要生动得多。因为加入了独立的小动作(不是普通的杀害,而是刺入腹部),人物的具体行为,以及情景肖像的动态改变(须竖目张)而更加强化了效果。不过,这些情景肖像的变化正是基于最初所提及的"圆睁环眼,倒竖虎须"等静态描写。

书卷史诗中的情景肖像有时候借助比喻的使用而呈现效果:"帝面如土色"③(这一类比在平话中已经出现),或者"口若悬河"④(即具有非凡口才)。这些比喻都是固定的结构,它们在距罗贯中之前许多年的高雅散文与平话中都经常出现。⑤ 它们本身并不具有非静态的因素,只是在具体场景的一次应用,而非像中世纪其他史诗那样在人物第一次出现时给出的描写,使它们具有了情景意义。

情景肖像的另一种形式则是对出战的描写,并非着重人物外貌上的某些改变,而是对他战时衣着和兵器的详细描写。上文中我们已经给出了吕布第一次出现时的情形。而接下去在《三国演义》中通过将领王匡的眼睛看到:"王匡将军马列成阵势,勒马门旗下,时见吕布出阵:头戴三叉束发紫金冠,体挂西川红锦百花袍,身披兽面吞头连环铠,腰系勒甲玲珑狮蛮带;弓箭随身可体,手持画杆戟方天戟,坐下嘶风赤兔马:果然是'人

---

① 罗贯中:《三国演义》,上海:商务印书馆,1929年版,第17卷,第7页。
② 罗贯中:《三国演义》,北京:人民文学出版社,1962年版,第2册,第646—647页。
③ 罗贯中:《三国演义》,上海:商务印书馆,1929年版,第3卷,第41页。
④ 同上书,第74页。
⑤ Морохаси Тэцудзи. Большой китайско-японский словарь. Тайбэй. [Б. г.], т. 4, с. 1224. 词条中给出"悬河","悬河之辩"等。

中吕布，马中赤兔！'"①整个详细且是情景化的肖像描写都是依照平话的风格呈现出来的，或许，这也源自前几章中所提到的描写将士出战时特殊的模板式诗化叙述。

在书卷史诗中出现的对提喻（以部分喻整体）的使用也源自平话传统。总是用固定搭配龙体和龙颜来表示同一个单词"皇帝"②，这些搭配正如我们在本书第一部分中所分析的那样，源自中国不同部落最古老的图腾想象。

晚期书卷史诗中的神话人物

我们在本书的开篇便对古代哲学书籍、历史书籍及稗官野史中的神话人物的肖像特征进行了分析，它们从整体上反映了文学不同的发展阶段，同时也保留了关于神话先辈的原始想象。中世纪时，中国人的古代神话传说发生了本质的转型。其中有部分人物留在了民众的记忆中而成为了手工业或仪式的守护神：黄帝变成了裁缝的守护神，而女娲则是姻缘的守护神。除了保存下来的古代神话体系，还形成了其他神仙的万神殿——佛教的和道教的——它们出现于公元后的最初几个世纪，10世纪左右在民间又形成了一种统一的混合神话，囊括了一系列古代神话系统的形象，其中有佛教、道家人物，还有许多被奉若神明的历史人物。这整个系统的首领是玉帝，对于他的想象或许形成于8至9世纪。这一晚期形成的混合神话体系不仅体现在寺庙的造型艺术中，而且还出现在民间木版画上，以及中世纪晚期的书面史诗中，特别是在传统上被认为是16世纪作家许仲琳所作的《封神演义》中（澳大利亚的研究者柳存仁指出该书的作者为16世纪上半叶的道家大师陆西星③）。大约是在16世纪，出现了周游等编辑的《开辟演义》，其中的人物多来自中国古代神话传说——伏羲、女娲、黄帝、颛顼、大禹、后裔等，同时也有古代神话传说中的统治者——舜、汤、桀等，对于他们的肖像描写我们在本书的第一部分中

---

① 罗贯中：《三国演义》，上海：商务印书馆，1929年版，第6卷，第38—38a页。Ло Гуань-чжун. Троецарствие. Т. 1. М., 1954. с. 78.

② 罗贯中：《三国演义》，上海：商务印书馆，1929年版，第3卷，第49a页。

③ Liu Tsun-yan. Buddhist and Taoist Influences on Chinese Novels. Vol. 1. Wiesbaden. 1962, p. 293.

已经有所分析。《开辟演义》的开篇部分带有佛教影响的痕迹。盘古的形象流传于中国东南部落,而后成为全中国神话系统中的人物,大约在公元最初的几个世纪里便已经被赋予了纯正的佛教名称 Бидобэншана(Витабэнсена?)①,它让人想起在中国更为流行的观音菩萨。不过,在大多数情况下,作者所依据的是中国古代本土的神话传说。

《开辟演义》并不属于中国叙事散文中最为著名的作品,其在艺术成就方面无法与罗贯中的《三国演义》、施耐庵的《水浒传》,吴承恩的《西游记》相媲美,不过通过该演义能够清晰地追踪,在中世纪叙事散文体裁和风格的影响下的神话人物形象。

在《开辟演义》中给出了大多数人物的肖像描写。例如,在描写伏羲时,写道:"其母乃燧人氏之女也,名诸英,住于华胥。一日闲嬉游入山中,见有一巨人足迹,羲母以脚履之,自觉意有所动。忽然虹光罩身,遂因而有娠。怀十六个月,生帝于成纪。长成三十有六岁,首若蛇形,身长三丈六尺,能仰观星象于天,俯察山川于地……"②如果说指出伏羲非凡能力的最后一部分源自《系辞传》——对《易经》的解说和发挥,那么,并不是找到与主体部分相对应的内容,这更多是作者的"发明",明显拟人化了的伏羲③。我们所看到的已经不是古代书籍中所描绘的蛇身(或龙身)人头的神奇怪物,而是有着拉长了的蛇形脸的人。看来,作者也无法避免神话人物描写传统的影响,但是已是另一历史时期的人,会合理地对人物的传统符号(蛇形)进行重新认识,根据对外貌特征"现实的"直接理解来将其变成某种对应物,某种独特的隐喻。将先辈与统治者拟人化也并不罕见。它反映出公众认识的变化,这也证实了对《开辟演义》第十八回的注释。注疏者王弘④(生卒年份不详)给出了自己前辈们对神话人物外貌的不同描写。例如,有学者赵雪班⑤无法相信,在天庭的所有仙人全都会恭恭敬敬地听从一个长着似蛇似牛的脑袋的怪物发号施令。而另一注释者丁南

---

① 这一名称我们在最全的中国佛教词典中都没有找到,不排除,这是作者根据佛教风格杜撰的名称。
② 《开辟演义》,同文馆刊本,1815年版,第2卷,第2集,第1—1a页。
③ 值得注意的是,明朝人王圻撰写的百科式图录类书籍《三才图会》,也编成于16世纪,其中伏羲被描绘成半身拟人像,穿着树叶做的斗篷,头上有两个像角的突起。[136](王钦:《三才图会》,台北:成文书店,1970)
④ 此处为音译,原文为 Ван Хун。
⑤ 此处为音译,原文为 Чжао Сюэ-бань。

湖则立场鲜明地否定关于先辈蛇首或牛首的想象。(蛇首牛首不为异相，盖模拟略似云耳。若仲尼面似蒙倛，周公身如断菑，傅说体似植鳍，皋陶色如削瓜，皆是也。独怪后世立羲皇等象，乃塑出真蛇牛之形以污先圣大甚矣。)①

在将神话形象伏羲人物化的同时，周游在描写伏羲身高时还使用了明显的夸张——换算成现在的单位将近 11 米。相同的还有女娲，在作品中她被称为伏羲的妹妹②。女娲的身高为两丈五尺，即 8 米。

在描写女娲时，作者已经不再遵循原初的神话人物的龙蛇出身。与伏羲不同，史诗中并没有提到女娲的头形，只是给出整个脸庞的描述，同时还有各部位的特征："面如傅粉，齿白唇红。"③。不难看出，对女娲的描写借助了固定词组，这些词组在民间平话及早期书面史诗中都曾出现过。需要提醒大家的是，《三国志平话》中描写战略家诸葛亮时提到他"面如傅粉，唇似涂朱"。在《开辟演义》中仅将平话描写中的第一部分原封不动地保留了下来，而第二部分则用类似的四字词语代替，对唇与齿进行了颜色上的描述。如果在我们所考察的平话中"面如傅粉"仅出现过一次，那么，正如上文中所指出的，在史诗《三国演义》中则在不同将领的肖像特征中出现。

《开辟演义》的作者非常青睐这一固定词组。在描写天皇时，他使用了完整的两部分，完全重复了《三国志平话》中诸葛亮的肖像特征："面如傅粉，唇似涂朱"。这一完整的特征在《开辟演义》中既用在了汤的贤臣伊尹④身上，也用在了大禹后人⑤身上，以及用来描绘其他男性或女性，在我们所了解的中国古代文学中，这种现象十分罕见，因为对不同性别的肖像

---

① 《开辟演义》，同文馆刊本，1815 年版，第 2 卷，第 2 集，第 41—42 页。我们并不清楚雕像作品中对神话人物的呈现，不过它们应该在一定程度上保留了公元 1 世纪的传统想象。在书面文学中，神话人物的拟人化更为积极。唯一描写伏羲拟人化的场景我们在伊·巴拉诺夫研究三皇庙的文中找到：伏羲，神农和黄帝，在晚期的民间宗教中被奉为活佛，在靠近哈尔滨的古老城市阿城(音译)(Баранов И. Г. По китайским храмам Ашихэ. Харбин, 1966, с. 7.)，其中伏羲双膝分开端坐在那里，身着树叶穿成的衣服，手拿八卦图。他的面部和身体都是黑色(这种特征我们还是第一次看到)，与王圻《三才图会》中的图案一样，头上长着两只角一般的突起。在这尊雕像后面的墙壁上画着神马，趟过河流并为伏羲带来八卦图。
② 有意思的是，周游特意指出两人同母，而未提到他们的父亲。
③ 《开辟演义》，同文馆刊本，1815 年版，第 2 卷，第 2 集，第 11 页。
④ 《开辟演义》，同文馆刊本，1815 年版，第 5 卷，第 5 集，第 45 页。
⑤ 同上书，第 14 页。

描写各有其特殊模式。

如果说从《开辟演义》给出的女娲形象身上,我们已经找不出任何古代图腾崇拜的痕迹,那么神农氏的肖像描写中则有所保留:"身长一丈九尺①,牛首龙形。"②词组"牛首龙形"让人想起在第一部分中所提到了世纪之交的书籍中对神农的描写,以及《列子》中不止一次提到包括神农氏在内的先祖们拥有"牛首龙形"。

在保留了神农的兽形的同时,作者将他女儿拟人化,称之为精卫公主,当时的文献中多将其女描写为一只鸟。当然,在《山海经》以及后来的《志异》中都提到精卫在死后变成了鸟③,不过,根据我们的探寻,这种描述只是更晚些时期对精卫最初兽形的解释。在《开辟演义》中并没有任何迹象显示精卫有着鸟形:"生得面如傅粉,眉似远山,椒眼朱唇,螓首蜂腰。真个有沉鱼落雁之容,闭月羞花之貌。"④不难看出,此处描写所遵循的是口头描述以及与之相近的叙事文学的标准。描写都采用中世纪文学中已有的标准模式。此外,与平话中对美丽女子的描写一样,这里也伴随着民间与书面文学中的固定形象(不排除书面文学中的形象最终也源自民间文学)。出自民间文化模式的有面如傅粉,用椒来形容眼的颜色(与此对应是对嘴的颜色的表达),这种表述在诸如《佩文韵府》等词典中并没有收录。对于非中国的读者来说非常奇怪的词组当属"螓首",它源自中国古代形象系统,在《诗经》中曾将其用在美丽女子身上。注释者解释说,选择这一形象是因为,"螓头方额广",广额符合古代的审美标准。⑤

将眉毛比作远山的表达方式也已有几个世纪的历史了。最早可能是出现在伶玄撰写的《赵飞燕外传》中。该书提到赵飞燕的妹妹美貌无比,名为合德⑥,"合德新沐,膏九回沉水香。为卷发,号新髻;为薄眉,号远山黛;施小朱,号慵来妆。"⑦在《西京杂记》(5—6世纪)中提到这一时尚的开

---

① 与伏羲和女娲的身高一样,即便与不足为信的稗官野史相比,神农氏的身高也被极度夸大,野史中有写到他身高八尺七寸,约两米多。
② 《开辟演义》,同文馆刊本,1815年版,第2卷,第2集,第26页。
③ Юань Кэ. Мифы древнего Китая. М.,1965, с. 344.
④ 《开辟演义》,同文馆刊本,1815年版,第2卷,第2集,第33a页。
⑤ 《太平御览》,北京:中华书局,1960年版,第2卷,第380集,第1754页。
⑥ 在《大汉和辞典》中提到,赵飞燕本人也是长着这样的眉形。[317,第8卷,191](Морохаси Тэцудзи. Большой китайско-японский словарь (Дай кан-ва дзитэн. Тайбэй.), t 8, c. 191.)
⑦ Поэзия и проза Древнего Востока(Библиотека всемирной литературы). М.,1973, с. 355.

始,"文君姣好,眉色如望远山",同龄人竞相模仿,为自己画上此种眉形。① 而后,"眉似远山"成为了通用的文学表达形式。

《开辟演义》中用来结束美丽公主肖像描写时所使用的复杂形象源自古代文学。在《庄子》的《内篇·齐物论》中:"毛嫱、丽姬,人之所美也,鱼见之深入,鸟见之高飞,麋鹿见之决骤。"②古代哲学家庄子试图解释美的相对性,在他的言语中,"鱼见之深入",并非修饰女子完美的标准,不过在中世纪文学中,这一词组最初的疑惑色彩似乎都消散了,其更为简洁的比喻形式"沉鱼"则用来表示绝美风貌③。在吴承恩的《西游记》(第9回)中以及在对神农氏女儿肖像描写中我们找到了最为完整的形式(沉鱼落雁,闭月羞花)④。尽管这一表述更像是来自书面文学,不过与其说它属于无情节散文,不如说是叙事散文,其中描写漂亮女子的场景也并非少数。《成语典》的编纂者缪天华甚至认为,用"闭月"来形容漂亮女子源自曹植的《洛神赋》(3世纪)。⑤ 不过,这种观点只在形象表达层面是成立的,因为它的词汇构成与这一成语一点也不吻合。

总体说来,《开辟演义》中对漂亮女子精卫的描写所遵循的是中世纪后期叙事散文的体裁规范,它与《山海经》中的肖像描写相距甚远,其中将精卫描写成"其状如乌,文首,白喙,赤足"[参见96,344]⑥。

我们发现,不论是在描写正面女子还是负面女子的美丽时,周游都使用了传统中已形成的模板公式,上中文对此也有所举例。例如在描写夏桀的宠妃妹喜时,"生得天姿国色,有沉鱼落雁之容,闭月羞花之貌"。⑦ 当然,对妹喜容貌的夸张并非是作者的中性叙述,而是通过负面人物,夏桀的佞臣赵梁之口。

描写负面男性人物时则是另外一种情景。周游在勾画他们的肖像特征时所使用的模式与描写正面人物也相去甚远。最为"生动"的要数对夏朝最后一位残暴统治者桀的肖像描写,在本书的第一部分中我们已对桀

---

① 目录中并没有此书。这个应出自《西京杂记》。
② Позднеева Л. Д. Атеисты, материалисты и диалектики древнего Китая. М., 1973, с. 144.
③ 类似的词语感情色彩的转变也发生在其他功能表述中,诸如上文中提到的"面如冠玉"等。
④ 缪天华:《成语典》,台北:复兴书局,1971年版,第512页。
⑤ 同上书,第816页。
⑥ Юань Кэ. Мифы древнего Китая. М., 1965, с. 344.
⑦ 《开辟演义》,同文馆刊本,1815年版,第5卷,第5集,第13页。

进行了详细的介绍。在《开辟演义》中,我们看到,"却说那夏桀王,生得面赤目暴,鼻勾齿露,须浓如戟,身长一丈(文中有明显的印刷错误,丈字被印成了文字),腰阔十围,善用开山大斧,重八十斤。"①需要指出的是,在古代典籍中我们并没有找到对夏桀肖像的描写,可以推测,这是书面史诗作者的想象创造。这种文学描写也是遵循依次展开的分解式描写,就像古代野史中所描写的那样,不过对特征的选用则明显不同。如果说野史常将人的面部特征与身体部分(这里几乎没有涉及身体部分)比作动物的身体部分,那么这里没有任何兽形比喻或类比,所有的特征都是非常日常化的。这些修饰语在描写其他负面人物中也一再被使用。如佞臣赵梁,也有着"鼻勾",大禹的大臣仪狄也是这种鼻子。② 描写负面人物时,所采用的其他表示相貌特征的固定词组虽不完全吻合,却也具有"负面"色彩。比如,赵梁的"目露"与桀王的"齿露"相似,"眉皱""耳反",仪狄的"头偏""面陋""耳薄"③。上文中所举例子一再说明,与女性肖像描写有所不同,在对男性的描写中,正面人物与负面人物分属两种不同的类型。

《开辟演义》中对神话人物的肖像描写与古代文学作品中的描写的不同之处不仅在于人物的外貌特征,还在于对他们衣着和兵器的描写上。其中无法回避口头叙事与平话的影响。和平话相同,只有人物出战时才会描写其衣着、兵器。因为伏羲和神农并没有与什么人物作战,所以对他们没有任何衣着的描写。对蚩尤和共工,以及其他不太出名的将领的描写则遵循着口头叙事模式,这些模式很有可能是通过平话与早期书面史诗的传统而被广为接受的。在这一方面具有代表性的是对水怪共工的描写。在古代典籍中,他被描绘成蛇身人首,留有赤发的兽形怪物。在《开辟演义》中则仅仅保留了一个特征——赤发(发似朱砂)④。而其他特征更像是作者周游的创作(如面如黑铁,遍身皆毛,目若朗星)。不过,当共工与女娲派来的将士作战时,作者对这位神话人物衣着的描写则遵循了中世纪晚期的叙事传统:"两阵对完,康回出马,头顶烂银盔,身披龙鳞甲,

---

① 《开辟演义》,同文馆刊本,1815年版,第5卷,第5集,第19页。
② 同上书,第4页。
③ "耳薄"在相面术中被认为是贫穷和不幸的特征。[参见 228,24]《神相水镜集》,台南:北一出版社,1974年版,第24页。
④ 《开辟演义》,同文馆刊本,1815年版,第2卷,第2集,第9a页。

置上皂罗袍,腰束狮蛮带①,手持大杆刀,坐下乌龙马。"②这一描写中所使用的词组我们都已见过,平话中也曾提到烂银盔(《秦并六国平话》中没有使用"烂"这一字,取而代之的是"耀日"),还有皂罗袍(同一部平话中)以及蛮带。

在其他场景中,对人物外貌的描写并没有出现描写人物出战情景之前,此人物的肖像描写遵循一定的模式从其衣着开始。对神话人物黄帝的对手蚩尤的描写就是这样的。需要提醒大家的是,在古代典籍中,蚩尤都被描写成有着人身牛蹄,四目六手,耳鬓如剑戟,头有角的怪物。③

在《开辟演义》中,蚩尤迎战黄帝左卫大将军少颢。对蚩尤的描写则使用口头叙事和民间平话中的"怎生打扮?"开始,紧接着便是详细回答:"头戴束发金冠,身穿百花战袍,手持方天戟,身长二丈,浓眉浊眼,巨口刚须,坐下乌龙马。"④除了与众不同的外形,夸大的身高(六米开外),所有其他部分中兽形已无影无踪了,而在蚩尤的头上取代神秘三齿叉的是金冠,就像中世纪平话和书面演义中的大多数人物所佩戴之物一样。

由此,我们可以得出以下结论,中世纪晚期的史诗中对神话人物的描写并不符合古代典籍或造型艺术书籍中的肖像特征,而是以中世纪口头叙事及在此基础上出现的民间平话、书面史诗中的描写方式为参照。在一些场景中,中世纪晚期史诗中神话人物的肖像描写仅保留了原初肖像特征的某些个别标志(如颜色修饰语)或者已不太明显的,被削弱的符号特征(如,用伏羲的蛇形头来取代古代典籍及图画中对他整个蛇形或龙形身体的描绘)。

与平话的描述方式一致,在肖像特征中人物的衣着与兵器开始占据重要地位。唯一不符合外貌真实特征的是对人物身高的夸张描写,不难看出,这里与其说受到了直接标明身高且非常高大的古代描写传统的影

---

① 此处使用"狮蛮带"也并非偶然。根据平话中对衣着的描写,带有狮子图案的通常是用来描写敌对民族将领的衣着。(《薛仁贵征辽事略》曾用在匈奴将领的衣服上)由此可见,狮子图案为敌对将领的标志,因此才会用在凶神共工身上。

② 《开辟演义》,同文馆刊本,1815年版,第2卷,第2集,第10a页。

③ Юань Кэ. Мифы древнего Китая. М., 1965, с.359. 该人物名字的第一个字"蚩",为象形字,指头上长三齿叉的虫子(蛇)。这一字反映出对这一形象的最古老想象,即有角的蛇。角的变形以及后来将其变成三齿叉,或许与蚩尤制造兵器,其中包括三齿叉的神话有关。(Юань Кэ. Мифы древнего Китая. М., 1977, с.359.)

④ 《开辟演义》,同文馆刊本,1815年版,第2卷,第2集,第44页。

响,不如说是受到那些口头叙事及民间平话的影响,它们常明确指出勇士将领被夸大了的身高。

总而言之,与非官方的历史文学作品相比,书卷史诗中急剧改变的肖像特征说明了中世纪文学中体裁规范的统治性作用(此处是小说史诗),同时也说明了对体裁修辞规则的服从,甚至在这些可以发挥创造的领域也遵循这些规范,诸如不仅仅是文学人物而且还有神话人物的肖像描写,虽然关于这些人物在古代已形成了显著的特征想象。

结 论

对人物文学肖像的考察始于远古时期,结束于中世纪小说史诗,这让我们可以得出以下几点初步的结论。

文学作品中形象的源头是文学描写,它在活跃的神话创造时期,即文学发展的极早阶段就已形成。神话传说中第一位最为原始的人物形象——开化之人,创物主,有着异于旁人的特征将他与种族或部落的图腾祖先联系在一起。由此而生成中国对文化人物的想象形式——通常是将兽形与人形的一些因素结合在一起呈现在神话人物的肖像特征中。此外,常用到的特征有将人物比作龙蛇形状,或者比作神奇飞鸟的样子,因为这是中国人的先辈们的两大主要图腾。在更晚些时期的肖像描写中,通常将龙形与鸟形结合在一起,这应该与原始部落的结合有关,或者是一些部落战胜了另外一些,进而将自己的图腾崇拜强加于被战胜的部落。

远古时期神话人物的肖像描写中存在着兽形特点,这让我们看到了从对人物的兽形想象到兽形人形结合再到最后的完整人形的转变过程。在古代描写神话人物外貌时,最为流行的是所谓的分解式描写,即对人物的面部和身体的描写逐步、依次展开(通常先描写身高,而后从上到下对各个部位描写),借助将人物的身体部分类比为不同动物的对应躯体部位。

除了兽性特征之外,还有一些显著的肖像特征将原祖和其他神话人物与普通大众区别开外,而这些特征主要通过将面部特征或身体部位以双倍的形式呈现出来。于是,常出现四瞳、四乳、四臂及类似的人物(就像仪式面具一般,在非洲部落中常出现)。另外一种勾画神话人物不同寻常肖像的方法是借助对身体个别部位或器官进行夸大,如肩膀宽大、牙齿突出等等。可以说,讲述"未完成的",身体部位尚未分解的原始人物的神话正是借助上述方法。

远古时期神话人物的肖像描写是典型的静态描写,这种描写在讲述后来人物时得到补充,因为又出现了新的,容易被获得的特征,它们通常具有功能性质。

在古代后期的文学作品中,神话人物的肖像描写渐渐地被帝王的肖像描写所取代——新王朝的开辟者;对他们的描写所遵循的原则通常与描写先辈们的一样。在帝王的肖像中也保留了一些兽形的特征,以此来强调他们源自神话人物的出身,并且最终是源自那些图腾先辈。有足够的证据说明,对人物的神话式描写被象征性描写所取代。与此同时,对古代君王肖像特征的研究让我们了解到中国历史小说中文学礼仪的存在。远不是所有君主的肖像都是遵循文学礼仪来呈现的,其次,专属君王而非其他人的相貌特征也有着特别的选取方式。对非凡肖像特征的重复使用是为了证明其即位并建立新王朝的正统性。

在中世纪早期,即公元最初的几个世纪里,佛教从印度途经中亚传入了中国,与佛教一起进入中国文学的还有人物描写的特殊原则,它们形成于古印度,建立在象征符号的基础之上。这一外来描写系统很快就被中国历史撰写者所掌握并应用在了历史小说中。

唐代时期当职业说书艺术获得极大发展,说书的活动通常是在佛教寺庙进行,所讲内容也多是佛教思想与观点,其中对人物的描写主要依据对应的佛教(印度)标准和特征。这些外来的特殊外貌特征从历史小说中消失后,成为了世俗文学中的一部分并且在几个世纪里都得到了保留。

民间文学艺术(变文与平话)接下去便沿着世俗化、日常化以及远离祭祀目的的方向发展,进而出现了情节的变化乃至人物描写原则的改变。这些12至14世纪的文学作品中对人物的描写源自口头史诗创作,同时,研究表明,它们所依据的仍旧是古代对先辈人物的神话描写原则。详细的依次、分解式描写以及将身体部位类比为动物的躯体部位等,对文学来说再次变成很重要的方式。同时,中国古代的这种描写系统中补充进了一些印度因素,此外,肖像构建的固定含义因其与相面术中关于人物外貌与命运,人的外貌和内在性质的观点的相符程度而呈现出来。

我们研究了中国14至16世纪期间所出现的中世纪小说史诗中的人物外貌,由此而了解到,作家对人物肖像特征的建构都依据一定的艺术原则,这些原则形成于口头讲述且其后在书卷史诗之前的民间平话中得到加强。人物的静态肖像正是从平话被引入到小说中的,这种肖像描写在很多方面都保留了兽形特征,不过此处更多情况下被看做是隐喻方式。接下来,在书卷史诗中,肖像描写进入了所谓的情景描写阶段,这补充了并在实际上打破了对人物来说似乎是与生俱来的且一成不变的肖像描写。这种强化情形的肖像描写是多维度呈现人物外貌的萌芽,这种特征更符合现代文学。书卷史诗使用了这些史诗特征,将它们与人物的概括特征结合在一起,而那些概括特征源自高雅文学,与口头文学创作用语远远不同。因此出现了人物描写的特殊风格,它是源自神话的民间史诗传统与肖像描写的非描写、非分解的纯文学方式的混合物。

中世纪作品的主题思想会因为作家观点不同而容易被改动、修正,与此有所不同,人物的肖像特征从根本上来说更为稳定,它们不太发生变异,并且,即便是在中世纪叙事文学发展到新时期文学,即文学描写的某种最为保守系统的过渡阶段时,也保持了自己的静态性质。

民间平话话本中的人物及其描写

中国叙事艺术接下来进入民间平话的发展阶段。作为书面文学的一种体裁，13—14世纪的平话面向普通民众读者，并且是通往小说而形成的进化链条中的唯一纽带：口头故事——变文①——平话——书面史诗——小说。平话在很大程度上反映了民众的世界观并采用了民间专业说书艺人通用的民间表述方法。《三国志平话》系中国保留至今的平话作品之一，它于14世纪20年代以木刻印刷的方式在福建省出版。② 这本书让我们能够最为详尽地研究人物外貌描绘的原则，在前小说时期的叙事作品中，它同口头史诗创作联系密切。

相对于史诗作品而言，关于平话作品中外貌描写这一问题的研究，从总体上来看明显是不充分的。作为比较，只需列举И. В. 普霍夫关于雅库特民间故事的研究即可，该研究成果设有专章对史诗中的肖像特点进行分析。③ 或许，此类研究成果

---

① 变文：唐代兴起的一种说唱文学，多由韵文和散文交错组成，内容原为佛经故事，后来范围扩大，包括历史故事、民间传说等。——译注

② 中国学者李田意在其《日本所见中国短篇小说略记》一文中指出，《三国志平话》保存在日本天理大学图书馆的另一个版本，名为《三分事略》(《Сань фэнь ши люэ》)，他标注的日期是1294年。[175，第70页]（李田意：《日本所见中国短篇小说略记》，载《清华学报》新一卷二期，1957年4月，第70页）遗憾的是，我们没能见到这独一无二的木版书。

③ Пухов И. В. Якутский героический эпос олонхо. Л., 1955, с. 63—72.

稀少的原因在于,研究其他民族(如乌孜别克族的)史诗的学者们依据自己所掌握的资料得出了以下结论:史诗中对人物外貌,对静态外貌并没有细致的描绘。① 相反,中国民间平话作品中呈现的虽也是人物的静态肖像,不过,它与雅库特原始史诗而非乌兹别克史诗中的描写原则相近。

例如,《三国志平话》中这样描述蜀汉开国君主刘备:"说起一人,姓刘名备,字玄德,涿郡范阳县人氏,乃汉景帝十七代贤孙,中山靖王刘胜之后。生得龙准凤目,禹背汤肩,身长七尺五寸,垂手过膝,语言喜怒,不形于色,好结英豪,少孤,与母织席编履为生。"②

这是以中性叙述者的身份对刘备进行了最为详细的描述。翻阅两页后,我们会发现在推举刘备为起义军首领时张飞的言语中,这种描述又部分地得以重复。值得注意的是,张飞依据的并不是智慧、英勇抑或军事韬略,而是根据家谱(皇室后裔)和相貌(鼻、眼、耳、手)。并且,这一肖像中出现了新的特征——"两耳垂肩"③。第三次则以间接方式对刘备的外貌进行勾画:"众官皆觑为首者一将,面如满月,耳垂过肩,双手过膝,龙准龙颜,乃帝王之貌。"④此处对已知的人物外貌上又添加了"面如满月"的比喻和修饰语"龙"。再次对刘备进行描绘的是汉献帝。此时又重复了"面如满月""两耳垂肩"等,并具体指出刘备与一位皇帝的相貌相似:在献帝看来,刘备与公元前 157 年至公元前 141 年在位的景帝极像,刘备也恰恰是景帝之后。

现在,我们将所有这些描述与陈寿官史《三国志》中对刘备的传记描写进行比较。提醒大家注意一下,书中指出了身高,提到两手过膝以及自视其耳等。看来,平话中关于刘备身高,以及有关长臂和大耳的资料都来自官史,而官史则借用了译介佛经中的说法。在该平话出现之前,佛经中的这些特征就已深入了中国文学。有意思的是,道士将这种下垂的长耳朵⑤移植在了道教创始人——非凡智者老子的身上。葛洪⑥在著述中提

---

① Жирмунский В. М., Зарифов Х. Т. Узбекский народный героический эпос. М., 1947, с309.
② 《三国志平话》,上海:古典文学出版社,1955 年版,第 11—12 页。
③ 同上书,第 13 页。
④ 同上书,第 30 页。
⑤ 更确切地说是,耳垂大的耳朵,因为佛教雕塑中都是如此塑造的。
⑥ 葛洪(284—364),东晋道家,著有《抱朴子》,分为内外两篇,后被作为道教经典。——译注

到:"老君耳长七寸。"①根据中世纪早期资料,长耳在相面术中常被提及。相士认为,垂肩厚耳是大富大贵之相,拥有此相之人必将在天下拥有特殊的地位。②

我们试图弄清楚《三国志平话》中其他细节描述的根源。"龙准"为民间对"隆准"同音异义的表达,原为"高高的,突起的鼻子"。司马迁《史记》中已将这一词汇用在了对汉高祖的描绘中③。平话作者(或许,是他们的前辈——民间说书艺人)将"隆"转义为"龙",并根据四音节(四字)短语的模式构建了此搭配的第二部分,即用"凤"与第一部分中的龙相对应。(又如,"龙飞凤舞",描绘奇异的山峦起伏,或者"龙瞳凤颈",用以描绘显贵达人的外貌,抑或"龙肝凤髓",隐喻珍馐美味)需要注意的是,高鼻的表示方法由"隆准"转义为"龙准"的同时,似乎也将我们带回到了更为久远时期对远祖和古代明君描绘的神话系统之中,他们的肖像中几乎总是具备一些与图腾相似的特征。根据总结多个世纪相士经验的相面术内容,我们了解到,"龙鼻"在占卜系统中也被看做是大富大贵之相。此时,眼睛作为肖像描述的细节与鼻子形成句法和意义上的平行对仗,关于这一点无需特别举证说明。同时,我们还看到,刘备并不是唯一一位拥有凤眼的人。据《三国志平话》记载,他的结义兄弟关羽也有一双这样的眼睛。相面术中对这一细节也有说明:"凤眼",即略呈细长型的眼睛,被看做是不同寻常的智慧的象征。④

接下去的描绘部分"禹背汤肩",同样建立在对仗的原则上。禹和汤都是中国古代神话传说中的帝王,他们在儒家传统中备受推崇和敬重;还有重要的一点,他们分别为新王朝夏与殷的创建者。18世纪初著名词典《佩文韵府》帮助我们找出了使用"汤肩"的场景。词典中仅列举了一处使用此词的语境,摘自哲学家恒谭(前1世纪)《新论》,"禹耳三漏汤肩二肘"。⑤古代注释家认为,"三漏"只是"大"的意思。相对应的"二肘",似乎也应理解为表数量之义,即肩宽(长)两肘(即48指),也就是说宽大、有力的肩膀。受这种解释的影响,神话中对开朝统治者外貌的描绘很容易

---

① 《艺文类聚》,上海:中华书局,1959年版,第17卷,第4页。
② 《增补麻衣神相全编》,北京:龙文阁,1908年版,第2卷,第15页。
③ 司马迁:《史记》,北京:中华书局,1963年版,第2卷,第342页。
④ 《增释麻衣相法全编》,四学堂,第二卷,5a。
⑤ 张玉书等编:《佩文韵府》,上海:商务印书馆,1937年版,第658页。

转向一种隐喻描绘。因此,在民间平话作品中"汤肩"这一表述仅仅被理解为强健、宽大的肩膀,而没有任何迹象将其理解为一个肩膀上生出两个臂膀。如果像陈寿史书中所记载以及平话中多次提及的那样,刘备双耳垂肩如佛祖一般,那么,此处的"禹耳"明显有些不恰当,而应该选用其他的与"肩"平行的身体部分与之对应——即"背"。平话所给出的这种搭配,并没有以固定形式出现在书面文学中,或许它形成于说书艺人的口头表达,也或者是平话作者的个体创造,因为此后对刘备的讲述中以及当时的戏剧作品里,再也没有出现过这一短语。

类似的描述还能够在一部白话小说《史弘肇龙虎君臣会》中找到(17世纪小说集《全像古今小说》)。在这部作品中,成为后周(10世纪)太祖的郭威被描绘为有着"尧眉、舜目、禹背和汤肩"①之人。② 特别之处在于,这两种场景下所描述的主人公,他们都注定会成为皇帝。此外,与口头表述相近的中世纪后期的民间文学(因为不论是平话,还是城市小说——话本——它们几乎都是出现在同一时代的同一种文艺创作形态的不同种类)中出现了描写的固定礼节③。这些固定特征被应用在中国小说对帝王的描述中。例如,《金瓶梅》(16世纪)第71回对宋朝皇帝徽宗的描写中提到,他有着"尧眉、舜目、禹背和汤肩"。④

第一次描述刘备时所提到的其他特征,几乎都是逐字逐句移用了他的官方传记的内容,上文中对此已有分析。第二次描写中增添了垂及双肩的耳朵,这也是借用了陈寿《三国志》中的描述。第三次描写则添加了面部的两个新特征:"面如满月","龙颜"。在中国文学中将面容比作满月起源于佛教,特别是古印度传统。佛教传统中指出杰出人物的外貌有80

---

① 冯梦龙:《古今小说》,北京:人民文学出版社,1958年版,第221页。

② 还需要指出我们分析中的一个重要现象,即所谓的对描写固定模式的二次使用。上文中我们已经提到王充《论衡》对孔子的描写,将圣人身体的各个部位与神话传说中仙人的相应部位等量齐观,而神话中仙人的描写则是通过将其面部或身体特征类比为动物特征。此处与神话传说中人物的类兽形特征明显相关。但是需要指出的是,平话、话本和小说中都使用的,将人物外貌的某些特征对应为神话传说先祖的身体特征这一描写方法,在王充看来,产生于近古时期,而非中世纪艺术创造的产物。

③ "礼节性"为利哈乔夫院士提出的概念。认为作者总是根据人物特定的地位和身份来选择用语,指出在对帝王等人的描写中参照固定的格式和词汇,即按照一定的"礼节"描写——译者注

④ 详见《金瓶梅》,上海杂志公司,1933年版,第4册,第889页。

处高贵特征,其中第 40 处特征就是"面净如满月"①。此后,变文中也使用了这种将面庞比作满月的说法,例如在《庐山远公话》(972 年)中,主人公的脸庞正是被比作一轮满月(面如满月)②;这一公式同样以此种文学形式出现在对刘备的描写的平话内容中。③

将刘备的面庞定为"龙颜"则纯粹起源于中国神话传统,正如不止一次所解释的那样,隐喻为"帝王面容"。需要注意的是,对汉王朝创建者汉高祖的面容描绘也是如此,司马迁《史记》中写道:"高祖为人,隆准而龙颜。"④这样一来,平话的人物肖像描绘中除了纯佛教的象征符号外,还添加了中国传统的象征符号,再次强调刘备乃皇室后裔。或许,在某种程度上这一象征符号同刘备负有创建传承汉朝传统的新国家——蜀国的使命相关。还要强调的是这一细节有着深层的原始意象性,即作为标志将君王与图腾动物联系在一起。

几乎像描绘刘备一样,平话详细地勾画了他最亲密的战友和结义兄弟——关羽与张飞。"话说一人,姓关名羽,字云长,乃平阳蒲州解良人也。生得神眉凤目,虬髯,面如紫玉⑤,身长九尺二寸。"⑥这一描写表面上看来和描绘刘备一样,建立在修饰和比喻的原则上,甚至从相面术中借用的"凤目"这一细节也是重合的。不过,这里却没有援引佛教传统中的修饰语。显而易见,整个描述都来自民间创作,因为《佩文韵府》词典里没有一条我们所需要的短语搭配。陈寿《三国志》中对关羽的传记描写中仅提到关羽的"美髯",并由此得到诸葛亮送他的"美髯公"的美誉。⑦ 平话中没有出现任何一项对此称谓的解释,而我们突然读到:"'美髯公'问曰……"需要强调的是,根据传统的相面术来说,长须(或胡子)是非常重要的特征,它将其所有者与龙联系在一起。⑧

"却说有一人,姓张名飞,字翼德,乃燕邦涿郡范阳人也;生得豹头环

---

① 丁福保:《佛学大辞典》,上海,1921 年版,第 1 卷,第 115 页。
② 王重民等编:《敦煌变文集》,北京:人民文学出版社,1957 年版,第 1 册,第 175 页。
③ 需要指出的是,描述远公相貌时全部运用了佛教修饰语,其中也有刘备肖像中所提到的"双手过膝"。
④ 司马迁:《史记》,北京:中华书局,1963 年版,第 2 册,第 242 页。
⑤ 紫玉:紫色的,浅紫的玉,在古代中国被认为是极为罕见的玉。得此玉被认为是好兆头。
⑥ 《三国志评话》,上海:古典文学出版社,1955 年版,第 10—11 页。
⑦ 详见陈寿:《三国志》,北京:中华书局,1964 年版,第 940 页。
⑧ 参见《神相水镜集》,台南:北一出版社,1974 年版,第 139 页。

眼,燕颔虎须,身长九尺余,声若巨钟。"①陈寿在文中并没有提及张飞的相貌,这一描绘也不符合佛教传统。看来,它形成于民间口头创作传统,尽管有一些细节与书面作品的内容相呼应。第一组词"豹头"与"环眼"在任何一本词典中都不是作为固定词组出现的。不过,非常接近口述传统的《水浒传》(施耐庵作品)在描绘林冲时使用了"豹头"一词,林冲本人甚至还得了一诨号"豹子头"②。第二对*燕颔虎须*显然是用类推方法对成语"燕颔虎颈(头)"进行了创造,"燕颔虎颈"出现在范晔(398—445)《后汉书·班超列传》中,相面者曾对班超说:"生燕颔、虎颈,飞而食肉,此万里侯相也。"③"燕颔"是一个非常古老的说法,郭璞对《尔雅》的注释中提到,描述凤凰的形状时曾用到这一表示方式。④ 后来,这一词汇用在描写骁勇善战的英雄的外貌特征。⑤ 将张飞的洪亮声音比作巨钟之响,在中国书面文学中也极为常见。⑥

乌兹别克史诗描写中,勇士经常拥有狮子的仪态,老虎的外形,豹心和狮爪。Б. М. 日尔蒙斯基和X. T. 扎里佛夫在研究乌兹别克民间英雄史诗时写道:"体现理想的勇士的英勇、无畏、体力是通过史诗中传统的系列比拟的方式来实现的,即将勇士比拟为在民间理解中最具有这些战斗品质的猛兽。"⑦据研究者推测,"动物比拟"这一古老传统可能起源于图腾崇拜这一原始认识。张飞的形象最接近史诗英雄的形象,在对他的相貌描写中仅一些动物比拟的痕迹,如"豹头"和"虎须"——这些细节无疑是用来强调人物的英勇。无怪乎在 14 世纪的平话中常常将两人的搏斗比作两虎争斗。

将民间平话中结义三兄弟的描述进行对照比较,我们眼前便呈现出同一个描写人物的模式。人物的外貌描写逐步展开,它似乎被分解为独立的五官和身体部分,并且每一部分几乎都是通过将定语(绝大部分用动

---

① 《三国志平话》,上海古典文学出版社,1955 年版,第 11 页。
② 在施耐庵之前,民间就流传着这一外号,在民间书籍《大宋宣和遗事》中对豹子头林冲的提及证实了这一点。详见《大宋宣和遗事》,上海:中国古典文学出版社,1954 年版,第 42 页。
③ 范晔:《后汉书》,北京:商务印书馆,1959 年版,第 693 页。
④ 《尔雅注疏》,北京:中华书局,1957 年版,第 444 页。
⑤ Морохаси Тэцудзи. Большой китайско-японский словарь (Дай кан-ва дзитэн. Тайбэй.), t 7, c. 530.
⑥ Канно Митиаки. Происхождение иероглифов (Дзи гэн). Токио, 1956. c. 1552.
⑦ Жирмунский В. М., Зарифов Х. Т. Узбекский народный героический эпос. М., 1947. стр. 305.

物表示)和被修饰者结合在一起而表达出来。除了一些使用佛经定语的(它们遵循着另一种描写模式),这种分解式描述方式,其古老性在中国古代神话资料中可以得到证实。

该描写将人的身体部分逐次比作熟知的物体或生物,似乎是非童话叙事性散文所特有的,同时它也是从神话过渡到民间叙事作品的固定创作原则。类似的例子可以在原始阶段的雅库特史诗中发现。就像对新出生的勇士谬尔季尤(Мюлдью сильный)的描述:"巨缸头,铜碗眼,胶盘背,奶罐肚(用白桦树皮制成的保存牛奶的盛器),弓箭臂,草杆腿,身高一俄尺半……"①普霍夫写道:"将人体各部分比作日常家用器皿与周围环境中的物体……这种描写方式的物质性和实物性是英雄史诗风格最显著的特点之一。"②尽管这种比拟的实物性对于中国的平话来说并不典型,但是将人物肖像的描写通过一系列比拟来转达的原则本身在我们看来也是史诗体裁中的显著特点。

小说作品与口述传统大相径庭,它对人物的外貌描述或许也能证实这种论断。我们主要指的是 7 至 14 世纪的短篇小说。作品中很少出现对人物的描述。作者对人物(通常是女主人公)的外貌描述,并不是建立在对五官或身体部分的依次描写上,而是对美貌进行概述。例如,在瞿佑(1341—1427)的小说《滕穆醉游聚景园记》中这样描写美人:"俄见一美人先行,一侍女随之,自外而入。风鬟雾鬓,绰约多姿,望之殊若神仙。"③在其他对人物外貌的描绘中更为简洁,并未考虑为读者构建出可观的视觉场景。例如,在小说《令狐生冥梦录》中,对突然出现的鬼使仅描述为:"状貌狞恶。"④

《三国志平话》中对结义兄弟所遇见的其他勇士的描写大致也是遵循这一原则(一两个细节,加上概括特征)。例如,"董卓有万夫不当之勇,身长八尺五寸,肌肥肉厚肚大……"⑤这里的描述比起陈寿《三国志》中对董卓的描写"卓有才武,旅力少比,双带两鞬"⑥已经细节化了许多,且更具抒情色彩。不过这种细节化借助了最普通的定语修饰语,而非任何比拟或对照。同样的,平话中对董卓的养子——英雄吕布的外貌也是如此描

---

① Пухов И. В. Якутский героический эпос олонхо. М., 1962. с. 65.
② Там же, с. 65.
③ 瞿佑:《剪灯新话》,上海:中华书局,1962 年版,第 46 页。
④ 同上书,第 36 页。
⑤ 《三国志平话》,上海古典文学出版社,1955 年版,第 25 页。
⑥ 陈寿:《三国志》,北京:中华书局,1964 年版,第 1 册,第 171 页。

写:"身长一丈,腰阔七围,独杀百十余人,如此英雄,方今天下少有。"①尽管这里使用了许多民间史诗典型的描写手法,如对人物的身高和躯体进行夸张描写(参见雅库特史诗中对勇士谬尔季尤的描述:身高十俄丈,身宽亦十俄丈②),对吕布的描写却在根本上有别于对刘备、关羽或是张飞的外貌描写,它似乎是一种中间形式,将高雅文学中的简洁和局部性与民间叙事传统特有的夸张特点结合在了一起。

这样问题就出现了:是什么导致了平话中对结义三兄弟的描述与对其他人物的刻画之间有如此巨大的差异?这便需要了解中世纪文学中人物描写的一般审美原则。在我们看来,这些原则在很多方面将是书面文学与口头创作所共有的。其中主要的审美原则之一是描绘非同寻常的,特殊的,超凡的事情。这既体现在情节上,也表现在对人物的描绘中。要知道,在7至14世纪(以及后来)的中国短篇小说中,最为流行的情节冲突是人与妖的相遇,最常见的是一介书生与女妖或者狐狸精。此外,对书生这一现实生活中的人物绝不会有所描述(这一文学形象,读者在生活中就已熟悉,所以似乎不需要描述),而女妖,这一来自阴间的人物,则是需要描写的。难怪上文中所列举的瞿佑的第一部短篇小说中描述了一位女性,她美貌如仙,而实为鬼魂;第二部中是阴间的两位鬼使。

类似的场景我们在平话中也能找到,详细描绘的仅是这些非尘世人物,他们的相貌"非凡"。我们已经提到,故事中单词"凡"通常意味着人间,而天界之人"下凡"至人间,因此词组"非凡"可以理解为"非人间的"。难怪《三国志平话》中一再强调,关羽和张飞见到刘备时,立刻就注意到他"状貌非俗"(读作:非人间),而刘备同样地"见二人状貌亦非凡"。③ 平话作者将刘备的主要军师诸葛亮称作"神仙",即与另一世界相连之人,因此对他的勾画也比较详细,尽管对他的描绘并不像结义三兄弟的外貌描写那样集中。最初指出他"面如傅粉,唇似涂朱"④,而另一处则提到,"身长九尺二寸,年始三旬,髯如乌鸦,指甲三寸,美若良夫。"⑤与结义兄弟的外貌描述一样,这一肖像显然也是参照起源悠久的现成刻板公式拼接而成。

---

① 《三国志平话》,上海古典文学出版社,1955年版,第26页。
② Пухов И. В. Якутский героический эпос олонхо. М., 1962. с.66.
③ 详见《三国志平话》,上海古典文学出版社,1955年版,第12页。
④ 《三国志平话》,上海古典文学出版社,1955年版,第65页。
⑤ 同上书,第80页。

在道家经典之作《庄子》中，对盗跖的描写明显与民间神话传说中的模型相符（值得注意的是，中国古代神话传说中的其他反面人物都是用史诗的方式来描绘的），不仅指出身长（八尺二寸），同时还指出"唇如激丹"①。诸葛亮并非勇士，而是谋士，有谋略之人（其特有的符号——长指甲也说明了这一点），因此，他的相貌更加尘世化一些，与描写结义兄弟不同的是，关于他不能说是"闻所未闻之人"②。除此之外，这种定语通常能够很好地表达出民间史诗中对正面人物的想象，而在中国平话中，由于种种原因却以弱化的形式呈现这一想象。首先，平话仅是反映口述的史诗故事，而并非对民间口头故事的记录；其次，关于三国人物的民间口头故事本身形成于民众具有较为清晰的历史意识时期，人物是历史人物，对他们的描写参考了一定的史诗美学因素。

还需要注意，平话中对主要正面人物的描写带有后来佛教演变的痕迹，即勇士从天界下凡的原始史诗主题。让我们再来看看雅库特原始史诗："壮士歌中的主人公出自于神灵。通常他是天神的孙子（极少数情况下是儿子）……作为神之子，他被派下来在大地上繁衍生息并保护人们……而另一些情况下，主人公因胡作非为而遭受惩罚被降至人间，或是因为他'不适合'过天上众神那种安静的生活。"③同样的场景我们可以在中国古代的神话传说中找到。记得，与希腊神话中大力神赫拉克勒斯相似的形象神箭手后羿，受天帝帝俊派遣下凡，帮助人们。④在历史阶段上来说比雅库特史诗要晚一些的蒙古史诗《格萨尔王传》，其最终成型已是喇嘛教普及之后，史诗英雄也是根据众神的旨意从天上降落凡间，这一过程也与佛教观点相符，即通过投胎转世来实现（或者，根据 C. A. 科津院士的翻译，是复活）：格萨尔被认为是天神之王因陀罗的儿子投胎转世。⑤卡尔梅克史诗中的英雄江格尔被认为是钦达牟尼神奇宝石（чиндамани）的化身⑥。正如我们看到的，在信奉佛教的民族的史诗中，作为正面人物的勇士都是投胎转世到凡间，并拥有特异功能。

我们在中国 14 世纪初的平话中也能够看到，稍晚时期因受佛教影响

---

① 《庄子集释》，北京：中华书局，1956 年版，第 196 页。
② Пухов И. В. Якутский героический эпос олонхо. М., 1962. с. 66.
③ Там же, с. 53—54.
④ Юань Кэ. Мифы древнего Китая. М., 1965. с. 174.
⑤ Козин С. А. Гесериада. М.-Л., 1936. с. 38—39.
⑥ Козин С. А. Джангариада. М.-Л., 1940. с. 98.

而如此描写史诗勇士的痕迹。中国平话的开场白似乎再次验证了В. М. 日尔蒙斯基关于蒙古史诗《格萨尔王传》的观点:"可以这么认为,喇嘛教的神话形象涵盖了更为久远的民间认识,即认为神奇降世的英雄与种族保护神或民族祖先之间存在联系。"①

在我们所研究的平话作品中,佛教思想叠加在英雄出生充满神奇色彩的纯粹中国式传说之上。这或许可以用更早些时期的资料来论证。沈约《宋书》中引述了对刘备出生前征兆的纯中国式讲述。他引用术士周群的话,说在刘备降生②前,"西南数有黄③气,直立数丈,如此积年,每有景云祥凤从璇玑下应之。"④

研究中世纪文学时应时刻记得"礼节性"描写对书面创作的巨大影响。因此在沈约的作品中只有关于刘备出生前的征兆的记载(这些征兆只会出现在未来皇帝降生时),而关于他的两位结义兄弟就没有什么可提及。不过在有关刘备的记录之后,这位历史学家又讲述了吴国开国皇帝孙权出生前的神奇征兆。值得注意的是,距沈约之后一千多年的16世纪里,当关羽被神化为帝的时候,文学作品中出现了相应的神话传说,即他出生的那一天,在其父亲家的上空盘旋着一条黑龙。⑤ 关于英雄神奇出生的古老情节,此时重新以淡化的,时间上更晚的非佛教的形态出现。浙江省流传的传说中,关羽通常被描述为从被玉帝处死的龙的血滴里生出的神奇形象(这一滴血似乎被一名佛教徒装入了自己的体钵——化缘用的泥碗里)。⑥ 一方面,英雄诞生中加入对所崇拜图腾(对于中国人来说的龙)的古老认识;另一方面,将关羽的出生与佛教联系在一起。

在西藏和蒙古喇嘛教徒那里,在18至19世纪,关帝被看做是藏传佛教战神贾姆萨兰(джамсаран)的转世。⑦ 正如我们所看到的,佛教传统将英雄崇拜与转世的思想紧密联系在一起。

---

① Жирмунский В. М. Сказание об Алпамыше и богатырская сказка. М., 1960. с. 168.
② 有关伟大人物出生前的征兆的情节,可以看作是对神奇出生情节的淡化处理:"在封建主义时期,替代史诗中有关神奇地怀上勇士的古老情节,推出了新的,符合同时认识的,同时在新的英雄浪漫主义形式中又保留了伴随勇士出生的系列事件的独特性。"详见[15,14] Жирмунский В. М. Народный героический эпос. М. -Л., 1962. с. 14.
③ 在中国古代,黄色为皇家之色。
④ 沈约:《宋书》,北京:商务印书馆,1959年版,第467页。
⑤ 《关圣帝君迹图志全集》,1874年版,第1卷,第1集,第5页。
⑥ 《关云长是龙血变成的》,《民俗》,1930年,第107期,第16页。
⑦ Дамдинсурэн Ц. Исторические корни Гэсериады. М., 1957. с. 19—30.

让我们回到《三国志平话》对人物外貌的描写上来。作者是如何处理在他看来并不是从另一世界转世而来的那些人呢？通常，对这些人的外貌几乎是只字不提，不过上文中所提到的对董卓和吕布的外貌描述则是例外，因为与对兄弟三人的外貌描写相比，它们所遵循的是另一种艺术规范。对其他人物则几乎没有任何肖像特征的描写，在一定程度上取而代之的是详细地罗列人物各部分的装束和兵器。① 因此，平话的开端描写了一位年轻书生，而后他到阴司断案："忽有一书生，白襕角带纱帽乌靴，左手携酒一壶，右手将着瓦钵一副，背着琴剑书箱。"② 对人物如此过度的、甚至盲目的描写（书生来御园中游赏！），在现在的读者看来似乎是显而易见的，但是此处的问题在于，中世纪的作者（或者他的前辈——说书人）描述人物时，他努力分解相似描述，例如，如果说了人物右手里拿有何物，必定会描述左手里是什么。如果酒壶在接下去的讲述中有着固定作用，那么泥碗（和尚化缘所用）也不可能仅是个摆设，或许，在这里提到它是某种暗示，即此书生，这一传统的儒生形象，后来会与佛教里的地下世界联系在一起。琴与书箱，通常由游学之人的书童背在肩上——这是有文化修养的儒生惯常的特征。而剑却不应该是书生携带之物，此处提及，或许是为了填满四字词语搭配误将"棋"错写为"剑"；也或许是为了说明，这位书生有着非同寻常的角色。难怪在接下去的内容里我们会看到，玉皇使臣给他带来了新衣装：平天冠③、衮龙服、无忧履、白玉圭、玉束带、誓剑。类似的细节让中世纪读者一下子就想到，这位书生将会成为一位君王。④

---

① 此处所探讨的完全是相对的依赖性。例如，作品中对关羽和张飞的外貌有详细的描述，因此对衣着没有一处提及。而勾画刘备时，也有两处提到他身穿何物："身穿锦征袍"，另一处"吩咐绿袍槐简"，不过这些简洁的注释与场景相关（觐见皇帝时自然要更衣）。"无肖像"人物的衣物则得到了更为详细的描绘。

② 《三国志平话》，上海古典文学出版社，1955年版，第1页。

③ 文中的"平天冠"是民间对君王头饰"平天冕"的俗称，君王在祭天和祭地，以及其他隆重场合佩戴。

④ 书生的衣着则彻底暴露了人物的假定性和非历史性。身穿白"襕"，这是典型的穷书生的衣着，不过并非公元1世纪的衣服，而是我们所研究的平话的创作时期，即宋朝。"纱帽"也是唐朝以后才流行的。所有这些都说明了，平话描写人物时所使用的是他在现实生活中比较熟悉的要素。《佩文韵府》中第一次提到"白襕"，所举例子摘自《宋史》。（张玉书等编：《佩文韵府》，上海：商务印书馆，1937年版，第1册，第614页）值得注意的是，据 Л. П. 瑟切夫考察，14世纪的插图本中，大多数人物都是宋朝时期的穿着。这便让人想到，14世纪20年代的出版物是从早些时候雕刻的板子上拓印出来的。

与描写其他人完全一样,平话中对接请司马仲相的阴间使者也没有任何相貌描述,仅描写他们的穿着和特征:"当头两行八人,紫袍金带,象简乌靴,未知官大小,悬带紫金鱼。"① 对于此处的描写需要稍作解释。作者虽提到"未知官大小",却将他们描绘成中国皇帝身边的达官,同时又是后来晚些时期的唐朝或宋朝的大臣模样。众所周知,唐朝时只有达官才能穿紫袍,而武则天甚至下令让佛教高僧也着此袍。832 年,皇帝诏书中专门规定,紫袍只有皇亲和三品以上官员才能穿。②

官方规定,紫袍上需配有金鱼形状的钱包(大约是用金丝线缝制成的)。711 年的官方命令中也提到这一规定。③ 宋代皇帝也多次强调这一要求。完全有理由说,这一传统为平书作者所熟知,他并不是偶然地让阴间使者穿着紫袍并悬带紫金鱼。或许,此处他是遵循了固定的描述传统。例如,在唐代小说李公佐(9 世纪初)的《南柯太守传》中,邀请主人公的是"二紫衣使者",他们来自神奇的古槐穴中的槐安国。④ 在晚些时期的作品,包括瞿佑的《水宫庆会录》中,龙王邀请书生余善文所派的使者"黄巾绣袄"。对瞿佑小说进行校注的当代学者周夷,提及描写传统时写道,"神话故事和传说中,神的使者大多披着黄巾。"⑤

将领的外貌,他们的穿着和披挂无可争议地成为浓墨重彩之处。例如对吕布和李肃的描写:"当日,太师领军兵五十余万,战将千员,左有义儿吕布。布骑赤兔马,身披金铠,头带獬豸冠,使丈二方天戟,上面挂黄幡豹尾,步奔过骑为左将军。右边有汉李广之后李肃,带银头盔,身披银锁甲白袍,使一条丈五倒须悟钩枪,叉弓带箭。"⑥ 这一描述是静态的,与同时代(以及在其他民族的叙事诗中)平话中对将领的描写相似。例如在《秦并六国平话》中,类似的形象为涿州太守应荣圣:"当头一员将,身披黄金锁子甲,头顶金盔,体挂皂罗袍,跨匹赤色蛟龙马,肩担月样斧,约重八十斤,厉声高叫。"⑦ 与第一例相同,此处也分别细述了军人的衣装和盔甲,以此代替对外貌的描写,其中一些细节与描述原则都是对应出现的,

---

① 《三国志平话》,上海古典文学出版社,1955 年版,第 2 页。
② 《唐会要》,北京:中华书局,1955 年版,第 1 册,第 573 页。
③ 同上书,第 580 页。
④ 《唐人小说》,上海:古典文学出版社,1955 年版,第 85 页。
⑤ 瞿佑:《剪灯新话》,上海:中华书局,1962 年版,第 14 页。
⑥ 《三国志平话》,上海:古典文学出版社,1955 年版,第 27 页。
⑦ 《秦并六国平话》,上海:古典文学出版社,1955 年版,第 48 页。

例如，李肃银锁甲①与银头盔呼应，而应荣圣则是金盔与黄金锁甲对应。与吕布的赤兔马不同，这里是赤色蛟龙马。衣着之后所描写的内容通常不固定，不过兵器似乎是必不可少的内容，通常会指出其重量或长度。在这些描写将士的似乎是无穷无尽变化着的组合中有着某种内在的，本质上是固定的模式，即中世纪文学和民间文学的基本艺术原则之一——像洛特曼所说的那样，将传统与即兴发挥结合在一起。②

同时，将描写将士的这些刻板公式与其他民族史诗中的类似段落进行对照，我们发现，恰恰证明了这些描写源自民间文学。作为比较，我们来看一下卡尔梅克史诗《江格尔》中对勇士埃尔古贡巴的描写："江格尔左手坐杭加图之子光荣勇士埃尔古贡巴，位于三千勇士之首……他的马被称之为扎牙尼呼尔东枣红驹。他的兵器是一柄乌血刀，三面蓝钢刀背，三十五刃。长矛用檀香木杆，长十丈。黑黄大旗。随行勇士个个与他相似。"③在日本书面史诗中也有类似描写。例如，在《平家物语》中，"他沿几条小径来到岸边，见一军士，身着鹤氅、黄铠甲，头戴镰形盔，腰佩锥金剑，背后箭囊盛箭二十四支，手持大弓，胯下一匹褐色马，坐金锁鞍，投入大海……"④

虽然我们在其他民族的史诗作品中也能够看到类似于中国平话中对将士的描写，但是，在中国高雅文学作品中却没有见过此类方式。历史文献中从来都不曾详细地描写人物的衣着和兵器。唐代及其后的文学小说中既没有行军的描写，也没有对"平民"人物的衣着如此详尽的描写。小说中对人物衣着的勾勒通常是一两笔带过，如"虬髯纱帽褐裘而来……"⑤或如瞿佑《牡丹灯记》中更为简略的描写："一个美女跟随在后面，年纪大约十七八岁，穿着红裙绿袄。"⑥⑦所有这些都说明，在高雅文学与俗文学（与说书传统不仅在题材而且在修辞上存在联系）之间，存在着

---

① 李肃的白袍搭配银色头盔和银色锁甲意味着，他正在服丧，或是为某人复仇，不过在平话中没有对此进行解释。

② Лотман Ю. М. Лекции по структурной поэтике. Вып. No. Тарту, 1964. c. 174.

③ Козин С. А. Джангариада. М.-Л., 1940. c. 150.

④ 转引自 Конрад Н. И. Японский феодальный эпос XII-XIV вв. -Восток. Сб. 1 Литература Китая и Японии. Academia, 1935. c. 248

⑤ 《虬髯客传》摘自《唐人小说》，上海：古典文学出版社，1955年版，第108页。

⑥ 瞿佑，《剪灯新话》，上海：中华书局，1962年版，第52页。

⑦ 我们会注意到，在唐代小说以及瞿佑作品中，都描述了与其他世界相关的人物的衣着。第一个例子中的人物可以说是仙人，而第二处是女鬼。

艺术描写形式的差异。

相似的描写系统也适用于《三国志平话》中罕见的女性形象,其中包括对貂蝉的勾画。她是作为密谋除掉董卓的参与者身份出现。她的外貌描写中并没有肖像特征,不过十分详细地描写了插入发髻的"碧玉短金钗",以及身穿的"缕金绛绡衣",关于她的美貌只提了一句"那堪倾国倾城"①,此处使用了高雅文学、俗文学和童话中广泛运用的表达方式。这一表达方式大约首次出现在班固的《汉书》,而后广泛应用于唐代抒情诗中,诸如李白、白居易等诗人作品中。这四字成语的独立部分则出自更早些时期的作品中。例如,《诗经·大雅·瞻仰》:"哲夫成城,哲妇倾城。"②起初,该词组指女人的祸国野心和恶行,而后失去了贬义,仅表示异常美貌之意。③

在我们研究主题的框架内,将平话中对人物衣着的描绘与戏曲中的相比较,将是很有意思的事情。上文中我们已经提到,流传至今的16至17世纪的戏本中,在最后几页总附有表格,说明人物的衣着和甲盔,并标注是哪一场次所用。不过这些表中所罗列的人物衣着,与平话中的描写不尽相同。就此可以推测,戏曲中对人物的外貌描绘遵循着另一种体裁与艺术原则。同时也不排除,在戏曲和平话出现后的几个世纪里,即15至16世纪④,服装的标示与特征才形成,因此反映的是较晚些时期的戏剧演出样式。或许还带有不同地方传统的影响,因为杂剧主要形成于中国北方,而平话则出版在东南省福建并带有地方说书艺术的特点。

黎新同时还将明代(16世纪)三国戏与19世纪末剧院上演的三国戏中相同人物的服装列出一张对应表,呈现三百年间所发生的最为根本的变化。⑤

尽管人物描写通常是静态的,不受制于时间和事件发生的环境,但是在平话中也可以找到施克洛夫斯基所谓的"情景肖像"的萌芽。例如,在描写董卓作为暴君被杀死的场景中,义子吕布提剑入堂,见到喝醉的董卓

---

① 《三国志平话》,上海:古典文学出版社,1955年版,第33页。
② 《诗经注疏》,北京:中华书局,1957年版,第405页。
③ 《辞海》,上海:中华书局,1948年版,第124页。
④ 研究戏曲服装的学者黎新如此认为,这些资料反映了戏曲服装400—500年的形式。详见黎新:《论戏曲服装的演变与发展》,《戏曲研究》,1958年第3期,第73页。
⑤ 黎新:《论戏曲服装的演变与发展》,《戏曲研究》1958年第3期,第78页。

"鼻气如雷,卧如肉山"①。以往关于董卓的描述中,仅提到他的肥胖,而此处——在特定的"卧"情形下——将他比作肉山。这种情景肖像有时是通过口语特有的所谓终局结构的第二部分予以描绘的。例如赵云"杀得曹操盔斜发乱,发甲槌胸,偃鞍吐血"。②"盔斜发乱"一下子就打破了将士描写的静态公式,这种效果是由动词产生的,它们界定了具体时刻物体的状态或情形,而并非不受时间与空间约束的③一贯状态。情景肖像对于中国的历史小说、传奇小说来说,显然不具有代表性,多半属于民间文学艺术思维的要素。(众所周知,在其他一些民族的史诗中,有勇士们具体时刻的特殊肖像,如愤怒、欢乐、悲伤等等④)当代中国民间文学研究者在传统民间故事中以穿插韵文的形式记录了此类对人物状态的描写。遗憾的是,我们不了解这种情景肖像产生的年代,不过根据对雅库特原始史诗遗产的研究来看,这可能是极早时期的现象。无独有偶,在中国 10 至 12 世纪的专业说书艺术中这种描述方式已经得到了发展。

上文中我们分析了《三国志平话》中人物外貌描写的原则,现在我们试图在研究同时期的其他平书作品基础上补充和证实所阐释的观点:《武王伐纣平话》、《七国春秋平话》、《秦并六国平话》、《前汉书平话》、《薛仁贵征辽事略》、《新编五代史平话》,还有一些类似平话的稗官野史《大宋宣和遗事》。这些平话在风格上各不相同:有一些接近口头讲述,如《前汉书平话》或《薛仁贵征辽事略》;另一些,如《新编五代史平话》在语言和风格上更倾向于历史小说,这也注定了极少有口头创作因素被吸收进来。

尽管这看似有些奇怪,但是从《三国志平话》中所筛选出的如此多的人物肖像特征(近 70 例),我们在这些作品中几乎都看不到,仅有三处。如《前汉书平话》中对一位皇子这样描述:"后太子年长十五岁,身长八尺,面如白玉,手垂过膝,两耳垂肩,龙睛凤眼。"⑤不难发现,这种描述选取了汉代皇室后裔刘备肖像中最为固定的搭配词组。手垂也过膝,双耳也垂肩,正如前面章节里所提到的,这是从译介佛经转用到中国历史文学中,而后在民间平话中使用的固定词组。将人物的面庞比作白玉,在高雅文

---

① 《三国志平话》,上海:古典文学出版社,1955 年版,第 34 页。
② 同上书,第 85 页。
③ 参见"李肃戴银头盔","盔斜",前者是静态化,而后则是与劲敌作战具体场景中的形象。
④ Пухов И. В. Якутский героический эпос олонхо. М., 1962. с. 67.。
⑤ 《前汉书平话》,上海:古典文学出版社,1955 年版,第 69 页。

学中是不允许的。我们既无法在宋代百科全书《册府元龟》所收集的历史小说人物形象描述中①找到此类比喻,也无法在高雅散文与诗歌中找到,《佩文乐府》词典中缺少类似比喻也证明了这一点。但是在更早些时期的历史文学作品中,能够看到将人物的面容比作"冠玉",即镶嵌在帽子上的美玉的例子。这一传统始于司马迁的《史记》,两名高官试图诋毁陈平时说:"平虽美丈夫,如冠玉耳,其中未必有也。"②古代注释者对此如下解释:"玉用来修饰帽子时,它的光芒从外面就能够看到,但是里面却什么都没有。"③看得出,这一比喻含有轻蔑的色彩,日本汉学家诸桥辙次《大汉和辞典》对该词组也进行了解释④,并列举了另外一处使用该词组的例子,选自《南史》(鲍泉列传),"面如冠玉,还疑木偶,须似猬毛,徒劳绕喙。"⑤字典的编撰者并没有觉得"面如冠玉"这一表述有任何的贬义,而仅仅把它看做是美丽外貌的一个描述细节。不过,司马迁《史记》中的例子以及国王言语的谴责性都让人觉得这一用法的贬义所在。我们提到民间平话中的例子则有所不同,这里取代"冠玉"的是普通的"白玉"。根据语境和具体搭配,王子的这一外貌特征与其他转引自佛教传统中对佛祖本人的描写搭配在一起,这一细节已毫无争议地被看做是皇室成员的正面特征。

我们所分析的描写中另一个成分为四字成语"龙睛凤眼"。在刘备的肖像描写中我们已经碰到过"凤眼",也是在四字成语中"隆准凤眼"。显然,这两组成语在结构上都建立在同一种词汇模型之上。同时,龙睛与凤眼几乎是意义相同的两个词结合在了一起。原则上说来,"龙睛"在汉语中被用作固定搭配,例如,在诸桥辙次《大汉和辞典》中还注出了其更为广泛的转用意义——漂亮的外表⑥。由此可以猜测,在描述一些拥有龙或凤外观中某一点特征的高贵人物时,常使用类似"龙瞳凤颈"的词组是受到了固定四音节词组的影响⑦。

描述人物外貌的另一个例子我们在《新五代史平话》中能够找到。对

---

① 《册府元龟》,北京:中华书局,1960年版,第11册,第883集,第10452—10468页。
② 司马迁:《史记》,北京:中华书局,1963年版,第6册,第2054页。
③ 同上书,第2055页。
④ Морохаси Тэцудзи. Большой китайско-японский словарь. Тайбэй. [Б. г.], т. 2, с. 124.
⑤ Там же, с. 144.
⑥ Там же, с. 1129.
⑦ Там же, с. 1135.

农民起义首领,880年称帝的黄巢是这样描写的:"身长七尺,眼有三角,鬓毛尽赤,颔牙无缝,左臂上天生肉腾蛇一条,右臂上天生肉随球一个,背上分明排着八卦文,胸前依稀生着七星。"① 这里的人物描写遵循着与上述例子不同的原则。虽然类似的肖像描写中都指出了人物的身高,但是其余细节却是第一次碰到。在以往的描写中,既没有出现过"三角眼",也没有遇到过"赤发",不过这些特征在相面术中都有对应解释,如三角眼代表此人阴险诡诈②,而赤发则表示此人会惹出许多祸端③。想必,这两种反面特征与官方历史中对黄巢的负面评价有关,因为黄巢是农民起义的领袖,他反对的是唐朝合法皇帝。而接下去的肖像特征描写中则毫无争议的是正面细节,因为黄巢不仅仅是起义领袖,而且(自880年起)还曾当过皇帝,在位三年。需要指出的是,中国官方儒家史籍中对大型农民起义都有所描写,因为它们使得旧王朝被推翻,新王朝出现,这些事件都是"根据上天的意旨"——清除最高统治者多余的委任状,并为上天所保佑的新王朝统治者开启道路。两部唐朝官史的编纂者强调:"除了黄巢,并无第二个人能配得上上天的垂青",所以他成为了第一人,上天允许他推翻唐王朝,而他则是"正义力量"的化身,上天指定他有着推翻统治王朝的使命。④ 与中世纪传统观点相符,这些"上天垂青"的标志应该在将会成为皇帝之人的外貌特征上有所体现。

因此,需要注意这一特征,如颔牙无缝,这让人想到古代明主武王的牙齿,同时还有典型象征意义的赘生物、纹络和痣点。在描写中提到黄巢左臂上有"腾蛇"。古代词典以及注释家们解释,腾蛇为龙的一种(郭璞语),前面已多次提到,龙是夏朝部落的图腾,随后成为皇帝的象征。众所周知,例如,古代越部落的图腾是龙,人们经常在身上纹一些与龙有关的图案。⑤ 还需要强调的是,在黄巢左臂上有这种图案的存在并非偶然,从象征意义来说,龙与"左"是联系在一起的。有必要提醒一下,腾蛇还有星象学的意义:中国的天文学中有这样一个星座,它由二十二颗星星组成,

---

① 《新编五代史平话》,上海:中国古典文学出版社,1954年版,第8页。
② 《神相水镜集》,台南:北一出版社,1974年版,第23页。
③ 同上书,第30页。
④ Смолин Г. Я. Источники по истории крестьянской войны 874 — 901гг. в Китае. -История и источниковедение истории стран Азии и Африки. Вып. 4. Л., 1975. с.103.
⑤ Стратанович Г. Г. О ранних верованиях древних китайцев (тотомизм) -КСИНА. 1963, №61. с.63.

据 7 世纪撰写的《秦史》的天文部分记载,它统治着水中动物的世界①,也就是说,根据深层的语义学认识,这一星座与水自然界的统治者——龙②相关。遗憾的是,我们试图了解"随球"这一搭配的固定含义,但并没有实际收获,大致将其翻译成肉球。不过,在《新编五代史平话》的另外一处,我们找到了类似的特征:左边颈上生一个肉珠,大如钱样,珠上有禾穗纹十分明朗。③ 一位相士看到这一赘生物的拥有者时解释说,"颈上一颗肉珠,乃是禾宝。颊上一个雀儿,将来雀儿口啄着禾粟时分,这人做天子也!"④郭威的确建立了后周王朝(951—960 年)。我们已经列举过郭威非常具有象征意义的肖像,其面部的一些特征及身形让人想到神话传说中的尧舜禹汤。此处,他最特别的特征是颈左边的肉珠。可以说,黄巢肖像中的"肉随球"也有着类似的象征意义。

背部的八卦文也极具象征意义。传统上将它们的来源与神话中的伏羲帝联系在一起,而法术意义在不同的符咒描述中很容易就被猜到,如古镜以及民画中。B. M. 阿列克谢耶夫院士曾指出民间木版画中雷神的图像上写有咒符,其中有八卦文和北斗七星⑤,即黄巢胸前痣⑥。如上文中我们所看到那样,分析神话传说人物或历史人物的肖像特征时,痣起着很重要的作用,它提示君王中不同寻常之处。仍旧是在《新编五代史平话》提到,存在三年(947—950)的后汉王朝的创建者刘知远,他曾雇请针笔匠为其左臂上秀一个窈窕仙女,而右臂上刺一条抢宝青龙,背上雕一个笑天夜叉。这些文身不能跟黄巢身上的那种"自然界"的形象相提并论。因此,这里的龙并没有按常规纹在左臂上,并且仙女的作用也不是那么明显。而笑天夜叉,基本上没有语义上的附加作用。而真正提示刘知远会成为皇帝的标志是一条黄蛇,在刘知远睡觉时,从其鼻孔内自出自入。此

---

① Морохаси Тэцудзи. Большой китайско-японский словарь. Тайбэй. [Б. г.], т. 12, с. 541.

② 当然,关于腾蛇也存在着其他的解释,即长着翅膀的蛇。中国神话学研究者孙作云(Сунь Цзо-юнь)没有指明文献出处,写到,根据古代原始意象,腾蛇位于龙之后。[239,19](《禽经》,上海,1895 年版,第 19 页)如果按照这种观点,那么可以推测,黄巢身上的腾蛇这一符号说明,尽管他是皇帝,但并非合法的继承者。

③ 《新编五代史平话》,上海:中国古典文学出版社,1954 年版,第 182 页。

④ 同上书,第 184 页。

⑤ Алексеев В. М. Китайская народная картина. М., 1966. с. 218.

⑥ 我们已经了解到,这些象征北斗星座的黑痣常长在胸前,而在分析历史小说的过程中,我们也注意到汉高祖身上也有北斗七星。

处的蛇,显然是所谓的人物的外在心灵,而黄色则预示着人物将成为皇帝,因为自古以来,这一颜色在中国就与皇帝的衣着联系在一起。值得注意的是,刘知远当养马工时的主人注意到,除了黄蛇,旁还有一人身着紫袍(唐朝时,高官们的官服颜色)。他为刘知远撑着一柄黄凉伞,将知远盖却。① 有意思的是,在该平话的另一处也提到一人鼻中有蛇自出自入,即后梁的创建者朱温:"有赤蛇贯从朱三鼻里过"。② 后者出现的蛇是红色的,这或许与人物的姓氏——朱有关。在元杂剧中蜀汉创建者刘备的描写中也出现了相似的特征——蛇,小蛇从头颅缝隙中穿过的类似情形。③ 这些例子中,人物的外在心灵无一例外都有着蛇的形貌,而蛇是与龙相似的生物,从基因遗传方面可以说,蛇是作为祖先图腾崇拜的某种原型出现的。要知道,古代中国神话传说中的一些人物,如对夸父的描述中也提到他耳朵上有蛇:"珥两黄蛇"。④

如果说命中注定要成为建国者的人物,即便是昙花一现的新王朝的创建者,对他们的描写都有许多象征层面的,借用特别符号来证明他们是被选中的天子的细节,那么,平话中极少出现的对将领的肖像描写,它们的作用则是说明并强化该将领气势汹汹或光鲜夺人的形象。例如,《秦并六国平话》中对燕将石凯的描述,"撞出一员猛将,牙齿如钻如凿,背略绰如虎如狼。因餐虎肉面皮青,如吃人睛目赤。肩担金花月斧⑤出阵。"⑥显而易见,修饰燕将的比喻都是来自动物世界,与史诗中相似,描述的目的并非塑造具体而直观的形象(如虎似狼的人),而是某种笼统的象征性形象——恐怖且强大的勇士。将勇士的外貌与猛兽联系在一起在《薛仁贵征辽事略》平话中也很常见,其中描绘著名将领秦琼的儿子秦怀玉时提到"虎体人形"⑦;而在另一场合,描述贼军吴黑达时写道"身如虎躯磊落"⑧。

---

① 《新编五代史平话》,上海:中国古典文学出版社,1954年版,第165页。
② 同上书,第19页。
③ Рифтин Б. Л. Историческая эпопея и фольклорная традиция в Китае. М., 1970. с. 79.
④ Каталог гор и морей. Шань хай цзин. Пер. Э. Яншиной. М., 1977. с. 124.
⑤ 最有可能,此处描写的是有着半月刀刃的斧子,这种斧头,在古罗斯14至15世纪的战争中也曾使用过。详见[25,23],带有金色花朵的印模。Кирпичников А. Н. Военное дело на Руси. Л., 1976. с. 23.
⑥ 《秦并六国平话》,上海:古典文学出版社,1955年版,第46页。
⑦ 《薛仁贵征辽事略》,上海:古典文学出版社,1957年版,第5页。
⑧ 同上书,第49页。

这些例子都是借用动物来与人物外貌形成对比或对照,不过此时的动物已经不存在任何图腾联想了。

不过我们还是重新回到平话中对人物形象刻画的原则上来。如果我们将上文中给出的对人物身体和面部特征的描写看作模板的话,例如对刘备或黄巢的描写,那么其余的肖像特征描写可以称之为截面描写。因为这些特征并不是接续性地详细展现人物的肖像,而是呈现某一处或两处外貌特征。其中对人物身高的描述既符合这一古老传统,同时也是历史文学作品中所突出的特征。在所考查的 75 例肖像描写中,有 16 例提到了身高。(或许,这个比例并不算高,但是比起肖像特征中对其他任一细节描写的比例都要高)同时,只有一例简单地表述个子不高,而在其余例子中都具体指出了身高。因为大多数情况下都是对勇士的描绘,所以身高常为一丈,即稍微高于三米,其中有一个场景,甚至提到一丈七尺,即高于五米的样子。这是《武王伐纣平话》中的名将乌文画"此人身长一丈七尺,腰阔数围,拳打万人,不可当敌"①。在我们所研究的平话中,除了这些大块头人物外,还有不少指出身高的人物,其中身高七尺(两米)的有四位;八尺的有两位;九尺的还有两位。同样是在《武王伐纣平话》中,提到十岁的太子景明王时,只有一次使用了"身长五尺"。其余的所有事例都毫无争议地表明平话夸大人物的身高。

平话对人物肖像特征描写中继身高之后出现频率最高的当属面孔,其中有八次。人物的面容通常从颜色而非形状的角度来形容。只有一次提到此人"方面"②。我们一下子就注意到,中国古代相面术中,方脸是正义的象征,这种外貌多是国家大丈夫的象征。并且,我们也了解到,拥有"方面"之人乃卢国公程咬金③。平话作者将注意力集中在对人物脸色的描写上,这或许与相面术有关,因为脸庞是整个小宇宙,是人的本质的外现,体现其神和气的部位,而所有这些的标志被认为是脸色。《神相水镜集》中提到,如果脸上颜色,白如凝脂,黑如漆光,黄如蒸粟,紫如绛缯,而神满气厚者,为荣华富贵之资。④ 按照书中说法,其他的颜色,如赤暴似火,昏暗如泥等则相反,被看做是贫穷夭寿之相。我们并没有证据在相面

---

① 《武王伐纣平话》,上海:古典书籍出版社,1955 年版,第 73—74 页。
② 《薛仁贵征辽事略》,上海:古典文学出版社,1957 年版,第 9 页。
③ 同上书,第 9 页。
④ 《神相水镜集》,台南:北一出版社,1974 年版,第 23 页。

理论与平话人物肖像描写之间建立直接的联系,但是,我们注意到,相面术反映了传统的民间症候,同时它又像某种巫术系统作用于对人物形象的民间认识。这种联系完全有可能存在。不过,我们并没有在诸多平话中找到直接应用《神相水镜集》书中比喻的例子。平话中将人物的面庞比作白玉(象征男子之美),这与上文中提到的白如凝脂乃荣华富贵之相是完全一致的,或者比作非常稀少之物紫玉,获得它则意味着吉祥之兆。例如,《前汉书平话》中的将帅亚父,"身长一丈,面如紫玉。"①值得注意的是,《三国志平话》对关羽的面庞也是如此描写的。

不同的平话作品在描述人物面色时重复着相同的用语,而这些人物同属于有勇有谋的将帅,这种重复表明,此类定语是特殊的固定词汇,它们具有象征意义。例如分析关羽肖像时所指出的红脸,其在中国古代被认为是忠君与作战英勇无畏之意。还有一处将脸色描写为紫黑,这也是依据传统认识取其正面理想人物之意。

时常出现的将脸色比作土地色的例子,对此需要特别说明一下。在中国,土地的颜色自古以来都被看做是黄色。不过在诸桥辙次《大汉和辞典》中,将面如土色并非解释为黄色,而是深灰色的面容(俄语译文"如土的面色")。平话中,与其他对面色(红色,白色,金色,紫色等等)的静态描述所不同的是,"面如土色"有着情景方面的界定:这种脸色通常只出现在受到惊吓的场景中。如《前汉书平话》中吕后见到樊亢割下的头颅,顿时"面颜如土色"②。《大汉和辞典》指出,正是在描述受到惊吓之时,才使用这一比喻。③ 需要指出的是,在这个例子以及类似的例子中,或更晚些时期的书面史诗中,所有此类描述都是与皇室人物——皇帝、皇后等联系在一起,显然,我们是在同固定的文学"礼节"打交道,不过现在还无法弄清楚它的起源。④

---

① 《前汉书平话》,上海:古典文学出版社,1955年版,第72页。
② 同上书,第62页。
③ Морохаси Тэцудзи. Большой китайско-японский словарь. Тайбэй. [Б. г.], т. 3, с. 114.
④ 有意思的是,在缪天华编的最新《成语典》中提及我们说的词语时,举了两个例子,其中一个是《三国演义》中,皇帝被提剑的李傕吓得"面如土色";而另外一例则选自20世纪初刘鹗的长篇小说《老残游记》讲普通士兵时使用了该词。不过在第二个例子中使用的并非是"面如土色",而是"面无人色",它所起到的作用与第一个例子相同。[202a,834](缪天华:《成语典》,台北:复兴书局,1971年版,第834页。)

平话中人物肖像描写经常是描述面部的单一特征（5例描写眼睛，1例描写嘴巴），以及描写头发（5例）、小胡子、大胡子、鬓毛（5例）。不过，我们并没有看到对鼻子、耳朵（除了对汉王子的描写）、两颊、下巴、脖子等的描写。平话中修饰眼睛的定语各式各样。既有黄巢的三角眼（我们已经讲过它的语义），也有上文选出的使用成语"龙睛凤目"的例子。对眼睛颜色的描述则有：《秦并六国平话》中描写燕将石凯"双目赤"；《新编五代史平话》中描写后汉王朝创建者刘知远时，提到"目多白睛"①。还有一例，在描写上文中已经提到过的老将军程咬金时，使用了"怪目神眉"②，这里使用了非常笼统的修饰语"怪"来说明眼睛。

对人物头发的描写则更为单一。其中六种场景下有五处指出了头发的颜色（两处红色，两处白色），只有在一处里，我们看到了对头发状态的描述："披发似鬼"，即《武王伐纣平话》中对雷震子的描述。③ 自古以来，通常都会将头发挽成髻的中国人认为，披发与邪恶联系在一起，或者，后来与游牧人——"野蛮人"，即中国人现实生活中的敌人联系在一起。《尔雅》解释神话传说中的野兽狒狒时，这样写道："狒狒，如人，被发，迅走，食人。"④《左传》中提到晋国王公曾在梦中梦到披发大魔鬼的情节。《礼》中描写西部游牧民族时指出，他们穿着兽皮，披散着头发。还需要强调的是，在民间艺术中披发是解放了的（无法克制的）能量的象征，其中包括消极能量。平话中提及有威慑力的将领雷震子时，如此描写他的发型，以及提到高约一丈的身高，所有这些细节都是为了突出人物所具有的不可阻挡的勇士力量。难怪对他的肖像的描写以夸张的比喻结束，将其比作胆大之人，"似擒龙捉虎之雄"⑤。关于头发的颜色特征我们需要再来看一下上文中已经提到的红发（在《七国春秋平话》与《秦并六国平话》的人物肖像描写中都有所提及），根据中国传统认识，这也是魔鬼的特征。

白发则是另一回事。和其他民族一样，白发意味着令人尊敬的老者。在描述中能够看到普通的修饰词"白"，以及隐喻"鹤发"。后者用来描绘

---

① 《新编五代史平话》，上海：中国古典文学出版社，1954年版，第160页。
② 《薛仁贵征辽事略》，上海：古典文学出版社，1957年版，第9页。
③ 《武王伐纣平话》，上海：古典书籍出版社，1955年版，第81页。
④ 转引自 Морохаси Тэцудзи. Большой китайско-японский словарь. Тайбэй. [Б. г.], т. 10, с. 208.
⑤ 《武王伐纣平话》，上海：古典书籍出版社，1955年版，第81页。

仙人，"白衣老翁……鹤发霜髯"①，他出现在唐皇帝眼前，而后突然消失了。这位老者明显是一位道家隐士，属于驾鹤而行的隐士之列。②

显然，"鹤发"这一表达方式是从高雅文学进入到民间文学中来的，因为在更早些时候的史诗作品中经常出现（详见《佩文韵府》中的例子③，和其他的词典中，如④）不过在那些诗歌句子中，"鹤发"是单独出现的，而非四字成语的一部分"鹤发霜髯"，而成语的第二部分"霜髯"在史诗语言中也是经常出现的（如宋代诗人苏轼和陆游的诗歌中，⑤），也是作为单独的修饰语。将两者结合在一起，并将颜色的象征意义同化，进而简化其组合（在诗歌中，如杜牧作品中，甚至可以看到霜鹤，这一搭配，即白的如霜一样的鹤），此处"霜"为一种鸟的名称⑥，这是平话中另一种散文风格，此处对外貌，自然界和战争场面的大多数描写都是借助四字成语来表示，使得描述具有某种节奏感。

考查平话人物形象描述中对"发"的描写，让我们看到一个问题，即这些细节，如面部的一些生长物（大胡子，小胡子，鬓发）在肖像中所起的作用。和上一场景相同，我们已经了解了此处的颜色使用情况，如"髭黄"⑦或"鬓毛俱赤"⑧，以及接触了隐喻表示法，即将一种物体的颜色转用到被修饰物上。除了上文中已经提到的词语，用来修饰胡子的词还有"雪"（在《薛仁贵征辽事略》中⑨，提到段志贤"雪髯"，即白如雪的胡子）。

需要注意的是，在刻画情景肖像时，面部细节中使用最多的便是胡子，特别是描写人物愤怒、生气时。⑩ 这里仍旧强调的是，不可遏止的能

---

① 《薛仁贵征辽事略》，上海：古典文学出版社，1957年版，第52页。
② 需要提醒大家的是，在中国民间艺术中将隐士与仙鹤联想在一起，这与仙鹤的特殊性有关，首先它们不是群居动物，并且远离人类筑窝，这一点与鹤不同，此外，仙鹤只吃素食。将白鹤看作是长生者升入天堂时乘坐的鸟儿，这种认识随着道教地位上升而形成于公元后最初的几个世纪里。[详见 303，707－722］. Идзуси Есихико. Исследования китайских мифов и легенд (Сина синва дэнсэцу-но кэнкю. Токио. 1973. c. 707－722.)
③ 张玉书等编：《佩文韵府》，上海：商务印书馆，1937年版，第3669页。
④ Морохаси Тэцудзи. Большой китайско-японский словарь. Тайбэй. [Б. г.], т. 12, c. 861.
⑤ Там же, c. 64.
⑥ Там же, c. 63.
⑦ 《七国春秋平话》，上海：中国古典文学出版社，1955年版，第25页。
⑧ 《新编五代史平话》，上海：中国古典文学出版社，1954年版，第8页。
⑨ 《薛仁贵征辽事略》，上海：古典文学出版社，1957年版，第41页。
⑩ 详见《新编五代史平话》，上海：中国古典文学出版社1954年版，第218页。《薛仁贵征辽事略》，上海：古典文学出版社，1957年版，第41、44页。

量蕴藏在勇士的毛发中。

在分析了几乎所有的人物外貌描写之后,现在我们需要关注一下平话中经常出现的对人物总体特征的概括描述,这种描述与上文中所考查的截面描写不同,常常是非常全面的,详尽的或者非常细致的,它起源于书面文学中,而非口头文学。对中国历史小说来说,这种概括描述更具代表性。收集在11世纪的百科全书《册府元龟》中的历史人物的文学肖像①,其中绝大多数都是这种概括描写(常常在搭配中提及身高),所描述的特征通常能给出总体的,但非视觉上的,将人物外貌升华的想象。在平话中,这些肖像通常由两个音节周期组成,第一部分中含有关于人物外貌的主要"信息",而第二部分则用相应的但不那么具体的比喻来证实。

例如,在《武王伐纣平话》中,我们看到:"其太子生得相貌堂堂,浑如灌口。"②或者在《新编五代史平话》中如此描写一名出阵的大将:"人材凛凛,有如天降鬼魔王;容貌堂堂,撼动天关药叉将。"③有时候,第二部分中出现的不是比喻,而是某种补充确认:"见仁贵风姿端雅,体貌非俗。"④平话中有三例很少见的描写,即对反面人物外貌的描写,这里也使用了双重比喻。例如,在描写一位辽将时提到"貌如恶虎,雄赛狞神"⑤。

不难看出,所有这些描写仅表达出某种总体的意念,如"优雅威武"或"凶恶狰狞",它们并不追求细节,虽然在很大程度上,它也是不现实的,符号化的,与我们所说的分解的肖像类似。需要注意的是,平话中比历史小说中出现此类概括性描写的次数更为频繁,它们虽与比喻结合在一起,但这些比喻与其说使形象具体化,不如说创造出关于肖像的整体认识的效果[恶如魔王,美如天仙等]。

上文中我们已经说到,平话在人物的外貌特征描写方面,与历史小说有所不同,它不仅包括对人物外貌的描写,同时还包括对人物穿着、兵器、其他的特征,甚至还有坐骑——通常是战马的描写。平话中所有这些部分的综合构成了其形象刻画的特殊形式,主要与油画或版画中的形象相似。难怪研究者会将早期说唱——唐代变文(7至10世纪)与佛祖及其

---

① 《册府元龟》,北京:中华书局,1960年版,第11册,第883集,第10452—10466页。
② 《武王伐纣平话》,上海:古典书籍出版社,1955年版,第27页。
③ 《新编五代史平话》,上海:中国古典文学出版社,1954年版,第25页。
④ 《薛仁贵征辽事略》,上海:古典文学出版社,1957年版,第33页。
⑤ 同上书,第21页。

弟子生平的壁画联系在一起。大家都推测，变文正是由向众人讲述佛经的形式演变而来。日本研究者绪川玉木注意到，平话中描写搏斗、风景、建筑、花园和典礼（如婚礼）等场景时，常用特殊词语来表示节奏，如"只见"或"但见"，不过这两种表述都用的是命令式"请看"，"只看"。① 这些词似乎是用来切断主要叙述内容，因为它们并非存在于平话人物生活与行动的艺术时间里，而是存在于叙述的当时，即说书人的时代。这也是为什么日本研究者将它们的出现与根据图画进行讲述的传统联系在一起。变文即发展自将佛经演绎为说唱的底本。研究者在变文中也找到了叙述者对听众的特殊称谓，并邀请他们观看相应图画，如《目连变文》中："……看目连深山坐禅之处……"②

据我们观察，平话中描写人物肖像时也会用"看"之类的词引出内容，不过在许多情况下，类似乐句一样的有节律描写通常在说书人的问题之后，如"此人如何打扮？"如《秦并六国平话》中"燕阵撞出东辽将卓成，打扮得怎生？只见头带三叉冠……"③有时候一句反问引出详细的肖像描写，"那黄巢如何打扮？"④我们认为，所举内容可以证明关于这些描写的"图画式"的观点，如果无法证明它们之间的直接关联，起码也指出了间接的，或许是根源上的联系性。⑤

我们将用来补充人物外貌描写的描写内容分为三类，其中占主要位置的是人物的衣着，对它们的描述倒是各式各样。由于平话内容的特殊性，绝大多数（几乎不少于99%）都是对将领穿着进行描述，其目的在于强调迎战将帅的威武和令人生畏的气势（大多数描述都是出现在这个时刻）

在一些例子中，对衣着的描写似乎是在补充人物的外貌，例如："燕将身长九尺，面赤髭黄，穿红袍，白玉带，银锁甲，金盔冠，乃是石丙。"⑥而在

---

① Огава Тамаки. Исследования по китайской прозе（Тюгоку сесэцуси-но кэнкю）. Токио. 1968. с. 138—139.
② 王重民等编：《敦煌变文集》，北京：人民文学出版社，1957年版，第716页。
③ 《秦并六国平话》，上海：古典文学出版社，1955年版，第54页。
④ 《新编五代史平话》，上海：中国古典文学出版社，1954年版，第47页。
⑤ 值得注意的是，14世纪20年代，在福建省出版了五本插图版平话，其中每一页将近三分之一的版面都是图画，这也证明了文字与图画之间的联系，同时，或许正是源自用图画讲解佛经的形式。
⑥ 《秦并六国平话》，上海：古典文学出版社，1955年版，第25页。

其他地方,把人物外貌的描写缩减至一个细节,如人物身高:"见此将身长八尺,披水磨柳叶甲,皂罗袍罩体,肩担大捍刀,约重一百斤,骑匹乌骓马,出阵厉声高叫……"①这是《秦并六国平话》中对魏将龙离足的描述。不过在平话中我们更经常碰到的不是对人物的描述,而是对作战队伍的整体描写。

在最为完整的口述描写纲要中包括说书人的问题,紧跟着问题的诗句,还有对将士装束散文式而又富有节律的描述。平话只是部分性地模仿民间说书人的形式,我们找到了一个这样的例子,在《秦并六国平话》中描写了一名燕将出阵迎战:"燕阵撞出东辽大将钟离生,打扮得如何?诗曰:

羊角弓弯青冢月,
皂雕旗磨黑山云。

那钟离生披一个茶茶芽盔,戴一副刺刺撒撒甲……"[212,53]②有时,此类描写紧跟着说书人的疑问或对事件的正常叙述。《新编五代史平话》中出现了对敌将最为详细的描写,后唐王朝(907年)创建者李存勖之父③李克用与黄巢出征的场景:"李克用便打扮出阵:

头魁金水镀金,
脑打正貌狻猊,
介胄向银庄束,
身砌倒持獬豸④。
箭叉玳瑁⑤,
凤凰微露尾梢翎,
弓控壶钟,

---

① 《秦并六国平话》,上海:古典文学出版社,1955年版,第13页。
② 同上书,第53页。
③ 文中将李克用称之为后唐王朝创建者,而实为其子李存勖所建——译者加。
④ 獬豸(见169页),中世纪将其画为脑袋中间长角的狮子。通常衣服上的獬豸的脸朝下,文中所指"倒持"獬豸,在这种情况下应该理解为,獬豸的脸被翻转朝上。在獬豸的鼻孔中可能穿有铁环,它将介胄的上下两部分连接在一起(文中使用"砌"一词)。这种描画出现在陕西明朝宫殿永乐宫壁画中的天将肖像中。
⑤ 箭叉,这一表述方式我们在字典里并没有找到。或许是指箭的尾部,中间分开以便能固定在弦上。不过,此句与下文中"弓控壶钟"是对应的,所以"叉"应该是动词,最有可能的是,此处是通假字"叉"同动词"插",而后紧跟着"玳瑁",即龟甲,用来代替用龟甲做成的箭筒。

龙在波藏露头角。
面上金光闪闪,
手中雪刃辉辉。
鞍心一拍甲裙开,
膀转身横靴入革登。"①

与描写李克用的用词不同,对黄巢的描写少些夸张:

"三叉淡金冠②,
叩牙朱蹀。
斜褐毛衫,
鞔裆波裤,
沙柳木杆箭,
手抱铁枪,
骑一匹豁耳破臂忔嶭蹄战马。"③

正如我们所看到的那样,此处没有任何借助龙凤的比拟,甚至相反,与李克用将军的威武相对的是起义军首领的波裤与豁马。

不过即便是这些平话中最为详细的描述也仅包含了相对来说并不太多的细节:头饰、介胄、衣衫、裤子、靴子和腰间饰物——衣服;弓、箭、铁枪——兵器;马鞍和马镫——马具。将这些细节与切分截面描写与说书传统中的描述(例如当代著名说书人霍树棠的三国故事鼓词)放在一起对比将很有意思。

在描述吕布的时候,说书人霍树棠差不多也使用了这些细节的组合(帽子、衣衫、介胄、腰带、胸前镜、靴子、剑鞘、弓、箭、战斧、矛),只是大大强化了对它们的性质描述。仅列举一例对将帅头饰的描写就足以看出这

---

① 《新编五代史平话》,上海:中国古典文学出版社,1954年版,第47页。
② 文中"三叉冠",意指带着发髻上的小帽子,装饰有两个凸起的角,还有帽穗,固定在柔软的细线上,因此当人走路的时候它会向上翘起及摆动。这种头饰在小说《三国演义》讲述吕布时提到[180,1,41](罗贯中:《三国演义》,北京:人民文学出版社,1962年版,第1册,第41页。),在古时图画中他便是带着这种"三叉"帽。需要指出的是,这一头饰在《秦并六国平话》(《秦并六国平话》,上海:古典文学出版社,1955年版,第31,54页。)和《薛仁贵征辽事略》(《薛仁贵征辽事略》,上海:古典文学出版社,1957年版,第18,21,58页。)中不止一次被使用。有时候与修饰语"淡金"或"紫"连用。
③ 《新编五代史平话》,上海:中国古典文学出版社,1954年版,第47页。

一点。(只见他戴一顶黄澄澄、耀眼明、翻金蟒、滚素缨、团团杀气顶上升,玉镶珠嵌紫金冠一顶……①)比起口述内容,平话的描述显得吝啬了许多。平话中仅仅描述了介胄且单提到颜色,而霍树棠讲述了将士头饰的八大特征,其中有颜色、图案、修饰和将士的威慑力,他杀敌的愿望,以及他即将冲冠而出的腾腾杀气。现代说书人从老前辈——宋代说书人那里继承、保存下来了这一特别形象,从中我们得以推测勇士的原始意象,"集英勇与流血于一身"②的形象。精神,其中也包括来自地狱的精神"将勇士团团包围",但这并不妨碍他,相反,在周围建筑起英武的作战精神的牢固"小宇宙",它不仅蕴藏在勇士体内,并且通过他的整个机体将其"释放"出来。③ 上文所举的例子中,描写吕布时,所提到的正是这种从头盔下升腾起来的作战精神。

平话中对衣着的描述非常简洁,并且通常参照同一种模板公式进行描述,其中包括对头饰、战衣、锁子甲或甲胄等描述。所有其他部分,如裤子、靴子、腰带只有在极少的情况下才会出现。在所考查的 75 例描写中,最经常碰到的是对战袍的描写(19 例),对盔的描写(14 例),对甲的描写(12 例)。平话中对衣着部分的描写千篇一律,非常格式化,且侧重对色泽而非质量的描写。有九处提及衣衫的颜色:白色,雪白,青,绿,橙黄④。其余的在指出衣衫颜色的同时,说明了材质。最常提到的是罗,都是"皂罗袍"⑤,不过在另外两处提到了其他材质——锦。有一处用到"白锦",而另一处代替颜色修饰语的是产地,如"蜀锦",即产自蜀国的上等丝绸,《秦并六国平话》中将帅王翦身着蜀锦战袍,还有耀日银盔盖顶。我们还找到了一处关于"毳袍"的描写,出现在《薛仁贵征辽事略平话》对辽将白文虎的描写中,同时,与毳袍相衬的是他头顶狼头冠。

不管衣服上有什么花纹或图案,对它们的提及更是少之又少;有一处

---

① 霍树棠:《三国故事鼓词选》,春风文艺出版社,1962 年版,第 9 页。

② Неклюдов С. Ю. Душа, убиваемая и мстящая. -Семиотика. Труды по знаковым системам. Т. 7. Тарту, 1975. с. 71.

③ Там же, с. 71.

④ 此处说的是后周创建者郭威的衣着。[210,200]《新编五代史平话》,上海:中国古典文学出版社,1954 年版,第 200 页)此处选择橙色并非偶然,而是模仿唐朝皇室衣着的传统,以此来强调实力弱的统治者的华丽,认为自己是伟大唐朝的继承者,他在位四年(951—954),整个王朝存在了十年(至 960 年)。

⑤ 《秦并六国平话》,上海:古典文学出版社,1955 年版,第 9,13,48 页。《薛仁贵征辽事略》,上海:古典文学出版社,1957 年版,第 67 页。

写到郭威黄衫上有盘龙图案,而另一处《秦并六国平话》中,楚王穿盘龙绛红袍。看得出,这两处不仅在描写衣服上的图案,同时也是对皇室人物的特征描述,龙是从先祖的图腾崇拜中继承下来的国家政权的象征。

我们所研究的描写内容中,衣衫上没有任何其他的修饰,这或许与下列历史有关。元朝之前,即唐宋时期,动物并不是描绘在衣服上,而是盔甲、兵器上,从元朝时起,动物才直接绣在外衣上。因此,平话中描述其他民族人物而非汉人时,会提及衣服上的修饰,这并非偶然。《秦并六国平话》中,匈奴将军身披"团花绛狮服"①,而在《薛仁贵征辽事略》中,威胁唐朝政权的最大敌人辽将莫离支也是如此穿着,"披团花绛狮服"②。事实上,游牧民族的领袖与辽将的穿着一模一样(但是,其中一部平话所讲述的事件比另一部平话所讲述的事件在时间上晚了上千年),这再次证明了平话中这些描述的相对性,以及它们的刻板性:两个将领都是敌军首领,他们应当穿着得体而又与汉人有所不同。可以想象得出,如果那时的说书人还要讲述其他的敌军将领,他们肯定不分史诗出处,为其再次穿上如此衣装。

现在我们再来看一下平话肖像描写中服饰的其他细节。与衣衫有所不同,头巾、腰带、鞋子、靴子在平话中被提及的次数非常少,它们只出现在极个别的场合下,不必按照我们假设的那样对它们进行分析,同时也直接说明了这些细节在肖像特征中没那么重要,通常它们并不完整出现。

平话中对将领的铠甲和兵器的描述极为详细,但基本上看不到普通士兵的肖像。最常提到的是甲与铠,字典中解释说,两者指同一种事物,即军人的防身衣,在远古时期它们是用皮制作并被称之为甲,而后则用金属制作,被称之为铠。③ 不过铠这个字本身的出现不晚于世纪之交,所以在字典《说文》中有收录。中世纪的中国铠甲,根据宋代著名的《武经总要》中的图案,是穿在衣衫外面的特殊衣服,用绳子将不同组成部分系在一起:带有袖子的披膊,保护肩膀、手臂和胸部;铠甲与头盔固定在一起,保护士兵的脖子;甲胄类似萨拉凡,带着垂下来的护膝和竖起的三部分,其中一部分用来遮住胸部,并系在脖子上,其余两部分往上或侧面系,也

---

① 《秦并六国平话》,上海:古典文学出版社,1955 年版,第 31 页。
② 《薛仁贵征辽事略》,上海:古典文学出版社,1957 年版,第 58 页。
③ Морохаси Тэцудзи. Большой китайско-японский словарь. Тайбэй. [Б. г.], т. 11, с. 611.

用于遮护胸部与双肩。根据图画我们看出，铠甲并不是铁板一块，而是由不同的，类似鳞片或小叶子的小片拼贴起来的，有时候铠甲保护胸部的中心部分上修饰着野兽头。① 在我们所考查的平话文本中，对铠甲的描写有 21 次。同时，值得注意的是，《秦并六国平话》中描绘了极为久远的时代，无一例外都使用了甲，而在描述唐朝时期的平话《薛仁贵征辽事略》中，主要使用了铠。当然，与其说是因为时间不同，不如说是这些作品的佚名作者的个性发挥。两处的修饰特征并没有太大的不同。我们碰到更多的是"*身披柳甲*"②。有时候这一定语前面还有复合定语"水磨"；还有银片、银瓣③、银叶④，不过此类定语中的绝大多数都是修饰铠甲的环扣。⑤ 对铠的描述则符合其词源学意义，强调金属特征：如《七国春秋平话》中提到"铜铠甲"⑥，薛仁贵雪白袍外面罩着"铁铠甲"⑦。总体上来说，对铠甲的描写旨在强调其外形而非坚固性等。因此常提到它如"水磨"，它"明"⑧或者说透明般的"莹"，(此处的修饰语"莹"表示宝石般，晶石，而作为形容词表示水晶般透明的，清澈的等等)。这让人猜测，这些描写的主要目的是呈现外在效果，况且现实生活中的将领也努力如此去做。⑨

中世纪的中国与其他国家一样，将士甲胄的重要部分之一为盔，复杂的平话肖像描写中常常提到它。宋元时期所保留下来的头盔与欧洲的钢盔类似，它们用铁制成，有云朵、树叶或龙向日形。⑩ 不过，在平话中我们却找不到任何铁盔的影子。为了审美目的，描写将领头盔时，并不全部使

---

① 周纬：《中国兵器史稿》，北京：生活读书新知三联书店，1957 年版，图 71—72。
② Морохаси Тэцудзи. Большой китайско-японский словарь. Тайбэй. [Б. г.], т. 11, с. 611.
③ 《新编五代史平话》，上海：中国古典文学出版社，1954 年版，第 109 页。
④ 《薛仁贵征辽事略》，上海：古典文学出版社，1957 年版，第 18 页。
⑤ 《七国春秋平话》，上海：中国古典文学出版社，1955 年版，第 25，26 页。《秦并六国平话》，上海：古典文学出版社 1955 年版，第 7，9 页。
⑥ 《七国春秋平话》，上海：中国古典文学出版社，1955 年版，第 5 页。
⑦ 《薛仁贵征辽事略》，上海：古典文学出版社，1957 年版，第 25 页。
⑧ 同上书，第 10 页。
⑨ 与此相关的是古俄罗斯兵器研究者 A. H. 基尔皮奇尼科夫的成果。他研究平话产生同时期的俄罗斯士兵的甲胄，指出"在 14 至 15 世纪，同 12 世纪一样，甲胄闪亮的金属外表裸露在外，它作用于心理并留下不可磨灭的印象"。研究者引用《约萨夫纪年》《Иоасафовская летопись》中的内容，其中闪闪发亮的甲胄也是银制的，与我们所分析的中国话本中描写一致。
⑩ 周纬：《中国兵器史稿》，北京：生活读书新知三联书店，1957 年版，图 69。

用"金色"一词,有时候会描述为金黄的,或赤色的①,以及很少的情况下用到银色②。在一些情况下,就连这些修饰语都不足以表达场面,于是出现了("狻猊紫金盔"③)④,显然这一词组是用来强化将领张吉气势汹汹的样子,他戴着这样的头盔出营迎战,披着大叶匙头铠,胯下银鬃马。为了强调战盔的华丽,在一些场景中还会用到盔"耀日"⑤。

上文中已经提到,平话中静态的人物肖像中,对兵器的描写是必不可少的:刀、战斧、弓、箭、各式各样的矛和铁皮马鞭和鞭,还有四棱花剑。最常见的是对刀的描写(16 处),同时还指出人物是如何拿自己的刀:手握或是肩扛如扁担一样,有时候借助单词"横",强调刀是横在马的臀部,如果是动词"背",便是背在身后⑥。中国古代兵器研究者周纬在研究中展示,中世纪士兵在作战中使用的刀各式各样。不过平话中对刀的描述几乎是千篇一律:要么仅是"大刀"⑦,要么是"三尖两刃刀"⑧,或者简略为"三尖刀"⑨,或是相反,极为详细地描述"一柄三尖两刃四窍八环刀"⑩。在一些描写中特别指出刀的重量(基本上都带有夸大的成分),如 120 斤重,《秦并六国平话》中秦国大将王翦正是肩担一百二十斤三尖刀,而他耀日银盔盖顶,身穿蜀锦战袍。显而易见,兵器的重量首先应该能够展示出王翦迎战楚将张晃时的英勇与力量。三十个回合之后,王翦正是用这柄大刀将张晃斩落马下:"王翦举刀斩落张晃翻身,下脚捎空。"⑪

需要指出的是,平话中对刀的描写与中国诗歌中对刀的描写有着原则上的不同(诗歌中多将宝刀称之为宝剑)。白居易、杜甫、李峤、司空图、

---

① 《七国春秋平话》,上海:中国古典文学出版社,1955 年版,第 5,25,14 页。《秦并六国平话》,上海:古典文学出版社,1955 年版,第 36,48 页。
② 《秦并六国平话》,上海:古典文学出版社,1955 年版,第 10 页。
③ 同上书,第 36 页。
④ 描写盔之前提及狮子头,前面我们也已经碰到过,即分析《新编五代史平话》中李克用的肖像时。
⑤ 《秦并六国平话》,上海:古典文学出版社,1955 年版,第 10 页。
⑥ 挂在背后的应该是短小轻盈的刀刃,平话中称之为飞刀。不过我们在字典及周纬的《中国兵器史稿》中并没有找到相关术语。
⑦ 《秦并六国平话》,上海:古典文学出版社,1955 年版,第 81 页。
⑧ 《七国春秋平话》,上海:中国古典文学出版社,1955 年版,第 5 页。
⑨ 《秦并六国平话》,上海:古典文学出版社,1955 年版,第 9 页。
⑩ 同上书,第 46 页。
⑪ 同上书,第 11 页。

刘长川等唐代诗人关于宝剑的诗篇非常有名。① 不过,如胡云翼学者所说的那样,在这些诗中有专描写宝剑的神奇的,有以宝剑来象征高尚芬芳的人格的,有以宝剑来象征英雄事业的,诸如此类都是宝剑的活动化、人格化。② 将这些描写与平话中内容相比,可以看出,对诗人来说刀是作为珍贵之物供他们欣赏。难怪在李峤和刘长川的诗歌中,用匣子来放刀,而非鞘。另一描写特征为使用隐喻,透着对兵器神奇特点的惊叹。例如,在李峤的诗中,"白虹时切玉,紫气夜干星。锷上芙蓉动,匣中霜雪明。"③或者在刘长川诗作中,"今朝一度见,赤色照人寒。匣里星文动,环边月影残。"④甚至可以说,在这些诗歌作品中,静态的描写与瞬间的张力结合在一起,整体形象结构特征明显,在读者面前呈现出神器的,与众不同的氛围。而平话叙述者的任务,如说书人的一样,意在通过对人物所用宝刀的外在描写(以及耀眼的衣着)使人感到迎战将士的勇猛和力量。

除了我们所理解的刀,中国人还将其他的一些兵器都归于刀这一类,如长柄和半月形刀刃的钺斧等,背面主要部分还有三个豁口⑤。特别著名的刀当属 3 世纪三国主要人物关羽使用的刀。对这一兵器最为详细的描写出现在戏剧中:"青龙偃月刀,九九八十(一)斤。"⑥"青龙刀"指刀身上镶有盘龙吞月的图案(详见《大汉和辞典》中对青龙刀的解释⑦)宋代书籍《武经总要》中的图案显示,此类刀的刀刃如龙嘴一般。⑧

对所有保存下来的平话作品进行比较分析的结果显示,在 12 至 14 世纪的民间艺术传统中,人物和其所使用的兵器之间的联系在平话中仅仅能察觉到,二在更晚些的口述作品中则能明显感觉到。我们并没有找到对关羽"青龙刀"的描写,不过在《秦并六国平话》中找到了对此类兵器的描述,匈奴将领"横青龙偃月刀"⑨。有意思的是,《三国》中非常著名且精彩的一场《关羽单刀赴会》在《三国志平话》中被处理的极为简单,仅说

---

① 胡云翼:《唐代的战争文学》,北京:商务印书馆,1931年版,第 77—82 页。
② 详见胡云翼:《唐代的战争文学》,北京:商务印书馆,1931年版,第 80 页。
③ 胡云翼:《唐代的战争文学》,北京:商务印书馆,1931年版,第 79 页。
④ 同上。
⑤ 周纬:《中国兵器史稿》,北京:生活读书新知三联书店,1957年版,图 62。
⑥ Рифтин Б. Л. Историческая эпопея и фольклорная традиция в Китае. М., 1970. с. 87.
⑦ Морохаси Тэцудзи. Большой китайско-японский словарь. Тайбэй. [Б. г.], т. 12, с. 120.
⑧ 周纬:《中国兵器史稿》,北京:生活读书新知三联书店,1957年版,图 62。
⑨ 《秦并六国平话》,上海:古典文学出版社,1955年版,第 31 页。

"腰悬单刀一口",而没有任何具体说明。不过在关汉卿的话剧中,以及在罗贯中的《三国演义》中(第 66 回),则描述了关羽著名的"青龙刀"。《薛仁贵征辽事略》平话中,辽将莫离支使用的正是"偃月刀",只是上面没有龙的图案。① 第二个例子中使用了定语"青铜"来修饰,这种材质勉强能用来制作兵器,因此这里应该是将错将"龙"字写成了发音相似的"铜"字。在《秦并六国平话》《薛仁贵征辽事略平话》等作品中,偃月刀的使用者都是"未开化的",非汉人将领,这使得说书艺人留下了刻板印象,即这些兵器应该是敌军将领使用。至于汉人在战争中使用这种刀的规模有多大,我们并不清楚。不过在 17 世纪初方元义编撰的《军事装备详解》中,提到青龙偃月刀只用在习武操练中,用以表现自己的勇气,不过在实际作战中是无法使用的。②

  平话中对与刀相近的战斧的描写则更为生动。根据《武经概要》所记载,斧子的形状与名称也是多种多样。但是在平话中并没有体现出其多样化,而只是在一系列场景中强调,人物肩担或手持月斧。例如《秦并六国平话》描写涿州太守应荣圣时,先说其身披黄金锁子甲,头戴金盔,体挂皂罗袍,跨匹赤色虬龙马,而后"肩担月样斧,约重八十余斤"③。可以看出,此处兵器的重量便是重要的特征。

  在不同平话中都指出了斧的材质,所有的都是由铜或青铜制成;④与此相反,在另一些情况下并没有说出材质而是外在修饰,如金花月斧⑤或是宣花斧⑥。《三国志平话》中则提到"开山大斧"⑦,此术语的确存在,为大斧中的一种,这已不仅仅是平话中的修饰性特征。

  与刀、斧一起充当人物的兵器的还有枪和戟。在人物形象描写中,枪通常具有特殊的修饰特点;从最简单的,指出材质的描述"胸抱铁枪"⑧,到对枪详细的华丽描述,它成为《三国志平话》中对李肃将领肖像描写的

---

① 《薛仁贵征辽事略》,上海:古典文学出版社,1957 年版,第 18,58 页。
② Морохаси Тэцудзи. Большой китайско-японский словарь. Тайбэй. [Б. г.], т. 1, c. 851.
③ 《孟子译注》,北京:中华书局,1960 年版,第 26 页。《秦并六国平话》,上海:古典文学出版社 1955 年版,第 48 页。
④ 《秦并六国平话》,上海:古典文学出版社,1955 年版,第 11 页。
⑤ 同上书,第 46 页。
⑥ 《七国春秋平话》,上海:中国古典文学出版社,1955 年版,第 5 页。《薛仁贵征辽事略》,上海:古典文学出版社,1957 年版,第 10 页。
⑦ 《三国志平话》,上海:古典文学出版社,1955 年版,第 27 页。
⑧ 《新编五代史平话》,上海:中国古典文学出版社,1954 年版,第 47 页。

一部分:"使一条丈五倒须悟钩枪"①;或者将枪比作清风,出现在对副先锋景耀龙的描写中,"肩担一条清风利枪"②。对戟的描写出现在《三国志平话》中,如描写吕布时提到"使丈二方天戟"③,在《薛仁贵征辽事略》平话中,薛仁贵的固定标志也是这样的戟。④现在还很难说,到底存不存在"方天戟"这一术语用以表示特殊样式的戟,或者名称,抑或特殊的固定修饰词。《大汉和辞典》对方天戟一词给出了专门的解释⑤:这是兵器名称,不过辞典中唯一一段引文的出处是施耐庵的《水浒传》。其中对年轻人吕方(与吕布同姓,并处处模仿他)的相貌描写中,提到了这样的戟⑥。词典中引文是史诗作品而非军事文章,这让人觉得,方天戟应该是说书人想象的产物,而非现实生活中存在的兵器。

除了上述兵器外,描写中还提及弓与箭。此类的例子并不多,出现在《秦并六国平话》、《新编五代史平话》和《薛仁贵征辽事略》等平话作品中。对弓最出彩的描述出现在描写李克用的肖像时,我们在上文中已经提到。迎战匈奴将领的严广将军也"背负一张鹊面宝雕弓"⑦,正是以弓和腰间的"百支狼牙箭"结束了对他光鲜华丽装束的描写。肖像描写中提及箭比提及弓的次数还要少。(在我们所考查的平话作品中共有 4 处)

平话中很少提到的兵器中有鞭。与用来赶马的普通的皮鞭不同,它由铁环环环相扣而制成;使用时抡起胳膊将它像鞭子一样抽打在敌人身上。这种鞭子通常是辅助工具,出现在平话中那些使用战斧或枪的人物那里。修饰"鞭"的定语,要么指出它的材质"铁"⑧,"钢"⑨,或者"竹节鞭",即用铁木般的竹子编制而成的鞭子⑩,或者指出兵器的重量"腕悬一百二十斤竹节钢鞭"⑪。这一描写指出了兵器的三个特征:其一为材质;其二是外形;其三是重量。需要提醒大家的是,与平话中对刀的重量的夸

---

① 《三国志平话》,上海:古典文学出版社,1955 年版,第 27 页。
② 《秦并六国平话》,上海:古典文学出版社,1955 年版,第 9 页。
③ 《三国志平话》,上海:古典文学出版社,1955 年版,第 59 页。
④ 《薛仁贵征辽事略》,上海:古典文学出版社,1957 年版,第 18、35、61 页。
⑤ Морохаси Тэцудзи. Большой китайско-японский словарь. Тайбэй. [Б. г.], т. 5, с. 674.
⑥ 《水浒全传》,北京:中华书局,1961 年版,第 1 卷,第 426 页。
⑦ 《秦并六国平话》,上海:古典文学出版社 1955 年版,第 32 页。
⑧ 《七国春秋平话》,上海:中国古典文学出版社,1955 年版,第 5 页。
⑨ 《秦并六国平话》,上海:古典文学出版社,1955 年版,第 9 页。
⑩ 《薛仁贵征辽事略》,上海:古典文学出版社,1957 年版,第 67 页。
⑪ 《秦并六国平话》,上海:古典文学出版社,1955 年版,第 9 页。

张描写相似,此处的重量也存在夸张。这很有可能是独特的套话,用来修饰任一种兵器的惊人重量。

对战马的描写也是平话中人物描写的重要组成部分。身为将士的人物总是骑着骏马迎战沙场。在所研究的文本中我们看到有 19 处对马匹的描写。其中有一些用毛色来修饰马匹:有时为*赤马*①,*赤色马*②,更为少见的是*乌骓马*③。在一些场景中,颜色定语之后还有另一修饰语——"*赤色虬龙马*"④,"*赤虬马*"⑤。这种类比在平话作品中非常流行。还有一例,在"虬龙"之前代替颜色的还有其他的定语,它不是用来修饰马匹的,而是修饰龙本身,类似"*北海虬龙战马*"(汉语中将北海虬龙理解为战马的定语)。将马类比为*虬龙*,这并不是平话所特有的文体方法,而是普通语言的形象性特点。在帕拉基、波波夫等学者编著的《汉俄辞典》中给出了一系列借助龙的形象表示马的隐喻:*云虬*表示快马;*玉虬*表示白马;*劲虬*表示快马。⑥

平话中还有一些个别的例子,将马匹与非幻想中的普通动物联系在一起,指出马的某一特点或属性,如"*一匹骆驼来高惯战马*"⑦。还有一些描写根据马匹外形的某一细节对其进行修饰,如"*银骣马*"⑧;或是根据毛发的类型,如"*捲毛马*"⑨。

需要特别指出的是,除了对优秀战马的描写外,我们在平话中还发现了对"坏马"的描述。这尤其让人好奇,因为在很大程度上这打破了我们对普遍描写规范的认识——只对人物或特征进行理想化的精美描述。我们所找到的三例对坏马的描写基本上是一样的,它们似乎都遵循同一个刻画模式,区别仅在于定语选择的数量多少。最饱满的描写出现在农民

---

① 《七国春秋平话》,上海:中国古典文学出版社,1955 年版,第 5 页。《薛仁贵征辽事略》,上海:古典文学出版社,1957 年版,第 18,53 页。

② 《秦并六国平话》,上海:古典文学出版社,1955 年版,第 10 页。

③ 同上书,第 9,13 页。

④ 同上书,第 48 页。

⑤ 《薛仁贵征辽事略》,上海:古典文学出版社,1957 年版,第 10 页。

⑥ Палладий, Попов П. С. Китайско-русский словарь. Т. 1－2. Пекин, 1888. Т. 2, с. 352.

⑦ 《七国春秋平话》,上海:中国古典文学出版社,1955 年版,第 26 页。

⑧ 《秦并六国平话》,上海:古典文学出版社,1955 年版,第 36 页。

⑨ 《薛仁贵征辽事略》,上海:古典文学出版社,1957 年版,第 49—50 页。

起义军首领黄巢的肖像描写中,"骑一匹豁耳破臂忔嶪①蹄战马"②。《秦并六国平话》对秦将王翦的对手燕国(位于今北京地区及其北部)东辽③将卓成的描写中与此类似,只是略简一些,他"骑匹豁破臂忔嶪蹄番马"④。如果此处"豁"字后面加一耳字,便得到了与黄巢描写中完全一样的形象。我们注意到,这些描写细节的吻合之处不仅在于马匹的修饰语,还有许多其他的衣着细节,如两人都带三叉冠,只是黄巢的是"三叉淡金冠",而第二处"三叉冠"之前没有修饰语⑤。

① "忔嶪"这一搭配不管是读起来还是翻译都是很难的一个词组。第一个字母意为不想做某事,厌恶做某事,详见317,第4卷,957页,曾出现在司马迁《史记》中。不过我们觉得,此处代替上下结构的乞加心这个字,两者在构字上的部分一样(不过心字旁不是在侧面,而是在下面),它意为疖子,水泡,这一意义更确认了第二部分中的内容,不过我们甚至在《中华大字典》中都无法找到这一字,而音则根据相同的音旁而暂定为同音。原则上说可以翻译成"懒蹄",不过根据上面的描述,此语境是想说明马蹄也受伤了。
② 《新编五代史平话》,上海:中国古典文学出版社,1954年版,第47页。
③ 需要说明的是,在东辽生活的居民多是朝鲜族部落,古代中国人将他们看做是野蛮民族。卓成的名字在中国的官方史诗中并没有出现过,所以这一人物很可能是杜撰的,并且他的名字不是汉语习惯,而是汉语中的发音。
④ 《秦并六国平话》,上海:古典文学出版社1955年版,第54页。
⑤ 就此可以推测出,卓成脚上也是"叩牙朱躞躞(足奕)",其中"叩"为鞠躬的意思,而"牙"则指齿,即钩形靴尖朝下弯,"朱"为修饰词红色。而词组"躞(足奕)"则不容易理解,因为在任何一个词典中我们都没有找到它。"躞"字右边的上面部分似乎是言字两边加绞丝旁的缩写,不过即便是在最全的字典中也无法查到这个字。我们猜想,与"躞"连用的是字形上接近的"躞"。根据《大汉和辞典》"躞躞"有四个意思:一、小步行走;二、马行貌;三、往来徘徊;四、佩带上的饰物名(陆澹安编著的《小说词语汇释》中指出躞躞还有"犹像,怀疑"的意思,不过在此处是不恰当。[184,785]陆澹安编著《小说词语汇释》,上海:中华书局,1964年版,第785页。)[317,卷10,940](Морохаси Тэцудзи. Большой китайско-японский словарь. Тайбэй. [Б. г.], т. 10, с. 940.)这些义项中最恰当的应该是最后一种解释。不过"钩形"在此似乎还是不妥。不过可以判断,此处还是在说靴子的鞋尖,因为"躞"字的左边部首"足"意指鞋子。这部平话的内容有些语焉不详且语意混乱,这在对辽将卓成的描写中也有所体现。其中提到,"叫牙朱烁烁",此处的"叫牙"让人无法理解,"烁烁"则是发亮的意思,用在"朱"之后,强调红色的亮度。现代版《秦并六国平话》则将这七个字都看作是对后面四字"斜褐毛衫"的修饰。不过问题又出现了,为什么修饰衣物的颜色定语"朱"放在了动词"斜"之前(或许是斜搭在某一肩上),而非材质前?句子的韵律规则也表明,在"斜"之前应该是一个停顿。将此处与对黄巢的肖像描写比较,我们可以得出,在"朱"字之后应该有与"躞躞"在字形上接近的汉字。("躞"与"烁"尤其相似)并且,此处仍旧是在说带有钩形靴尖的红靴子。不过,这里有一个小小的错误,即描写卓成时用的是"鞁裆皮袴",而在黄巢的描写中是"鞁裆波袴",这里很可能是"破"的误笔,其中"鞁"意为用来补衣物或鞋子的布。因此"鞁裆皮袴"应当理解为"鞁裆破袴",即褴褛的裤子。此处我们用了如此多的篇幅进行解释,似乎有些偏离我们对描写敌人时所使用的"负面"词汇的研究,不过我们旨在证明卓成与黄巢的描写模式有重合之处,同时也想说明,翻译和解释平话中的肖像描写是非常复杂的事情。

同样是在这一部平话中,叙述者将对人物的否定态度转移到对其马匹的描写上。当严广将军战场失利败给匈奴首领时,对他如此描写,他"座下跨匹豁蹄马"①。正如我们所看到的,从完整的描写格式简化至此仅剩一个修饰词"豁",而它所形容的不是耳朵,而是马蹄(在对卓成的描写中是用来形容马腿的)。让人觉得,我们似乎在与马匹的反面特征的逐步压缩打交道。

战马与宝刀一样多次成为中国经典诗歌咏叹的主题。例如,唐代诗人们,用胡云翼的话来说,最钟爱于咏马和描写马(也正因为此,在唐代绘画和雕塑中有许多对马匹的勾画)。经常出现马匹的诗意画面,如浴马、饮马、牧马、舞马、疲马、病马等等②,这表明诗歌与绘画传统有着紧密的联系,在绘画作品中我们找到了以马为主题的系列描绘。唐代著名画家韩干曾被唐玄宗召见,创作了名马肖像系列③。因为唐代诗歌是历代诗人的标准和典范,所以比较平话中对马的描写原则与诗歌描写传统对我们来说很重要。

显而易见,诗歌对战马的描写都非常简洁,尤其是对战马外形的描写,仅用寥寥诗行,如张祜、李贺、沈佺期、卢照邻等人的作品(胡云翼引用的正是他们的作品)或者李峤的诗歌。有时候仅描写眼睛(沈佺期《骢马诗》中"双眼赤金瞳")、耳朵(张祜《爱妾换马》中"却爱桃花两耳红")、马蹄(张祜同篇诗歌中"千里蹄"或沈佺期同一首诗中"四蹄碧玉片")。诗人的写作目的并非给出详细的马匹"肖像",而是努力在马匹身上找到与诗作整体精神契合的某一点象征细节(胡云翼也指出了这些描写的象征意义)。④ 平话作者解决的则是另外的任务。平话中即便是不完整的截面描写也试图勾勒马匹的全貌:毛色,身高,作品质量等等,这一努力极易被察觉到。此外,尽管平话中的描写有明显的夸张成分,但是与诗歌中类似描写相比,它们少了许多隐喻,少了一些"诗意"。在我们看来,所有这些都表明,平话的佚名作家首先是以口头讲述传统为方向。

平话中的人物描写常以描述其嗓音结束。这与描写的功能作用相关:平话中对人物的描写通常发生在人物出战的时刻。民间史诗经常将

---

① 《秦并六国平话》,上海:古典文学出版社1955年版,第32页。
② 胡云翼:《唐代的战争文学》,北京:商务印书馆,1931年版,第82页。
③ 刘凌沧编著:《唐代人物画》,北京:中国古典艺术出版社,1958年版,第34页。
④ 胡云翼:《唐代的战争文学》,北京:商务印书馆,1931年版,第77—82页。

人物勇士般的叫声"物质化"。这一现象在俄罗斯关于勇士伊里亚·穆罗梅茨的壮士歌中也频繁出现，他一声吼震得"白石院"都抖三抖。根据阿塞拜疆版本的史诗《基奥尔-奥格雷》(Кёр-оглы)，他作战时的叫喊声驱散了敌军。《三国志平话》中提到张飞长坂坡当阳桥头一声大喝，吓退曹操十万大军。① 平话中通常将勇士的吼声比作打雷。那么，以嗓音作为肖像描写收尾的描述是什么样的呢："捧一员将，素袍莹铠，赤马繁缨，横方天戟，声如哮雷"②，这是《薛仁贵征辽事略》平话中对唐朝大将薛仁贵的描写。《三国志平话》中描写张飞的一声响亮"若雷"。在其他场景中还有"高叫"③或"厉声"[209,5,14]④，有时候还会两个定语连用在一起，"厉声高叫"[212,13]⑤。

在平话中也出现了对女性人物的描写。关于《三国志平话》中对貂蝉的描写我们前面已经说过，而在其他平话中仅描写貌美的女子：《武王伐纣平话》中妲己妩媚动人，迷惑殷商最后统治者纣王帝辛；《薛仁贵征辽事略》中唐太宗的亲戚；《大宋宣和遗事》中绝色美女李师师及其他女子。其中李师师的父亲在汴京城经营染房，宋徽宗（在位时间为1100—1125）及其他人物为其芳容倾倒。平话所描写的通常都是绝色美女，这也再次证明了这些作品的规范风格。

在所有这些描写中对李师师的外貌描写最为详细。更有意思的是创作于当时的《李师师外传》(被鲁迅收录在《唐宋传奇集》)仅简洁地描写了这位女性的外貌特征："见姥拥一姬姗姗而来。淡妆不施脂粉，衣娟素，无艳服，娇艳如出水芙蓉。"⑥平话《大宋宣和遗事》中则对她进行了最为详尽细致的描写，具体内容与传奇中对她的总体特征描写相符。"天子觑时，见翠帘高卷，绣幕低垂，帘儿下见个佳人，鬈发䰉乌云，钗簪金凤；眼横秋水之波，眉拂春山之黛；腰如弱柳，体似凝脂；十指露春笋纤长，一搦衬金莲稳小。待道是郑观音，不抱着玉琵琶；待道是杨贵妃，不擎着白鹦鹉。

---

① 《三国志平话》，上海：古典文学出版社，1955年版，第75页。
② 《薛仁贵征辽事略》，上海：古典文学出版社，1957年版，第18页。
③ 《七国春秋平话》，上海：中国古典文学出版社，1955年版，第14页。《秦并六国平话》，上海：古典文学出版社，1955年版，第48页。《薛仁贵征辽事略》，上海：古典文学出版社，1957年版，第35、49、50页。
④ 《七国春秋平话》，上海：中国古典文学出版社，1955年版，第5、14页。
⑤ 《秦并六国平话》，上海：古典文学出版社，1955年版，第13页。
⑥ 鲁迅：《唐宋传奇集》，北京：文学古籍刊行社，1956年版，第315页。

恰似嫦娥离月殿,恍然洛女下瑶阶。真是:

> 髯肩鸾髻垂云碧,
> 眼入明眸秋水溢。
> 凤鞋半折小弓弓,
> 莺语一声娇滴滴。
> 裁云剪雾制衫穿,
> 束素纤腰恰一搦。
> 桃花为脸玉为肌,
> 费尽丹青描不得。"①

此处描述与传奇中的描写的区别不仅在于大量细节,而且在于它所遵循的是另一种建构基础。形式上,它的特别之处在于有韵律的散文部分与七言八句诗,它并不是全部押韵(句末是碧,溢,弓,滴,穿,搦,肌,得),这绝不符合中国诗歌的特征。可以说,从严格意义上来讲,这并不是诗,而只是根据诗的形式将字数相同的且有韵律的散文组织在了一起。所有这些与对形象和类比套路并不怀疑的"真是"用在一起,透露出明显的口头表述的痕迹。只需将对李师师的描写同上文中已经提到的对秦穆公之女这一古代绝色美女的肖像描写对比即可知晓。唐代《敦煌变文》中写道:"大夫魏陵启言王曰:眉如尽月,颊似凝光,眼似流星,面如花色。发长七尺,鼻直颜方,耳似珰珠,手垂过膝,拾指纤长。"②很容易看出来,这两处文学肖像都遵循着列举细节这一相同原则,不过在变文及古代文籍中对人物面部特征的描述占多数,而平话则给出更为完整的描写,将美人"从头到脚"描述个遍。我们还看到与早期传统有所不同的类比方式,即将人物比成古代美女,以及对华丽服饰的不同描写,尽管这些类比对象的共性和某些细节方面的相似性还是明显存在的。在变文以及《大宋宣和遗事》平话中都使用了传统的"体似凝脂",它源自民间传统,早在《诗经》中便用在对美人皮肤的描写中。而后这一形象既用在散文中,例如刘义庆(5世纪)编写的《世说新语》中,写到4世纪时著名书法家王羲之对杜弘治的描述:"王右军(王羲之)见杜弘治叹曰:面如凝脂,眼如点漆,此神

---

① 《大宋宣和遗事》,上海:中国古典文学出版社,1954年版,第49页。
② 王重民等编:《敦煌变文集》,北京:人民文学出版社,1957年版,第2页。

仙中人。"①诗歌也是如此,如白居易的长诗《长恨歌》中使用"凝脂"来隐喻美人的脸庞。

在描写李师师时所引用的形象也都非常传统。将鬓发比作乌云在诗歌中运用非常广泛,如苏轼(11世纪),韩邦靖及其他诗人作品。② 唐代诗人王建和李贺的作品中常用"金凤"修饰有此形状的装饰物。③ 在诗歌中还常常将美人的眼睛比作秋水,在中国传统概念中,这是纯洁的象征(此外还将纯洁的思想、刀的冷光、铜镜的表面比作秋水),将美人晶莹明亮的眼睛比作秋水在白居易和袁桷(1266—1327)的作品中经常出现。④ 再早些时期,在屈原的作品《招魂》中,以及直到后来苏轼等其他诗人的作品中,我们也能够找到将美人的眼睛比作秋波的例子。⑤ 在《大宋宣和遗事》平话中这两种表示方式"秋水"与"秋波"似乎结合在了一起。

将美人用黑墨描过的眉毛比作春山也源自诗歌。在袁桷的《题美人图》中"望幸眸凝秋水,倚愁眉簇春山",将春山与秋水并行。因此,可以说,将春山与秋水这两个隐喻用来描写美人肖像的做法在书面诗歌中已经出现。

诗歌中也经常把美人的腰比作弱柳。例如在温庭筠的诗歌中,用此隐喻美人。⑥ 此外,诗歌中,同时包括苏轼的作品,将女子纤细的手指比作春笋。⑦ 因此,《大宋宣和遗事》描写李师师的形象架构因素几乎都已在中国诗歌中出现。值得注意的是,李师师肖像特征以一系列与古代美人的类比结束。

残忍无情的美人妲己的肖像描写中,在压缩外貌独立特征时,出现了

---

① 刘义庆:《世说新语》,《诸子集成》,北京:中华书局,1956年版,第162页。

② Морохаси Тэцудзи. Большой китайско-японский словарь. Тайбэй.［Б. г.］, т. 7, с. 396.

③ Морохаси Тэцудзи. Большой китайско-японский словарь. Тайбэй.［Б. г.］, т. 11, с. 481.

④ Морохаси Тэцудзи. Большой китайско-японский словарь. Тайбэй.［Б. г.］, т. 5, с. 544.

⑤ Морохаси Тэцудзи. Большой китайско-японский словарь. Тайбэй.［Б. г.］, т. 8, с. 546.

⑥ Морохаси Тэцудзи. Большой китайско-японский словарь. Тайбэй.［Б. г.］, т. 6, с. 280.

⑦ Морохаси Тэцудзи. Большой китайско-японский словарь. Тайбэй.［Б. г.］, т. 5, с. 821.

更多的类比。"有妲己,面无粉饰,宛如月里嫦娥,头不梳妆,一似蓬莱仙子。肌肤似雪,遍体如银。丹青怎书,彩笔难描。"①或者在另一处:"(大臣)费仲见了:面如白玉,貌赛姮娥(即嫦娥);有沉鱼落雁之容,羞花闭月之貌。"②此处的类比并非普通说法,而是有名词和动词的扩展性修饰语。在文学作品中这种描写方式更多地用在对女性人物的描写过程中,而非对男性的描写。此类描写既出现在文言短篇小说作品中(参见上文中所举例子,《李师师外传》中描写外貌的收尾句子),也出现在民间平话作品中。后者在风格上有着显著不同,行文中将许多类比定语串在一起,而高雅文学中则通常就某一类比进行展开。这些类比的刻板和模式在《大宋宣和遗事》中更为明显,这里并不是具体描写某一位美人,而是给出正月十五元宵节游玩的美人的总体形象:佳人却是戴嬋扇冠儿,插禁苑瑶花,星眸与秋水争光,素脸共春桃漾艳,"对伴的似临溪双洛浦,自行的月殿独嫦娥"。③

就此结束我们对平话中人物肖像描写具体组成部分的考查。接下来我们试图分析,这些成分是如何构成了人物形象的整体相貌特征,以及它在叙述中的美学作用。可以说,平话中对人物肖像的描写建立在细化的格式化原则上,通过对衣着、兵器、战马和嗓音等描写而加以丰满人物的外在生理特征。肖像描写中总存在着相似成分的不同排列组合的变更。其中描写成分最多的是 7 个。其中可能包括:盔、缨、袍和铠甲,两种兵器和高喊声(《七国春秋平话》对秦将袁达的描写④)或者是身高,面孔,髭须,袍子,腰带,铠甲,头盔等。《七国春秋平话》对燕将石丙的描写⑤)数量可以减少为六个(身高,铠甲,战袍,兵器,战马,嗓音⑥),五个(战袍,头发,战马,手,铠甲⑦),四个(面容,身高,眼睛,眉毛⑧)或者仅用其中一个来代替整个肖像(通常描写身高)。通过这一列举可以看出,相貌特征并不需要衣着、兵器和战马的补充,不过在平话的一系列场景中,恰恰是鲜

---

① 《武王伐纣平话》,上海:古典书籍出版社,1955 年版,第 6 页。
② 同上书,第 7 页。
③ 《大宋宣和遗事》,上海:中国古典文学出版社,1954 年版,第 74 页。
④ 《七国春秋平话》,上海:中国古典文学出版社,1955 年版,第 5 页。
⑤ 同上书,第 25 页。
⑥ 《秦并六国平话》,上海:古典文学出版社,1955 年版,第 13 页。
⑦ 同上书,第 6 页。
⑧ 《薛仁贵征辽事略》,上海:古典文学出版社,1957 年版,第 9 页。

亮的服装和兵器代替了对人物外貌的描写。已经提到的薛仁贵和袁达的肖像描写都可以说明这一点。

还需要指出的是,肖像特征成分的顺序也是不断变化的,不过其中还是存在一些规律性:外貌描写通常位于衣着、兵器描写之前;声音通常出现在描绘结束时,此外,如果提及身高,那么身高描写通常在所有其他外貌特征之前;兵器通常出现在衣着之后。对于战马的描写可以在兵器之前也可以在其后,最常见的是在肖像描写的最后。通过使用不同的修饰语来实现平话描写的多样性,最常见的是颜色修饰,对此文中已提到,还有些使用动词同义词。如描写战袍时,可以说"身穿"①,"体挂"②,"身披"③;在少数情况下使用动词"罩"④和动词"着"⑤。

平话中对肖像特征有韵律的描写创造了特别的审美魔力,这种描写与口头散文讲述有着本源的联系,类似描写都富有韵律。尽管在我们所研究的平话作品中这些描写明显比口头讲述内容少(关于这一点可以比较口头讲述史诗与创作时间接近的书面史诗,即施耐庵的《水浒传》,这是值得研究的一部作品),不过它们也是有韵律地组织在一起的。文中最常见的便是音节相同的片段。例如,描写燕将石丙时:*燕将身长九尺,面赤髭黄,穿红袍,白玉带,银锁甲,金盔冠,乃是石丙*。⑥ 在描写中,首先是一组四字短语,而后是四组三字短语,尽管其内在联系不尽相同。只有三组短语是按照同一模式建构的,即对腰带、锁甲、盔冠的描写。不过对于平话来说,四字词组更具代表性,它们遵循固定成语的类型组合在一起(关于这一点在我们的另一部论著中有详细论述⑦)这些描述肖像特征的四字搭配通常建构在两组对等部分的基础上:定语+被修饰语(名词),定语+被修饰语(名词),例如"赤马红缨",或者将充当谓语功能的定语(动词)放在被修饰语之后,如"面赤髭黄"。有一些搭配在平话中渐渐地变成了

---

① 《秦并六国平话》,上海:古典文学出版社,1955 年版,第 10 页。《新编五代史平话》,上海:中国古典文学出版社,1954 年版,第 200 页。

② 同上书,第 9 页。《薛仁贵征辽事略》,上海:古典文学出版社,1957 年版,第 5 页。

③ 同上书,第 31 页。

④ 《薛仁贵征辽事略》,上海:古典文学出版社,1957 年版,第 52 页。

⑤ 同上。

⑥ 《七国春秋平话》,上海:中国古典文学出版社,1955 年版,第 25 页。

⑦ Рифтин Б. Л. Стиль китайского книжного эпоса. -Памятники книжного эпоса. Стиль и типологические особенности. М., 1978.

固定的成语结构,它们从一个平话移用到另一个平话,其中有上文中提到的"赤马红缨",该词组既用在了《七国春秋平话》中[①],也用在了《秦并六国平话》中[②]。有时候,一对四字词组会从一个作品转用到另一作品中。例如,在上述两部平话都使用的词语"赤马红缨"之前,还有一个四字结构"绛袍朱发",其在句法上也是对等的搭配,它的组成原则也是:颜色定语+被修饰语,颜色定语+被修饰词。这一对四字搭配在构建上的平行性通过一致的颜色定语得到强化:绛,朱,赤,红等在本质上都是表示红色的同义词(它们的区别仅在于色调和程度)。不过这里也不是完全对等,因为对于诗歌组织的韵律来说,这里没有明晰的特定音调交替规则(这里的音律图案是:P—P—P—B,П—B—P—P[③],或者根据诗歌结构系统中平声与入声交替:P—P—P—K—K—K—P—P),尽管其中有一些接近诗歌的语言组织,特别是第二个四字结构公式化的表述参照了第一部分。

如果从整体上考查平话中的肖像特征,可以根据作者对所描述人物的不同态度来分为几类。与平话的口头讲述风格一致,读者首先接收的信息是对人物的生动描述,而人物的名字通常较迟出现。这也与讲述者努力吊足读者的胃口有关。不过,也经常碰到另外的情形,先报出人物的姓名,后紧跟说书人的问题"此人如何打扮",而后引出描述。上文中我们已经举过此类例子(如黄巢和李克用的肖像描写)。

通过分析,我们得出以下几点结论:平话中人物的肖像描写是静态的,这源自民间口头说书创作。平书中给出人物在特定语境中的肖像特征,通常是出战时。这一肖像比较宽泛,它不仅包括对人物外貌的描写,还对其衣着、兵器、战马和声音进行描写。这些描写都是格式化的,尽管如同一部文献中的描写有所变动一样,平话中的描写也是动态组合的。在平话中,除了完整的肖像描写之外我们还找到了截面描写,此类描写经常用对人物漂亮服饰的描写替代外貌描写。对这些特征的分析结果表明,对衣服的描绘也存在两种模式:最常用的是描写己方将军时,华丽修饰其衣着;而在描写经常是异族人的敌军时,则采用负面的,否定的描写方案。关于我们的主题需要再次强调,在中国文学史上,平话首次详细地描写了人物衣着,以此作为其肖像特征的一部分,这与构建视觉效果即讲

[①] 《七国春秋平话》,上海:中国古典文学出版社,1955年版,第5页。
[②] 《秦并六国平话》,上海:古典文学出版社,1955年版,第46页。
[③] 用俄语字母标示汉语音调时,P指平声;B指上声;П指去声;K指入声。

述的影响有关，或许也受到了民间戏剧的影响（13至14世纪）。这些描写的形象性也鲜亮地呈现在修饰特征中，通常借助颜色来修饰衣着，同时也用在对战马的描述中。对兵器的特征描述则多从带有明显夸张色彩的重量、形状、材质等方面展开。

　　平话中尽管静态肖像描写占绝大多数，不过此时情景肖像已经出现，通常用来描写处于愤怒或恐惧以及败战时的人物（所有这些差不多都是"负面"状态）。在我们看来，13至14世纪平话作品中人物肖像描写的所有特别之处，都源自口头讲述形式的，并且以书面文本的形式对其进行的简洁模仿。此外，我们能够确定的是，在民间传统中复兴了古老神话的特征，即依次进行的分类的静态描写，不过弱化了对人物所拥有的不同寻常的外貌特征的描写，因为通常情况下它们拥有着象征意义和礼节性。此外，平话中存在着用衣着、兵器、战马等细节描写取代相貌描写的趋势。对平话中女性外貌特征描写的研究表明，此类描写在形象系统中已经接近书面文学而非口头传统，其中最接近诗歌创作，尽管我们所考查的修饰绝色美貌的笼统的，象征性的隐喻和类比，或许是口头传统与书面传统所共有的特征。

东蒙古说书史诗中对女英雄的描写

我在第一届中亚史诗研讨会上宣读的论文中试图以1974年苏蒙民俗考察对东蒙古说书艺人却音霍尔和桑布达希所做的录音为语料,分析本子故事体裁的东蒙古史诗中对英雄及其坐骑的描写①。1978年秋天的考察中,我们在与这些说书艺人一起工作时,成功记录了他们对女英雄穆桂英及其战马的描写。这两位东蒙古传统的承载者的录音,以及将女将与相应男将的描写进行对比为理解东蒙古说书艺人的整体艺术手法及个人风格特点提供了有趣的资料。而且,因为今天研讨会的主题是本土及外来的故事情节问题,那么在将描写作为独特的静态情节(通常情节是某种名词化的行为:说媒、寻找未婚妻、走进二人世界等)进行研究时,我们可以尝试展现外来的与本土的、土生土长的蒙古人的形象和细节,或更广泛些远东人民与中亚人民的形象和细节间的相互作用。

---

① 该文章及其蒙古语录音的附录发表在论文集《民间文学创作.诗学与传统》(莫斯科,1982年版,第70—92页)中。

我们记录的穆桂英是中国小说《杨家将》①及众多戏剧②中深受欢迎的女将、女统帅形象。尽管许多戏剧源于小说文本,但小说和戏剧的基础是早在小说出现之前几个世纪就已有的民间传说和故事。其主人公——杨家三代统帅——都是历史人物。已知的是,这一军事长官"王朝"的建立者——杨业生于932年。其传记在官方的《宋史》中有记载,在传记后还附有其子杨延昭(958—1014)及孙杨文广(约1010—1074)③的生平。但民间口头创作传统中却确信杨家有八子(七个亲生儿子和一个养子),他们在民间被称为"七郎八虎"④。在一些书面史料中记载,杨业有五个儿子⑤,但民间口头创作传统中他们总是"7+1"。

至于三位主要的女主人公——女将佘太君(杨业之妻)、穆桂英(杨文广之妻,杨文广在民间传统中还有一个更为人熟知的名字杨宗保)和表现出军事才能的女仆杨排风,仅就佘太君而言,可以肯定她是历史人物⑥。但有关她的资料只在清朝史料中有记载,在一处史料中援引有1116年石碑的碑文⑦。中国学界不止一次提出穆桂英这一中国最受欢迎的女英雄的名字似乎是鲜卑名"慕容"⑧语音变化的结果。但正如上面所提及的"杨家将"小说最早版本的北京再版的前言作者周华斌指出的,这明显是牵强附会⑨。根据所有资料判断,无论是她的形象,还是杨排风的形象全都是民间史诗想象的结果,同时还发现这样一个规律,中世纪中国长短篇小说中与男性英雄的历史形象并存的是女性非历史人物,她们身后或多或少隐藏着仙女或仙妻的形象。有特点的是,根据现存的不晚于14世纪的该题材早期民间故事的资料以及元、明戏曲剧本判断,这些女将的形

---

① 该小说有两个稍有区别的版本,一个是1593年的版本,另一个是1606年。两个版本不久前都在中国再版(参见:《杨家将演义》,秦淮墨客校订,北京出版社,北京,1981和《杨家将传》,湖南人民出版社,长沙,1981)。
② 现已知有110个不同地方的中国传统戏剧剧本(其目录参见上述该小说北京再版的附录,第409—415页)。
③ 参见常征:《杨家将史事考》,天津:天津人民出版社,1980年版,第325、330、340、345页。
④ 参见不久前记录天津女说书艺人郝艳霞的杨家将评书,两卷本,第一卷《杨七郎打擂》,哈尔滨:黑龙江人民出版社,1981年版,第4页。
⑤ 参见常征:《杨家将史事考》,天津:天津人民出版社,1980年版,第54页。
⑥ 其姓"佘"是杨业真实妻子的姓的变形写法,她被称为佘太君,但只记录了其氏族的标记。(参见常征. 同上,第250—257页)。
⑦ 常征:《杨家将史事考》,天津:天津人民出版社,1980年版,第250页。
⑧ 同上书,第277页。
⑨ 参见周华斌,略谈杨家将故事的历史衍变——自《杨家将演义》,第15页。

象,其中包括我们感兴趣的穆桂英,出现或开始在故事中作为主角的时间比杨家将的传说晚得多。如穆桂英的形象首次出现在以民间口头故事为基础的16世纪《杨家将》小说中。该小说的女主人公身上具有强烈的土匪山寨女头领的特征,她狩猎,而这在当时的中国根本不是女性从事的工作。在与前来向她借"降龙木"的杨宗保对战时,穆桂英几十回合之后诈败,将杨宗保诱至山谷并活捉。然后,她亲派仆人向被紧紧捆绑的杨宗保提亲,希望他成为自己的丈夫。杨宗保同意了,他认为这无疑比被俘必死要强,这时穆桂英才亲手替他松绑。这里我们遇到了传统史诗情节的变体:拥有神物的未婚女子,寻找这一神物的英雄,婚前男女勇士之间的对决(在被历史化的史诗创作中我们总能找到技艺高超的将领而非民间口头创作中的勇士)。提出决战和成亲的是未婚女子本人,而非男统帅,该事实反映出中国民间创作的典型情景。在中国民间传说、故事和小说中婚姻的提议者通常不是男性,而是女性(如天然宝藏的女主人,从天而降的仙女等),这不能不被视为反映了古代婚姻的特点。

但穆桂英与其说因与杨宗保的对战而闻名,不如说因其英勇抗击契丹人而闻名,当时杨家将的所有统帅正为保卫自己的国家不受契丹这一好战民族的入侵而浴血奋战。无论是这一小说本身,还是一系列有关他们英勇斗争的民间故事不仅在中国家喻户晓,而且在东蒙古人中广为流传。根据源于说书艺人却音霍尔和桑布达希的资料,《杨家将》小说有蒙古文译本(其抄本还未被发现),而以此为主题的本子故事经常出现在东蒙古说书艺人的剧目中。我们所做的录音使人们对东蒙古史诗传统中女英雄的描写特点有所了解。

首先,引人注意的是他们对女将士和男将士的描写模式完全相同:将领(此时指穆桂英)及其坐骑都是这两位说书艺人歌颂的对象。大概是出于传统,他们俩一直在强调穆桂英的智慧,因此他们都使用了修饰语"эрдэмтэй"(有本事的),可见,这里谈及的是某种非遗传、非天生的知识或特殊技能,如法力、兵法等。毫无疑问,这里指的是穆桂英从神话中离山女主人(离山老母)那里得到的知识。根据郝艳霞的评书,穆桂英还是小姑娘时,在离山老母那里学会了使用十八般兵器,善于排兵布阵,且箭无虚发①。但我们认为,在更早的民间故事版本中应该谈论过她从离山

---

① 郝艳霞,《穆桂英下山》,哈尔滨:黑龙江人民出版社,1982年版,第50页。

老母处获得某些神奇能力以及魔法知识的事情。在《杨家将》小说的早期版本中没有提及离山老母的名字，说的是穆桂英"很久以前遇到一位仙女，仙女送给她一些神箭和一把飞剑"①。不能不注意到，桑布达希在描写穆桂英时提到了穆桂英从其老师离山老母那里得到的一个装有神奇宝物的"宝囊"。我们认为，这一描述的基础是蒙古说书艺人保留下来的更古老的民间故事版本。看来，由于描写中长期运用修饰语"эрдэмтэй"，听众中形成了某种民间创作的联想链。桑布达希用这一修饰语限定汉语外来词"шауже"（按说书人的发音），其对应标准语的"小姐"。应当指出，中国说书人也这样称呼穆桂英，如郝艳霞在上面提到的评书《穆桂英下山》（第54页等）中。却音霍尔离远东叙事传统较远，在此情形下他运用的是纯蒙古语词汇"эхнэр"，表示"妻子""已婚女子"，而几行之后也用了外来词"шаожи"（小姐，按其发音）。

　　这两幅穆桂英人物图的共同点是描写的先后顺序：与我们之前研究的"男性"版本（罗成、关羽）从马到人物的描写不同，而相反，是从美女穆桂英到其坐骑的描写。我们认为，这是因为，描写女性时，对其外貌及服饰的描写比描写男性统帅时需要更多的关注。此时，说书人运用了自己所有的技巧来强调情景的不同寻常：出征契丹的队伍统帅并非男子，而是一名女子，如"杨家将"小说中所言，甚至她的丈夫也归她统领，为先锋官。应当指出，这两个版本中我们都没有发现对穆桂英容貌的哪怕简短的描写。（不管怎么奇怪，只提到了杨宗保那深受姑娘喜爱的英俊相貌："穆桂英看见，他生得秀眉朗目，唇红齿白……"）对郝艳霞评书的研究显示，对人物画像进行详细的词语描写正是口头民间故事的典型特点。这位女说书艺人甚至两次描写了穆桂英的外貌，并且两次都是用诗歌的形式：第一次，杨宗保派来讨要"降龙木"的将领孟良看见她，第二次，穆桂英出现在杨宗保本人前。两次描写都是静态的。并且与第一次仅描写服装和武器相比，第二次的描写更详细。第二次描写还有一个显著的特点。郝艳霞在文中说到："要问姑娘的穿戴和长相，有能人给她起了一身百花的名。"继而说书人，大概按既定的传统，用不同花名作为修饰语来说明她面容的每一细节、外表、服饰、武器的每一部分、马及马具。如："柳叶花的眉毛弯

---

① 《杨家将演义》，第174页。奇怪的是，在该小说更晚的印本中这件事描述得更简洁："很久以前遇到一位神仙，得到三把飞剑。"（参见《杨家将传》，第177页）。

又细,葡萄花的眼睛水灵灵……"①在这位天津女说书艺人的散文叙述中有一些穆桂英画像的个别细节,如在塑造怒气冲冲的女主角形象时简短地说道:"柳眉倒立,杏眼圆翻。"②还应补充的是,孟良在斥骂穆桂英时,称她"黄毛丫头"③,但显然,这一典型的骂人话与其外貌特征无关,至少在第一次对她的描写和第二次更全面的描写中都没有提到"黄毛丫头"。

谈一谈中国民间故事中描写的先后顺序和描写的"名录"。郝艳霞根据公认的传统从头到脚对女主人公进行描写:首先从头盔和眼睛开始,然后转向狐狸尾和雉鸡翎的饰品、胸前悬挂护心宝镜的战袍、战裙、剑、中衣、靴、马镫、马和绣绒刀。第二次更详细的描写包括发髻、发型和发簪、眉毛、眼睛、鼻子、嘴巴、牙齿、香粉、胭脂、耳朵和耳坠、头盔和脑后飘着的雉鸡翎、胸前搭着的狐狸尾、护心镜、战袍、铜锤、飞爪、弓和箭、剑、马、马鞍、中衣、靴和马镫。不难发现,在这两种情形中被描写的脸部特点或服装的细节通常构成某种语义对;并通常在双行体押韵诗的范围内,就像上面所列举的描写眉毛—眼睛的例子,这样的语义对还有如香粉—胭脂、雉鸡翎—狐狸尾等。有时这种双行体押韵诗完全依照语法排比的原则排列,如:"脑后飘着两根雉鸡花的翎,胸前搭着两根狐狸花的尾。"④但也常出现按词语排比而非语法排比原则写成的四行体押韵诗,而非双行体押韵诗。如将双行体押韵诗与对发髻和缠发髻的绳(第一对诗行)、明又亮的桂花油梳的头和苜蓿花的簪子(第二对诗行)的扩展性描写相结合的诗句就是如此。在个别情形中两个被描写客体出现在同一诗行(如被喻为花的鼻子和嘴巴)。郝艳霞的第一次描写有16行,第二次描写有28行。

再转向我们所记录的东蒙古民间故事中对穆桂英的描写。首先引人注意的是它们的数量很多:桑布达希有124行,却音霍尔有268行。不同的规模为更详细的描写提供了广阔空间,尽管有些诗行被两位说书人用作与外貌描写没有直接关系的开场白、用于解释我们记录的不是穆桂英和杨家将的整个故事而是个别片段、用于某些重复和变化。正如描写男性统帅时那样,穆桂英的马受到最细致的描写。要指出的是,在郝艳霞的

---

① 郝艳霞,《穆桂英下山》,哈尔滨:黑龙江人民出版社,1982年版,第63页。
② 同上书,第53页。
③ 同上书,第59、63页等。指的是人身体上的毛发,而非头上的头发,头发被称为"发",而非"毛"。
④ 同上书,第64页。

描写中对马和马具的第一次描写共有两行，第二次描写共有三行。如果计算蒙古说书艺人共用多少诗行来描写女主人公外貌的话，那么桑布达希的数字是刚过 30 行（正确的计算并不容易，因为通常对马和女骑士的描写似乎是合二为一的），而却音霍尔有近 100 行，还不算对战马的描写。东蒙古说书人保留着中国说书人常用的花作修饰语按从头至脚的先后顺序来列举外表特点的描写原则，这一原则是不同民族史诗，其中包括蒙古、布里亚特和卡尔梅克史诗的特点。而差别在于描写的先后顺序、所描写细节的名录（即整体的分解程度）和诗歌手段（修饰语、夸张、比喻等），以及静态或动态要素的多寡（描写运动中的主人公或者与运动无关，即静态的画像）。在类比时尤其要注意限定语的扩展程度（从一个固定的修饰语到几行诗句所描写的整个场景）。

　　却音霍尔和桑布达希在描写的先后顺序上不同：前者首先描写穆桂英的外貌（身材、容貌、眼睛、嘴唇、牙齿、步态），然后转向描写其战袍（不同类型的铠甲、锁扣和绳结、靴子、头盔、胸前和背后的护心镜、其外衣（袍）上的各种图案装饰、"智慧聪颖"神囊、胸前的珍宝盒、宝剑），然后描写女主人公的战马，在结尾用各种扩展的比喻概括描写行进中的女骑手和马。

　　第二位说书人桑布达希采用另一种顺序：他首先描写女主人公的服装，但先后顺序不同：头盔、各种铠甲、腰带、剑、宝囊、头上的雉鸡翎和胸前的狐狸尾，最后是前胸和后背的护心镜。然后转向描写战马，此时他才描写外貌，借助各种修饰语及其他艺术手段来说明女主人公的容貌、眉毛、眼睛、嘴唇和手指。

　　我们认为，却音霍尔作为职业说书人，其描述的先后顺序比桑布达希这一天才的说书爱好者更自然、更有逻辑性，因为此时对马的描写超过对女主人公外表的描写在逻辑和艺术上是毫无根据的（要提醒的是，郝艳霞对穆桂英的描写顺序与却音霍尔一样）。下面将这些描写与我们早先记录的他们对男统帅的描写相比较。如在对罗成的描写中，却音霍尔一般不描写罗成的外貌，仅限于细致描写其服装，桑布达希在描写关羽时，只指出其外表的某些突出特征（脸色、胡子、眼睛、身高），但两位说书人的描写都从马开始，然后才是统帅（却音霍尔提到他的衣服，桑布达希直接描写外貌）。

　　现在转向所描写的"细节"。却音霍尔描写的细节更多，但与郝艳霞相比，他对外貌的具体特点描写得少。如却音霍尔和桑布达希都没提到郝艳霞所描写的女主人公的发型、鼻子、耳朵、香粉、胭脂、发簪、耳坠。但未必因为郝艳霞是女人的缘故。她很可能大量运用了中国诗歌传统中描绘美女的手法，按中国诗歌的传统描写发型、发簪、香粉、胭脂、耳坠是常规，而非特例。应指出只有桑布达希一人将美女纤细的手指比作葱尖："Сугадаа-сугадаа хуруу нь// Сонгинын голонд тэнцэхгүй"（"她纤细的手指，葱尖也无法与之相比"）。在中国小说如《金瓶梅》中出现的这一传统比喻是桑布达希最喜欢使用的，但我们在却音霍尔的录音中却一次也未发现。

如果转向对女主人公服装的描写，那么我们会发现两位说书人所描写的衣物细节几乎与天津表演艺术家郝艳霞一样。我们在比却音霍尔更接近中国传统的桑布达希的口中甚至发现一处与郝艳霞完全相同的主题对偶——狐狸尾和雉鸡翎。在这位东蒙古说书人的双行体押韵诗中这样说道："Лянгаа гургуульт сүүл хойш нь болж// Шар үнэгэн сүүл өмнөшөөн болж өлзий зангиа зангидаж"——"两根雉鸡翎挂在后//打成幸运结①的火红狐狸尾系在前。"要注意的是，与其他诗行不同，此处全然没有发现说书人通常用于连接双行体押韵诗的头韵。尽管在所分析的描写中缺乏连接的诗行并不多，但应指出，当诗行和开头的词语对说书人而言格外重要时，通常不会出现头韵。蒙古史诗中的主题对偶问题还完全未被研究，而对这类"对偶组"的研究有助于理解说书人的技巧特点及其叙事记忆的特征，这种特征不仅包括由某些词语组成的固定表达或整句的诗行，还包括某种概念及独特关键词的集合。这些词语添加上一些生动的定语并通常在此基础上形成语法结构上平行、由头韵连接的双行体押韵诗。有时这种对偶可能由于补充诗行或扩充描写的诗行而相互隔开。如，比较桑布达希的诗行"Дөрвөн далайн усан буцалж байхын адил// Тайшань уул нь нурж байхын адил"——"似四海沸腾//似泰山坍塌"和却音霍尔的诗行"Сүмбэр уулын орой дээр// Сэнгээ гарву цагаан арслан тоглож байх мэт// Сүн далайнт ус үерлэж цалгиж байх мэт"——"似须弥山山顶上//正在嬉戏的雪山雄狮//像乳汁海的水//波涛汹涌"，可以看出，除了却音霍尔的插入诗行外，两位说书人都以山和海

---

① 幸运结：即无穷盘、盘长结，佛教吉祥八宝之一。

的并列为基础来塑造形象。只有更倾向于远东民间创作文学传统的桑布达希才使用借自中国神话的具体形象（环绕大地的四海、圣山泰山——古代中国的中部顶峰），而与多运用印度神话的中亚传统有关的却音霍尔相应地使用须弥山和乳汁海——经西藏由印度文化引入的形象①。应指出，却音霍尔所用的这一主题对偶不仅常出现在东蒙古史诗传统中，还出现在喀尔喀史诗、尤其是乌力格尔的开头②。在远东传统中类似的主题对偶经常出现，尤其在四音节成语中③。

但重点不仅在说书人所列举的脸部特征或服装细节、武器种类上，表演者的技巧与其说表现在成对的细节集合和组合中，不如说体现在生动的修饰语、比喻及其他诗歌手段上，借助于它们，表演者说明这些描写的细节。我们从女主人公的外貌描写开始。与中国民间故事传统一样，却音霍尔将女主人公及其容貌特征比作各种花朵。她生似莲花，体如莲花，眼似 хээ-еэ（荷叶花），牙白如байши（白睡莲）④，步态像莲花。如此频繁的将女主人公比作莲花很容易理解，因为这一对佛教徒而言的圣花在传统蒙古文化中具有特殊作用。桑布达希对穆桂英的画像更简洁，他只给出了一处这样的比喻，将女主人公的眼睛比作龙棠花。但重点不仅仅在于这些对女主人公容貌和外表特征的各种花朵限定语，而在于这些限定语本身有不同的性质。天津女表演者郝艳霞与桑布达希一样，用花的名称作为相应脸部特征的限定语，如"葡萄花的眼睛"（郝艳霞）⑤或"Лунтан сайхан нүд""龙棠花般美丽的眼睛"（桑布达希）。这是一种最简单、最古老的修饰语。却音霍尔，这位本子故事的大师，引入运动动词使得与花的

---

① 我们在却音霍尔对格斯尔与蟒古思女儿吉拉邦·沙日战役的描写中发现了这一成对的描述："砍杀//似乎须弥山//被推翻……//（突击）击退——//（似乎）乳汁海//迎面洒出"（参见涅克柳多夫，图穆尔采伦.蒙古格斯尔传说.新录音.莫斯科，1982年版，第118和170页（第1575—1582行）。

② 参见，如："当须弥山还是矮山岗时，//当四海还是小水洼时"（鲍培，喀尔喀—蒙古英雄史诗，莫斯科—列宁格勒，1937年版，第115页）。这里四海，正如我们所举的例子中一样，指的是乳汁海——古印度神话中的形象（梵文 Кширода），出现在蒙古民间口头创作和文学中，借助于源自西藏的有关搅动世界大洋的印度情节。

③ 参见缪天华：《成语典》，台北，1971年版。

④ 没能确定这是什么花，但清楚的是，该汉语名称的第一个成分——"白"有"白色的"意义，这也是对比的基础。

⑤ 这里我们不讨论这种比拟的逻辑性和艺术质量问题（它未必是成功的，眼睛更应比作果实而非葡萄花——"葡萄似的眼睛"）。

对比变得复杂。他不仅仅用"她体如莲花",还用"她莲花般的身体款款而行。"("Бадам лянхуа цэцэг хуаран бие нь лянхас лянхас хөдлөөд")这个句子的艺术表现力不仅在于将穆桂英的身体或整个外表比作莲花,而且在于将其运动着的身体比作莲花。此时动词也有独特的副词性拟声定语,用它来表明女主人公走路的平稳。继而在说明脸部的每一特征时,却音霍尔都添加动词和此类说明动词的拟声定语①。还应指出,按东蒙古说书传统的特点,说书人运用汉语外来词来音译蒙古语词汇,蒙古语词汇(源于藏语)"Бадам"("莲花")译为"ляньхуа"事实上,该词是早就进入蒙古通用标准语的汉语词,也写作"лянхуа"或"линхуа"②时。相应地古蒙古语词"цэцэг"("花")被音译为与汉语词意义相同的"хуар"。我们认为,说明运动动词时所选用的拟形词 лянхас-лянхас 并非偶然在语音上与词语"лянхуа"("莲花")相似。

但我们所研究的诗行似乎是中间情形,这既不是对女主人公外貌特征的静态限定,也不是对其步态之美彻底展开的说明。如果却音霍尔在开始描写穆桂英外表时仅仅说,她的身体似莲花,那么在结束这一部分的描写时,他展开对比,将运动中的女主人公不仅仅比作花,而是盛开的莲花。("Гарыгаа хаяад гадшаан дотшоон гараад алхаад ирэх байдал нь//Газрын чийгээр дэлгэрээдэхсэн лянхуа цэцэг мэт"——"她款款而行的步态,//宛如甘露滋润下盛开的莲花。")

在描写女主人公脸部特征时,两位东蒙古说书艺人都运用了借自远东传统的限定语。如将美女的嘴唇比作"樱桃花"。我们在却音霍尔的版本中发现"Интоор тоорын нив нимгэн улаан уруул…"——"樱桃般薄薄的红唇……",他运用源自汉语并早就进入蒙古语的词语"интоор"(汉语词"樱桃"),在其后添加了"тоорын",该词既可简单理解为词语"樱桃"的第二个音节,也是独立短语"桃的"。郝艳霞对女主人公的嘴唇也用了同样的限定语("интаохуа-ды коу","樱桃花的口"),运用了同一词"樱桃",而桑布达希却有自己的说法,他用两个汉语词根"樱"和"朱"构成修饰语

---

① 运用叠加的拟声词作行为的限定语不是东蒙古史诗的特点,这类例子还在其他蒙古族的史诗中遇到,如在布里亚特史诗中:"血强烈地在身体里//шуг-шуг(嗖嗖地)剧烈跳动,//像石头一样结实的心脏// баг-баг(怦怦地)剧烈跳动"(参阅库兹明娜. 布里亚特民间英雄史诗中的女性形象. 新西伯利亚,1980年版,第127页)。

② 在罗布桑登德布(Лувсандэндэв)教授的《蒙古语—俄罗斯语词典》中,如,词语 лянхуа 参照更普遍形式 линхуа(参见 Лувсандэндэв. Монгол орос толь,莫斯科,1957年版,第231页)。

("Ин жу сайхан уруул","樱朱美唇……"①)。应指出,将美女的红唇比作樱桃是中国古典诗歌的传统形象②,被广泛运用于民间传统。同样在中国诗歌中还运用"桃唇"这一表达来指美女的嘴唇。③ 由此,可以确定,为在本子故事中塑造女性画像,在某些情形下东蒙古说书艺人既运用纯蒙古语的诗歌手段,也运用借自汉语民间文学创作传统的手段,并熟练地将它们融汇于统一的描写中。

除女主人公的画像及先后描写其个别特点之外,东蒙古说书艺人还给出对她的概括性评述,通常抽象地表达其胜过一切的美丽,在这种情形下常使用自然世界的形象。如,却音霍尔在结束对穆桂英外貌的描写时唱到:"Түмэн өнгийн эрвээхэй төөрөөд дээр нь суумаараа// Төвдийн газрын хуажангууд төлвий нь гаргаж чадахгүй ваа// Арван өнгийн эрвээхэй андуураад дээр нь суумаараа// Андуу газрын хуажаннууд ааш зангий нь зуравч чадахгүй"——"你能看到,上万种颜色的蝴蝶迷失方向想栖息在她身上。//西藏来的画家描绘不出她的容貌。//你能看到,上万种颜色的蝴蝶误认想栖息在她身上。//安多来的画家,无论怎样尝试,也无法画出她的气质"。桑布达希对穆桂英的描写有些不同,他展示出对骑着马的女主人公的印象:"Үнэндээ цэцэг зулгарч, загас тунамаар// Өнгө гоо хөөрхөн баатар Му Гуй-ин байжээ"——"真真是,花[应]凋谢,鱼[应]沉底(因羞愧)//姣好、迷人的巾帼穆桂英"。这里桑布达希运用了传统的中国形象(沉鱼落雁的美人),将它们译为蒙古语,而不是像他自己常做的那样借用汉语形式,但在第一种情形中(花[应]拔掉),他改造了古典诗歌中所用的汉语表达"花见羞"④,而在第二种情形中(鱼[应]沉底)他仿造了源于公元前4世纪道家学说《庄子》("齐物论"篇)中的表达:"毛嫱丽姬,人之所美也,鱼见之深入,鸟见之高飞……"这一表达不止一次地用于古代中国小说和戏剧中⑤,桑布达希是这些中国小说和戏剧的行家并由此借用了该形象。

---

① 这里的"Ин жу сайхан уруул"指的是"印朱一样的嘴唇"或者"胭脂一样的嘴唇"。是形容嘴唇的红色。在东蒙古,"胭脂"就说"Ин жу"。——陈岗龙
② 参见 Морохаси Тэцудзи,《大汉日词典》,台北,6卷,第601页,第22和25个词组。
③ 参见同上书,第324页,第123个词组。
④ 参见 Морохаси Тэцудзи. 同上书,第9卷,第550页,第587个词组。
⑤ 参见同上书,第6卷,第981页,第665个词组。

如上所述,两位说书艺人,除女主人公的体貌外,还详细描写了她的服装,而且由于讲的是女将,所以服装是战袍。我们已研究过被描写的物品(服装和武器)集合,现在有必要谈谈那些生动的限定语,借助于它们说书人塑造女主人公的艺术形象。如果将对穆桂英战袍的描写与对统帅罗成或关羽的服装描写相比较①,则不难发现,在大部分的细节描写中这些细节是吻合的,但却音霍尔对女统帅的描写比对男统帅更详细,桑布达希在描写关羽时根本没提服装。他版本的特点是有对女性头盔的描写:"九凤宝盔"(却音霍尔)或"есөн гардийн жәү фән гуан алтан дуулгыг","九凤冠金盔——带有九条凤的头盔"(桑布达希)。与却音霍尔不同,桑布达希通过明显最初是汉语的对应物来仿造蒙古语的头盔名称。但我们没能在最全面的汉语词典中找到帽子的类似生动名称(九凤冠)②。有特点的是,在描写穆桂英的头盔时,天津女说书艺人郝艳霞称其为"凤翅金盔"③,而没有提到九凤。两位说书人使用相同的头盔名称说明,这是固定的传统,而非说书人的任性要求。应特别指出,无论是东蒙古说书人还是中国说书人将"凤凰"引入对穆桂英服装细节的描写不是偶然的巧合。凤凰鸟通常被译为欧洲语言中的"феникс",而译为蒙古语是"гарди"(嘎日迪)④,在中国传统文化中象征女王(与龙——国王的象征相对),由此该形象很自然地转义为指女元帅。桑布达希对这一象征感受尤深,在他的描写中甚至连铠甲也由凤凰羽毛制成,在软玉片装饰的腰带扣上绘有凤凰鸟的图案,沿衣领和后背的战袍上到处都是这些图案。金凤凰既画在女主人公身后竖着的五面旗上,还画在靴子的短袜上,郝艳霞在此处正好提到"凤头战靴",桑布达希则仅用"金钉钢靴"。

有特点的是,与远东传统联系更少的却音霍尔对这一象征没有感觉,在描写中仅有两次用到了凤凰鸟的形象——除上面指出的外,他还提到女主人公的金铠甲锁扣上两只凤凰的图案。在描写她的战袍时,却音霍

---

① 参见李福清:《东蒙古艺人技巧研究》,《民间文学:诗学与传统》,莫斯科,1982年版。
② 我们在最新的戏剧术语词典中只找到了舞台用的被称为"九龙冠"的男性帽子/参见《中国戏剧曲艺词典》,上海,1981年版。很可能,说书艺人所提到的女性帽子的名称是仿造男性的构成的,尤其是按传统女皇的帽子上应当有九凤图案。
③ 参见郝艳霞:《穆桂英下山》,第49页。
④ 这一替换一直出现在东蒙古说书艺人的民间故事和Инжаннаш的小说中。

尔按描写男性形象的传统,像描写统帅罗成那样,提到了战袍上画的龙①、虎头靴,而她的旗与男性一样是五色旗。正如上面所述,东蒙古传统中穆桂英的服装特点在于描写了装有"神奇宝物"的宝贝囊,却音霍尔还描写了郝艳霞未提及的宝盒。

除外表和服装外,对女主人公形象的描写中还包括对她坐骑的描述,中国民间故事中它被称为"桃红驹"。桑布达希保留了该名称,而却音霍尔稍稍进行了改变,称其为 Цзаурхунжуй,"枣红驹"。在其余对马及马具的描绘中完全重复着我们之前发表的对男性将领的描写,这种描写与中国民间故事的显著区别在于详细描写了对蒙古牧民而言特有的情景和与马有关的一切事物(尤其是马的外观和马具)。

在对穆桂英形象的描写中还包括对其兵器的描写。通常每个史诗的主人公都有自己独特的兵器。兵器与马一样是主人公特殊的性格符号。要注意的是,在"杨家将"小说中提到穆桂英从某位女神那里得到飞(短)刀(飞刀)。郝艳霞在描写穆桂英时有一处提到"金银花的宝剑"②,而另一处是"取将魂、追军命、冷森森、光闪闪、杀人不眨眼的一口刀绣绒"③。但在却音霍尔和桑布达希的描述中我们发现了另一种有些不同的兵器——月亮刀。桑布达希对它的描写很简短,事实上用的汉语将其称为"Юэлян чин тун дау-илд"——"月亮青铜刀",通过意义相同的蒙古语词"илд"用蒙古语仿造了一个类概念"дау"(北京话发音"дао")④。却音霍尔对这把刀进行了更生动的描写,其详细程度有些令人想起郝艳霞的描写:"Санасан бүхнийг гүйцээх// Самуун дайсныг дарах// Агаар тэнгэрийн наран сарныг даган гэрэлтэх//Ататыг дарах//Уулыг нээх//Атгасан зэвэг юэлян да до нэрт зэвсэт дээ"——"它所向披靡//战无不胜//发出的光芒仅次于天上的太阳和月亮//战无不胜//无坚不摧//这就是她手中被称为'月亮刀'的兵器"。却音霍尔在描述剑时,也使用了其汉语名称"月亮大刀",这会令人想到,该名称是东蒙古说书艺人借自某

---

① 有特点的是,郝艳霞在描写穆桂英的服装时,说道,在她的征袍上绘有彩凤团(《穆桂英下山》,第 49 页),而在描写其未来丈夫杨宗保时,指出,他雪白的征袍上绣团龙。(郝艳霞:《穆桂英下山》,第 65 页)
② 郝艳霞:《穆桂英下山》,第 64 页。
③ 同上书,第 50 页。
④ 我们发现,类似的仿语(дао-илд)也一直出现在其他东蒙古说书艺人那里,如,在恩和(Энхээ)的《唐朝的第十二个故事》中。

些有关穆桂英的、在细节上与郝艳霞所体现的传统不一致的中国民间口头故事。

上述对穆桂英描写的研究可能引出戏剧艺术对东蒙古说书艺人创作影响的问题。众所周知,7—12世纪形成的中国职业评书对中国戏剧的发展有公认的推动作用。同样的,在晚期和——据我们观察,尤其在——现代,中国戏剧相反一直影响着与单人戏剧相似的说书创作。这一影响明显反映在对穆桂英的描写中,她的形象在中国舞台上深受喜爱。这一描写的戏剧性表现在女主角不同寻常的手势上,如单腿站立,按汉语的表达是"дан жин ду ли"(北京话"单胫独立")、跳跃等。很可能,这种戏剧性之所以产生的原因是运用不同乐器将女主角及其在战台上安插战旗和号令军队的动作纳入描写中。在对穆桂英的典型细节描写,如其背后的旗子中可看到戏剧的影响。如,统帅们都身后插着旗子出场;又如,在与戏剧无关的书籍插图中统帅的旗帜通常在指挥员身边的传令官手中。对本子故事中戏剧性因素的具体分析是以后的事①,但现在很清楚,这一戏剧性正是按与其他蒙古地区当地史诗不同的规则发展而来的东蒙古民间口头创作的特点。这一特点主要是由于东蒙古史诗与相邻民族的文学民间创作传统,尤其和中国文艺传统相互联系。但这并不意味着,东蒙古说书艺人机械地将传统的中国民间故事照搬到自己的曲目中,他们按蒙古传统对那些情景进行加工,运用传统的蒙古旋律和诗歌手段,巧妙地将它们与借自中国民间口头创作的手段结合在一起。这就是为什么他们对女将、美女的描写具有与喀尔喀、布里亚特或卡尔梅克史诗中的类似描写,及中国民间故事中的类似描写不同特性的原因。

附:

说书艺人:却音霍尔　　**穆桂英**
转写:道格苏伦
俄语翻译:李福清 А. Иенуирна

1　我手持胡琴方坐罢,
　　调弦合音毕。

---

① 与这个问题有关的是中国武装剑术技艺——武术对本子故事中描写主人公及统帅战斗场景的影响问题。与此相关的一些评论参见对描写穆桂英译文的注释(桑布达希的版本)。

话说开国君主事，
娓娓道来。
5　开国功勋立战功
大名鼎鼎的元帅穆桂英。
话说初出征，
先表一表三代女元帅，
她们在唐朝时威名远扬。
10　（这就是）薛丁山和樊梨花①，
高君保和刘金定②。
随后出现（转世为）杨宗保和穆桂英，
穆桂英从第一世到第三世
都是闻名遐迩的统帅。
15　在北部蒙古的战场上
她的十二个兄弟阵亡，此事暂且不表。
关于杨家和呼家③的故事
我怎能讲得完所有细节？
本事不凡的穆桂英
20　获得皇帝④的器重。
上百万将士的元帅——节度元帅⑤
精通排兵布阵的娇小姐——
四百万军队的元帅——都督元帅⑥。

---

①　薛丁山是唐代著名统帅薛仁贵之子，因远征现新疆地域而闻名。关于他和妻子——元帅樊梨花在小说《薛丁山征西》及大量戏剧和评书中有叙述。

②　指的是10世纪时的统帅高君宝及其妻女将刘金定，他们的功勋记录在《鼓词三下南唐》和一系列中国戏剧中[参见陶君起.京剧剧目初探.上海.1957,第156—157页.]按说书人桑布达希的话，这一评书大鼓指的是蒙古语的译文，但其手稿暂未找到。

③　指的是杨家将和小说《呼家将》中所讲述的呼家将，其故事也发生在宋朝。

④　蒙古语原文中的词"эзэн"——"主人"我们译为"皇帝"，源于其在"эзэн хаан"——"君主"、"皇帝"中的意义（比较相应的汉语词"主"，表示"主人"及"皇帝"）。

⑤　却音霍尔称穆桂英为元帅时，一直使用相应的汉语词"元帅"，但此时还添加了定语"жаоду"该词看来是表示"指挥"、"领导"意义的词语"节度"的变体。

⑥　与前一情形一样，定语"доуду"我们未能解读，可能这里是表示"军事首领"、"军事总督"的汉语词"都督"；该词在1911年辛亥革命后重新启用，该词组中第一个字"都"除"ду"音外，还可读"доу"，因此在方言中这一职位的名称可以读成"доуду"。

四海①之内她威名远扬。
25 女元帅穆桂英——
她这天是如此穿戴：
她身形灵巧，
穿上铠甲，像古时那样。
如果说起她天生的模样，
30 她生来体态端庄。
啊，她的容貌和肤色多么娇美！
这点我首先要讲一讲。
说起她的容貌，
[应该说]娇小姐穆桂英
35 生似莲花。
她白皙的脸庞自远处闪耀，
莲花般的身体"款款"而行，
她的双眸荷叶花②一般，"明眸善睐"，
她一对黑色的弯眉动起来"宛转蛾眉"。
40 樱桃般薄薄的红唇轻轻开启，
她白睡莲③般洁白的牙齿时隐时现
她的神态，在她双手一挥，一步步走来——进——出时，
像甘露滋润下盛开的莲花。
说到她天生的容颜，相貌，
45 穆桂英拥有无人可及的容貌。
你能看到，上万种颜色的蝴蝶迷路并栖息在她身上，
西藏来的画家也描绘不出她的容貌。
你能看到，上万种颜色的蝴蝶误认并栖息在她身上。

---

① 四海之内，即整个国家之内。传统汉语表达（四海），与东蒙古人来自佛教宇宙论的类似表达一致，后者中"四海"是"海洋"（宇宙）以及 Джамбудвица（詹步洲，人世）四个主要河流的隐喻表达。

② 未能确认这里具体指的是哪种花，这种名称为收录在最新的植物学词典中（参见 "Улсын нэр томьеоны комисын мэдээ No 89 — 90. Монгол-орос-латин-төвд-хятад хэлээр хавсарсан ургамлын нэр томьёо"，《国家名词术语委员会通讯》第 89—90 期，《蒙古语——俄罗斯语——拉丁语——藏语——汉语合璧植物学词典》，乌兰巴托，1973）。

③ 无从知晓这一花名。

安多来的画家,无论怎样尝试,也无法画出她的气质。
50　这就是皇帝的元帅——元帅穆桂英天生的容颜!
　　奔赴战场,走马上任前,将铠甲穿在身,
　　于是,穆桂英这一天奔赴战场。
　　登上战台前,
　　她装扮妥当,披甲戴盔。
55　速派侍女,快点走!
　　呈上铠甲和头盔,拿来锋利的武器,
　　快点给我穿衣,——当她如此吩咐完,
　　侍女拿来了盔甲盒,
　　打开了盒盖①。
60　她们看着,皇帝的元帅穆桂英
　　披甲戴盔,
　　贴身——
　　丝锦铠甲
　　其上罩——
65　藤编铠甲,
　　外罩——
　　青钢铠甲,
　　珍珠——
　　珍珠铠甲,
70　金甲——
　　黄金铠甲——
　　所有铠甲穿上身。
　　双凤图案的锁扣
71　从前束紧。
　　打上吉祥结,
　　流苏垂到膝,
　　双脚一跺,
　　蹬进虎头靴。

---

①　应指出,类似细节存在于天津女评书艺人郝艳霞的版本中,那里说道:"穆桂英叫金苹、银苹打开盔甲盒拿出甲袍……"(郝艳霞:穆桂英下山,第62页)。

80　娇小姐穆桂英
　　披甲戴盔，
　　头上九凤宝盔
　　低戴，发出"杨"的声音。
　　紧系锁扣。
85　出征迎敌前
　　坐稳身形。
　　身后护住八处命门的
　　金镜
　　有双龙回首盘旋，
90　苍天的火球含在龙嘴里。
　　十八个（象征罗汉的）吉祥结
　　沿着背，脐带般，牢牢盘缠。
　　钩在狮子般强壮的宝象的牙上。
　　身前护住八处命门的
95　宝镜，
　　[其上有]双龙回首盘旋，
　　天上的火球
　　衔在龙嘴里。
　　九色的吉祥结
100　胸前交织，
　　钩在宝象的门牙上。
　　胯骨上的五条龙
　　印花图案，脐带般，牢牢盘缠。
　　下摆上的双龙
105　脐带般，相互牢牢盘缠。
　　身后腰插
　　五色战旗，五色战旗。
　　出征迎敌时
　　为了运用智慧和聪敏，
110　聪慧神袋
　　系在背。

装有宝物的珍宝盒
挂在胸。
右手高举利剑，
115　在这月形剑上月光闪耀。
所向披靡，
战无不胜，
发出的光芒仅次于天上的太阳和月亮，
战无不胜，
120　无坚不摧，
这就是她手中被称为"月亮刀"的兵器。
右手紧握沉重的兵器，
小姐穆桂英
这天启程征讨敌军。
125　登上战台，
飞身登上战台，
一拍双膝，一击，一跃①，
跳上高高的战台，
在每个角上发出信号，
130　军事信号——响亮的鼓声。
在战台的西边击竹板②，
西边和南边的军团来临，
在战台的北边击鼓，
在战台的东边钟声响起，
135　在战台的南边吹起螺号，
在战台中央吹起螺号，
吹响向左卷起的螺号，
吹起向右卷起的螺号，
山羊角的哨笛发出嘀啾声——
140　衙门的士兵喧闹起来，

---

①　蒙古文本中此时用的词组"фэйжо"，借自汉语。很有可能，这是表示意义"跳"、"往上跳"的词组"фэйяо(飞跃)"的音变。

②　显然，指击打类似响板的竹板。

吹响牛角号——
御林①的士兵排成行。
皇帝的元帅穆桂英
飞跃上高高的战台，
145　用双肋支撑，
拉弓，
发出战斗号令后，
单胫独立②，
所率迎敌的
150　众人——军队——
上万人——她检阅。
向备马的士兵们，——
向军营中的人们发号施令，
小姐穆桂英。
155　没有战争和敌人
她度过了漫长日子
她所骑的骏马，
枣红驹③
在后方的军营
160　她平静地喂养，
喂的是小麦面粉，
饮的是黄豆汁，
喂的是粗面粉，
饮的是荞麦汁。
165　马喂得像龙一样肥，

---

① "御林"指保卫都城的卫戍部队。

② "дань жин доу ли"，显然，是汉语成语"单胫独立"的音变，其字面意思是"单腿站立"，此时用蒙古语中表示"单腿站立"的词组转写。类似的汉语词组我们在词典和字典中未找到。根据在描写穆桂英时同样使用该词组的说书艺人桑布达希的话，这一词组借自传统中国武术词汇。

③ 枣红驹——马的名字，表示红色的小马驹。却音霍尔这里没有遵守传统，因为无论是中国的评书还是桑布达希都将穆桂英的马称为桃红驹。可能，这一错误是由于"枣"与"桃"发音相近，以及蒙古语中特有词组"чавга улаан"——说书人此时所用的"红的像жужуб"引起的。（参见 А. Лувсандэндэв. Монгол орос толь，莫斯科，1957年版，第624页）

像鸭子一样毛色光亮。
人们走近—靠近
枣红驹，
给马戴上嚼子，
170　带有金属片的上等笼头
套上马头。
将松软皮毛制成①的缰绳
系到石槽。
将丝绸编织的笼套
175　自后戴上马的额头，
Ma，Mэ 两个字母
镶嵌在骏马的耳根[笼头的金属片上]。
蛟龙爪制成的垂坠
在马额头上摇摆，
180　金制的上好嚼子
含在马嘴里，
勒衔的 жинжи па② 圆环
在马嘴里转动。
拉紧缰绳。
185　拽住马下颌上的绳套。
骨制锁扣
在下颌上扣紧。
一乍厚的鞍垫
铺在马背正中。
190　价值万两的马鞍
置于鞍垫之上。
鞍桥上的太阳和月亮
在两侧熠熠生辉，
八片金属片

---

①　原文中却音霍尔一直按传统在不同民间故事中用汉语表达"Тон шо ди ху"来描写缰绳，但其意义他自己也无法准确解释。我们这里运用的是他的释义的译文。

②　这一汉语表达的意思也不清楚。

195　镶嵌成金刚杵的图案。
　　　八条上好的皮捎绳
　　　像流苏一样飘展。
　　　毒蛇皮制成的颈套
　　　沿马背拉紧。
200　带有二十四个金属片的流苏，盘肠疙瘩般，
　　　沿马股飘扬。
　　　黄羊皮制成的马肚带
　　　[用扣环]系得紧绷绷，
　　　穿向右边。
205　即使长出翅膀飞起来，
　　　也紧得无法挣脱。
　　　公羊皮制成的马肚带
　　　差不多被拉断，
　　　紧扣到皮带上。
210　蓝丝绸的颈套
　　　沿马颈伸展，
　　　红褐色的流苏
　　　在马腹下闪耀。
　　　涂油的黑色鞍褥
215　像翅膀一样展开。
　　　生黄铜的马镫，
　　　像金属片一样，熠熠生辉。
　　　此时
　　　皇帝的元帅穆桂英的
220　枣红驹
　　　被人们备好鞍。
　　　被称为枣红驹的骏马，
　　　迎敌时，
　　　狮象般地迅猛，
225　用古老方式装扮的，
　　　龇着牙，

当看到元帅穆桂英，
　　　前蹄腾起。
　　　元帅穆桂英
230　挑选完将士，
　　　走下战台，
　　　走向骏马，
　　　抬腿跃上马背，
　　　骑上马，
235　跨坐马上——啪哒一拍。
　　　土地①般神速行进，
　　　从白虎营，
　　　从白虎厅②，
　　　率领将士们，飞驰而出。
240　小姐穆桂英
　　　这次
　　　身穿铠甲，
　　　手持兵刃。
　　　出征迎敌时，
245　似猛虎般，
　　　战斗时，紧贴地面。
　　　如春汛时的恒河，
　　　似须弥山山顶上
　　　正在玩耍的雪山雄狮，
250　像波涛汹涌的乳汁海海水。
　　　她架起巨大的火炮，
　　　四色旗帜
　　　从四面闪耀。

---

　① 原文中"савдаг"，看来，对应喀尔喀蒙古语词"сабдаг"（借自藏语），表示当地的保护者，西藏和蒙古神话中土地的"主人"（比较汉语中同义的"土地"）。

　② 却音霍尔的原文中这一行重复了上一行，差异仅在于，第一行由蒙古语词组成，而第二行由借用的汉语词组成。这里所运用的词组——北京话"白虎节堂"——字面意义"放有白虎图案权杖的大厅"，词组"节堂"表示收藏旌节的厅堂（参见《中文大词典》，台北，1979 年版，第 7 卷，第 78 页）。

元帅[穆桂英]站在黄①旗下，
255　率领护卫军，
出征迎远敌。
她出征行进时
似蓝龙，腾云驾雾
在田野山谷间
260　飞驰。
小姐穆桂英
[出征时]庄严肃穆的容颜——
令人望而生畏，
连自己的家都找不到，
265　令人见而生惧，
连自己的帐篷也认不出。
皇帝的元帅穆桂英
性格和外表——就是这样！

说书艺人：桑布达希　　穆桂英

转写：Ч. 道格苏伦

俄语翻译：李福清、А. Иенуирна　　鲍·李福清和阿·曾地娜译

1　开始说书前，
先讲个要求。
讲述故事前，
向诸位提些请求。
5　所谓的评书是过往时代的事，
是真是假——有谁去过又看过？
所谓的历史
是很久以前的事。
是不是这样——有谁见过？
10　老人们和年轻人们，请准备好，

---

① 即在皇帝的旗帜下，因为黄色被认为是古代中国皇帝的颜色。

我将按所学的[历史]来讲述。
如果故事中有不当之处,
敬请原谅,老人们和年轻人们。
你想捡美玉,却捡起了石头——
15 表面上它们没有区别。
如果不区分"我的"和"你的"——
你将无法分辨手拿胡琴的胡尔沁与你身边的人。
你想[从地上]捡起沙子,却捡起灰尘,
重量上它们没有区别。
20 如果不能在你自己的和我自己的之间做出区分——
你将分辩不出手拿胡琴的胡尔奇与你身边的人。
评书讲述的是北宋王朝①。
宋朝建立后,
所有杨家将一起保卫它。
老将杨公②
25 在过去漫长的岁月里与妻子佘赛花一起,曾征战在北方
佘赛花育有八子。
他们被称为杨家七郎八虎③。
在幽州北部金沙滩的战役中
七郎八虎,除老六杨六郎④外,全部战死。
30 六郎大权在握,成为著名的元帅。

---

① 北宋统治从960年到1127年。

② 即杨业,或杨继业。

③ 按说书人的话,育有七子的佘赛花本以为不会有第八子,但他还是出生了,并被称为"八虎"。我们认为,东蒙古胡尔沁的这一解释,与我们文章中所列举的中国说书人的解释(七个亲生儿子,第八子是养子)不一致。"七郎八虎"这一表达本身就是桑布达希借自中国评书传统。据历史学家常征的研究,杨业有七个儿子(参见常征,同前,第362页)。

④ 幽州现属北京地区,十世纪时被契丹人所占,979年宋朝军队与契丹军队在此激战。宋军打败。官方史料中没有提及,杨业父子是否参加过此次战役[参见常征,同上,第94页]。常征认为,没有提及杨家将在此战役中的作用是因为,杨业当时只是保护皇帝本人的军官,并未在战场上统帅部队。这位中国研究者认为,杨业没有一个儿子在此战役中阵亡[同上,第95页]。但在小说《杨家将演义》中说道,幽州一战杨业的大儿子、二儿子和三儿子阵亡,四儿子被俘,五儿子失踪[参见《杨家将演义》,第37页]。传统京剧"金沙滩"中说道,老大、老二和老三阵亡,老四和老八被俘,老五、老六和老七冲出了重围[参见陶君起,同前,第159页]。在郝艳霞的评书中老大、老二和老三阵亡,老四、老五和老八失踪[参见郝艳霞,杨七郎打擂,第99页]。在桑布达希的版本中只有一个儿子——老六生还。他所提到的地理名称金沙滩只在戏剧和民间文学中遇到[参见常征,第95页]。

当杨延昭①年迈,
将所有管理事务交给儿子杨宗保。
在穆阿寨②杨宗保结识穆桂英并成了亲。
学识渊博的小姐穆桂英,
35 君主得知后封她为最高元帅③。
为出征西伐
选定了日子,吉时,吉日,最合适的星期天,正好在这一天。
皇帝的元帅穆桂英,启程出征,率领部队,披甲戴盔。
在这吉日率领部队,准备出征,
40 为如约出战,
抓住吉时,皇帝的元帅穆桂英
跳上坐骑,戴上头盔,穿上金盔冠甲④。
用力将九凤金盔⑤戴在头上。
苗条的身体直接罩上丝锦铠甲。
45 外罩绿凤凰的羽毛制成的头盔和铠甲。
脚蹬金钉钢靴⑥,
腰系回首双凤玉腰带⑦。
沿衣领两条宝凤展翅飞翔,
沿后背一条金凤展翅飞翔,

---

① 杨延昭——杨业第六子的名字。
② 穆阿寨——穆桂英父亲所掌管的山寨名。在中国小说和剧本中它名为穆柯寨。桑布达希很可能是口误说成穆阿寨,因为汉字"阿"和"柯"写法上相近(桑布达希认识汉字)。
③ 我们约定将说书人所用的汉语成语译为"节度元帅",参见上文注释却音霍尔的译文,脚注42。
④ 文中汉语成语"дин куй гуан жа(北京话:顶盔冠甲)"被说书人释为"[带有饰物]头顶的头盔,用串好的环制成的铠甲",但根据下一行中用蒙古语表示的金头盔判断,说书人所用的汉语成语应该不是"顶盔",而在读音上有些近似"金盔"。同时很显然,桑布达希变形地运用了中国说书艺人使用的汉语成语"顶盔冠甲"——直译"戴上头盔,穿上铠甲"(参见,如现在著名的天津女艺人刘兰芳的评书《杨家将》,1981年版,第1卷,第39页)。
⑤ 文中九凤冠——该术语详见本文。
⑥ 文中"жин дин ган шэ шахай"。借自汉语词组"带有金钉的钢靴"(北京话:"金钉钢靴")。我们发现,钢鞋底的靴子是常出现在中国民间故事中的隐喻。后面的两个音节"шахай",看来,在此时的上下原文中没有现实意义,是重复。Шахай(北京话:纱鞋)看来是鞋的一种,很可能是中国的拖鞋,表面用黑丝绸包裹。显然,女主人公的脚上不可能同时穿着靴子和拖鞋。
⑦ 即用玉片装饰的腰带,带有扣环,腰带的两面都绘有凤凰。

50　背后五旗①从后竖起，
　　在五旗上
　　画有金凤。
　　下摆绘有水波纹的战袍,被称作睡莲袍②,像斗篷③一样从上罩下，
　　右胯悬有七星剑④,
55　女师傅赠送的宝贝囊⑤挂在右侧，
　　聪颖的小姐穆桂英
　　长尾雉⑥翎挂在后，
　　打成幸运结的黄狐狸尾系在前，
　　前后挂有耀眼的阴阳镜⑦。
60　垂至膝盖的流苏熠熠生辉。
　　她原地转过身来，
　　英气逼人，
　　用脚后跟转一圈，
　　蹲下⑧，
65　出现在皇官前。
　　单胫独立⑨，[喊道]：
　　"喂！备马,拿剑来！"

――――――――――

　　① 在桑布达希的版本中五面旗可能是本子故事中更传统的表达"五色旗"的变形(参见却音霍尔的版本)。
　　② 原文中"Усан хормой шюй лян поу"字面意义"绘有从水下[长出的]水莲的战袍"。我们在词典里没找到汉语的术语水莲袍。睡莲是近似于莲花的花名。按说书人的解释这里说的是沿战袍下摆画的莲花。
　　③ 原文中"доу пэн"(北京话:斗篷)。
　　④ 原文中"чи син жян(北京话:七星剑)"(七星即大熊星座)是兵器,在不同系列的中国故事中经常出现。最早出现在《吴越春秋》中——公元1—2世纪与生活在公元前4世纪的伍子胥的传说有关。在三国(公元3世纪)英雄的系列故事和东蒙古胡尔沁熟知的小说《三国演义》中智者诸葛亮使的是七星剑。可以推测,桑布达希正是从该系列故事中借用的这一剑名,因为我们在小说《杨家将》和中国有关穆桂英的评书中都未找到这把剑。可能,这一后加的词句与穆桂英故事中所提到的七星庙有关。
　　⑤ 原文中 боу бэй нан (北京话:宝贝囊)。
　　⑥ 原文中"Лянгаа",汉语的"两个"。
　　⑦ 原文中"Ин Ян жин"(北京话:阴阳镜),即两面镜子:深色镜为阴,浅色镜为阳,(按说书人的解释阳镜)在前胸和(阴镜)在后背护心。
　　⑧ 按说书人的话,女主人公如此不寻常的姿势表明,她精通剑术(武术)招数。
　　⑨ 原文中从汉语借用词组"дан жин ду ли"(北京话"单胫独立")。

"来呀，马僮！"马夫麻利地，
用脚后跟转一圈
70 蹲下①，
[似乎]伴随着碎鼓声②向马棚[飞奔]。
为给穆桂英的坐骑，
桃红胭脂马③备鞍，跑来。
是呀，为给桃红胭脂马备好鞍，
75 虎皮笼头束得几乎要窒息。
[价值]千两的笼套
戴到马的额头。
凤雏羽毛制成的鞍垫
铺在马背，
80 [价值]千两的马鞍紧压在鞍垫上。
毒蛇皮[似的④]颈套从两侧拉紧，
天龙[似的]马肚带几乎拉断，
幼龙[似的]马肚带皮带，像弦一样被拉紧。
八根又八根皮带[象]穗子流苏般飘扬。
85 太阳和月亮[似的]鞍桥在前后高耸，
树叶[般]的上好鞍褥⑤，展开翅膀，飞翔，
生黄铜的马镫在两侧闪耀。
她刚下令拿来兵器，
三四个丫鬟⑥将她常握的兵器，
90 月亮青铜刀⑦抱来，

---

① 这些姿势表明，连马夫（或马夫们）都熟知剑术（武术）。
② 原文中"Суй гу даа-ж"是明显借自汉语的表达，尽管按蒙古语语法规则表述。Суйгу（源自中国西北的碎鼓——"小鼓"。Суй—字面意思"击碎的"，"细小的"在西北方言和东干语中常指"小的"），"даа"源自汉语动词"打"。
③ 原文中 Тау хун ян жи ма（北京话："桃红胭脂马"）。
④ 原文中"Хорт могойн худрага"——字面"毒蛇的颈套"，这完全可理解为"用蛇皮制成的颈套"。我们的译文以说书人自己的解释为基础，并基于平行的下一行语句，其中马肚带多半不是用龙皮制成，而是像天上的飞龙。
⑤ 按说书人的解释，这里与颜色类比——绿色的鞍褥。
⑥ 原文中"я хуанчууд"源自汉语"丫鬟"，常见于本子故事的评书语言。
⑦ 原文中词组"Юэ лян чин тун дау илд"包含汉语剑名"月亮青铜刀"。

穆桂英,拉紧勒衔,拿起兵器,
一个箭步飞身上马。
学识渊博的小姐穆桂英,
面色姣好,洁净,
95　她的衣着熠熠生辉,
蜈蚣①[般]美丽的眉毛乌黑发亮,
她龙胆②[花般]美丽的眼睛闪闪发光,
樱朱③美唇,丰满圆润,微微颤动,随时念出咒语。
她细长的手指
100　葱尖也无法与之相比。
拥有丰富学识的穆桂英骑马疾驰。
你如果看到马上的她,微微颤动
与春风吹拂下的莲花无异。
真的是,花[应]拔掉,鱼[应]沉底(因羞愧),
105　(这就是)面色姣好、外表迷人的小姐穆桂英。
像她英勇的丈夫一样优秀的元帅穆桂英。
庄严地走来,
像一位万能的、伟大的信仰维护者④。
仿佛阎王⑤出现。
110　四海的水似乎沸腾
泰山似乎坍塌⑥

---

① 原文中借自汉语的词"юн ян",看来,是词语"莺"——"蜈蚣"的变形,按说书人的解释,指的是可被微微拂动的美丽的细眉。
② 花名——龙胆。
③ 原文中 Ин жу(北京话:樱朱)——樱朱色的。
④ 该行由藏语"Жалбо ченбо чойжин"组成,жалбо"万能的",ченбо"伟大的",чойжин"护法神"。
⑤ 原文中本子故事体裁常重复的蒙古语词"Эрлик",与汉语的阎王一致,源于梵文,表示"阴间世界的主宰"。
⑥ 崩塌的泰山——古代中国最著名的山(位于山东半岛)的形象说书人借自中国文学。如,在苏洵(1009—1066)的论著《心术》中说道:"为将之道,当先治心。泰山崩于前而色不变,麋鹿兴于左而目不瞬,然后可以制利害,可以待敌。"也就是说,崩塌的泰山的形象表达英雄的无畏(参见 Морохаси Тэцудзи,《汉日大词典》,第6卷,第1077页)。尽管蒙古语原文中隐喻对比的实质可能不同——飞驰骏马的勇猛形象,但这一与英雄的无畏有关的形象的本来汉语意思此处并未被全部遗忘。

飞驰的骏马就是这样。
旋风和寒风①都
抵挡不住它。
115 它的狼耳直立，
它启明星[似的]眼睛圆睁，
马鬃和马尾高高扬起，
青钢四蹄敲击着地面，
学识渊博的小姐穆桂英
120 勇猛地冲向战斗，
蟒蛇般奔去，
鳄鱼般蜿蜒前行，
看来，向着白虎节堂②，
向着军营、点将台③，紧紧逼近。

---

① 原文中"Салхин жавар хоёр"是典型的蒙古形象，有两个特殊的表示不同类型的风的词——салхин（"风"）和жавар（"旋风"），"冬天草原上的寒风"。参见 Лувсандэндэв，同上书，第346页和176页。

② 参见却音霍尔版本中对该词的释义。桑布达希解释，白虎节堂是检阅将士的地方。

③ 原文中 жуй жан тайд（北京话：点将台）——字面意思"集合将领的战台"。

东蒙民间说唱的一种

——论唐代说书

本文是我上次在蒙古史诗研讨会上宣读论文的续篇。尽管最近出版了一些这方面的著作（例如，法国学者 M. Д. 伊旺翻译、研究中国古典名著《水浒》人物武松的文章）①，尽管本子故事体裁在东蒙古的民间口头创作中是很普及的，但把全蒙古史诗的其他体裁都排除掉，本子故事体裁研究还是不够充分的。其中包括，直到今天未被彻底弄清楚的一系列情节等问题。虽然在我和蒙古学者达·策伦索德那木②合著的文章里，我们也尝试这样做，但还有一些问题没有弄清楚。这方面最困难的是唐朝民间故事集体现出这一计划的最复杂性。如同说书人确信的那样，唐朝故事在他们（表演的）节目中占最重要的地位。说书人的职业说法证明了这一点："唐朝故事汗牛充栋，宋朝故事也说不完"，甚至"唐朝故事三条船，宋朝故事七大担"。③ 这样鲜明的对有关唐朝历史的选题偏好，恰恰体现出蒙古族本子故

---

① 阿丽多米尼克·伊旺，一个本子故事和内蒙古小说体裁，《蒙古语研究》，14 卷，巴黎，1983 年版，第 7—80 页。
② 李福清、德·策伦索德那木：《本子故事和民间文学的相互关系问题》，《蒙古文学关系》，莫斯科，1981 年版，第 280—314 页。
③ 这两则谚语是根据蒙古说书艺人桑布达希记录的。

事的特征。汉族说书人并没有这样偏好唐朝故事，因此也没有相对照或相类似的谚语。唐朝故事集的研究性著作，对于蒙古说书艺人重要。我们认为，对于题材引进过程和改编过程，对于理解题材的演变过程很重要。毫无疑问，蒙古说书艺人是借鉴自邻近的汉族说书艺人的，当然这种借鉴不是机械地照搬，而是一种再创造。唐朝故事恰恰首先证明了这一点。

在上面的研究中，我们已经证实了，东蒙古史诗中有一系列薛海元帅西征的故事。说书人认为，薛海是著名元帅薛丁山的儿子，统帅薛仁贵①的孙子。薛仁贵和薛丁山的系列故事和长篇史诗为每一个中国人所熟悉，但是关于薛海的任何信息，我们在所有的长篇小说或是英雄史诗，甚至现存的科研文献中都没有找到。我和著名的中国民俗学家和文艺学家探讨也没有任何结果。但是在收藏在喀山大学地理系民族博物馆中的中国木版画（据认为，这些木版画是由 O. M. 科沃列夫斯基和 B. П 瓦西里耶维奇从北京运来的）中，我们发现了题为《杨文广戍边》的木版画。上面带有薛海图像（他的名字也写在版画上），还有程赛花、曹龙（？）和秦豹，那个是不是这位薛海，也很难说②。不只是在东蒙古口头传承中见到薛海的名字，在位于乌兰巴托的蒙古人民共和国国立图书馆里收藏着十卷本的名为"西凉③"的手稿，保存下来了其中的 2—6，9—10 册（书号 895. I. Б. 318）。这部叙事作品中的主人公叫苏海（有时这个名字叫起来像薛海），他被称为凉州王，凉州位于中国西北。对这部手稿的详细研究是今后的事情，但是我们认为现在就可以推测薛海的故事与这部手稿有一定的关系。在手稿中也提到了薛仁贵，他医好自己的伤，也提到了其长子薛海（苏海）薛（苏？）保东。

按照桑布达希的说法，《薛海西征》是仿照关于他父亲薛丁山的故事和长篇小说的样式创作的，同样像他父亲一样，薛海注意到，他的力量不够，就把帅印让给自己的妻子④。他的妻子就像薛丁山的妻子樊梨花一样同位于中国西北的西凉国作战。

从另一位说书人却音霍尔那儿，我们记录到故事非常简短的一部分

---

① 《东干民间故事传说集》，莫斯科，1977 年版，第 494—502 页。
② 我们和著名的中国版画家王苏春讨论，甚至也得不出这样的结论。
③ 在不同的册子，起了不同版本的题目，如第二册题目为《新译西辽国书》，第三册为《西辽往事》等等。
④ 按照说书人的说法，主人公的妻子叫陈丁，但这是否准确很难说。陈丁是另外一部宋朝叙事故事中女主人公的名字。

描述。故事中的事件好像是发生在唐朝第六位皇帝期间①。

在西凉有一位统帅,他拥有两匹战马——金马和银马。他可以骑它们中的任何一匹上战场。在同唐朝的战争中,当西凉军队开始败退的时候,他用马鞭抽打神奇的战马三次,马一嘶叫起来,唐朝军队都俯首在地,西凉人马上歼灭了唐朝四十万大军的一半。薛海作为唐朝统帅,马上就带领一支队伍去救援四十万大军。在他的队伍里有一位矮个子巴其朝(却音霍尔这样称呼他),"身长三尺②,身粗四尺",他具有神奇的才能,但是周围的人并不知道这一点。矮子来到薛海跟前。薛海问道:"你为何而来?""我为战斗而来,"矮子这样回答。"我尚且不能战胜他们,难道你能战胜他们?"元帅感兴趣地说。"你一定害怕这两匹战马吧?我能想办法把马偷来。"巴其朝具有魔法,他念了咒语就入地不见了。他还有一个神奇的小口袋,他偷走两匹马,装进袋子,并把战马敬献给薛海。薛海高兴地让矮子做他的义弟,并给他起名为薛平好。之后,薛海取得了胜利。

可惜的是,却音霍尔忘记了完整的故事。按他的说法,这个故事东蒙古说书艺人要说二十天。他记得,还有一个名为《小西凉》的古代作品的书面版本。不排除,这是我们发现的手稿的续篇。

按照许多民族史诗(例如,吉尔吉斯史诗《玛纳斯》)通用的谱系分类的方法,薛海的故事与薛仁贵、薛丁山故事有关系。但是,蒙古人这里,却是按照朝代的原则进行分类。东蒙古说书艺人口中的所有这些唐朝故事似乎形成了一定的体系,按照唐朝皇帝的纪年顺序排列起来。1962年,达·策伦索德那姆从说书人恩赫处记录下来辑成《唐第十二个故事》③。虽然他的原文没有发表,但在1972年,我们在蒙古出差期间,听到了他的录音。可是,我们试图寻找这些录音的汉语文献资料,但都是一无所获。长期以来,连故事的标题都不明确。如果确实存在唐朝第十二个故事,那么在说书艺人的节目中还应该有前面的十一个。这个故事中的事件发生在唐穆宗时代(自公元821—825年在位)时期,穆宗确实是唐自开朝以来

---

① 在蒙古人民共和国国立图书馆手稿中,提及唐朝开国皇帝李渊,而不是他的后辈。
② 长度单位,32厘米。
③ 乔伊霍尔证实,在他年轻时,在30年代时听内蒙古说书艺人布彦伊维勒特讲过这段历史。

的第十二位皇帝，那么就可以推断，这些故事的名称的确与唐朝皇帝更替有关系，当然，这只是从表面上来推断的。除了这个纯粹是表面的外部特征，还有一个更加重要的特征：每一位东蒙古说书艺人的唐朝故事的主人公都是自己著名祖先的后代。这些著名的祖先在王朝的建立和开国皇帝的拥立上产生了巨大的影响。比如说，主人公罗蒙是壮士罗成的后人（大概是第十一代后人），罗成在汉语故事和蒙古语故事中非常出名。①

按照我们主要的信息源说书艺人却音霍尔和桑布达希的说法，整个唐朝故事系列似乎由二十四个故事组成，这和唐朝皇帝的数量吻合②。但是，每一个故事的详细信息及主人公的后裔，目前无法知晓。桑布达希说他只知道《唐朝第七个故事》（却音霍尔从未听过）、《唐朝第八个故事》。按他们的说法，蒙古民间长篇小说《五传》系列改编成的。《唐朝第八个故事》的主人公就是唐朝开国元勋的第八代后裔。《唐朝第八个故事》，如他们所述，与《谢比传》相关，也是《五传》的一部分。但是其他的一些故事他们就什么都不知道了。

1978年，我们按照桑布达希所述记录下来《唐朝第七个故事》的主要内容，并命名为"尉迟善还乡"。这个故事的主人公，尉迟善，按照说书人所说，其出身为蒙古族③，是著名开国将领尉迟恭的后代，在许多中国演义和长篇史诗《说唐》都曾提到，也有古蒙古文译文。在东蒙古本子故事中也能发现他的名字。（无疑，尉迟恭在中国的民间的万神庙中被奉若神明，作为两位门神中的一位。他的威严的画像被挂在许多建筑物大门的一面。这一点也促进了故事的口耳相传。）

与尉迟善同时的故事中，确实还有一位亲王——千岁的兄弟"罗玉宝"（据说书人讲，是罗成的七世孙）。故事的题材是这样的：

一次，统帅尉迟善向皇帝请假，前往北疆（似乎，大概是指蒙古地区）

---

① 可以参阅：李福清："乌兰巴托艺人达·曾德及其演唱的作品"，《蒙古英雄史诗问题》，第一集，威斯巴登，1981年版，第149—168页。更加详细的一个版本是：李福清，"论对借用情节与形象的改造"，《民间文学·形象与上下文中的文学语言》，莫斯科，1984年，第149—168页。

② 唐朝不是更替了二十四位皇帝，只有二十位。明显地，说书人相信二十四这一数字，是算入了短暂的后唐王朝的皇帝，后唐政权存在于公元923年—公元936年。事实上，只有四位皇帝先后执掌了短暂的政权。

③ 当然，这里体现了蒙古说书艺人的民族情结节，他们将汉族统帅的出身改换成蒙古族。但是，应当补充的是，在唐代于阗国统治者姓尉迟，因此，说书艺人认为有尉迟善不是汉族的确凿根，如果，当然，他们了解这些唐朝历史细节。

探望母亲。他带着两位将领马红和马青,及自己的夫人罗山英。在他动身前皇帝和他约法三章:不饮酒,不行猎,不动怒。如果他实现这些要求就能顺利地回家,否则就遭殃。尉迟善应允了,但行至半途,走到万华山时,他开始喝酒,夫人劝说他,反而生夫人的气。第二天,尉迟善去打猎,遇到一位美丽的女子。这位女子说自己迷路了找不到回家的路。女子请求尉迟善带上她。尉迟善非常高兴,马上就打算娶这名女子为妻。他返回临时的营地,和女子成了亲,从此之后,不再关注自己的结发妻子了。尉迟善称新妻为胡貂娥。就像说书人自己解释的那样,女子姓胡暗示出是狐仙(汉语叫做狐狸精),虽然,"胡"只是一个很普通的汉族姓氏,从词源上来说"胡"是指"西夷",中世纪汉族人把所有居住在西部的民族和一部分居住在北部民族称为胡人(其中包括蒙古人)。

　　胡貂娥施展魅力千方百计地迷惑尉迟善,不让他回家。只是过了三个月后,才在马青和马红规劝下,他终于动身上路了,来到了他母亲生活的北疆(蒙古地区)。母亲劝说他不要听胡貂娥的谗言,但尉迟善根本没把母亲的话放在心上。这期间,他的结发妻怀孕了。胡貂娥诽谤她,并使丈夫相信,即将出生的孩子不是丈夫的,而是马青和马红的,他的结发妻和马氏兄弟有私情。盛怒之下,尉迟善把妻子投到监狱,下令将马青和马红痛打一顿,赶走了。当第一任妻子生下孩子后,胡貂娥决定当晚杀死他,派人去监狱放火。可罗山英得知了这一切,她的师傅叫黎山老母①(来自黎山的老妈妈),会魔法,驾云去救自己的徒弟。此刻,罗山英正想办法救自己的孩子。侍女琴美给她端来茶水,夫人趁机请求她救救孩子,侍女答应把孩子带去长安城(唐朝都城)交给罗山英的兄弟罗玉宝。很快黎山老母现身了,她吩咐罗山英坐在云中一起飞走。被驱逐的马青和马红兄弟费尽千辛万苦来到万华山,召集人马,成了"山大王"。胡貂娥占卜得知,侍女琴美带着孩子逃往长安,将此事告诉了尉迟善,主张杀死她们。尉迟善跳上马,飞奔出去。他追了三里地,追上手里抱着孩子的侍女,一鞭子抽过去,就把她们打得无影无踪了。但这只是他的错觉。事实上,山神②(山精)救了她们,她们继续赶路。侍女没走出十步,就到达三千里之

---

① 在本子故事中,黎山老母形象作为主人公的巫师形象出现,是很常见的。我们将在文章《新发现的东蒙传说》(《Documenta Barbarorum——瓦尔特·海西希 70 周年诞辰纪念文集》,威斯巴登,1983 年版,第 291 页)进行更为详细地介绍。

② 蒙古语的"уул"意为"山",汉语借词"жин"北京话发音为"精(цзин)",意为"精灵"。

外的长安了。这一切都是得益于山神的帮助。侍女将婴儿交给罗玉宝，并讲述了他姐姐的苦难经历。罗玉宝立即跨上战马，手持长枪，飞奔救姐姐。行至一半，来到万华山遇到了马青和马红，马青和马红带领大军征讨尉迟善。罗玉宝包围了尉迟善落脚的牧羊城①，要求尉迟善出城认罪。尉迟善登上城墙，声称妻子和马氏兄弟有隐情并生子。怒火中烧的罗玉宝一箭射中尉迟善左肩。尉迟善应声倒地，罗玉宝继续叫阵，受伤的尉迟善再也不出来应战。胡貂娥提醒丈夫，他有权招募军队和召集军官。尉迟善立即下达了三道命令，胡貂娥吹了一口气，三道命令飞走了，第一道命令给西凉军队总指挥；第二道命令给荆州部队；第三道命令给登州②部队。所有这三支部队的将领都是罗玉宝的下属。狡猾的胡貂娥故意使下属发生内讧。三名将领收到命令，尽管不相信罗玉宝会造反对抗朝廷，还是不得不带着大队人马赶来了，因为尉迟善仍旧是统帅。来了之后查明了事情的缘由，他们秘密地和罗玉宝商定，来到战场，但带领部队返回，假装战败。他们这样做了，罗玉宝留在牧羊城城墙。胡貂娥决定借助魔力召唤自己的也是狐仙的哥哥胡岳。她请求他前往唐朝都城，幻化成皇帝的模样。宝座上一下出现了两位皇帝，满朝文武没有人知道，哪一位是真正的皇帝，应该执行谁的旨意。当时的统帅徐元——开国元勋徐茂公的七世孙，他在唐朝故事③中的形象非常普遍——召集了满朝文武官员说，两位皇帝中的一位是狐仙，但他找不出来，完成这个只能借助于落脚在黎山的罗山英，罗山英很快就要来到都城。果不其然，不到一小时，罗山英现身宫殿，带领大臣们见皇帝。她走进大殿，见到两位皇帝，取出黎山老母给她的七星剑④指向两位皇帝，真皇帝原样坐着，假皇帝马上变成三尾

---

① 牧羊城，这样的地方在中国的小说里不止一次地被提到，《罗通扫北》，还有其他的几部小说中也提到过，这样的地方是虚构出来的，因为中国没有一个地理资料中显示出这样的地方。

② 这三个地名确确实实是真实的。之前我们提到过西凉、荆州位于长江流域，即现在的湖北省境内，登州位于山东省境内。

③ 李福清，"乌兰巴托说书艺人达·曾德及其演唱的作品"，《蒙古英雄史诗问题》，第一集，威斯巴登，1981年版，第142—143页。

④ 剑的名称在中国民间文学和古老的口头文学中被提到。差不多是在赵晔（公元1世纪）的《吴越春秋》中首次出现，该书讲述历史人物伍子胥的故事。伍子胥逃亡途中，一渔夫帮助伍子胥过江，伍子胥为报答救命之恩将带有北斗星图案七星剑赠给渔夫（参见《太平御览》，北京，1960年版，第二部，第1575页）。按1世纪历史学家的说法推想，带有北斗七星图案和其他星座图案的七星剑被认为能够战胜邪术（《太平御览》，第1579页）。

狐。罗山英往三尾狐脖子上套上教母给她的捆仙绳①。揭露出假皇帝的真面目后,罗山英说,狐仙迷惑了尉迟善,她请求皇帝允许马上出兵北方,捉拿狐仙。皇帝李晴彦②同意了,于是罗山英踏上祥云,飞往牧羊城。罗山英的兄弟罗玉宝向她抱怨说,尉迟善不愿意迎战。罗山英想出一口气,就亲自叫阵。尉迟善大发脾气想上城墙,但胡貂娥亲自迎战罗山英。狐仙吹了一口气,她的哈气变成了黑旋风,刮起沙土和石块。罗山英举起自己的七星剑,风暴就平息了。狐狸精猛地抽出剑,对着剑吹了口妖气,剑飞到天上,幻化出成千上万柄剑飞向罗山英。只见罗山英一抬手,口念咒语,所有的剑都落入她的袖子里。狐狸精见势不妙,变成一股轻风想逃走。罗山英将七星剑对准她,胡貂娥变成三尾狐。罗山英拿起绳子,用绳子的一头拴上狐狸精,另一头拴上了她的姐妹(上文讲的是胡貂娥的哥哥,但此处原文如此)。尉迟善从城墙上看到,他的小老婆变成了狐狸,恍然大悟,意识到自己错了,打开城门,出城迎接罗山英、罗玉宝和马氏兄弟。尉迟善让人缚住双臂,回到长安,面见皇上。皇上问罗山英如何惩罚她的丈夫。夫人哭起来并请求说,既然尉迟善已经承认错误了,就不要惩罚自己的丈夫了。皇上问到如何处理狐狸精,罗山英回答说,应该邀请黎山老母。她的师傅马上现身云上,抬起手,口中念念有词。五雷轰顶,那些试图破坏唐朝的妖精被击毙了,谎言是战胜不了事实的。天下太平,夫妻复合、父子相见的喜悦,挽救婴儿的侍女琴美被尉迟善收为义女。

我们记录下来的桑布达希的《唐朝第七个故事》内容就是这样的。我们暂时无法找到故事的出处,就像更早的《唐朝第十二个故事》一样,但是不难发现,这个故事的基本内容是当时与本子故事体裁稍有不同,但却是东蒙古很常见的斗争的体裁,在东蒙古史诗中,与邪恶力量(蟒古思)做斗争,在汉族民间口头创作和文学多采用同妖精(或者精)斗争的情节。

同时,这样一种的叙事方式如同大多数本子故事作品一样由远东叙事技巧构成的:回乡探母(主人公暂时离开的方式);违反禁忌;主人公与妖女见面;娶妖女为妻(打猎时遇到的妖女);冷落结发(年老色衰的)妻;新娶(年轻貌美的)妻子折磨结发妻,杀死她的孩子;忠诚的女仆挽救孩子;上帝、巫师、山神或其他神灵拯救被诬陷的妻子;被驱逐的将领成为山

---

① 捆仙绳——"кунь"即"把……捆上,绑上","сянь""神的","шэн""绳子",显然,意为"神奇的捆绑绳索",如果是说书艺人本人提出的"сянь"音节的词源,这个理解是正确的。

② 唐朝皇帝确实姓李,但他们中没有人叫做晴彦。

寨寨主;山神拯救侍女和婴儿;出现了长得一模一校的真假皇帝;借助七星剑和捆仙绳打败妖精;两位女主角大战和魔法大战;"白魔法"(正义)战胜"黑魔法"(邪恶);山神惩罚两名妖精;主人公复合和国内和平来临。

　　这些情节是各种样式的,其中某些情节可以在故事或者神话中遇到(主人公离开;违反禁忌;主人公与妖女见面;上帝或巫师拯救女主人),另外一些情节,大多数在各个阶段的史诗故事中遇到。比如说,两个会魔法的女主人公的斗争,借助神器降服妖精,山神惩罚魔鬼,看起来,应该把他们归入到最古老的主题。与中世纪封建社会生活紧密相关的主题,如:被驱赶的将领建立山寨的母题,类似于 14 世纪长篇史诗中描写的独特的流寇。《水浒传》或更晚一点的长篇小说《反唐演义》里,结发妻和新娶妻的对比,按照新娶妻的意愿遗弃结发妻的亲骨肉,阶段地提醒对于不同民族的民间故事来说,更早的和更典型的矛盾大老婆——小老婆的儿子,妻子希望摆脱前妻的婴儿,忠诚的女仆挽救婴儿,出现在许多汉族戏剧和故事中,似乎是从 12 世纪—13 世纪,结束于 19 世纪的长篇故事。《三侠五义》——所有这些都是对于中国民间故事和东蒙古史诗本子故事来说是常见的情节和套路。关键在于,天才的说书艺人如何运用那些本子故事所使用的传统情节、传统手段、其他形式、手段方法,如何巧妙地构建叙事艺术。除了其中的主人公们被认为是唐朝开国元勋的七世孙外,《唐朝第七个故事》本身并不具有某种不同的特征。事实上,故事的所有情节可以发生在中国任何一个封建时期。

　　在本文中,我们想让各位专家了解一个不太为人熟知的口头民间创作的文物——早期蒙古族口头民间文学作品,并请他们重视对唐朝故事系列的研究(特别是对比系列长篇小说《五传》),这对于厘清中亚和东亚民间文学关系是具有非常意义的。

中国中世纪文学中的体裁

中国文学由于其发展进程的不间断和缓慢,并极好地保存了文本,以及由于早期印刷术的产生,为包括体裁系统的进化与更替问题在内的一般理论问题的设置,提供了不可多得的材料。

"体裁"这个概念本身在现代中国文艺学中是经由"体"——字面意义就是"身体""形式""样子"和"裁"——"剪裁"这两个字组合成的"体裁"来表达的。与此同时,还使用其他一些术语,如"文体"——字面意义就是"文学的身体""文学的形式"。这些概念仅只是在20世纪出现的,但其中所保存的组成部分——"体""身体",却在远古就在这个意义上被使用了。在中国最早的书面文献之一《尚书》(或者叫《书经》)的《毕命篇》中就可以遇到这样的话:"辞尚体要"——文词美丽,文'体'(身体)适宜。

如中国研究者所推测的,这样一来在《尚书》中就出现了关于"文辞的身体",也就是说,显然是关于不被包含在"词"这个概念里的某种形式①的观念,当然,说《尚书》的古代作者做了与文学的或者仅只是词语的体裁概念相联系的事情,这是无根据的想法。"体"这个术语可以被理解为极为多样的概念,首先是风格的,还有一些更广泛的概念,适合于现代样式划分为"诗"和"散文"等等。可是,尽管古代汉语中没有抽象的"体裁"概念,某

---

① 薛风昌:《文体论》,上海:商务印书馆,1931年版,第3页。

种特殊的文本构成——按照形式的或修辞的,可能还有题材特征的——被古代作者们划分出来,而我们可以有条件地认为它们的构成是体裁的,与此相应,我们可以认为有俗文学、民歌、民间小说这样一些不同的样式。顺便说一句,很明显,我们在古代文学文献中找到的特别早期的体裁样式,最初是在口头传统中形成的。

中国文学的古代文献,如果不认为是散布在龟甲和兽骨上的基本是占卜性质的刻字,那就是就其起源与文本性质来说是各式各样的汇编了。并且这些汇编是在结构与修辞方面被加以编排的。

这些汇编中最古老的是《尚书》,它的最早部分的形成,据公认的看法,是在前11世纪,而最晚的是在前6世纪的孔子时代。这部汇编的构成,一般是按逻辑的联系(尽管不是情节的)来叙述远古的事件,我们借助于专门的词汇学标志能找到独立的和有区别的片断。这样的例子有"诰"——"告知人民",是领袖给自己的同部族人民的号召书。"诰"这个词本身起源于动词"告"——"说""告诉"(在从公元1世纪起的象形字中,在"告诉人民"意义上的"诰"被加上意符"言"来区别)。正如中国注释家所指出的,最初"诰"这个词并不一定意味着是上对下,它也可能正相反是下对上(对领袖、统治者等等)。可是,在某种程度上,第一个含义占了上风,术语"诰"被采用为只是统治者对臣民的了。它在《尚书》中就是在这样的术语学意义上被使用的。

我们在这本古代文献的书页中遇到的第二个术语是"誓"。这里说的是出征前的誓言,战争誓言,其性质看来不仅是对古代中国人,还对所有其他民族。"誓"这个词在古代文献中的含义,并不是所有的誓言,而是在大公或统治者——王口中的誓言。在《尚书》叙事中的第三个术语是"命"——部族首领或者统治者——王的"命令"。

不难发现,所有这些术语和那些位于其背后的可以有条件地被称作体裁的文本构成,是直接同古代执政者的实际活动相联系的。它们全都是上对下的通告,更确切地说,在那个时代的条件下(缺少合适的书写材料,文字本身发展还不充分)是口头的通告。可以假设它们进入《尚书》文本有两个可能。或者它们长期地(许多个世纪的)被保存在口头传统中,在人民的记忆中,只是到了有历史记载的时期才被记录下来,并被援引到古代书面文献中;或者它们就是古代编年史家、按照类似于当时和不久前时代的口头形式写作的《尚书》的无名作者们的文集。无论如何,对人民的通告（诰）、誓言（誓）和统治者的命令（命）看来就是被表现在古代中国文章中的最早的体裁构成，并且，借助于专门术语词典划分出来的构成显示出，古代作者们已经意识到它们是独立的话语形式。

《尚书》并非中国文学在古代唯一的文献。与其平行的、可能几乎是同时出现的还有其他一些；其中位于主导地位的未必不是"歌曲的书"——《诗经》，其中汇集了被认为是前11到前7世纪的民歌、颂歌和国歌。《诗经》分为四个部分："国风"——"国家的风俗"，其中实际包含基本上是抒情诗的民歌；"大雅"，传统上被翻译为"大的颂歌"；"小雅"——相应的是"小的颂歌"；和"颂"——"国歌"。实际上只有最后这一部分所包含的或多或少是单一种类的作品，它们实际上被用它们的体裁归属的称呼——术语"颂"（"国歌"）组合起来。其余与体裁有关的各部分的名称，其中所包含的歌曲未必是相互联系的。第一部分的名称就不是这样：其中汇集的诗歌是按地理原则划分的（"周国的歌曲"①等等）。进入第二和第三部分的"雅"这个词，传统上翻译成"颂歌"，但实际看来这个术语与音乐有关，而不是与文学艺术相关。据古代著作《仪礼》的注释："小雅"为诸侯之乐，"大雅"和"颂"为天子（也就是皇帝、国君——作者注）之乐。应该注意的是，"雅"是古代一种类似于雪茄形状的鼓的乐器的名字。② 古代历史学家通常说"颂"是与仪式，其中部分是同在庙堂神前歌颂统治者功勋的仪式相联系的，但所引用的注释为认为术语"颂"是从音乐进入文学的提供了基础。很可能，"颂"最初是庙堂演出的歌舞，从中保存下来的只有歌词，被载入到《诗经》里。

这样，根据《诗经》，古代中国人在诗学里起初划分出实际上两种类型的文本："雅"和"颂"，它们与仪式和音乐紧密联系。是否能称这些不同样式为最古老的体裁形式呢，这很难说。编入到"颂"部分的诗歌作品，如我们所说的，确实是单一种类的。但是说到"雅"，情况就复杂得多了，因为比如，在《小雅》部分收入的抒情诗与掺在《国风》部分里的，就很少有什么区别。还应指出，"雅"和"颂"这两个术语进入了在古代形成的集合概念"六艺"——"六个原则"中，它最早出现在古代《周礼》的文本，并在著名的《诗大序》中被更详尽地研究。在这些文献中列举了诗的"六条原则"：

---

① 即《周南》。——译注
② 《周礼·春官·笙师》："应雅。"注："雅，状如漆筩而弇口，大二围，长五尺六寸，以羊韦鞔之，有两纽疏画。"——译注

"风"(我们想起了"国风"——《诗经》的第一部分),"雅"(该书的第二、三部分),"颂"(书的最后部分),"赋"(描写的方法,叙述),"比"(比喻),"兴"(开头)。问题在于,"风"这个词是不是被发现的一批现存特殊文本的名称?它可以被解释为民间诗歌的表现,抑或如上所说,"国风"部分("国"是王国、国家,而"风"按字面意思是"风""风俗")的内容正是这些诗歌的记录。但我想,"民歌"概念全然不是体裁的定义,这更是样式的概念,比一定体裁的概念更一般化,因为民俗学家们(其中包括中国人)在民歌中划分出了不同的体裁构成。对此,根据古代《山海经》的文本,"风"是一个与音乐世界、首先是"旋律"有关的词,然后才是"歌曲"。引用"风"的概念作为民歌的标志被古代注释家借助于类比法得出结论说:"如同风吹动万物一样,歌曲能影响人的感情。"①

说到《周礼》和《诗大序》"六艺"中的后三个:"赋""比"和"兴",它们明显表示的不是体裁,而是描写的特点、艺术方法;它们的联合一般是同假定为体裁名称的"雅""颂"一起被列举出来的,这证明了古代中国理论家体裁分类的模糊性,证明了体裁与修辞标准的混淆,并且后者如我们所见到的,在对文学的态度上长久地保持着决定的意义。

古代和中世纪的目录学对于理解中国人关于文学种类与体裁的概念(他们没有类似于亚里士多德《诗学》的文学理论)具有无可争论的意义。这样一种系统化形式产生于与必须把宫廷图书馆里的手抄书加以分类的实际活动相联系的中国人那里。第一次这样的分类是由公元初年的刘歆组织的,但没保存下来,只是知道,它由七部分构成:一般消息、经典文集、不同学派的哲学著作、诗与赋、军事论文、占卜和最后是医学的文集。②

刘歆的继承者、公元1世纪著名的历史编纂学家班固做出了更为详尽的分类。他把自己《汉书》的一个部分称为"艺文志"——"艺术与文学的记述",把皇家图书馆里收藏在六个书库,并由他的前驱者刘歆加以记述的所有书籍(列举了596种书),按十三个大部来划分。班固的分类实

---

① [日]诸桥辙次:《大汉和辞典》,第12卷,第324页。
② 西汉成帝河平三年(前26年),学者刘向、刘歆父子受命主持了我国历史上第一次大规模整理群书的工作。在每一部书整理完毕时,刘向便撰写一篇叙录,记述这部书的作者、内容、学术价值及校雠过程。这些叙录后来汇集成了一部书,这就是我国第一部图书目录《别录》。刘向死后,刘歆继续整理群书,并把《别录》各叙录的内容加以简化,把著录的书分为六略,即六艺略、诸子略、诗赋略、兵书略、术数略、方技略,再在前面加上一个总论性质的"辑略",编成了我国第一部分类目录《七略》。——译注

际上重复了刘歆的,但看来只是在大部内做了更细致的划分。与儒家学者刘歆一样,班固也是从儒家经典(带有全部抄本和注释的《易经》、《尚书》、《诗经》)开始自己的目录的,而以应用科学来结束文集。纯文学(按我们对这个词的理解)的文集也就是颂歌——赋和歌唱的诗(被儒家学者经典化了的《诗经》以及与其联系的注释性质的作品除外)竟然在班固的《汉书》中被放在哲学家的文集之后,但又在应用性质的书籍——兵家和占星家、历书编者和各种类型的占卜者、数学家和医师等等的著作之前。这种把我们今天称之为艺术的作品放到那个时代被阅读的经典和哲学作品之后的安排,证明它有古代中国人带入自己诗歌的作用。

当然,班固的目录没有把按体裁来给诗歌作品分类设定为自己的目的,但已经认识到它了。我们看到,在独立单位的性质上古代作者划分出了"赋",然后是歌唱的诗——歌诗("歌"——歌唱、歌曲,诗是诗歌)。在这时,历史编纂学家引用了古代对它的说法,即"不歌而诵谓之赋",也就是说,"赋"的定义出自它们的表演形式,而不是主题、结构或者其他的标志。是的,在那里也显露出了"赋"的"贵族气":"登高能赋,可以为大夫"(大臣——作者注)。而然后,从班固的文章里我们知道,早期如屈原(前4世纪)的"赋",述说了预言。但后来特别是汉朝的赋,这个意思就没有了,它们的作者们仅只是在修辞的美化上相互竞争。① 这样一来,古代历史编纂学家辨别出了"赋"的表演特点(这是用押韵的散文来写,并用特殊的歌唱语调来读的独特种类的小型长诗),同时还根据它们的起源(大概是仪式),以及主要是根据它们修辞的文雅来称呼它们。我自己补充一点,风格的奇异性,大量的不常见的词语,不常见和复杂的形容词与比喻,在许多个世纪的全部中国文学史的其他体裁中划分出了"赋"。

能否认为歌唱的诗——"歌诗"是独特的体裁呢?这是个有争论的问题。班固自己解释说,他说的是武帝(前140—前87年)时期搜集的民歌,这时为了了解不同地区的民情而专门建立了音乐机构——乐府。根据这些被保存下来的歌唱诗歌的范本,它具有大量的不同样式。班固把它划分到独立的部分,看来是根据其口头性的表征。

与诗歌相关的事情或多或少地明朗了,比较复杂的事是散文。在班

---

① 班固:《汉书》第6卷,北京,1962年版,第1755—1756页。译注:《汉书·艺文志》曰,"大儒孙卿及楚臣屈原离谗忧国,皆作赋以风,咸有恻隐古诗之义。其后,宋玉、唐勒,汉兴,枚乘、司马相如,下及扬子云,竞为侈丽闳衍之词,没其风谕之义。"

固之前开始形成了记述生活的叙述散文。例如由刘向(公元前77—前6年)——我们提到的刘歆之父——编著的《列女传》①(无论是善还是恶),它们也在班固的目录中被提到了,但是在"儒家"部分里,没有作为独立的文章,而刘向的文集总共有67篇(已经有注释家说明,妇女传记是与其他书籍一起编入这部文集的)。

同时,刘向的文集还包括他的另一部文选——由散文体短篇小说组成的《说苑》(说出来的花园)。类似文体的短篇小说集被班固"顺便"列入"小说"(小的说话),这个部分最后列举了不同学派哲学家的文集。正如编者自己说明的,这些文集是小官们编辑的,是搜集到的街道大路上的闲谈和听到的对话。② 看来,它们是由专门的官员记录和修改润色的散文体的民间文学,为的是统治者能知道人民中间在说什么。后来,经历了大约两千年,小说这个术语在汉语中就变成意味着叙事散文作品了。

班固没有给自己设置建立某种文学理论的任务,但他的著作有助于了解古代中国人对他们独特的文学的发展的观点。他的目录乃是总结了古代中国书面语言的发展,并为在许多个世纪的漫长时期里,被中国书籍爱好者改造过的、各种变形了的文本的分类提供了范例。

清楚地意识到特殊文学形式及其分类的特点在中国开始得很晚,这与早期中世纪,也就是3—4世纪文学理论的发展相联系。

生活在3世纪的《文赋》作者陆机被认为是第一批中国文学理论家之一。把《文赋》翻译成俄文并对其作出迂回注释的B.M.阿列克谢耶夫院士,划分了十多个涉及陆机的基本题目("诗人的激动与迷狂""创作激情""诗人的全能"等等)。在它们中间,B.M.阿列克谢耶夫突出了"形式、风格、体裁"的主题。③

如果我们转向原文,就会看到,陆机在这个题目的解释中引用的是一个一般的概念——"体",关于这个概念我们在本文一开头就说过了,而它看来在这里同时具有文学形式与风格的意义。B.M.阿列克谢耶夫在自己的翻译中正是这样来传达它的(形式与风格有万种不同的丰富)④。可

---

① 即刘向的《列女传颂图》。——译注
② 《汉书·艺文志》曰"小说家者流,盖出于稗官,道听途说者之所造。"——译注
③ Алексеев В. М. Римлянин Гораций и китаец Лу Цзи о поэтическом мастерстве // Алексеев В. М. Китайская литература. М., 1978, с. 266—268.
④ 即陆机原文所谓"体有万殊"。——译注

是，实际上，陆机的话说的是这样的文学形式，它极接近我们现在说的体裁。因此，极有威望的中国文学思想史的当代研究家郭绍虞教授，在注释《文赋》时，就是把"体"看做体裁（体制）的。看来，抑或 B. M. 阿列克谢耶夫接近了真相，但对于陆机来说，"体"这个概念却更为灵活：比方说，是由风格形成的体裁。这里就是在 B. M. 阿列克谢耶夫的翻译中对《文赋》中这些体裁的一一述说："诗①缘情而绮靡。赋②体物而浏亮。碑披文以相质。诔缠绵而悽怆。铭博约而温润。箴顿挫而清壮。颂优游以彬蔚。论精微而朗畅。奏平彻以闲雅。说炜晔而谲诳。"③

陆机用这样的方式、从他的观点出发，历数了当时文学——"文"的基本体裁。得出了它们共有十种。他放在第一位的是（阿列克谢耶夫把它们与西方的抒情诗相比的）诗，这未必是偶然的。在古代和中世纪中国作家们严格重视排列的次序（如我们所见到的，班固从经典、主要是儒家哲学家的著作开始自己的目录，是不无目的的）。诗在他（指陆机——译者）的时代已经不是班固的歌诗，而是文学诗，出现了匿名作者的组诗《古诗十九首》，以及诗人枚乘的作品（这个时期的诗是用五言或者五个音节写的，这样的诗替代了《诗经》的四音节诗）。这样，陆机把自己的叙述从诗开始，（注意，在他的前驱者班固那里，第一位给了赋），明显反映了文学过程本身的变化。可以说，"赋"的繁荣已经过去了（虽然陆机本人成功运用的正是这种体裁形式），而走上文学第一位的正是诗。

被陆机划到第二位的赋，它乃是规模不大的描写性语言的长诗，已经说过，用押韵和有节奏的、并用极为复杂的修辞来装饰的散文来写。一开始"赋"意味着"叙述事件"，因此阿列克谢耶夫定义其为"散文中的叙事诗"。

"碑"（或者"碑文"）起源于"碑"这个词——"石板""纪念石碑"。这种石板在古代放置在宫门和庙前。在宫廷里它们起初充当独特的时钟，因为根据它们投下的阴影可以确定时间，而在庙宇里是把献祭用的牺牲拴在它上面。大概是从公元前 3 世纪开始，在这样的石板上开始雕刻文字，

---

① 俄译为 канцона，系中世纪和文艺复兴时期在意大利和法国普罗旺斯一代流行甚广的一种特殊形式的抒情诗。——译注
② 俄译为 поэма，叙事长诗。——译注
③ Алексеев В. М. 罗马人贺拉斯与中国人陆机论诗歌技艺. Римлянин Гораций и китаец Лу Цзи о поэтическом мастерстве // Алексеев В. М. Китайская литература, М., 1978, с. 262.

记录统治者或者某位英雄的英勇业绩和功勋。看来，后来这样的石板被放到了墓前，在那里它们替代了古代的纪念物，在它上面刻上详尽的关于死者事迹的记录。

在众所周知的意义上接近于"碑"的是青铜器上的刻字——"铭"。"铭"这个字写成带一个偏旁"金"，直接指出是"金属"，在它上面来刻字（"碑"这个字也有一个偏旁"石"）。这个体裁名称从词源学来看与同音异义词"名""名字""名称"相联系，从这里产生了意义——"词"，或者留给子孙的名字。看来，这最后一个意义已经联系到文学体裁的名称了。在古代编年史《左传》(前4世纪)中说道，大公的功勋和天子也就是国君的美德被记载在铭文上。"铭"还有一个功能就是警告。被认为，在青铜器上，例如，献祭的鼎上、大锅上、比较大的勺子上，应当做出题词——带有各种警告语的铭文。"铭"的自然特点就是——简练和有特点的词汇"搭配得当"，像阿列克谢耶夫所翻译的，"温暖的感情"①。

我们有意打乱了陆机列举的顺序，在他那里，"碑"和"铭"是被哀歌类型的"诔"分割开的，希望是强调，这两种体裁依赖于材料，在这些材料上做出相应的记录，并且它们最初的功能是赞美和教训，与作为装饰性词语的文学并无直接的关系，而在中国是从早期中世纪就这样来理解文学的（艺术文学的中国名称——"文"具有古已有之的古老意义——花纹、图形）。

"诔"，如同已经说过的，是哀歌的一种。它的种类不多，依赖于被哀悼的人。"诔"在前6世纪的文献《周礼》中第一次被提到，它介绍了死者的卓越功绩，并在文章结束部分表示了作者对英雄突然死去的哀悼。并且"诔"通常是表达上级（在社会、官职等级、财产等方面）人物对下级之死的哀悼。正如古代理论家所说："贫不诔富，少不诔长。"类似于古代诗歌，"诔"由四言诗组成。这个术语本身的词源不清楚，但与上述（"碑"和"铭"）不同，"诔"字写法带有"言"字旁，表示了这个概念直接归属于文辞系列。我们顺便指出，陆机是把"诔"放在实际上是墓地纪念碑上的刻字的"碑"之后的。

在刻写在铜器上的"铭"之后，陆机谈到了"箴"——教训。中世纪理论家们把意味着体裁名称的"箴"这个字，引到"缝纫针"意义的"针"，它从

---

① 即陆机原文所谓"温润"。——译注

古时候起就被中国人用来治疗疾病。相应地,如中国人所认为的,"箴"——教训也可以做到警示人们脱离不良的行为。它应该是"严厉庄重而又清澈明朗的"①,B. M. 阿列克谢耶夫在《文赋》注释中这样写道。

在陆机的目录中恰好在"箴"之后出现了"颂"——古代的诗体赞歌类型(通常是四音节的)。如同我们所记得的,"颂"——国歌,这是古代《诗经》的一个组成部分,但在这里说的很可能是更晚一些的"颂",这种类型的颂,举例说,实际上是由刘向《列女传》的"颂"来完成的。事实本身是,它们在陆机那里被认为不是与"诗"和长诗——"赋"并列的,而是在纯粹的功能性体裁——"碑""诔""铭""箴"之后,这就证明了这一体裁在中国文学史中状态的变化。

列在陆机的目录中"颂"之后的是见解——"论",用 B. M. 阿列克谢耶夫的话说:"'论'所讨论的题目,经常是历史批评的,深入到事情的全部细节,在极大的专注中思考,清楚明确地对人类活动的这个或那个方面作出评判。"②"论"这个体裁经常是儒家的。正如第一部《文选》的编辑者萧统(6 世纪)所写的,"论"有两种类型:一是对历史事件的议论,它被历史编纂家们放到由他们编写的人物传记之后,为的是对自己主人公的事业作出评价;而另一种是对古代或现代提出的、或是古书中出现的个别问题的见解。③

接下来陆机谈到了"奏"。"奏"是"给国君的报告,在极大的程度上,这样的作品并不比其他作品的风格特点要少,它用安静沉稳的语调来写,所用的叙述词语都极为稳固,但同时具有高级文学成就话语的从容不迫的文雅。"④B. M. 阿列克谢耶夫这段简要但又内涵极丰富的对"奏"体裁的说明,明确地说出了陆机把给帝王的报告列入文学作品之列,不是根据其对国家的重要性,而是根据其风格的文雅。

在陆机的体裁目录最后的是我们所知道的"说",按阿列克谢耶夫的说法,是"解释的意见,现象的理论,正确观点的证明",它"不能用普通的、

---

① 即陆机原文所谓"箴顿挫而清壮"。——译注
② Алексеев В. М . Римлянин Гораций и китаец Лу Цзи о поэтическом мастерстве // Алексеев В. М . Китайская литература, М. ,1978,с. 267.
③ 萧统《文选》中收有"史论"和对各类问题的专论,如贾谊的《过秦论》、东方曼倩的《非有先生论》等。——译注
④ Алексеев В. М . Римлянин Гораций и китаец Лу Цзи о поэтическом мастерстве // Алексеев В. М . Китайская литература, М. ,1978,с. 267.

粗俗的文辞来表述,但应该闪现自己使读者悦目、使他折服于自己思想的机敏与俏皮的风格。"①"说"作为体裁的名称与同音动词"说"——"说话"以及它所派生的意义"讲解""叙述""注释"相联系;由此出发,它的功能就是说明和阐释思想,表述自己独特的观点,通常是关于这样或那样的儒学公认的道理。中世纪的理论家们通常把《诗经》中这种体裁的名为"说卦"的一章奉为"始祖"。可是在这里,如我们所见到的,在陆机给"说"下的定义中特别强调了文本词语修饰的必须性。②

如果试图概括陆机所说的所有关于他所列举的十种体裁的话,那就不难发现,如果从现代文学规范出发,中国理论家在"文"(文雅的文学)概念中涵盖的体裁是极为多种多样的。从我们的观点来看,在这里占优势的文学体裁(诗、赋和部分的颂),明显的是功能性的,它们的出现是以功利需要为条件的,是与社会生活(教训、给帝王的报告、对经典题目的议论等等)相联系的。这时我们发现,功能性的体裁在陆机的目录里是很多的。然而,它们被列入雅文学的概念,看来完全是合理的,某种程度上它们满足了陆机时代(当时和相当晚的时期)的基本文学标准——回应社会审美要求的文雅风格的标准。

如果说陆机是沿着关于文学创作性质的一般思考的进程谈论到文学体裁,那么他的同时代人挚虞(他的生年不详,死于312年,也就是陆机死后20年)则写出了专论"关于文学方针与样式的议论"(《文章流别论》)。但遗憾的是,这部由两卷组成的、在当时十分庞大和详尽的文集的文本,保存下来的仅只有单个的不大的片断。从中可以看出,作者详细地说明了中国文章的体裁,而传到我们今天的有十一个这样的说明。它们被告知的部分有这样一些体裁:"诗""赋""颂""箴""碑""铭""诔",我们可以在陆机那里找到它们,但还有对"哀悼死去的年轻人"的体裁——"哀"的简短叙述,它和把基本注意力给了表示哀伤的"诔"不同,不是单纯地描写死者的事迹。第一次被引进并且很独特的体裁是"七"——字面意义就是"七个",它的创立者被认为是汉代诗人枚乘(死于前141年),他是《七发》(七个教导)的作者,在其中他模仿了他的前驱者——著名的文学家和滑稽家东方朔(约前161—87年)的《七谏》。"七"体裁的特点是提问与回答

---

① Алексеев В. М. Римлянин Гораций и китаец Лу Цзи о поэтическом мастерстве // Алексеев В. М. Китайская литература, М.,1978,с.267—268.
② 即陆机原文所谓"说炜晔而谲诳"。——译注

组成的对话,它的次数等于七。重要的是注意,看来挚虞已经试图认清纯文学体裁与非文学的、应用性体裁的区别。这样,在自己的论文中提到了"图谶"——古代的占卜书,他写道:"图谶不是直接意义上的文学"(正文)。①

大概在中国文学史上没有比公元 5—6 世纪更重要的时代了。在这个时期,论文《文章缘起》的作者任昉(460—508)在创作,刘勰(465—520)写出了包罗万象的文学理论专著《文心雕龙》,哲学家颜之推(531—591)表达了自己的文学思想。

如同 Д.С.利哈乔夫②所写的:"在古代(实际上是中世纪——作者注)俄罗斯文学中出现了大量自生的体裁。"③我想,这个为其他民族中世纪文学性质上所具有的过程,其中也包括中国的文学。如果说我们前面说过的理论家在自己的目录中提到的只有十种名称,那么任昉在《文章缘起》中就划分出了 84 种样式。他的分类法原则上是功能的,然后部分地也是过细的,他经常把一个体裁按其所完成的部分功能而划分成两个,比如把"汇报"——"表"分成在原意上的"表"和"上表"——给高级领导的报告④,或者把"哀歌"——"骚"分成原意上的"骚"和"反骚"。⑤

可是,这样一种把体裁变成更细小分支的倾向招致了相反的反应:把体裁集合到更大规模的结构中。任昉的同时代人、理论家刘勰着手进行了这样的尝试。在自己的论著《文心雕龙》中,他努力对当时文学已知的全部文本进行说明和分类。尽管认为刘勰接受了一定的佛家和道家思想,但他理论的基础无可争议的是由在中国被高度崇敬的儒家学说构成的。刘勰把文学——"文"看做是某种强大力量"德"("德"经常被翻译成"能量""合规律性""美德"——作者注)的表现,那种独立自在的力,古代神话的国君借助于这种力来统治世界,与其一起的是包罗万象的"道"——大道或者"自然"的表现。

---

① 《中国历代文论选》,北京:人民文学出版社,1963 年版,第 158 页。译者注:即挚虞所谓"图谶之属,虽非正文之制"。
② 德米特里·谢尔盖耶维奇·利哈乔夫(1906—1999),俄罗斯语文学家、艺术学家、剧作家,俄罗斯科学院(1991 年前为苏联科学院)院士。著有多部俄罗斯文学史(主要是古俄罗斯文学史)、俄罗斯文化史方面的重要著作。——译注
③ Лихачев Д.С.:古罗斯文学的诗学,Поэтика древнерусской литературы. М.,1979,с.57.
④ 《文章缘起》中有"谏表"、"上疏"等,但没有"上表"。——译注
⑤ 薛凤昌:《文体论》,上海:商务印书馆,1931 年版,第 5 页。

如果我们注意这部著作的本文和它各部分构成的逻辑关系，就会看到，刘勰是从"经"——儒家经典著作开始对文学的说明的，经书被他看成是"道"——"道路"永恒的表现，是"群言之祖"。①

充分肯定了儒家经典的完美之后，刘勰从《辨骚》篇开始考察雅文学的各种体裁。术语"辨"——"判定"进入到第一位中国诗人屈原（公元前4世纪）的系列诗歌作品之一的名称中，但这里"辨"多半是保存了动词的意义："辨别""分析"，在这一章里说的是对"骚"体的辨别、分析，这个名称是根据屈原最著名的长诗《离骚》而来的，在这篇作品中，按刘勰的说法，是集中了古代《诗经》中"国风"和"小雅"部分诗歌的优点。作为体裁的"骚"在中国文学中得到的发展不很大。古代语文学家从词源学角度解释"骚"这个词本身为"悲哀"，尽管这个词的最初意义是"无序的运动""慌乱"。作为"悲伤的歌曲"，"骚"在以往许多个世纪中被解释为哀歌，但是不久前在浙江省的两个县发现了直到今天仍生动流传的古代极古老的体裁"骚子歌"②（"子"是后缀）。看来，这种既在服丧又在婚礼仪式上演出的仪式歌曲——"骚"，未必归结为只是表达悲哀。可是，对于我们的研究工作来说，术语名称的词源学意义并不那么重要，重要的是刘勰的一般宗旨，他放在自己目录第一位的体裁明显是艺术的，尽管可能某时与仪式民俗有一定的联系。

然后刘勰说明了诗，并且不只是《诗经》，被介绍的还有汉代诗人李陵、班婕妤、张衡的创作。与自己的前驱者不同，刘勰专门全面阐说了诗的形式特点，指出了从公元3世纪开始在中国得到普遍接受的五言诗的普及，努力展示了文学和诗歌与时俱进的运动。诗歌在5世纪前被推到其他雅文学样式的首位，这已经全然是书面的诗歌了，看来，因此《明诗》篇在刘勰的体系中放在了关于民俗歌曲和接近民间的诗，也就是那些模仿民歌样本或者普及的民歌曲调的诗人写作的作品之前。所有这些歌唱的诗被归纳到当时按其字面意义就是"音乐机关"的"乐府"概念中，关于这个机构的作用，我们在上面已经说过了。而只有在写了文学的诗（"骚"、"诗"），然后是民俗诗歌（"乐府"），6世纪的理论家才转向解说长诗——"赋"，而这种体裁是他的前驱者在自己的文学体裁目录中给予偏

---

① 刘勰：《文心雕龙》两卷本，北京，1958年版，第1卷，第23页。
② "骚子歌"是海盐民间侍佛仪式的歌谣，与我国戏剧鼻祖四大声腔之一的海盐腔有着一定的渊源。——译注

爱的。

上述刘勰提到的体裁构成,都有专门的篇章来论述,而接下来就是成对的体裁分组。这样他并列地设置了"颂"与"赞",指出了它们在他那个时代的接近,而实际上看来,从刘向和他的《列女传》开始,在那里每一篇传记都以"颂"和"赞"来结束,并且这两种体裁在风格、主题和结构上都很复杂(不同时代的中国理论家们不止一次地论述过"颂"与"赞"的极大相似性①)。

就功能的相似性被刘勰放到一起的还有对神和与缔结誓约联盟相联系的"祝"和"盟"。这两者都产生于仪式。"祝"的意义之一就是从屈原歌曲中看到的"萨满";古代词典《说文》(公元1世纪)解释"祝"是祭祀时念的文辞。② "盟"的词源出自一种在分封诸侯缔结联盟时收储献祭用的牺牲的血的器皿的名字。在自己的功能方面,"盟"接近于宣誓的誓言——"誓",关于它,我们前面谈过了,而刘勰在"盟"这一章里也提到了它。最初"祝""盟"体裁是口头的作品,以后变成书写的(例如刻写在石头上),越往后就越作为书面作品来写作了,但还依照早期口头文本的范式。

作者集合在一起论述的还有已经为我们所知的体裁——铜器上的刻字"铭"和"箴"。正如刘勰所写的:"箴诵于官,铭题于器,名目虽异,而警戒实同。"③被刘勰在同一章里提到的还有哀歌"诔"和刻写在纪念石碑上的"碑"。在碑文和铜器上的铭文以及列举死者美德的哀歌——"诔"之间最初功能上的区别,实质上已经模糊了,它们的区别只在于写给谁(活着的还是死去了的)。如同中国注释家所认为的那样,刘勰全然不认为"碑"是体裁,因为他写道:"其序则传,其文则铭。"④在刘勰的时代,书写文本的材料已经不具有决定性的意义,从公元1世纪起,已经广泛使用了纸;因此与材料相联系的特征,已经不被6世纪的理论家看做是能充分区分文学体裁的标志了:"碑实铭器,铭实碑文,因器立名,事光于诔。"⑤

上文我们已经谈到刘勰的同时代人挚虞在其他体裁中写了哀悼死去的年轻人的哀歌——"哀"。刘勰也注意到了这个体裁,并与在功能上和

---

① 程筌:《文章辨体式》,北京,1923年版,第26页。
② 《说文》"祝:祭主赞词者"。——译注
③ 刘勰:《文心雕龙》两卷本,北京,1958年版,第1卷,第195页。
④ 同上书,第230页。
⑤ 同上书,第214页。

其接近的体裁——"吊"一起论述。按照古代辞典许慎《说文解字》的说法,"吊"是"问终也"。看来,"吊"因此还有的一个意义就是"哀悼"、"表示吊唁"。从这里看"吊"和"哀"体裁的接近性就在于表达对离世者的哀悼。指出这种接近性的同时,刘勰说:"贾谊(公元前 201—169)……吊屈",和"相如(公元前 179—117)之吊二世","全为赋体"。① 类似的意见说明,按照功能仪式原则来分类的体裁之间的界限已经极不稳定了。

如我们所记得的,挚虞划分出了单独的体裁范畴"七"。而刘勰也论述了这个体裁,但是在与其他体裁,如"连珠"——字面意义是"被串起来的珠子"——直接联系在一起的。他把"七"和"连珠"放在《杂文》——"混合在一起(或不同的)体裁",其中许多另外的体裁名称都可以找到自己的位置:如古代国君的意见——"典"、通告——"诰"、誓言——"誓"、提问——"问"、概览——"览"、简短的概述——"略",以及被称作"篇"和"章"的文章等等。② 虽然它们中的一些如文章开头所说,出现在上古时代("诰"或"誓"),但它们被刘勰放到《杂文》篇里,就指出了类似体裁种类在公元初年文学中作用的下降。

可是,刘勰《杂文》篇还没有结束自己的文学体裁概述。在其后还有某种意义上是出乎意料的篇章《谐隐》,它们是被他作为通俗民间体裁组合到一起的。用我们的观点来看,"隐"可以被看做是民间文学体裁,但"谐"被划分成单独体裁的标准却是令人怀疑的。

如中国研究者所认为的那样,刘勰论著用于研究雅文学体裁——"文"的各篇,就结束在这个问题上。有意思的是深入研究这些篇章的顺序,它们显示了 6 世纪理论家同这些或那些体裁与体裁分支的关系。刘勰首先研究了诗歌体裁:骚、诗、乐府、颂和赞;然后,如果用现代语言来说,是与仪式相联系的体裁:献祭、安葬、纪念;再以后是不同的、或者说混乱的体裁,他带到那里的作品,实质上属于文学的不同层次。他列入其中的不只是我们已经说过的古代国君对人民的公告——"诰",还有建立在问答形式上的作品(对问),还有借助于"七"组织起来的组诗"七",例如张衡的《七辩》、陈思(即曹植——译者注)的《七启》、桓麟的《七说》等等,被集合到一起的已经不是功能上的归属,也不是主题的一致,而纯粹是形式的、数量的特征。

---

① 刘勰:《文心雕龙》两卷本,北京,1958 年版,第 1 卷,第 241 页。
② 同上书,第 256 页。

随着雅文学——"文"体裁之后,《文心雕龙》还论述了被注释家分类归属于事务文书的"笔"。这里我们找得到关于历史和历史说明的注释(史传)、讲述哲学家的"诸子"、讨论与言辞(论说)、国君的号令(诏)和关于委派的命令(策)、遵照上级吩咐的不同样式的报告(章表)和给国君的报告(奏启)等篇章。

用现代标准来看,很难最终理解刘勰的分类原则。例如,古代国君的公告——"诰"和国君的命令——"诏"有什么原则的区别?可是,"诰"被刘勰放在第一组的《杂文》篇,而"诏"放在应用文书体裁的第二组。假设理论家把服务于国家需要的体裁(事务性文书)与放在第一组的传统的、仪式的体裁区别开来。但为什么当谚语——"谚"明显是民俗体裁的时候,却把它归属于第二组?可以设想这样一种关系,失去了修辞光辉的"谚"对于刘勰是没有充分的审美价值的。我们在《文心雕龙》中读到:"谚者,直语也。丧言亦不及文,故吊亦称谚。"①不纠缠于研究为什么理论家要把"谚"和"吊"放到一起,我们强调的仅只是,很明显,对刘勰重要的标准是文学性,或者说风格的装饰性。可是,刘勰执行的也并不总是这个标准。这样,从我们的观念出发就很难明白,由于什么使得作者把他在文集中提到的含有高度艺术性的传记的历史文,放到第二体裁组中去列举。然而,在这里我们正好能够探索到刘勰分类的主要原则。事情在于,所有被他放到第一组——"文"中的体裁形式,无论是诗体的还是散文体的,其文本都是押韵的。看来这就是各体裁组之间的分水岭。韵律作为基本的修饰标准,而不单纯是风格的优雅、描写的美和形象性等等,决定了对于刘勰以及4—6世纪中国理论思想来说的所有艺术的(文)与事务的(笔)文章的划分。第一批谈到这种划分的人之一、《后汉书》的作者范晔在《狱中与诸甥侄书》中谈到押韵的传记结束语(赞)和不押韵的"论"和"序"时,指出了前者的艺术特点,某种程度上无韵比有韵写起来容易。②

说到区分诗歌和散文,但这种区分对于刘勰并不存在,因为他生活的时代正是"骈俪"或者说平行风格散文的繁荣时期,当时许多小型作品都

---

① 刘勰:《文心雕龙》两卷本,北京,1958年版,第2卷,第460页。
② 王运熙、顾易生主编:《魏晋南北朝文学批评史》,上海,1989年版,第162页。译者按:此处指该书中所云"范晔在他的《狱中与诸甥侄书》中谈到其所撰《后汉书》,于其传记篇章中有韵之赞和无韵之序论,都颇为自负,但又说:'手笔差易,文不拘韵故也。'认为笔不押韵,比押韵之文要容易写一些。"

被写成有节奏和押韵的、带有大量平行语法结构的散文,与诗歌作品很少有区别。刘勰表示反对试图把事务性散文"笔"再划分成"言"——"言说"和原本意义的"笔"。这一区分还是公元5世纪的颜延之留下来的,他(颜延之——译者注)强调说:"经典则言而非笔,传记则笔而非言",承认"笔"比"言"是更艺术的(修饰的)文本。而刘勰区分"言"和"笔"仅只是根据运用的特点:"予以为:发口为言,属翰曰笔。"①,而在相同程度上把它们都带到"文"的界限之中。这样一来,对于刘勰来说基本的划分就是按照韵脚标志分成"文"——文雅的,和"笔"——事务性文章,但这和其他体裁一样都被他归入广义意义上的文学。被带入文学的古代中国不同学派的经典作品,不只是儒家,还有道家、墨家等等,他特别强调的是他们文章的文学性。他写道:"然则圣文之雅丽,固衔华而佩实者也。"②作为将其作为范本的古代智者文章的本质性标志之一,刘勰谈到他们风格的华美性。他也这样高度评价了孔子和老子后人的文章,例如哲学家孟子、荀子,说他"气伟而采奇"③的道家列子。把文学的范围扩展到实际上几乎囊括了所有的事务性文书,刘勰承认,事务文书——"笔"从艺术性的观点来看在文学部分的重要性要少,因此他把它们放在雅文学之后,描写日常生活体裁时也没有那么详细,并称它们为"艺文末品"④——字面意义就是"艺术与文学的最后范畴"。

刘勰的论著说明,在中国6世纪初(刘勰卒于大约公元520年)已经建立起带有被确定出体裁层级的一定的文学体系。如果我们转向刘勰的同时代人、梁元帝——他的全名是萧绎(508—554)和太子萧统(501—532)的文章,就会看到,刘勰反映了他那个时代普遍接受的观点。

萧绎在即位前,也就是在公元552年之前,显然,此时刘勰已经去世,写了一篇论文《金楼子·立言篇》,其中一部分,把全部文学文本的总和划分成"儒"——儒家文章,对这一部分,实际上是传达了儒家学者的意见;"文",被他归于其中的是"诗"和散文体长诗——"赋";"学"——字面意义就是"学习",萧绎列入其中的是他同时代儒生、经书专家、还有哲学家与历史学家写的东西;还有"笔"——应用性文章,它的代表可以没有诗歌作

---

① 刘勰:《文心雕龙》两卷本,北京,1958年版,第2卷,第655页。
② 刘勰:《文心雕龙》两卷本,北京,1958年版,第1卷,第16页。
③ 同上书,第309页。
④ 《文心雕龙·书记篇》称"书记"为"艺文之末品"。——译注

品那么多的精巧,但是在官方文书(章)和报告(奏)的写作中却有技巧。正如我们所看到的,萧绎把最初的儒家哲学家、学说创始人与他们的继承者区别开来,认为后者(或并非没有创造的)仅只是解释者和注释者①;而他对"文"与"笔"的划分,是按刘勰那样的原则来进行的:即按照装饰性的原则(虽然他没有说韵是主要的风格形成因素)②,并认为"论"和"述"应归入应用文。③

如果说刘勰和萧绎对文学的讨论,实现了把它分类成为大的基本部分,那么萧统试图建立从他的观点来看的艺术文学的第一部文选。他称之为《文选》——《文学的选集》(按字面意义是"被选出来的文")。他在简短的序言里说明了挑选作品的原则:"自文学繁荣已经过了千年了……(但从它的全部流传中)我没有选周公和孔子——我们的父亲的书,老子和庄子、管子和孟子的书以思想的论证为自己的主要目的,而没有艺术形式和巧妙的叙述。因此,我没有把它们编入《文选》。没有被我收入的还有不同政治家和王公谋士们的言论,尽管它们以自己的优点而令人惊奇。准确地说我也没有选任何一种编年史和年代记,因为它们在自己教条主义地讨论对与不对方面、在自己永远渴望的赞美一个贬低另一个方面,不符合我的任务。而它们有一部分,例如论述和个别赞美时代的文章,它们由优美的形式组成,然后特别的叙述又用艺术的音节来写,我都作为内容上有深刻的思考和追求词语的华美而放入《文选》。"④从这段引文可以看出,萧统归入"文"的是作品的优雅文辞,用现代语言来说,就是以艺术成就为其特点。在这里他一点也没有谈作为一定艺术因素的韵律,而只谈

---

① 《立言》篇曰"今之儒博穷子史,但能识其事,不能通其理者,谓之学"。——译注
② 即《立言》篇曰"至如文者,惟须绮縠纷披,宫徵靡曼,唇吻遒会,情灵摇荡"。——译注
③ 即《立言》篇曰"至如不便为诗如阎纂,善为章奏如柏松,若此之流,泛谓之笔";"笔退则非谓成篇,进则不云取义,神其巧惠,笔端而已。"——译注
④ 作者原注:阿列克谢耶夫院士译,见阿列克谢耶夫《中国文学》,莫斯科,1978年版,第53页。译者注:此系阿列克谢耶夫对萧统《文选序》原文的意译。原文为:"时更七代,数逾千祀。词人才子,则名溢于缥囊,飞文染翰,则卷盈乎缃帙。自非略其芜秽,集其清英,盖欲兼功,太半难矣!若夫姬公之籍,孔父之书,与日月俱悬,鬼神争奥,孝敬之准式,人伦之师友,岂可重以芟夷,加之剪截?老、庄之作,管、孟之流,盖以立意为宗,不以能文为本,今之所撰,又以略诸。若贤人之美辞,忠臣之抗直,谋夫之话,辨士之端,冰释泉涌,金相玉振。所谓坐狙丘,议稷下,仲连之却秦军,食其之下齐国,留侯之发八难,曲逆之吐六奇,盖乃事美一时,语流千载,概见坟籍,旁出子史。若斯之流,又亦繁博。虽传之简牍,而事异篇章,今之所集,亦所不取。至于记事之史,系年之书,所以褒贬是非,纪别异同,方之篇翰,亦已不同。若其赞论之综缉辞采,序述之错比文华,事出於深思,义归乎翰藻,故与夫篇什杂而集之。"

了思想的深刻和语言的华美。①

接下来要特别说明萧统对历史文的态度。自中国史学之父司马迁（公元前145—86年）的《史记》开始，官方王朝正史都是按统一的规划来撰写：首先写帝王，然后是功能性的部分，如年表、礼仪叙述②等，最后是名人传记，而这正是历史著作中最具有艺术文学性质的部分。按照传统，在表面中立的历史家司马迁写的传记之后，还以反映了作者个人态度的他对人物和事件的主观评价来结束。司马迁的后继者接受了这个模式，但用不同的体裁形式来写自己的评价（"赞"或者"论"）。正是这些就其本身而言不是传记的不长的结束语，萧统把它们收入了自己的《文选》。

总起来说，萧统在作品集中包括了39种样式。我们特意回避了"体裁"这个术语，因为某种程度上，他所划分出来的样式按现代对这个词的理解并不都是体裁。这样，例如内涵丰富的部分——"诗"。很明显，在现代概念中诗并不是体裁，它是一个更广阔的范畴，更具有种类的性质。文集的编者把诗又划分成22个分支绝不是偶然的，例如，他分出了歌颂历史的"咏史诗"，描写到仙人那里旅行的道家思想的"游仙诗"，被他称为"游览"的风景诗，悲哀的诗——"哀伤"（字面意义是"哀悼创伤"），诗歌体的"召唤鬼魂"（招魂）等等。甚至他在诗歌部分还划分出了"乐府"（根据音乐机关的名字），其中包括歌唱性质的或者模仿民歌写作的文本。在这里又一次不能经受统一的分类标准的检验：有些诗是根据主题原则组合的（如风景诗）；另一些又是按照精确形式的（诗歌体的呼吁和回答——"赠答"）；第三类则是根据起源的类型（乐府诗）。

让我们回到《文选》的写作。与偏爱诗歌的刘勰不同，被萧统放到第一位的是颂歌——"赋"。对于我们来说，这样的逻辑原因并不那么重要：无论是颂歌——"赋"还是"诗"，在它们的全部多样性中都是纯粹的艺术作品，既不与古代中国人的实践活动，也不与仪式，或其他非文学因素相联系。可以证明，萧统在自己的序言里特别预先说明了"赋"的文学属性，强调了其中被颂歌作者臆想出来的、而不是现实历史活动者的出场人物的存在。

萧统所赋予文学诗歌体裁的意义，证明了《文选》中作品按体裁布置的下一步顺序。在"赋"（我们记得，"赋"是一种散文诗体裁，它的作品是

---

① 即"事出于沉思，义归乎翰藻"。——译注
② 如《史记》的"八书"。——译注

用具有必须的、但像在诗中一样不完全正规的押韵的高级风格的韵律散文写成)的后面接下来是"诗",在它后边是民歌类型的诗——"乐府",在它后面又是"诗",但它的名字是"杂诗",也就是"各种各样的诗"(或者叫"关于各种事物的诗"),再后面是古诗,被萧统标名为"骚"(根据我们所提到过的屈原的长诗《离骚》)。被选集作者(或者是由年轻的王子本人组织起来的不知名的作者们)带到这部分的是在中国文学史上以"楚辞"而知名的屈原和他的后继者宋玉(前290—前223)的作品。在选集中的"骚"之后是"七",如上文所说,这些作品是刘勰作为"杂文"部分的一种来加以研究的。而只有在这之后,萧统才停留在"应用的"体裁。首先他提到的是皇帝的命令——"诏",接下来是"册"(字面意义就是一串竹片,古代中国人在它上面书写,后来这个词就变成指国君赠予的命令,收入《文选》的惟一"册"文是皇帝给诸侯和官员们的信)①。"册"之后是命令——"令",是皇帝或者皇位继承人在视察巡游时发布的,以及由中央政权发出的命令。在"令"的后边萧统提到的是"教",这在古代是都城的官员给地方官的指示(这种体裁在3—6世纪得到特别的普及,而这正是萧统所处的时代)。在文集中它的后面接下来是"文"体裁的作品。"文"如我们所记得的,是雅文学的通称,但在此时,却是"策文"的简称——乃是不同谋士关于政治和军事韬略的文章,它在汉代广泛流行。最后,萧统为官员对圣上写的报告——"表"划出了位置。

这里没有必要列举其范例已由萧统包括在自己的"文选"里的所有当时的应用文书体裁;特殊性在于,在他的概念中无论是命令,给皇帝的报告,还是各式各样的书信,其中有关于宣战的,有关于紧急出征的等等,都享有充分的权利进入文学领域。萧统与刘勰和自己其他的直接前辈的不同在于他完全没有谈到文章在高级文学——"文"与事务性的"笔"上的区别,对他来说,有没有韵律不是重要的标准。因此,事务性文书体裁的地位在萧统那里绝不是最后的,在它们后面还有一些作品,从我们的观点看是传统的、被完全用文学来写成的。

这样的有"对问"——一种独特的作者与被想象出来的交谈者对话(例如诗人与国君,诗人与天等等)的古代体裁。刘勰把这个体裁放在"杂文"部分,并包含到雅文学——"文"中,(虽然《中国语文文体词典》的现代

---

① 即潘勖的《册魏公九锡文》。——译注

编者把关于它的词条放在了应用文一栏,看来是出于它更晚一些的范例。)①这样的体裁还有"设论"(提出问题和讨论),也被刘勰放到了"杂文"组,还有"辞"(字面意义就是"词语",例如文集中有汉武帝的《秋风辞》和陶渊明的散文诗②),它被刘勰不无根据地归入了"赋"。

然后萧统转向了"序"——用简短而文雅的但不押韵的散文写的文学前言(刘勰全然忽视了这种文体)。文集中在其之后是诗体的歌颂——"颂"和赞美——"赞"——两种在功能和形式上相似的体裁,它们被古代文学家作为独特的结束传记的诗体概要来使用(如刘向的《列女传》)。在这种情况下,在世纪中期"颂"设定为对人的功勋和善行的歌颂,而"赞"是赞美绘画或某种文章手稿的美等等。根据赞颂的对象,萧统把赞文分配到不同的分组。在他特别命名为"赞"的部分,他放入了这种体裁的两个范本:画赞和序赞③;"赞"还由史学家来撰写,并被包括到他们的历史著作中,例如在《史述》部分里的由班固撰写并结束了他的《汉书》的《公孙弘传赞》,而结束《高祖本纪》的赞被放到专门的"史述赞"中。可能,在这里分类的原则不只是体裁的,某种意义上也是功能的:在文集的不同部分有被用于不同目的的"赞"体作品——但事情多半是在它们的形式:"史述赞"是用韵文写的,而"论赞"是不押韵的散文。

在萧统那里还与作品一起出现了"论"体裁。这种体裁的作品被他放到单独的部分——"论",以著名的贾谊(前201—前169)的《过秦论》为开始,而其他的(也是"论")一些官方王朝正史中著名人物传记的结束语(如《后汉书》中的范晔传),组成了特殊的"史论"部分,根据的就是类似于"赞"所被使用的相似功能。

仅只是在进入历史文章的体裁之后,萧统在自己的文选中提到了按我们的观点明显是功能性的,但已由他的前驱者刘勰(由于必须押韵)而带入雅文学——"文"的一些体裁:这就是警告——"箴"、铜器上的刻字——"铭"、带有描述生平和赞美功勋的哀悼——"诔"、对年轻死者的哀悼——"哀"、刻在石板上的纪念文字——"碑"、墓碑上的题字——"墓志",它们都这样或那样地与祖先崇拜相联系。接近于它们的还有两个按自己的功能是另外系列的体裁:"吊文"和"祭文"——吊唁和祭祀的话语,

---

① 刘志勇等:《中国语文文体词典》,成都:四川大学出版社,1988年版,第380页。
② 即《归去来辞》。——译注
③ 即《东方朔画赞》和《三国名臣序赞》。——译注

而最后萧统用"行状"来结束自己的文选——这是描写死者生平与活动的体裁,与古代礼节有直接的联系。

总结我们的考察,可以说,中国第一部文学选集的编者给予偏爱的体裁是纯粹艺术的(赋和诗);与葬礼等等仪式相联系的、明显是功能性的体裁,在自己的体系中它们占据的是后面的位置(从 33—39 部分);反映事务生活的体裁(皇帝的命令——诏,给皇上的报告——表,等等)以及和官方历史编纂有关系的、占据中间地位的体裁,也进入了文学的构成。

在萧统的《文选序》中明确标出了自己选集的界限,指出其中不选历史散文作品和哲学文章。他的书中还不包括(传统上进入文学分类的)经典文章,他也不接受如我们所知道的,经常基于形式特征、即有没有韵律来把文学分成"文"和"笔"的划分。对于萧统来说唯一的选择标准就是文本的"艺术性",他理解这样的文本是"高明的形式与巧妙的描写的"[①]文章。而从这一观点出发,他的文选的独特价值就在于对在中世纪中国理论家意识中的艺术文学的构成给出了准确鲜明的概念。

可是,这里提出了一个问题:那些被萧统提到或者被他的前驱者刘勰辨析过的体裁是否已经穷尽了当时是文学?我们没有涉及农业、医学方面的论文,法律汇编和军事艺术方面的文章等等,它们以其本身纯粹的实用功利性而完全处于文学体裁系统之外。此外,在那个时期的中国还存在着大量的翻译佛教文献(经藏、论藏[②]、律藏[③]、佛本生经[④]等等);还有道教的宗教文献(在萧统的《文选》里列举的只有作为道家哲学文献的老子和庄子的文集);还有大量非官方的历史著作,把各式各样的历史传说包含在文本中;最后还有,大约在 3 世纪,也就是在萧统之前的 200 年间,出现了关于奇异事件的神话小说,类似于著名的干宝(4 世纪)的《搜神记》,还有第一部笑话集(例如 3 世纪邯郸淳的《笑林》)。对这些书的轻蔑和明显的对它们的不关注,证明了引人入胜的叙述没有被当时的理论家和文集编者看做是艺术性的标志。用了一千多年的时间,才承认叙事散文有充分权利成为中国文学的一支。

---

① 即"事出于沉思,意归乎翰藻"。——译注
② 俄译为 шастра,古印度佛教各派辩难的论战性著作,此处按佛教说法,译为"论藏"。——译注
③ 俄译为 виная,佛教僧侣团体规则的汇编,此处按佛教说法,译为"律藏"。——译注
④ 俄译为 джатака,讲述佛祖诞生的叙事文学,中文译作"佛本生经"。——译注

如果将早期中世纪中国的文学体系与同样是由中世纪世界观决定的古代罗斯的文学体系做一比较①,就很容易看出原则的区别。在古罗斯,大概整个基督教世界也都一样,宗教的或者接近宗教的文本构成了中世纪文学的基础。教堂文学的体裁系统是固定的和保守的,明显地占有尘世文学之上的优势。在中国则是另一种情况:借自印度的(经常经过中亚的中介)佛教文学处于自我封闭的状态,存在于普遍承认的文学界限之外的地方。佛教在中国没有成为官方宗教,尽管在有些国君那里得到暂时的支持。而成为所有中国官方意识形态基础的儒家学说是道德的教训,而不是宗教的,尽管在时间长河中它也吸收了一些庙堂崇拜的成分。按我们的观点,正是这一点说明了中国文学的世俗性质。在儒家影响下,无论是刘勰还是萧统都没有建立起自己的体裁等级。正因为如此,在体系前列的是类似于对经典题目讨论的"论"等儒学体裁(在19世纪儒家正统派学者的文集中也接受这个原则)。但刘勰和萧统是从美学的、首先是风格的标准出发。因此在他们的体系中占第一位的是因风格的特别华美而被从其他体裁中划分出来的"赋"或"诗"。

萧统不仅在中国而且在远东奠定了编辑选集的传统。他的继承者中有一位生活在公元 10 世纪末的著名的姚铉②。他编辑的文集《唐文粹》也是按体裁栏目来安排作品。并且与萧统不同的是,在他那里提到的不是 33 种体裁,而只有 22 种。但划分的原则基本上是一样的。主导体裁等级的是"赋",在它后面是"诗"。可是,接下来秩序就被破坏了。接近"诗"但似乎应该排在更后边的"颂"和"赞",被编者直接放到了"诗"之后。姚铉在自己的文集中还介绍了萧统那里没有的体裁:"疏"——注释,由官员写给国君或者高级领导者的"状"——请愿书,或者通报,"露布"——紧急通告,"刺"——警告(与姚铉和萧统提出的警告——"箴"不同)。

所有这些做出的新举措都与唐代的文学实践相适应。尽管这些体裁在公元初年已经产生了,但看来,从萧统的观点来看,它们的范本还不显示文学的价值,而只是到了公元 10 世纪这样的时代,它们才进入文学生

---

① 参阅 Кусков В. В.:中世纪世界观与 11—13 世纪上半期古罗斯文学体裁系统的性质。Характер средневекового миросозерцания и система жанров древнерусской литературы ⅩⅠ-первой половины ⅩⅢ вв. // Вестник Московского университета. Серия "Филология". 1981, №1. с. 3.

② 姚铉(967—1020),字宝之,庐州(今安徽合肥)人。宋太宗太平兴国八年(公元 983 年)进士及第。所编《唐文粹》为唐代诗文选集,共 100 卷。——译注

活，而姚铉就把它们编入了自己的文集。不难看出，所有这些"新"的体裁，在它们或是用押韵的或是用不押韵的散文来写的情况下，应用文多样性的本质和区分它们的表征首先是与中世纪的礼节相联系的。说明性的例子就是"露布"：在古代（前3—公元前2世纪）这是普通人抑或没有获得来自宫廷的官方头衔或赏赐的官员写给国君的（某种程度上唐代所袭用的这个原则需要专门的研究）。①

这样一来，对于生活在公元10世纪有权威的唐代文学选集的编者而言，也和对于他的前驱者一样，文学既是纯粹艺术的（赋、诗等等），又是具有明确功能性表现的应用文体的总和。可是，叙事性的作品，如今天著名的唐代小说，更有在佛教寺院里创作的、用哪个时代口语来写的、用于口头表演的文本（变文），则全然没有进入文学体系。在姚铉那里还有一个有趣的方面。在他文集所提到的22个体裁部分中，有一个（古文）其实不是体裁的名称。古文——按字面意义就是"古代的文章""古代文学"——是风格流派的标志语，它兴起于唐代，当时著名文学家韩愈和柳宗元表示反对被对偶风格复杂化的文学，而要求回归古典，也就是要回归古代儒家文献明白、简练的风格。尽管这种风格和明显也是思想运动的代表者在自己的创作中使用了与其他文学家一样的体裁，姚铉还是把他们的文章放到特定的栏目。完全有可能，统一在如我们本文开头所说的，同时是风格与体裁概念的术语"体"（文学的"身体"）中的古代意义，在这里起着自己的作用。

大约与姚铉同时，也就是在10世纪末，学者李昉、徐铉、宋白和其他人根据皇帝的指令编纂一部巨大的文集，名为《文苑英华》②。它被设想为直接继承萧统的《文选》，并包括自梁朝末年（6世纪中期）到唐代创作的作品。在继续《文选》建立自己的汇编时，编者们借用了萧统布置材料

---

① 古代露布是一种在帛制旗子上书写文字通报四方的传播媒体，大多用来传递军事捷报。后世泛指不缄封的书信，如汉代皇帝颁布赦令、赎令均用露布，汉末也把军中檄文称为露布，即《文心雕龙》所谓"露版以宣众，不可使义隐"。此外历代臣民上书于君主，不缄封的都称为露布。自北魏至唐代，用兵获胜向上奏捷的文书也称为露布。——译注

② 《文苑英华》系北宋四大部书之一的文学类书，由李昉、徐铉、宋白及苏易简等二十余人奉宋太宗赵炅之命共同编纂。宋真宗赵恒时曾进行几次修订。宋孝宗赵时又命专人作了校订，最后经周必大、胡柯和彭叔夏复校，于嘉泰元年（1201）开始刻版，四年完工。全书共一千卷，上继《文选》，起自萧梁，下讫晚唐五代，选录作家两千余人，作品近两万篇，按文体分赋、诗、歌行、杂文、中书制诰、翰林制诰等三十九类（如把谥册和哀册合并则为三十八类）。每类之中又按题材分若干子目。——译注

的原则用于体裁系统本身。可是,推到第一位的文学体裁是"赋"和"诗",编者们还进一步说明了在萧统那里没提到的或者名称不一样的体裁。这样,在他们那里,诗的后面是歌曲——"歌行",占据体裁位置的还有模仿民歌的音乐机构——"乐府"。他们在自己的体系中还放进了这样一些体裁,如在唐代文学中占有重要地位的"传记",或者"判"——用文言文体写的、经常是骈俪风格的法庭判决。但是总的来说,体裁的等级是:首先是纯文学,然后是应用文,最后是与葬礼相联系的仪式的——重复了《文选》的体系。

接下来编纂的文集已经是蒙古人的元代(13—14世纪),它的名字叫《元文类》①,归功于苏天爵(1294—1352),重复的也是这样的纲领。但已经在认清文学创作和文学体裁等级方面有了明显的改进。在16世纪被它的编纂者程敏政命名为《明文衡》②的汇编中,提供了全然另一样的关于文学体系的概念。在最前面的体裁等级不是文学的,而是功能的、应用的:"檄"——关于宣告战争或者派遣出征的命令,皇帝的公告——"诏",皇帝的命令——"制"(例如关于奖赏或处罚、关于赦免等等),皇帝给人民的通告——"诰",国君的决定(宣布立为太子、皇后、贵妃等)——"册",最后是献祭时的言辞——"祭文"。它们所有这些在程敏政那里都位于"赋""骚""乐府"等体裁之前("诗"在文集中根本没提到),在它们后边按顺序排列的体裁,主要都是儒生在讲解和说明他们学说的工作中使用的:讨论——"论",话语——"说",解释——"解"等等。然后,突然又重新提出了熟悉的诗歌体裁——"颂"和"赞",然后是"辅助的"文学体裁:问与答——"问对"、书信——"书"、记录——"记"(在当时通常具有文学性质),序言——"序",献词和结束语——"题跋",各种文章——"杂著",传记——"传",而在结束部分,和萧统的《文选》一样,出现的是与葬礼仪式相联系的体裁。看来,在明代作者那里,纯文学体裁降到了第二的位置。

可是,萧统的传统也没有消失。在17世纪薛熙创立了自己的文集

---

① 《元文类》,元朝诗文选集,本名《国朝文类》,元苏天爵编,七十卷。该书成于顺帝元统二年(1334),共收窝阔台时期至元仁宗爱育黎拔力八达延祐时期约八十年间名家诗、文八百余篇,按文体分作四十三类。——译注

② 《明文衡》,原名《皇明文衡》,明代程敏政编选。九十八卷,补缺二卷,选录明初至成化末辞、赋、乐府、琴操及散文一千一百二十一篇。——译注

"存在的明代文章"——《明文在》①,他严格按照《文选》的范例,也就是对"赋"和"诗"给予偏爱,只是在其后才提到与帝王活动相联系的文章(诏书、公告等)和官员们的日常应用文;接下来是功能性的作品:各种各样的序言、关于绘画、庙宇的笔记、风景画、纪念碑等等;最后是与葬礼相联系的仪式体裁。薛熙在这里带来的未必不是最细致的分类:在目录中划分了72种体裁分支。可是,纯粹的体裁在他那里又比较少:大约50个;有些分支是由于划分体裁而形成的种类:如序言——"序"被按照是为怎样的文章类型而写的序言,而划分成12个种类(为古代经典书籍的、或者为诗集的,或者为游记的,或者是为文件汇编的等等)。

在18世纪初到19世纪,当时在中国文学中获得巨大影响的是被称为"桐城派"的派别,他们出版了由这一派别的领袖人物编纂的文集,姚鼐(1731—1815)的《古文辞类纂》和曾国藩(1811—1873)的《经史百家杂钞》。姚鼐和曾国藩与程敏政一样,归纳的主要体裁等级不是文学的体裁——颂和诗,而是讨论——"论"(经常是经典的题目),然后是放在三种地方的序言和结束语:给皇上的报告——"奏",或者关于政治和社会生活问题的作品,以及仿效它们的作品。

姚鼐急剧压缩了自己选集中体裁的数量(以13种代替萧统的39种),全然没有迁就诗歌文本(他的文集是被称作古文的文章选集,而不是总的文学作品集),而"赋"和"赞"体的文章被相应地放到第12和第11的位置。曾国藩试图改善一下事情,他把主要用于国家考试的韵文——"词赋"放在第二位,但他忽略了纯粹的文学作品。

这种儒家功利主义的反复发作一直到接近我们今天的时代,当时中国不只有诗歌,还有叙事散文(中篇和长篇小说),还有明显地不合时代的、向世界展现出美好的创作范本的话剧。但同时它证明的不仅是官方儒家思想的保守性,还有以中世纪文学观念、中世纪体裁体系为方向的中国文学家观点的保守性。这个体系,如我们所见到的,具有混合的性质:共存于其中的体裁,有的是按主题,有的是按形式,有的则是按功能标记来划分的。当体裁在这样或那样的权威文本的直接影响下被划分出来,抑或最终因某种实际需要而形成(或者定型)的时候,缺少清晰的体裁标

---

① 《明文在》,明代诗文总集,清薛熙编,一百卷。仿《昭明文选》体例,选录明代诗文二千余篇。编选标准着眼于文辞。选录对象从明代唐宋派古文入手,门户之见颇深,故所选不够全面。——译注

准来指出同样明确的小的分支,以及公认的体裁划分的偶然性。但与此同时又经常感觉到对按照修辞原则的、按照语言修饰原则(韵律、譬喻、不寻常的词汇或者词语组合等等)的艺术体裁(超出对其起源和功能的依赖的)独特性的占优势的倾向,这种独特性最终被确定为"文"——雅文学的界限。这种状况实际上保持到20世纪初与1919年五四运动相联系的文学革命。

某种程度上形成于纪元初年的中国文学语言——"文言",在东方国家——日本、朝鲜和越南都得到了广泛的普及,在那些国家它相应地被称为"калбун"(卡尔崩)、"ханмун"(汉蒙)和"ханван"(汉望)(在所有这三种情况中按字面意思都是"中国语言"),在这些国家里,也自然地习惯于中国的形式,无论是诗的,还是散文(主要是非叙事的、优美散文)的。更重要的是,被称作"年轻的"远东文化区域的文学是在"老的"、特别是远东古代文学——中国的直接影响下开始发展的,如我们所试图揭示的,它具有漫长的、持久合成的文学传统和自己的文学体系。在这样的文化区域里,发生了如Д. С. 利哈乔夫所说的移交或移植,当他在谈到"拜占庭文化移植到斯拉夫土壤"的时候,其结论是:"不只是单个的作品,而是整个文化矿层被移植到俄罗斯的土壤,并在这里开始了新的历史活动条件中的新的发展循环。"①

看来可以说有两种移植的类型:一种与把作品译成各地方言的需要相联系,这就像在古罗斯或保加利亚,是在同一文学语言条件下实现的,不要求专门的翻译著作。第二种类型的移植是我们在远东地区国家看到的。同来自中国的文学语言一起被搬到邻国的是所有非叙事散文和诗歌的体裁系统,这一体系在中国唐代(7—10世纪)已经最终形成,也就是说,正好在这个时候,该地区的其他文学刚刚开始形成。

如果我们注意中世纪朝鲜、日本或者越南作者编辑的自己文学家作品的选集,就会看到,其中提到的实际上就是中国雅文学的全部基本体裁,并且和体裁一起被他们吸收的还有体系和等级。这样,在日本11世纪的包括9—11世纪日本作家作品的文选《本朝文粹》②中,在15世纪朝

---

① Лихачев Д. С. 《作为体系的古斯拉夫文学》. Древнеславянские литературы как система //Славянские литературы. Ⅵ Международный съезд славистов. М.,1968. с.12—13.

② 《本朝文粹》,日本人藤原明衡(公元989年—1066年)编纂,收录日本平安时代秀逸汉诗文的选集。共14卷,39类,427篇。——译注

鲜编纂的《东文选》①中,在《皇越文选》②(18世纪)中,我们看到了与萧统《文选》中体裁的连续性(朝鲜和越南的编者还借用了"文选"这一名称来命名自己的文集)。

日本文集以"赋"开始,然后是"诗",再以后才是皇帝的命令"诏"和其他功能性体裁。越南的文集也是从古代的"赋"开始,在它以后提到的是"记",看来,这是因为这种体裁在许多情况下偏于叙述甚至是小说式的散文;接下来是石头上的刻字——"铭",祭祀的言辞——"祭文",国王的命令——"诏",以及其他日常应用体裁。

朝鲜文集以诗歌体裁"词"、"赋"和"诗"开始,然后是国王的命令——"诏制"及其他事务文书体裁,在它们中间我们找到了记录——"记",序言——"序",传记——"传"和祭祀的文辞——"祭文",以及与葬礼相联系的体裁。

有意思的发现是,和中国人不同,日本和朝鲜的文选编者在自己文集中收录有日本人称作"发愿"和"愿文"、朝鲜人称作"悼唱文"——佛教祈祷文等体裁写的佛教文章范本。这与佛教在日本和朝鲜历史上起了比在中国(也有越南)更重大的作用,成为持续多个世纪的官方宗教有联系。

关于引进外来文学体系和它在新条件下的生命问题,这与地方文学的发展水平有密切的关系。因此,例如在日本,在那里在引进的中国文学系统之前,已经形成了自己相当稳定的口头的和占主要地位的书面传统。无论是诗的,还是叙事散文的,借用来的体系总是某种自成体系的现象,与独特的日本体裁共存。而在朝鲜和越南,这个过程某种程度上是另外的样子:在那里和文学语言一起引进的中国体裁实际上经历了好多个世纪都是唯一的书面文学创作形式。

最后,哪怕非常简略和肤浅,让我来对那些相距遥远并且无论如何也没有联系的中世纪文学,比如中国和(18世纪之前的)俄罗斯文学的体裁系统做个比较。在这种或那种类型的全部独特性中相似的是体裁形成的性质本身。Д.С.利哈乔夫写道:在古俄罗斯文学中"与其他标志并列的、用于体裁划分的基础,不是描写的文学特点,而是对象本身,是作品所写

---

① 《东文选》,李氏朝鲜时代开始编纂的历朝历代朝鲜汉学家作品集,于公元1478年大致成书。因朝鲜相对于中国中原被称为东国,朝鲜成宗定名为东文选。——译注

② 《皇越文选》,越南人裴辉璧(号存庵,1744—1818)编辑,现存世有越南河内希文堂皇朝明命六年(公元1825年)刻本。——译注

的主题。"①准确说是如我们所看到的,和在俄罗斯文学中一样,带来体裁系统细化的超文学的因素,在中国中世纪体裁发生的过程中也占优势。但是这里值得再次指出,可能作为与俄罗斯不同的中国文学(出于儒家世界观特点)的世俗定位的结果,很早就意识到了"文学性"的原则,和早在纪元的第一个千年之初就已经这样或那样地注意到了艺术体裁不同于仪式和日常应用体裁的特点。

---

① Лихачев Д. С. 古罗斯文学的诗学. Поэтика древнерусской литературы. М., 1979. с. 58.

译后记

早在十几年前，李明滨先生筹划"俄罗斯汉学文库"时，便受先生委托与李福清院士商讨列入"文库"的这部研究论集的编选事宜，最终名为《神话与民间文学——李福清汉学论集》。

当代俄罗斯汉学家李福清（Борис Львович Рифтин，1932—2012，俄文名字为"鲍里斯·利沃维奇·里夫京"，中文名字为"李福清"）出生于苏联列宁格勒（现俄罗斯圣彼得堡）一个犹太职员家庭。1950年进入列宁格勒大学东方系汉语专业学习，1955年大学毕业后，到苏联科学院高尔基世界文学研究所民间文学研究组担任初级研究员；1961年获语文学副博士学位；1962年从民间文学研究组转到新建立的社会主义国家文学研究组，后又调到东方文学（后改为亚非文学）研究部。1965—1966年在北京大学中文系进修。1970年获语文学博士学位。1987年当选为苏联科学院通讯院士，2006年任俄罗斯科学院高尔基世界文学研究所亚非文学研究室主任，同年起兼任俄罗斯国立人文大学东方文化及古希腊罗马文明学院教授。2008年当选为俄罗斯科学院院士。

李福清学识渊博，其研究范围涉及汉学领域之广，在当代俄罗斯汉学界尚无人能够望其项背，包括中国民间文学、俗文学、古典文学、现当代文学，中国神话传说，中国台湾少数民族神话传说故事，中国民间年画，以及蒙古学、朝鲜学、越南学，远东文学关系、俄罗斯汉学史等诸汉学和东方学领域,著述浩繁,相关著述三百余篇(部),在三百余年的俄罗斯汉学发展史上独树一帜,享誉国际学界,在世界汉学史上具有重要、独特的地位和影响。

神话与民间文学是李福清从事汉学研究最早涉足、成果卓著的领域。

《神话与民间文学——李福清汉学论集》一书的"中国神话总论"和包括一百余条具体条目的"中国神话"选自于李福清主编的《中国文化大典·神话、宗教卷》(莫斯科,2007),全面系统地阐释了中国神话的体系构成,历史流变,特别是首次梳理评析了海内外中国古代神话研究状况、发展进程,以及20世纪60年代以来的中国神话新采录,汉族和相邻民族神话的共同特点等等,作者是把中国神话放在世界神话概念体系的大框架下去把握,以国际眼光,构建中国神话体系,揭示中国神话内涵的本质和特点。

"原始的与发达的神话系统"是李福清先生本人提供的手稿,是他以台湾少数民族和中国古代神话为案例阐发的关于"较原始的神话"和"较先进的古文明民族神话"的看法。

"书面史诗与小说中的人物描写原则""民间平话话本中的人物及其描写"选自《从神话到章回小说——中国文学中人物形貌的演变》(1979,莫斯科)。作者通过对不同体裁(史籍、平话、话本、鼓书、蒙古本子、演义小说、戏曲等等)的三国题材作品中主要人物外貌叙事的演变比较,深刻、详尽地阐述了中国古代文学人物外貌特征的塑造原则、人物形象观念、艺术思维的发展演变,并进而探究各民族传统观念中人的外貌描写特点、艺术手法,得以"展示这一过程中,新的和传统的因素间的相互作用,文学与民间创作相互关系的动态发展,以及中世纪各个种类和体裁文学作品受到的异域影响作用和外来描写手法的适应原则"①。

"东蒙古说书中对女英雄的描写"原载于《蒙古英雄诗问题》第3集(1985,威斯巴登),"东蒙民间说唱的一种"原载于《蒙古英雄诗问题》第4集(1987,威斯巴登)。李福清自1972年去蒙古调研,便开始了对蒙古民间艺人说唱故事的研究。2010年,我去莫斯科时,他曾经送给我十余篇相关论述,后来经与蒙古学专家李岗龙教授商定,选译了其中的这两篇代表作收入本书。李福清虽然坚持自己称不上是蒙古学家,只是研究中蒙文学与民间文学关系的汉学家。但是他对蒙古本子故事的挖掘调查,对

---

① Рифтин Б. Л. От мифа к роману: эволюция изображения персонажа в китайской литературе, М. , Издательство《Наука》, 1979, с. 6.

汉蒙文学关系研究的贡献,他的"研究汉族文学与民间文化,一定要注意中国少数民族及邻国的民族文学……"①等主张在海内外都产生了独特的作用和影响。

"中国中世纪文学中的体裁"(1994,莫斯科)显示出李福清对中国文艺学"体裁"理论概念的认知。李福清1961年面世的成名作《万里长城的传说与中国民间文学体裁问题》是其秉承俄罗斯文艺学研究的"体裁诗学"传统,将研究视线投向故事文本结构,从体裁形式入手展开的视角独特的中国民间文学研究成果。本篇"中国中世纪文学中的体裁"对于我们深刻认识其汉学研究中的体裁诗学视野,无疑大有助益。

《神话与民间文学——李福清汉学论集》一书翻译分工如下:

中国神话总论/刘亚丁 译

中国神话/张冰 译

书面史诗与小说中的人物描写原则/薛冉冉 译

民间平话话本中的人物及其描写/薛冉冉 译

东蒙古说书史诗中对女英雄的描写/杨利芳、田艳秋 译,陈岗龙 审校

东蒙民间说唱的一种/田艳秋、杨利芳 译,陈岗龙 审校

中国中世纪文学中的体裁/李逸津 译

本书的编选翻译工作历经数年,在李明滨教授的悉心指导下完成,特此致以深深的谢意!同时也向亲自参加本书翻译工作的李逸津教授、刘亚丁教授、薛冉冉老师、杨利芳老师、田艳秋老师,向为本书的翻译出版尽心尽力的孙玉华教授、陈岗龙教授、王加兴教授,责任编辑李颖等各位老师,致以诚挚的谢意!由于个人水平的局限,译文中一定存在错误和不当之处,敬请专家学者批评指正。

2012年10月3日,李福清先生在莫斯科仙逝,仅以此书表达我们对李福清先生深深的悼念!

张冰
2016.11.18

---

① 陈岗龙:《李福清院士与蒙古本子故事研究——学术访谈简述》,《内蒙古师范大学学报(哲学社会科学版)》2010年1月,第9页。